PETER LINDEN – KARL H. SCHWIND

100 JAHRE!

DIE HIGHLIGHTS

DES ÖSTERREICHISCHEN FUSSBALLS

TRIUMPHE • TRÄNEN • SCHMÄHS

axel jentzsch

BIBLIOGRAFISCHE
INFORMATION
DER DEUTSCHEN BIBLIOTHEK

Die Deutsche Bibliothek verzeichnet diese Publikation in der Deutschen Nationalbibliografie; detaillierte bibliografische Daten sind im Internet über http://dnb.ddb.de abrufbar.

ISBN 3-7142-0009-6

Es wird darauf verwiesen, dass alle Angaben in diesem Buch trotz sorgfältiger Bearbeitung ohne Gewähr erfolgen und eine Haftung der Autoren oder des Verlages ausgeschlossen ist.

Grafik und Produktionsbetreuung: GOOD LOOK – (Wien)
Fotos: © Gerhard Gradwohl (Wien)
Presseagentur Votava (Wien)
GEPA (Graz)
Archiv des ÖFB (Wien)
Litho: Toni Froschauer (Langenrohr)

1210 Wien, Scheydgasse 24,
Tel. 01/24 630
www.lindeverlag.at
Druck: Stiepan Druck, 2544 Leobersdorf
Bindung: Frauenberger, 7201 Neudörfl

INHALT

OSTERREICH

Zum 100-jährigen Bestandsjubiläum des ÖFB gratuliere ich sehr herzlich!

Seit der Gründung des Österreichischen Fußball-Bundes hat der Fußballsport einen unvergleichlichen Siegeszug angetreten. In allen Bevölkerungsschichten ist das Fußballspiel beliebt und etabliert. Ich selbst habe während meiner Jugend, meiner Studienzeit und auch noch während meiner Tätigkeit im Parlament aktiv Fußball gespielt und so manche spannende Partie miterlebt. Und tatsächlich haben Politik und Fußball manche Gemeinsamkeiten: Ich denke an den Enthusiasmus und Idealismus (manchmal allerdings auch Fanatismus), der dem Fußball und der Politik gemeinsam ist, aber auch an »Vereinstreue«, an Idole, an prägende Erlebnisse, an den Wettbewerb um einen Platz in den Medien, an die Notwendigkeit der »Nachwuchspflege«, an die wachsende Bedeutung internationaler Kontakte im Sport und in der Politik und an vieles mehr – aber auch die Notwendigkeit der Fairness ist dem Fußball und der Politik gemeinsam.

Es wird in den nächsten Tagen und in den nächsten Wochen und Monaten mit Sicherheit oft darauf verwiesen werden, dass die aktive Betätigung zehntausender junger Menschen in einem Mannschaftssport auch in gesundheitlicher, sozialer und psychologischer Hinsicht von größter Bedeutung ist, weil Energien in positiver Weise gebündelt und Gemeinschaftserlebnisse bzw. Teamgeist gefördert werden.

Für dieses Phänomen Fußball bildet der Österreichische Fußball-Bund gewissermaßen das organisatorische Rückgrat. Der Fußball-Bund ist eine große Organisation, die eine Vielzahl von wichtigen Aufgaben für diesen Massensport erfüllt. Das hundertste Bestandsjubiläum des Österreichischen Fußball-Bundes bedeutet, dass der Fußball-Bund noch in der Monarchie bzw. weit vor Beginn des Ersten Weltkrieges gegründet wurde, uns praktisch durch das ganze 20. Jahrhundert begleitet hat und jetzt den österreichischen Fußball auf dem Weg in das Vereinte Europa begleitet.

Ich danke allen Funktionären des ÖFB für ihre unermüdliche Arbeit und für ihren Idealismus, wünsche dem österreichischen Fußballsport schöne Erfolge und eine gute Zukunft und darf zum Abschluss nochmals einen sehr herzlichen Glückwunsch zum Jubiläum formulieren.

Dr. Heinz Fischer
Bundespräsident

Die Menschen in Österreich betreiben unzählige Sportarten, aus gesundheitlichen und sozialen Gründen. Trotzdem bleibt Fußball, im größten Sportverband des Landes organisiert, neben Skifahren der Lieblingssport in unserem Land. Auch ich spiele, wenn es meine Zeit erlaubt, leidenschaftlich gern Fußball, führe so auch einen Bubentraum weiter.

Spielerpersönlichkeiten prägen das Spiel ihrer Mannschaft, ihr Vorbild stärkt den Teamgeist, der Berge versetzen kann. Dies konnte man bei der fantastischen Euro 2004 erleben, die rund eine Million Menschen nach Portugal brachte und wo im Finale mit griechischen und portugiesischen Spielern vergleichsweise kleine europäische Nationen vertreten waren.

Die Euro 2008 wird von Österreich und der Schweiz gemeinsam veranstaltet. Die jungen österreichischen Spieler (Unter 17 und 19) erlangten bei der EM-Endrunde 2003 einen erstaunlichen dritten Platz, der zu Hoffnungen berechtigt. Ich begrüße sehr das von ÖFB-Präsident Dipl.-Ing. Friedrich Stickler getragene Challenge-2008-Projekt, das Talente nach neuesten Methoden fördern möchte, die von Sportmotorik über Sportpsychologie bis zu Sportrhetorik und Medientraining reichen. Denn nicht nur das Spiel sollte exzellent sein, sondern auch die Präsentation.

2008 wird in Wien, Salzburg, Klagenfurt und Innsbruck gekämpft. In den nächsten Jahren müssen große Aufgaben bewältigt werden – vom Stadienumbau, -neubau bis zu einer verbesserten Verkehrsinfrastruktur.

Der Werbeeffekt, den die Euro 2008 für Österreich und die Schweiz haben wird, ist in Zahlen kaum zu fassen, hat großen Einfluss auf den Tourismus, unser Geschäftsleben. Die Euro 2008 ist somit nicht nur das vielleicht größte Ereignis in der Geschichte des ÖFB, sondern auch für die sportinteressierte Öffentlichkeit in Österreich mit bedeutenden wirtschaftlichen Auswirkungen. Die Euro 2008 trägt mit neuen Images auch das aktuelle Bild Österreichs in die Welt.

Ich wünsche dem ÖFB anlässlich seines 100-jährigen Bestehens das Allerbeste und zweifle nicht daran, dass er die anstehenden schwierigen Aufgaben mit großem Elan zur Ehre unseres Landes erfolgreich bewältigen wird.

Dr. Wolfgang Schüssel
Bundeskanzler

Das Jahr 1904 war ein besonders gutes für den Fußball: Im Mai gründeten sieben Verbände in Paris die FIFA; bereits zwei Monate zuvor, am 18. März 1904, fanden sich ähnlich gesinnte Idealisten in Wien zusammen, um den Österreichischen Fußball-Bund aus der Taufe zu heben.

Seit jenen viel versprechenden Anfängen ist eine Menge Wasser die Seine und die Donau hinuntergeflossen. Beide Organisationen, FIFA und ÖFB, haben ein Jahrhundert mit Höhen und Tiefen hinter sich, geprägt von Umwälzungen und Konflikten. Der Fußballsport war dabei entweder Spielball politischer Interessen, oder er söhnte, was ungleich wichtiger war, einst unerbittliche Gegner wieder miteinander aus.

Der Schriftsteller Eugen Roth hat einmal treffend gesagt: »Die Welt ist zwar kein Fußball, aber im Fußball, das ist kein Geheimnis, findet sich eine Menge Welt.« Nirgendwo besser war dies zu sehen als in Wien, einer Hochburg der Kunst und der Kultur, aber auch des Fußballs, manchmal so beschwingt gespielt wie ein Walzer von Johann Strauß. Der First Vienna Football Club, der SC Wacker Wien, Rekordmeister SK Rapid Wien sowie Rekord-Pokalgewinner FK Austria Wien schrieben große Kapitel der Fußballgeschichte, die im übrigen Österreich, sei es in Innsbruck, Salzburg, Linz oder Graz, eine spannende Fortsetzung erhielten. So sorgten Anfang der 30er Jahre Hugo Meisls Wunderteam mit Mathias Sindelar sowie 1954 Gerhard Hanappi, Ernst Ocwirk, Walter Zeman und Ernst Happel mit dem dritten Platz bei der FIFA WM 1954 für die bislang glanzvollsten Momente in der Geschichte des ÖFB. Aber auch Ballartisten wie Herbert Prohaska und Torjäger Hans Krankl sowie Rekordtorschütze Anton Polster haben bleibende Erinnerungen und Spuren hinterlassen. In den Annalen der FIFA Fußball-Weltmeisterschaften haben sich die rot-weiß-roten Kicker ebenfalls verewigt – mit dem 7:5-Sieg über die Schweiz 1954 in Lausanne, dem torreichsten Spiel aller WM-Endrunden.

Sein 100-jähriges Bestehen darf der ÖFB im Bewusstsein feiern, aus allen Krisen gestärkt hervorgegangen zu sein und zu den festen Werten des europäischen Fußballs zu zählen. Umsichtig geführt von Präsidenten wie Beppo Mauhart und nun Dipl.-Ing. Friedrich Stickler, die seit Jahren auf die kompetente Unterstützung von Generalsekretär Alfred Ludwig zählen können, ist der ÖFB für große Aufgaben bereit. Die UEFA EURO 2008, mit der Schweiz gemeinsam ausgerichtet, wird ganz Österreich, von Vorarlberg bis Burgenland, mobilisieren.

Im Namen der FIFA danke ich dem ÖFB für alles, was er im Fußball geleistet hat, und wünsche ihm für die kommenden 100 Jahre weiterhin viel Erfolg, auf dass es auch in unserem Sport immer wieder »Felix Austria« heißen möge.

JOSEPH S. BLATTER
FIFA-Präsident

Die UEFA, die dieses Jahr ihr 50-jähriges Jubiläum feiert, freut sich, den Österreichischen Fußball-Bund zu seinem doppelt so langen Bestehen beglückwünschen zu dürfen. Obwohl Österreich nie einen großen internationalen Titel gewinnen konnte, ist seine Fußballgeschichte nicht nur reich, sondern auch glorreich: Das legendäre Wunderteam von Trainer Hugo Meisl hat immer noch Vorbildfunktion. Dasselbe gilt für die Mannschaft, die zu Beginn der 50er Jahre das Publikum mit Stars wie Gerhard Hanappi und Ernst Happel begeisterte.

Die UEFA vergisst auch nicht, dass der Österreichische Fußball-Bund schon bei ihrer Entstehung und bis heute stets eine wichtige Rolle gespielt hat. Österreich war mit Josef Gerö ein Gründungsmitglied der UEFA und organisierte im Jahre 1955 den ersten UEFA-Kongress in Wien. Seither fanden in Österreich zahlreiche große Anlässe statt, unter anderem Endspiele von Klubwettbewerben, Kongresse, Seminare oder Juniorenturniere. Und diese langjährige Tradition wird mit der Organisation der Endrunde der Fußball-Europameisterschaft 2008 in Zusammenarbeit mit dem Schweizerischen Fußballverband ihren Höhepunkt erreichen.

Diese reich befrachtete Geschichte verdient es ganz bestimmt, in einem Buch festgehalten zu werden. Die Ausstrahlung des österreichischen Fußballs verleiht diesem Werk weit über die Grenzen hinaus große Bedeutung und garantiert ihm auf jeden Fall einen Platz in der Bibliothek des europäischen Fußballs.

Ein großes Dankeschön geht an den Österreichischen Fußball-Bund für seinen Beitrag zum europäischen Fußball. Wir hoffen, dass die vergangenen Erfolge ihm viel Energie für neue Taten liefern werden.

LENNART JOHANSSON
UEFA-Präsident

Anno 1904: In den öffentlichen Parkanlagen war Fußballspielen auf Verordnung des Obersthofmeisteramtes bei Strafe verboten. Auch in den Schulen war Fußball tabu: Die Schüler würden die Stunden schwänzen und in ihren Leistungen zurückbleiben, hieß es. Was freilich dazu führte, dass die Spieler Pseudonyme verwendeten. Der Stürmer mit dem härtesten Schuss Wiens nannte sich Albert, hieß aber in Wirklichkeit Jureczek und spielte mit schwarzer Perücke, was wiederum die Professoren des Gymnasiums Krottenbachstraße nicht wissen durften.

Kommen wir zur Gegenwart: Der Österreichische Fußball-Bund ist im 100. Jahr seines Bestehens mit 2.200 Vereinen und 420.000 Mitgliedern der weitaus größte Sportverband Österreichs. Konkret gesprochen: Wochenende für Wochenende kommen mehr als eine Million Österreicher mit Fußball in Berührung, ob als Aktive, Trainer, Funktionäre oder als Zuschauer. Dies führt mich zu einem Thema, das mir ganz besonders am Herzen liegt: die gesellschaftspolitische Bedeutung unseres Sports. Als sinnvolle Freizeitgestaltung. Aber auch als Form der Erziehung, der Lebensführung. Fußball kann für junge Menschen eine Reihe wichtiger Aufgaben übernehmen: In erster Linie geht es natürlich um Bewegung, um Sport, aber es geht auch um die Integration in ein Team, es geht darum, mit Niederlagen, aber auch mit Siegen umgehen zu lernen, und natürlich geht es auch um Leistung. Um Leistungsdenken, um Leistungsbereitschaft – Fußball als Schule des Lebens.

Der legendäre Ernst Happel sagte einmal: »Jeder Tag ohne Fußball ist ein verlorener Tag.« Bei 100 Jahren sind das 36.526 gewonnene Tage mit Fußball. Auf diesem Wege möchte ich mich ganz besonders bei unseren Tausenden ehrenamtlichen Funktionären, bei meinen Kollegen, den Präsidenten der neun Landesverbände und der Bundesliga sowie bei den Mitarbeitern des ÖFB für ihre nie enden wollende Begeisterung, ihren unermüdlichen Einsatz und ihre beeindruckende Arbeit bedanken.

Was ich mir als Präsident für die nächsten 100 Jahre ÖFB wünsche? Dass unsere derzeit laufenden Nachwuchsprojekte – allen voran Challenge 2008 – viele talentierte Spieler hervorbringen. Dass der österreichische Fußball möglichst schnell an die Erfolge der Vergangenheit anschließt. Dass die Fußballbegeisterung der Österreicher – als Aktive und als Anhänger – noch größer wird und last but not least, dass wir als Gastgeber und Teilnehmer in vier Jahren eine Europameisterschafts-Endrunde der Superlative auf die Beine stellen.

Abschließend darf ich Ihnen viel Spaß beim Lesen des Jubiläumsbuches wünschen.

DIPL.-ING. FRIEDRICH STICKLER
ÖFB-Präsident

Die ersten 100 Jahre

CHRONIK

1904 Gründung des Österreichischen Fußball-Verbands. Proponent und Gründer ist der Wiener Professor und WAC-Funktionär Heinrich Strehblow, der erste Verbandssitz die Wohnung des Vienna-Obmannes Hermann Schönau in der Grinzinger Straße 86 im 19. Wiener Gemeindebezirk. Die Vienna war als ältester Wiener Fußballklub bereits zehn Jahre vorher, am 22. August 1894, ins Leben gerufen wurden. 1904 ist nicht nur das Gründungsjahr des ÖFB, sondern auch des Weltverbands FIFA.

1905 Österreich tritt der FIFA bei. Am 25. Jänner steigt die erste ordentliche Generalversammlung des österreichischen Fußball-Verbandes.

1906 Der Verbandssitz übersiedelt ins »Ring-Cafe«. Versuche, eine Meisterschaft mit Pflicht-Terminen zu schaffen, scheitert.

1908 Der fünfte Kongress der FIFA tagt in Wien. Zum 60. Regierungsjubiläum von Kaiser Franz Josef gastieren England und Deutschland zu so genannten Jubiläums-Wettkämpfen am Cricketer-Sportplatz und auf der Hohen Warte.

1911 In Graz konstituiert sich der Deutsch-Alpenländische Fußballverband. Daraus wird zehn Jahre später der Steirische Verband, weil sich Kärnten selbstständig macht. Auch in Niederösterreich kommt es zu einer Verbandsgründung. Alle Vereine Wiens und Niederösterreichs treten ihm bei. Erste Meisterschaft mit Auf- und Abstieg. Den Titel unter elf Mannschaften holt Rapid vor dem Sportklub.

1912 Fußball gehört erstmals zum Programm der Olympischen Spiele. Österreich scheidet in Stockholm in der Vorrunde aus. Der spätere Teamchef Edi Bauer ist mit 16 Jahren jüngster Teamspieler.

1919 Die Einführung des Achtstundentages bringt dem Fußball einen Riesenaufschwung. Es entstehen der Tiroler Fußballverband sowie der gemeinsame von Oberösterreich und Salzburg, aus dem 1921 zwei selbstständige hervorgehen sollten. Und der VAFÖ, die »Freie Vereinigung der Arbeiter-Fußballvereine«.

1920 Gründung von Kärntner und Vorarlberger Fußballverband, erstmals schließen sich die Sportjournalisten zu einem Syndikat zusammen.

1921 Am 21. Juni Eröffnung der größten Freiluft-Sportanlage Europas »Hohe Warte«.

1922 Der Damenfußball wird eingeführt.

1924 Österreich führt als erste Fußballnation des Kontinents probeweise den Professionalismus ein. Als letzter Landesverband entsteht der im Burgenland.

1926 Am 1. Juli treten die VAFÖ-Vereine aus dem Fußball-Verband aus, der Arbeiter-Sport-Organisation ASKÖ bei. Der VAFÖ behält bis 1934 seine Eigenständigkeit. Für den internationalen Spitzensport bleibt aber der »bürgerliche« Verband maßgebend, der sich 1926 unter »Allgemeiner Österreicher Fußball-Bund« in der Tegetthoffstraße 3 konstituiert.

3:1 gegen Schweden am 7. November 1926 in Wien. Der schwedische Torhüter beim Ausschuss.

1928 Am 6. Mai trägt Österreich erstmals an einem Tag zwei offizielle Länderspiele aus. Die stärkste Mannschaft erreicht in Budapest gegen Ungarn ein 5:5, die andere Mannschaft schlug in Wien Jugoslawien 3:0. Wobei Torhüter Rudi Hiden und Mittelläufer Pepi Smistik debütieren.

3:0-Heimsieg gegen Italien am 7. April. Siegl schießt.

1930 Rapid gewinnt als erste österreichische Mannschaft den Mitropa-Cup.

1931 Bundespräsident Miklas und Bürgermeister Seitz eröffnen das Wiener Stadion. Am 16. Mai schlägt mit dem 5:0 gegen Schottland unter Verbandskapitän Hugo Meisl vor 40.000 Zuschauern auf der Hohen Warte die Geburtsstunde des legendären Wunderteams, eines der glanzvollsten Kapitel der 100-jährigen ÖFB-Geschichte.

1932 Um 165.000 Schilling kaufen ÖFB und der Wiener Verband im neunten Wiener Gemeindebezirk ein neues Verbandsheim. Die Adresse: Berggasse 9. Das Wunderteam wird in London trotz 3:4 gegen England bei der Heimkehr triumphal von 100.000 Fans empfangen. Bundeskanzler Dollfuß war auf dem Westbahnhof.

1933 Mit dem 1:2 gegen die ČSSR endet am 9. April auf der Hohen Warte die glanzvolle Ära des Wunderteams. Austria holt den Mitropa-Cup.

1934 Erstmals nimmt Österreich an einer Fußball-Weltmeisterschaft teil, belegt in Italien den enttäuschenden vierten Platz.

1935

Mit Gustl Jordan vom LASK, Heinrich Hiltl sowie Rudi Hiden vom WAC (von rechts) spielen drei Exil-österreicher im französischen Team.

1936 Österreichs Olympiateam, das als chancenlos galt, gewinnt in Berlin überraschend die Silbermedaille. Der erste Sieg des Teams über England (2:1 im Wiener Stadion) gelingt am 5. Mai. Austria gewinnt zum zweiten Mal nach 1933 den Mitropa-Cup.

1937 Am 17. Februar erliegt Hugo Meisl im 56. Lebensjahr mitten im Gespräch mit dem Vienna-Spieler Richard Fischer an seinem Schreibtisch in der Berggasse einem Gehirnschlag.

Volle Tribünen im Wiener Prater-Stadion beim 2:0 gegen Italien

1938 Die Annexion Österreichs führt zu einer vorübergehenden Auflösung des Fußball-Bundes. Neun Wiener (Raftl, Schmaus, Mock, Skoumal, Wagner, Hahnemann, Neumer, Pesser und Stroh) gehören zum deutschen Team bei der WM in Frankreich.

1939 Mathias Sindelar stirbt am 23. Jänner in Wien unter mysteriösen Umständen. Rapid in Berlin deutscher Pokalsieger durch ein 3:1 gegen FSV Frankfurt, Admira bezieht im Endspiel um die deutsche Meisterschaft gegen Schalke ein 0:9-Debakel.

1941 Rapid gewinnt am 22. Juni im Berliner Olympiastadion die deutsche Meisterschaft. Im Finalspiel nach einem 0:3-Rückstand gegen Schalke noch 4:3. Der große Held ist der dreifache Torschütze Franz »Bimbo« Binder.

1943 Vienna deutscher Pokalsieger (3:2 nach Verlängerung gegen LSV Hamburg in Stuttgart).

1945 Der frühere ÖFB-Präsident Richard Eberstaller begeht mit Kriegsende Selbstmord. Am 19. und 20. August bestreitet Österreich in Budapest gegen Ungarn die ersten Nachkriegsländerspiele, das Team reist auf der Ladefläche ungedeckter Lastkraftwagen an. Beim 0:2 am 19. August trägt erstmals der legendäre Ernst Ocwirk mit 19 Jahren Österreichs Teamdress und debütiert bei Ungarn der berühmte Ferenc Puskas. Am 5. Oktober erscheint in der Wiener Zeitung die amtliche Verlautbarung des Staatsamtes für Inneres über die Wiederaufnahme der Tätigkeit des ÖFB, am 19. Oktober wird ein provisorischer Bundesvorstand mit Dr. Josef Gerö, Staatssekretär für Justiz in der provisorischen Regierung, als Präsident gewählt. Am 6. Dezember (fünf Tage zuvor bestätigte die FIFA schriftlich die ununterbrochene Mitgliedschaft des ÖFB beim Weltfußballverband) steigt das erste Heimländerspiel seit dem Zweiten Weltkrieg. Beim 4:1 gegen Frankreich überzeugt auch ein 18-jähriger Debütant im Tor: Walter Zeman.

So sah das ÖFB-Haus mit schweren Bombenschäden 1945 aus ...

... und so nach der Renovierung fünf Jahre später.

1946 Am 10. März tagt in Wien die erste ordentliche Bundeshauptversammlung, Josef Gerö wird Präsident. Nach § 4 des Verbotsgesetzes dürfen politisch belastete Personen (ehemalige Nationalsozialisten) keine Verbandstätigkeit ausüben.

1947 Der ÖFB beschließt die Einführung eines gesamtösterreichischen Cupbewerbs.

1948 Gerhard Hanappi debütiert am 14. November beim 2:1 gegen Schweden im Nationalteam. Bei Olympia in London bedeutet ein 0:3 gegen Schweden, den späteren Olympiasieger, in der Vorrunde schon die Endstation. Aus finanziellen Gründen muss man sich zum Verzicht auf die Teilnahme an der WM 1950 in Brasilien entschließen.

Einmarsch der Österreicher bei den Olympischen Spielen am 29. Juli ins Londoner Wembley-Stadion.

1949 Die Staatsliga wird ins Leben gerufen, den Landesverbänden gleichgestellt. Und die Einführung des österreichischen Sport-Totos wird fixiert. Walter Nausch tritt am 1. September seine Stelle als Bundeskapitän und Verbandstrainer an.

1950 Österreich gewinnt im eigenen Land das von der FIFA veranstaltete europäische Juniorenturnier. Im Finale gelingt ein 3:2-Sieg über Frankreich. Schlagzeilen liefert Österreich auch am 13. Dezember mit dem 1:0 in Schottland, dem ersten Sieg eines Teams des Kontinents in Glasgow. Das Siegestor erzielt Ernst Melchior.

1950

Österreichs siegreiches Team beim FIFA-Juniorenturnier im eigenen Land. Stehend links Trainer Tscharry Vogel. In der Mitte rechts der spätere Teamverteidiger Swoboda. Damals harrten die Zuschauer mit Schirmen auch im strömenden Regen aus.

1951 Platz zwei für Österreich beim UEFA-Juniorenturnier in Frankreich.

1952 Bei Olympia in Helsinki schlägt Österreich in der Vorrunde Finnland 4:3, scheitert in der Zwischenrunde mit 1:3 an Schweden.

Das Team beim 1:1 gegen die Schweiz in Genf. Dritter von links neben Kapitän Decker und Tormann Schweda: Max Merkel.

1953 Rekordsieg in der WM-Qualifikation – 9:1 gegen Portugal. Dabei erzielt Probst fünf Tore, spielen die »Körner-Brüder« Robert und Alfred erstmals gemeinsam im Team. In der FIFA-Auswahl kommen beim 4:4 gegen England in London mit Ernst Ocwirk (war Kapitän), Gerhard Hanappi und Walter Zeman drei Österreicher zum Einsatz. Teamchef Walter Nausch war Coach, Ernst Happel und Karl Stotz gehörten zum Kader.

9:1-Schützenfest gegen Portugal in Wien. Erich Probst vor dem portugiesischen Torhüter, er erzielte fünf Tore.

1954 Österreich belegt bei der WM in der Schweiz den dritten Platz. Ein 1:6 im Semifinale gegen Deutschland beendete den Traum vom Endspiel, Platz drei wird durch ein 3:1 gegen Uruguay erobert. Bei der Gründung von Europas Fußballunion UEFA ist Österreich durch ÖFB-Präsident Bundesminister Dr. Josef Gerö maßgeblich beteiligt. Er wird Vizepräsident, stirbt aber am 27. Dezember an einem Herzinfarkt.

1955 Mit Jahresbeginn wird im neuen Verbandshaus in der Mariahilfer Straße 99 am 1. Jänner der Betrieb aufgenommen. 1953 wurde die Bombenruine des ehemaligen Hotel Palace aus dem Eigentum einer italienischen Familie, die in Triest lebt, um 1,6 Millionen Schilling gekauft. Der ÖFB (mit 34 %), die Landesverbände von Wien und Niederösterreich sowie die Staatsliga (je 22 %) beteiligen sich am Kauf und der Wiederinstandsetzung, die 8,7 Millionen Schilling kostet. Am 1. März tagt in Wien der erste Kongress der UEFA, ein Österreicher (Direktor Frey) kommt als Schatzmeister ins Exekutivkomitee. Die ÖFB-Hauptversammlung gestattet die Durchführung von Meisterschaftspartien unter Flutlicht, wenn beide Mannschaften einverstanden sind. Der bisherige Vizepräsident des steirischen Verbands, Hans Walch, wird zum Präsidenten gewählt. Ernst Ocwirk ist in Belfast Kapitän einer FIFA-Auswahl, die Großbritannien 4:1 schlägt. Vienna-Stürmer Hans Buzek feiert als 17-Jähriger beim 2:1 gegen Jugoslawien in Wien sein Debüt. Damit ist er Österreichs jüngster Teamspieler nach dem Zweiten Weltkrieg. Bis heute ...

1957 Österreichs Junioren gewinnen unter dem legendären »Vogerl« Geyer zum zweiten Mal das UEFA-Turnier. Im Endspiel gelingt ein 3:2 gegen Gastgeber Spanien. Zur Mannschaft gehören spätere Teamstützen wie Walter Glechner, Horst Nemec und Walter Skocik.

Die siegreichen Junioren. Stehend von links: Lahner, Tauscher, Nikischer, Skocik, Glechner, Osicka. Hockend: Öllerer, Schilling, Kraushofer, Nemec und Puffer.

1958 Riesenenttäuschung über das Abschneiden bei der WM in Schweden – ohne Sieg in der Vorrunde ausgeschieden. Sensationell spielt hingegen am 7. Oktober der Wiener Sportklub im Praterstadion. Die überragende Angriffslinie Horak-Knoll-Hof-Hamerl-Skerlan schießt Juventus mit 7:0 aus dem Europacup.

1959 Beim UEFA-Juniorenturnier im eigenen Land belegt Österreich Platz vier. Die Regionalligen werden als zweithöchste Spielklasse gegründet. Der Vorstand der Staatsliga lehnt die Teilnahme an der WM 1962 in Chile ab. Ein folgenschwerer Irrtum, den der ÖFB-Bundesvorstand am 18. Dezember bestätigt. Wegen finanzieller Schwierigkeiten (damals noch keine Fernseheinnahmen) war der Termin (15. Mai bis 15. Juni 1962) der Hauptgrund. Dies hätte die Beendigung der Meisterschaft Anfang April gefordert.

1960 Beim 4:1 gegen Schottland in Wien beendet Walter Zeman seine Teamkarriere. Mit diesem Sieg beginnt eine beachtenswerte Serie des Teams unter der Regie von Karl Decker. Bis Ende 1961 in elf Spielen neun Siege (darunter je zweimal gegen die UdSSR und Ungarn, gegen Spanien, Italien, England, Ungarn) und nur zwei Auswärtsniederlagen. Daran beteiligt großartige Spieler und Routiniers, wie Schmied und Fraydl im Tor, Stotz, Glechner, Hanappi, Koller, Nemec, Erich Hof, Buzek, Senekowitsch und auch Newcomer, wie Trubrig oder Rafreider.

1961 Senekowitsch gelingt ein Auslandstransfer: Betis Sevilla kauft den Steirer von der Vienna frei. Das Europacupspiel Rapid – Benfica Lissabon im Wiener Stadion muss bei 1:1 abgebrochen werden: Zuschauer stürmten das Spielfeld.

1962 Am 5. Jänner bestreitet Ernst Ocwirk beim 0:1 gegen Ägypten in Kairo sein 62. und letztes Länderspiel, vergibt dabei einen Elfmeter. Am 16. September bedeutet ein 0:6-Heimdebakel gegen Vize-Weltmeister ČSSR das Ende der großen Decker-Mannschaft. Gerhard Hanappi verabschiedete sich mit 33 Jahren nach 93 Länderspielen (davon 55 in ununterbrochener Reihenfolge) vom Team. Die Rekordzahl sollte mehr als 35 Jahre halten. Auch der 35-jährige Abwehrchef Karl Stotz spielte danach nie mehr für Österreich.

1963 Skandal am 8. Mai im Hampden-Park von Glasgow. Der englische Referee Finney, der in einem brombeerroten Leiberl pfiff und daher den Namen »Brombeer-Jim« bekam, brach das Länderspiel gegen Schottland in der 78. Minute beim Stand von 4:1 für die Schotten nach einem Raufhandel zwischen Schottlands Star Dennis Law und Österreichs Torschützen Toni Linhart ab. Schon vor der Pause hatte Finney Nemec und Erich Hof ausgeschlossen.

Österreichs Tor beim 1:4 im Skandalspiel von Glasgow durch Toni Linhart (Mitte). Wenig später führte eine Rauferei von ihm mit Schottland-Star Law zum Abbruch. Linhart (links) neben Referee Finney, rechts Karl Koller.

1964 Erstes Europacupfinale im Wiener Stadion: Am 27. Mai schlägt Inter Mailand vor 71.333 Zuschauern Real Madrid 3:1 (1:0), holt damit den Europacup der Meister. Referee war der Österreicher Josef Stoll. Am 10. Juli löst die Hauptversammlung des ÖFB die selbstständige Staatsliga auf. Die Meisterschaft der obersten Spielklasse, eine Nationalliga mit 14 Klubs, untersteht dem ÖFB.

Vor dem ersten Europacup-Finale in Wien. Von links: Real Madrids Kapitän Gento, Linienrichter Kainer, Schiedsrichter Stoll, Linienrichter Wlachojanis, Inter-Kapitän Picchi.

1965 Verpatzter Start in die WM-Qualifikation. Beim Heimspiel gegen die DDR erleidet Walter Glechner schon vor der Pause einen Schienbeinbruch. Austausch war damals keiner erlaubt. Das 1:1 sollte Österreichs einziger Punkt bleiben. Das 0:3 gegen Ungarn im Budapester Nep-Stadion beendete die Teamkarriere von Karl Koller mit seinem 86. Länderspiel. Gänzlich unerwartet gelang aber dann am 20. Oktober eine Sensation in London. Nach Ungarn (1953) und Schweden (1959) gelingt es Österreich als erst drittes europäisches Team, England im Wembley-Stadion zu bezwingen. Der Rapidler Toni Fritsch bekam nach seinen zwei Toren, darunter dem Siegestreffer, den Spitznamen »Wembley-Toni«. Ein schöneres Debüt hätte es für ihn und Austria-Verteidiger Robert Sara nicht geben können. 13 Jahre später war er Kapitän von Österreichs erfolgreichem WM-Team. Der LASK wird als erste Mannschaft aus den Bundesländern Meister und Cupsieger. Der Wiener Trainerlegionär Max Merkel erreicht mit 1860 München das Finale im Europacup der Cupsieger, das im Wembley-Stadion gegen West Ham 0:2 verloren geht.

1966 Mit Max Merkel wird 1860 München deutscher Meister.

1967 Österreichs Amateurteam überrascht bei der EM in Mallorca, wird durch ein 2:1 im Finale gegen Italien Europameister. Zur Erfolgstruppe von Chef Karl Beck, Trainer Georg Schmidt und Viktor Hierländer, die zuvor Holland, England und die Türkei bezwang, gehörte auch ein späterer Teamchef – Josef Hickersberger. Die

Österreichs Amateur-Europameister bei der Ankunft in Wien. Hockend links Josef Hickersberger, später Teamspieler und Teamchef, heute Rapid-Trainer.

Nationalmannschaft gerät vor dem EM-Qualifikationsspiel in Athen in einen Militärputsch. Das Match muss verlegt werden, die Mannschaft bleibt aber unbehelligt. In Wien muss am 5. Oktober das Heimspiel gegen Griechenland vom ungarischen Referee Gere beim Stand von 1:1 abgebrochen werden. Zuschauer, die über griechische Brutalofouls empört sind, stürmen das Feld.

Abbruch im Wiener Stadion beim 1:1 zwischen Österreich und Griechenland. Griechische Spieler im Kampf mit auf das Spielfeld gestürmten Fans. Die Polizei griff ein.

1968 Fünf Tore von Erich Hof beim 7:1 in der WM-Qualifikation gegen Zypern. Ein Monat später übernimmt der Slowake Leopold Stastny mit dem 1:3 gegen die UdSSR in Leningrad am 16. Juni vom Vorarlberger Erwin Alge (der zunächst mit ihm Verbandskapitän bleiben sollte, dann aber zurücktrat) die Nationalmannschaft. Fünf Monate später weiß man, dass der Traum von der WM-Teilnahme 1970 in Mexiko bereits ausgeträumt ist: 0:2-Heimniederlage gegen Vize-Weltmeister Deutschland, unglückliches 1:2 gegen Schottland in Glasgow nach 1:0-Führung. Gustl Starek wird unter Trainer Max Merkel mit Nürnberg deutscher Meister. Der frühere österreichische WM-Referee Fritz Seipelt wird Vorsitzender der Schiedsrichterkommission der UEFA.

Erich Hof bei einem seiner fünf Tore gegen Zypern.

1969 Am 6. August erliegt Präsident Hans Walch bei einem Urlaubsspaziergang einem Herzinfarkt. Der ÖFB regt durch Schriftführer Heinz Gerö an, für Teamspieler bei einem Wechsel ins Ausland Abstellverträge einzuführen. Die wurden bald europaweit gang und gäbe. Gustl Starek und Peter Pumm gehören zur Mannschaft von Bayern München (mit Sepp Maier, Franz Beckenbauer, Gerd Müller), die das deutsche Double holt. Das gelingt im gleichen Jahr in Holland Feyenoord Rotterdam mit Ernst Happel auf der Trainerbank und Franz Hasil im Mittelfeld.

1970 Heinz Gerö wird neuer ÖFB-Präsident. Ein verkleinertes Präsidium wird als »Exekutiv-Komitee« eingesetzt. Wien steht wieder im Rampenlicht des europäischen Fußballs: Am 29. April steigt im Wiener Stadion das Europacup-Finale der Cupsieger zwischen Manchester City und Gornik Hindenburg. Wegen strömenden Regens gab es aber leere Tribünen. Nur 7968 Zuschauer sahen das 2:1 von Manchester City. Der Wiener Referee Paul Schiller brachte das Match sicher über die Distanz. Mit Happel und Hasil gewinnt Feyenoord Rotterdam den Europacup der Meister und den Weltpokal. Friedl Koncilia steht am 27. September beim 1:1 gegen Ungarn im Budapester Nep-Stadion erstmals im Tor der Nationalmannschaft.

1971 Riesenprestigeerfolg beim Abschiedsspiel für Brasiliens Superstar Pele in Sao Paulo – Österreich erreicht beim regierenden Weltmeister ein 1:1. Debütant Kurt Jara gelingt der Ausgleich. Damenfußball wird in Österreich zugelassen.

1972 Zum zweiten Mal tagt der UEFA-Kongress in Wien, Heinz Gerö kommt ins Exekutivkomitee. Der Österreicher Ferdinand Marschall leitet in Brüssel das EM-Finale Deutschland – UdSSR (3:0). Max Merkel gewinnt mit Atletico Madrid den spanischen Pokal.

1973 Ein Triumphjahr für Trainerlegionär Max Merkel in Spanien: Meister und Ligacupsieger mit Atletico Madrid. Ein bitteres Jahr für Österreichs Nationalmannschaft: Wieder klappte es nicht mit der WM-Qualifikation. Zum dritten Mal hintereinander. Am 23. Mai hätte man schon in Göteborg gegen Schweden alles klarmachen können – da gab es ein unnötiges 2:3 (0:1). Nach zwei schlimmen Debakeln im Herbst (0:7 in Wembley gegen England, 0:4 in Hannover gegen Deutschland) gibt es unerwartet noch ein Entscheidungsspiel um das WM-Ticket gegen Schweden auf neutralem Terrain. Das verliert Österreich am 27. November in einer Schneeschlacht im Gelsenkirchener Parkstadion als bessere Mannschaft 1:2. Erstmals wird Werbung auf der Spielkleidung erlaubt.

Max Merkel mit all seinen Trophäen für drei Titel innerhalb eines Jahres mit Atletico Madrid: Pokal, Meister und Ligapokal (von links).

1974 Am 8. Februar wird beschlossen, im niederösterreichischen Lindabrunn eine Sportschule zu bauen, die nach dem verdienstvollen ÖFB-Vizepräsidenten und Niederösterreichs Landesverbandschef Karl Beck benannt wird. Hans Krankl erzielt am 27. März beim 1:1 gegen Holland in Rotterdam sein erstes Tor im Team. Am 13. November feiert Herbert Prohaska beim 1:0 gegen die Türkei in Istanbul sein Debüt – das Team bleibt im WM-Jahr in sechs Partien ungeschlagen. In der Nationalliga spielten 17 Klubs – der Höchststand. Auf Grund des schwachen Niveaus, das zu internationalen Misserfolgen führt, ertönte der Ruf nach der Konzentration der Kräfte immer lauter. Am 21. April beschloss die Hauptversammlung unter Heinz Gerö die Zehnerliga.

1975 Im März erleidet Heinz Gerö bei einem privaten Besuch in Israel einen Herzinfarkt. Karl Beck übernimmt die Geschäfte. Gerö teilt im Juli mit, aus Gesundheitsgründen nicht mehr als Präsident zu kandidieren. Am 7. Mai feiert Bruno Pezzey beim 0:0 gegen die Tschechoslowakei in Wien sein Teamdebüt. Am 26. September legt Leopold Stastny nach achtjähriger Pionierarbeit (49 Länderspiele, Totalreform der Trainerausbildung) aus gesundheitlichen Gründen sein Amt zurück. Unter Innsbruck-Trainer Branko Elsner als Interims-Nachfolger verspielt Österreich mit einem 0:1 gegen Cardiff in Wales die EM-Qualifikation. Der nächste Teamchef heißt Helmut Senekowitsch.

1976 Nationalrat Karl Sekanina, zuvor Präsident des Wiener Verbandes, wird am 11. April in Linz ÖFB-Präsident. Im von Gerhard Hanappi geplanten und neu erbauten Weststadion findet am 30. Juni das erste Finale der von Unterrichtsminister Fred Sinowatz auf Anregung von Leopold Stastny ins Leben gerufenen Schülerliga statt. 463 Schulmannschaften nehmen daran teil.

1977 Hans Krankl erzielt am 30. April beim 9:0 im WM-Qualifikationsspiel gegen Malta in Salzburg sechs Tore. Am 30. Oktober jubelt ganz Österreich. Ein Tor von Herbert Prohaska zum 1:0 gegen die Türkei in Izmir sicherte nach 20 Jahren wieder die WM-Teilnahme. Die Bundes-Jugend-Leistungszentren werden gegründet.

1978 Austria Memphis erreicht als erste österreichische Mannschaft ein Europacupfinale, verliert aber das Endspiel des Cupsiegerbewerbs in Paris gegen Anderlecht 0:4. Hans Krankl stellte mit 41 Meisterschaftstoren für Rapid einen heimischen Rekord auf, gewinnt damit als erster Österreicher den »Goldenen Schuh« als Europas bester Torjäger. Bei der WM in Argentinien wird Österreich nach einem 2:1 gegen Spanien, 1:0 über Schweden und 0:1 gegen Brasilien sensationell Gruppensieger, verliert in der zweiten Runde gegen Holland (1:5) und Italien (0:1), schlägt aber erstmals nach 47 Jahren wieder Deutschland, schickt durch das 3:2 in Cordoba den Weltmeister heim. Österreich wird Siebenter, aber Senekowitsch geht. Ernst Happel verliert mit Holland das WM-Finale gegen Argentinien im Nachspiel 1:3. Zum Nachfolger von Senekowitsch wird Karl Stotz bestellt. Sein offizieller Titel: Sportdirektor.

1979 Der ÖFB veranstaltet anlässlich seines 75-jährigen Jubiläums das UEFA-Juniorenturnier. Das Team zeigt große Spiele, bezwingt England in Wien 4:3, scheint nach einem 2:1 gegen Portugal in Lissabon erstmals die EM-Qualifikation geschafft zu haben. Aber die nimmt ihnen noch Belgien mit einem 3:1 über Schottland in Glasgow weg. Bitter – denn die bereits chancenlosen Schotten spielten nicht in stärkster Besetzung. Hans Krankl gewinnt mit dem FC Barcelona den Europacup der Cupsieger, erzielt beim 4:3 im Baseler Finale gegen Fortuna Düsseldorf ein Tor.

1979

Hans Krankl mit dem Europacup der Cupsieger im Dress des geschlagenen Finalisten Fortuna Düsseldorf. Er erzielte bei Barcelonas 4:3 in Basel ein Tor.

1980 Das Abschiedsspiel für den verdienstvollen Robert Sara endet im ausverkauften Wiener Stadion mit einem 1:5-Heimdebakel gegen Weltmeister Argentinien samt Jungstar Diego Maradona. Im Herbst beginnt die WM-Qualifikation mit drei Siegen: 2:0 in Finnland, 5:0 und 1:0 gegen Albanien. Bruno Pezzey wird mit Eintracht Frankfurt UEFA-Cup-Sieger. Hans Krankl wird vom FC Barcelona wegen eines Krachs mit Trainer Joaquin Rife für sechs Monate an Vienna verliehen. Er kann den Abstieg von Wiens ältestem Klub nicht verhindern, kehrt im Juni wieder zu Barcelona zurück. Herbert Prohaska wechselt von der Austria zu Inter Mailand.

Robert Sara mit seinem Pokal zum Abschied vom Nationalteam

1981 Hans Krankl verlässt Barcelona endgültig, stürmt wieder für Rapid. Präsident Sekanina gründet im Frühjahr den VIP-Club, der mehr als 300 Mitglieder zählt. Mit einem 0:0 gegen Bulgarien in Sofia gelingt am 11. November die zweite WM-Qualifikation hintereinander. Kurz darauf feuert Sekanina Teamchef Karl Stotz, versucht Ernst Happel als Nachfolger zu installieren. Im Sommer beginnt Walter Schachners lange Italien-Karriere: Austria verkauft ihn an Aufsteiger Cesena.

1982 Da Österreich bei der WM-Endrunde in Spanien auf Deutschland trifft, darf der beim Hamburger SV unter Vertrag stehende Happel nicht gleichzeitig Österreichs Teamchef sein. So übernimmt der frühere Assistent von Stastny, Senekowitsch und Stotz, Georg Schmidt, den Job, holt Felix Latzke als Trainer dazu. Nach guten Vorbereitungsspielen enttäuscht das Team bei der WM trotz Aufstiegs in die zweite Runde. Nach Siegen über Chile (1:0) und Algerien (2:0) bringt das »Unspiel« gegen Deutschland in Gijon (0:1) Skandalschlagzeilen. In der Zwischenrunde ist Endstation – Österreich wird inoffiziell Achter. Sekanina kürt noch Erich Hof zum provisorischen Schmidt-Nachfolger als Teamchef, tritt aber, wie schon am 16. Mai wegen der Aufstockung der obersten Spielklasse auf 16 Klubs angekündigt, am 21. August zurück. Vizepräsident Walter Zips übernimmt die Geschäftsführung, die er am 19. Dezember wieder zurücklegt und an den Kärntner Herbert Raggautz übergibt. Schon vor der WM schaffte das Juniorenteam bei der EM in Finnland mit Rang sechs die Qualifikation für die WM in Mexiko. Herbert Prohaska übersiedelt von Inter Mailand zu AS Roma, wird neuer Teamkapitän. Im Herbst gelingt es mit einem 5:0 gegen Albanien, 2:0 gegen Nordirland und einem 4:0 gegen die Türkei, bei dem der 18-jährige Toni Polster debütiert und gleich das Führungstor erzielt, Prestige zurückzugewinnen. Ernst Happel kann sich beim Hamburger SV als Meistermacher feiern lassen.

1983 Im Herbst verspielt das Team mit Auswärtsniederlagen gegen Nordirland, Deutschland und die Türkei die EM-Qualifikation. Hans Krankl beendet am 5. Oktober seine Teamlaufbahn. Herbert Prohaska holt mit AS Roma das »Scudetto«, wird italienischer Meister, muss aber gehen, kehrt zur Austria zurück. Wieder Triumphe für Happel: Erneut Meister mit dem Hamburger SV und dazu das Finale im Europacup der Meister gegen Juventus in Athen 1:0 gewonnen. Die Junioren erleben in Mexiko ihr WM-Debakel: ohne Sieg und erzieltes Tor! Herztod von UEFA-Schiedsrichterchef Fritz Seipelt am Flughafen Schwechat bei der Rückkehr von einer Tagung in Madrid.

1984 Bei der Bundeshauptversammlung am 8. April in Wien zieht Raggautz trotz Stimmenmehrheit bei der Abstimmung seine Kandidatur als Präsident zurück. Heinz Gerö wird interimistisch Geschäftsführer. Am 30. Juni übernimmt Beppo Mauhart, der Generaldirektor der Austria Tabak, das Amt des Präsidenten. Gerö übernimmt den Vorsitz in der Schiedsrichter-Kommission der UEFA. Nach dem 1:0-Heimsieg gegen Holland in der WM-Qualifikation stellt Hof im November sein Amt als Teamchef zur Verfügung. Sein Vertrag war am 18. Februar noch bis 1986 verlängert worden.

1985 Im Jänner präsentiert Mauhart den ehemaligen Innsbrucker Meistertrainer aus Laibach, Branko Elsner, als Teamchef, der Ex-Internationale und frühere Deutschland-Legionär Gustl Starek wird Assistent. Rapid marschiert ins Europacupfinale der Cupsieger, unterliegt am 15. Mai in Rotterdam Everton 1:3. Das Team verliert im Hanappi-Stadion das WM-Qualifikationsspiel gegen Ungarn 0:3, womit alle Chancen fürs WM-Ticket nach Mexiko vertan sind. Krankl hatte sich noch einmal zur Verfügung gestellt. Prohaska zieht sich nach Ende der Qualifikation vom Team zurück. Ebenso Torhüter Friedl Koncilia, bei dem ein Bandscheibenschaden das Ende der Karriere erzwingt. Die Meisterschaft wird schon wieder reformiert: Erste und Zweite Division umfassen nur noch je zwölf Vereine. Nach Hin- und Rückrunde wagt man den Versuch mit drei Achtergruppen als Play-Off.

1986 Finanzminister Franz Vranitzky wird Präsident des Clubs der Freunde der Nationalmannschaft, wie der VIP-Club offiziell benannt wurde, der mit dem Finanzminister als Chef bald ausverkauft ist. Mit dem Großmarkt »KGM« findet sich der erste Dressensponsor für das Team. Auf Elsners Vorschlag wird ein Olympiateam nominiert, das in der Qualifikation für Olympia 1988 auf ČSSR, Jugoslawien, Belgien und Finnland trifft. Gala zur Eröffnung des renovierten und total überdachten Wiener Stadions am 29. Oktober: Gegen Vizeweltmeister Deutschland gelingt ein sensationelles 4:1. An dem unvergesslichen Abend sorgten Toni Polster und Reinhard Kienast für je zwei Tore.

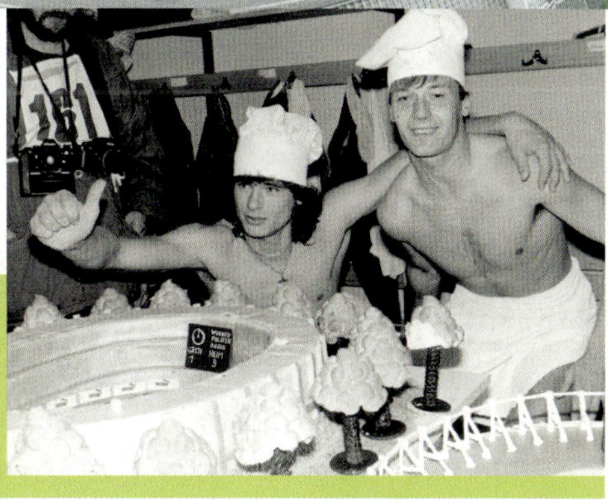

Das überdachte Prater-Stadion wurde mit einem 4:1 über Deutschland eingeweiht. Die zweifachen Torschützen Polster und Reinhard Kienast feierten den Triumph in der Kabine vor einem Tortenmodell des Stadions.

1987 Am 12. April wird Mauhart in der Rekordzeit von 55 Minuten als Präsident einstimmig wiedergewählt. Das Finale des Europacups der Meister im renovierten Wiener Stadion endet mit einem 2:1-Überraschungssieg des FC Porto über Bayern München. Der ÖFB kassiert für die richtungsweisende Veranstaltung von allen Seiten höchstes Lob. Der FC Tirol scheitert im UEFA-Cup erst im Semifinale am späteren Sieger IFK Göteborg, engagiert danach Ernst Happel, der sich als Cupsieger vom Hamburger SV verabschiedet. Das Unter-16-Team erreicht die EM-Endrunde in Frankreich. Toni Polster startet seine Legionärskarriere, wechselt als zweitbester Torschütze Europas von der Austria zum AC Torino. Doch im Herbst gibt es nur Tiefschläge: Bis auf Rapid scheitern alle österreichischen Klubs in der ersten Europacuprunde, Rapid folgt in der zweiten. Nationalteam und Olympiaauswahl scheitern in ihren Qualifikationen, Teamchef Branko Elsner resigniert. Im Dezember bestellt Mauhart einen Spieler aus der »78er-Generation« zum Nachfolger: Josef Hickersberger, seit Jahresbeginn statt Gustl Starek Elsner-Assistent.

1988 Der Bundesvorstand des ÖFB beschließt die Übersiedlung der Geschäftsstelle von der Mariahilfer Straße ins Praterstadion, wo im Herbst ein Fußball-Museum eröffnet wird. Erstmals wird in Bludenz ein Toto-Cup für Unter-16-Nationalteams organisiert. Die von Hickersberger verjüngte Nationalmannschaft, in der Andi Herzog mit 18 Jahren am 6. April beim 2:2 gegen Griechenland in Athen debütiert, verblüfft am 17. Mai mit einem 4:0 gegen Ungarn in Budapest, wobei Rupert Marko mit drei Toren das Highlight seiner Karriere schafft. Im Juni übersiedelt Polster von Torino nach Spanien zum FC Sevilla. Für die WM-Qualifikation lässt sich Prohaska von Hickersberger zum Comeback überreden. Mit ihm gibt's einen 3:2-Heimsieg gegen die Türkei.

1989 Das Team erobert mit einem 1:1 in Leipzig gegen die DDR und dem 0:0 in Reykjavik gegen Island zwei wichtige Punkte in der WM-Qualifikation. Beide Male dabei: Prohaska, für den sein 83. Länderspiel in Island am 14. Juni endgültig das letzte ist. Ohne Prohaska gelingt es im letzten Spiel der Qualifikation, das WM-Ticket für Italien zu erkämpfen. Beim 3:0 gegen die DDR am 15. November avanciert Toni Polster im Wiener Stadion mit drei Toren vom vor dem Match ausgepfiffenen Buhmann zum Nationalheld. Im ÖFB hält die EDV Einzug, das Unter-16-Team kommt wieder in die Endrunde. Aber es wird auch getrauert: Am 6. Juli verstirbt der international anerkannte Ex-Präsident Heinz Gerö an einem Herzleiden.

Herbert Prohaska vor dem letzten Spiel seiner Karriere in Reykjavik beim Wimpeltausch mit Islands Kapitän Atli Edvaldsson.

1990 Am 23. Mai veranstaltet der ÖFB als erster Verband in Europa in drei Jahren zum zweiten Mal das Europacupfinale der Meister. AC Milan schlägt vor 56.588 Zuschauern im Wiener Stadion Benfica Lissabon 1:0. Referee ist eineinhalb Jahre vor seinem viel zu frühen Krebstod der Salzburger Helmut Kohl. Um das Nationalteam entsteht nach sehr guten Leistungen in den WM-Tests (3:0 über Ungarn, 1:1 gegen Argentinien samt Maradona, 3:2 gegen Hollands Startruppe) eine Euphorie. Aber ein Sieg bei der WM-Endrunde in Florenz (2:1 gegen die USA) reicht nach zwei Niederlagen (je 0:1 gegen Italien und die ČSFR) nicht zum Aufstieg. Daher Riesenenttäuschung. Während der WM verstirbt Ex-Teamchef Georg Schmidt in der Nähe von St. Pölten bei einem Autounfall. Im ersten Match nach der WM gelingt Andi Ogris beim 1:3 gegen die Schweiz das tausendste Tor in der ÖFB-Geschichte. So lange Bruno Pezzey in seinem Abschiedsspiel noch auf dem Feld ist, führt Österreich 1:0. Am 12. September wird Österreich zum Gespött der Fußball-Welt. Gegen die Färöer-Inseln, die ihr erstes Bewerbspiel bestritten, gab es im schwedischen Landskrona eine 0:1-Blamage. Teamchef Josef Hickersberger ist nicht zum Weitermachen zu überreden. Sein Assistent Alfred Riedl wird neuer Teamchef.

1990

Bruno Pezzey bei seinem Abschiedsspiel. Solange er am Feld war, führte Österreich 1:0. Auf dem Boden der Schweizer Stürmer Chapuisat

1991 Am 1. Mai gibt's ein 0:6-Debakel in Stockholm gegen Schweden, im Herbst tritt Riedl nach acht Spielen und einer 0:3-Heimniederlage gegen Dänemark zurück. Für zwei Spiele folgt interimistisch Didi Constantini, im Dezember gelingt es Mauhart, Ernst Happel vom FC Tirol loszueisen, ihn als Teamchef zu präsentieren. Die Bundesliga wird vom ÖFB als zehnter »Landesverband« aufgenommen, bei der Unter-16-EM verpasst Österreich das Semifinale nur knapp.

1992 Abschiednehmen von zwei großen Persönlichkeiten: Im März erliegt »Mister Austria« Joschi Walter mit 66 Jahren einem Herzversagen, am 14. November, wenige Tage vor seinem 67. Geburtstag, Ernst Happel einem Krebsleiden. Er hatte als Teamchef noch für eine Aufbruchstimmung gesorgt. Vier Tage nach Happels Tod erreicht Österreich unter seinem Assistenten Constantini in Nürnberg gegen Weltmeister Deutschland ein 0:0.

1993 Am 8. Jänner ernennt Mauhart Herbert Prohaska, der seit seiner Trennung von Austria im Juni 1992 das Unter-21-Team betreute, zum neuen Teamchef. Für das Unter-21-Team ist ab sofort Bruno Pezzey verantwortlich. Das Praterstadion wird im ehrwürdigen Gedenken an Ernst Happel in »Happel-Stadion« umbenannt. Trotz verpasster Qualifikation für die WM 1994 erweist sich das Team als Fan-Magnet mit durchschnittlich 26.000 Besuchern und 1,1 Millionen TV-Zusehern pro Heimspiel. Andreas Herzog wird mit Werder Bremen deutscher Meister. Nach fünf Jahren in Spanien bei Sevilla, Logrones und Rayo Vallecano übersiedelt Polster zum 1. FC Köln. Die Bundesliga führt statt der bisherigen beiden Zwölferligen eine Zehnerliga als erste Division und eine Sechzehnerliga als zweite Division ein. Die Frauen-Nationalmannschaft feierte mit dem 1:0 über Ungarn in Parndorf ihren ersten Sieg, das Unter-16-Team qualifizierte sich für die EM-Endrunde 1994.

1994 Das 4:3 gegen Polen in Kattowitz bedeutete am 17. Mai den ersten Auswärtssieg des Teams seit vier Jahren – aber drei Monate später will Herbert Prohaska nach dem 0:3 gegen Russland in Klagenfurt zurücktreten. Mauhart überredet ihn, im Amt zu bleiben. Danach verspielt Österreich mit zwei Niederlagen in den ersten drei Spielen fast schon das EM-Ticket. Eine hervorragende Figur macht Casino Salzburg unter Präsident Rudi Quehenberger und Trainer Otto Baric im UEFA-Cup: Über Eintracht Frankfurt und Karlsruhe ins Endspiel vorgestoßen, dort Inter Mailand bei zwei unglücklichen 0:1-Niederlagen voll gefordert. Eine Hiobsbotschaft am letzten Tag des Jahres: Bruno Pezzey überlebt bei einem Eishockey-Juxmatch in Innsbruck ein plötzliches Herzversagen nicht.

1995 Ex-Teamchef Erich Hof, einer der genialsten Fußballer der Nachkriegszeit, stirbt am 24. Jänner im 59. Lebensjahr an Krebs. Das Team erkämpft sich mit einem überraschenden 3:1-Auswärtssieg gegen Irland wieder eine Chance auf das EM-Ticket, verliert sie aber im entscheidenden Auswärtsspiel am 15. November in Belfast durch ein 3:5 gegen Nordirland in einer Regenschlacht. Mauhart setzt die Vertragsverlängerung mit Prohaska aber durch. Das Unter-16-Team erreicht wieder die EM-Endrunde. Im Happel-Stadion wird das Champions League-Finale zwischen Ajax Amsterdam und Milan (Patrick Kluivert erzielt das goldene Tor für Ajax) reibungslos abgewickelt, das bringt dem ÖFB und der Stadt Wien wieder Lob und Anerkennung.

1996 Das Team bleibt in sechs Spielen ungeschlagen, darunter drei in der WM-Qualifikation: 0:0 gegen Schottland, 1:0 in Schweden (den ersten Auswärtssieg über die Skandinavier seit 64 Jahren sicherten Andi Herzog mit dem goldenen Tor und Torhüter Michael Konsel mit einem gehaltenen Elfmeter) und 2:1 gegen Lettland, wobei Toni Polster mit seinem 35. Tor für Österreich Hans Krankl als Rekordschützen des Nationalteams ablöst. Mit der Organisation der Unter-16-EM sorgt der ÖFB wieder für eine Vorzeigeveranstaltung. Rapid erreicht das Endspiel des Europacups der Cupsieger, verliert in Brüssel gegen Paris St. Germain 0:1, qualifiziert sich drei Monate später gegen Dynamo Kiew für die Champions League. Am 14. Mai, neun Tage vor seinem 85. Geburtstag, verstirbt in Toronto, wo er bei seinen Kindern den Lebensabend verbrachte, Ex-Teamchef Leopold Stastny an Altersschwäche. Andi Herzog wird mit Bayern München UEFA-Cup-Sieger.

1997 Die Qualifikation zur WM 1998 in Frankreich wird geschafft! Auf das 0:2 in Schottland folgen sechs Siege in Serie – mit dem 1:0 gegen Schweden (wieder Goldtor Herzog) und dem 4:0 gegen Weißrussland im jeweils restlos ausverkauften Happel-Stadion als Krönung. Das Unter-16-Team muss sich bei der EM-Endrunde in Deutschland erst im Finale gegen Spanien im Elfmeterschießen geschlagen geben. Der ÖFB reicht gemeinsam mit Ungarn die Kandidatur für die Austragung der Euro 2004 ein, ÖFB-Pressechef Heinz Palme kümmert sich nur noch um dieses Projekt. Mit der Gründung der Austrian Football Marketing Gesellschaft werden neue, professionelle Wege in der Vermarktung und beim Verkauf von TV- und Werberechten beschritten.

1998 Die hoch gesteckten Erwartungen bei der WM-Endrunde erfüllen sich nicht. Jeweils 1:1 gegen Kamerun und Chile, dann trotz der besten Leistung gegen Italien in Paris 1:2 verloren und ausgeschieden. Sechs Wochen danach erkämpft Österreich im Happel-Stadion gegen den neuen Weltmeister Frankreich ein 2:2. In der EM-Qualifikation überwintert Österreich nach dem 1:1 gegen Israel, 3:0 auf Zypern und dem 4:1 in San Marino als Tabellenführer. Ab der Saison 1998/99 gibt's auch in der zweiten Leistungsstufe wieder eine Zehnerliga.

1999 Nach dem 0:9-Debakel in der EM-Qualifikation gegen Spanien in Valencia resignieren Herbert Prohaska und sein Assistent Erich Obermayer. Als Nachfolger engagiert Mauhart Otto Baric, für den es bereits im zweiten Match eine »maximale« Ernüchterung gibt – 0:5 in Tel Aviv gegen Israel. Mit dem 1:3 im Happel-Stadion gegen Spanien ist die letzte EM-Chance dahin. Die Bundesliga wählt Frank Stronach zum neuen Präsidenten, der ÖFB gründet das Sportreferat unter Leitung des Vorarlberger Landesverbandspräsident Abg. z. NR Karlheinz Kopf. Am 12. Oktober vergibt die UEFA in Aachen die EURO-Endrunde 2004 an Portugal, Österreich/Ungarn kommt vor Spanien auf Platz zwei. Karl Sekanina, Hans Reitinger und Herbert Raggautz werden Ehrenpräsidenten des ÖFB.

2000 Rekordtorschütze Toni Polster bestreitet am 1. September beim 5:1 gegen den Iran seine Abschiedsgala, sein 95. und letztes Länderspiel. In der WM-Qualifikation schafft Österreich mit einem 1:0 in Liechtenstein und einem 1:1 gegen Favorit Spanien in Wien das Plansoll. Im Nachwuchsbereich wird das Förderungskonzept »der österreichische Weg« vorgestellt. Sturm Graz schafft als erster österreichischer Klub in der Champions League den Gruppensieg und den Aufstieg, setzt sich gegen Galatasaray Istanbul, die Glasgow Rangers und Monaco durch. Der 27fache Internationale Robert Dienst verstirbt am 13. Juni im Alter von 72 Jahren. Der Sturmtank gehörte zu Österreichs erfolgreichem WM-Team 1954, war bei Rapid viermal Schützenkönig.

Toni Polster bei seiner Abschiedsgala gegen den Iran mit seinen Kindern Anton Jesus und Lisa Maria, die auch hörten, wie der Papa letztmals auf dem Stadionrasen mit Inbrunst die Bundeshymne mitsang.

2001 Obwohl sieben Spieler der Stammbesetzung die Reise zum letzten WM-Qualifikationsspiel gegen Israel nach Tel Aviv aus Sicherheitsbedenken nicht mitmachen, erkämpft Österreichs New Look-Team durch ein Herzog-Freistoßtor in letzter Minute ein 1:1 und

Platz zwei hinter Spanien. Im Play-off ist die Türkei aber zu gut, gewinnt in Wien 1:0 und in Istanbul 5:0. WM-Ticket weg, Otto Baric will als Teamchef nicht mehr weitermachen. Die Spiele der Nationalmannschaft sahen im TV durchschnittlich mehr als eine Million. Österreich und die Schweiz erklären im Sommer ihre Absicht, sich für die EM-Endrunde 2008 zu bewerben. Österreichs Projektleiter wird Wolfgang Gramann, zuvor vier Jahre lang Pressechef.

2002 Hans Krankl wird im Februar Nachfolger von Otto Baric als Teamchef, am 7. April endet nach 18 Jahren die Ära von Beppo Mauhart. Damit ist er der am längsten amtierende ÖFB-Präsident.

Hans Krankl sagte ja zum ÖFB, wurde Nachfolger von Otto Baric.

Bei der Hauptversammlung in Bad Tatzmannsdorf wird Friedrich Stickler einstimmig zum Nachfolger gewählt, kündigt bereits in seiner Antrittsrede die Challenge 2008, das bisher größte Nachwuchsprojekt des ÖFB, an. Andi Herzog absolviert am 20. November im Hanappi-Stadion beim 0:1 gegen Norwegen sein 100. Länderspiel, darf dank einer Ausnahmegenehmigung der FIFA als erster Spieler die Rückennummer 100 tragen. Zum Jahreshighlight kommt es am 12. Dezember in Genf: Österreich und die Schweiz erhalten von der UEFA unter sieben Kandidaten den Zuschlag für die Euro 2008. Damit ist Österreichs Team erstmals fix bei einer EM-Endrunde.

2003 Das Team beendet die EM-Qualifikation auf Platz drei hinter Tschechien und Holland, konnte aber nie in den Kampf um das EM-Ticket eingreifen. Beim unglücklichen 2:3 gegen Gruppensieger Tschechien im letzten Match in Wien wird Andi Ivanschitz mit 19 Jahren zum bisher jüngsten Teamkapitän Österreichs. Krankl bekommt einen Vertrag bis zum Ende der WM-Qualifikation für 2006 – die Auslosung dafür bringt in Frankfurt neue Hoffnungen. Es hätte schwerere Aufgaben als England, Polen, Wales, Russland und Island gegeben! Das Jahr wird zum bisher erfolgreichsten im Nachwuchsbereich: Das Unter-17-Team unter Ernst Weber und die Unter-19-Auswahl unter Paul Gludovatz erreichen bei den EM-Endrunden in Portugal bzw. Liechtenstein jeweils Platz drei. Mitte Juni beginnt in Kooperation mit dem Bundeskanzleramt, der Bundesliga und den Sponsorpartnern Raiffeisen, Österreichische Lotterien, Telekom Austria und McDonald's die von Stickler beim Amtsantritt versprochene Talenteförderung »Challenge 2008« unter dem technischen Direktor Willi Ruttensteiner. Alfred Ludwig wird nach 17 Jahren ÖFB-Generalsekretär Österreichs Turnierdirektor für die Heim-EURO, sein Nachfolger ist der erfolgreiche EURO-Projektleiter Wolfgang Gramann. Die Jobrotation erfolgte auf Gramanns Wunsch.

2004 Rekordteamspieler Andi Herzog wechselt zum Ende seiner Karriere zu den Los Angeles Galaxy, wird der erste Österreicher, der in der US Major Soccer League spielt. Das Unter-17-Team erreicht wieder die EM-Endrunde. Im September verabschiedet sich Gramann auf eigenen Wunsch vom ÖFB. EURO-Direktor Ludwig übernimmt auf ausdrücklichen Wunsch Sticklers und des Präsidiums wieder das Generalsekretariat.

Nach 17 Jahren Generalsekretär Österreichs EURO-Direktor, aber nach einem Jahr wieder in den ÖFB-zurückgekehrt: Alfred Ludwig

Um Vertragslösung gebeten: Wolfgang Gramann mit Präsident Stickler.

2004

Aktivitäten im Jubiläumsjahr 2004:

Zum hundertsten Geburtstag des Fußballbundes gab es unter anderem eine Jubiläumsmünze (links) sowie Sondermarken von Gerhard Hanappi, Matthias Sindelar, Bruno Pezzey, Ernst Ocwirk, Walter Zeman, Herbert Prohaska, Hans Krankl, Andreas Herzog und Anton Polster, dazu am 17. August auch von Ernst Happel. Die präsentierte mit Post-General Anton Wais der Mann, der Happel für den Hamburger SV engagiert hatte, nämlich Deutschlands Ex-Star Günther Netzer.

Steinzeit: zur Strafe ein Steinwurf!

Der Fußball in Österreich ist älter als 100 Jahre. Bereits zehn Jahre vor der Verbandsgründung tummelten sich die »Steinzeitfußballer« in Wien, Baden bei Wien und Graz. Die englischen Gärtner des Baron Rothschild schleppten den Fußballbazillus, der zu einer Volkskrankheit führte, von der britischen Insel nach Österreich ein.

Anno 1894 hieß der Härteschlager Vienna gegen Cricket – erstmals am 15. Oktober 1894 auf der »Kuglerwiese« in Döbling. Vienna gewann das Rennen um die Erstgründung, den Titel »First«, bei der Vereinsbehörde nur um Stunden. Auf dem grünen Rasen aber waren die Praterleute gegen die Döblinger die Ersten, gewannen die ersten zwei Begegnungen 4:0. In der Cricket-Elf spielten vorerst nur in Wien arbeitende Briten, die typischen Inselfußball praktizierten. Der berüchtigte Remplerkönig aus Irland, William Flavin, räumte gewaltig auf. Einmal musste er sich sogar vor einem ordentlichen Gericht wegen Verletzung eines Vienna-Spielers verantworten, wurde aber freigesprochen. Bei der First Vienna hingegen spielten neben englischen Gärtnern bereits einige Wiener. Die Vienna hielt es schon in der »Steinzeit« mit der Technik. Den Begriff »Steinzeit« erklärte der damals bekannte Wiener Internationale und Sportjournalist Max Leuthe ganz simpel: »Bei jedem Training bestrafte der Trainer einen Spieler, der seine Anweisungen nicht befolgte, mit dem gezielten Wurf eines Steines!« …

M. D. Nicholson machte als Trainer und Spieler der Vienna (Bild oben) den Fußball hierzulande gesellschaftsfähig.

Aus dieser »Steinzeit« erlöste Mister M. D. Nicholson den heimischen Fußball. Ein englischer Gentleman, ein 1895 nach Wien versetzter Direktor des Reisebüros Cook, ein früherer Internationaler bei Westbromwich. In England gab es bereits seit 1863 einen geregelten Meisterschaftsbetrieb. Nicholson machte als Spieler und Trainer der Vienna den Fußball hierzulande gesellschaftsfähig.

Als Nicholson in seine Heimat zurückkehrte, ehrte man ihn durch die Gründung eines neuen Wiener Fußballklubs, der seinen Namen trug. Aus dem FC Nicholson wurde 1933 der FC Wien …

In Budapest setzte es anfangs fast immer Niederlagen. 1911 ein 0:2 (oben), acht Jahre später (unten) ein 1:2

Die ersten Publikumslieblinge: ...

Publikumsliebling Uridil voll im Einsatz. 1921 widmete ihm der populäre Hermann Leopoldi das Lied »Heute spielt der Uridil!«.

Karl Pekarna (mit Kappe) wurde zum besten Torhüter Schottlands gewählt.
Bei den Publikumslieblingen riskierten die Damen gerne einen Blick durch den Zaun.

Schnell avancierten die ersten heimischen Starfußballer zu Publikumslieblingen. Da bombte ein gewisser **Jan Studnicka** vom WAC, den sie wegen seiner kleinen Figur und seiner »Säbelbeine« den »Gstutzten« riefen. **Max Leuthe**, der sich »Mac John« nannte, wurde durch seinen »Fersler« berühmt. Der erste Österreicher, der international ins Rampenlicht trat, war ein Tormann: **Karl Pekarna** von der Vienna. Der 22-jährige Postbeamte, eigentlich nur Ersatz bei den Döblingern, beeindruckte den schottischen Traditionsklub Glasgow Rangers bei dessen Gastspiel in Wien so sehr, dass er 1904 einen gut dotierten Profivertrag erhielt. Damit war der »Karli aus Wien« der erste Fußballlegionär auf der britischen Insel. Pekarna hielt sensationell, wurde zum bes-ten Goalkeeper Schottlands gewählt. Aber das Heimweh war stärker. Pekarna kam bald zurück, spielte dann noch bei Vienna, Bayern München und Slovan.

Der erste Topstar des österreichischen Fußballs hieß **Pepi Uridil**. Er machte den

... Heute spült der Uridil. ...

Bekannt für seine Säbelbeine: Jan Studnicka

Seine Schüsse durchschlugen Tornetze, in der Luft war er eine Macht: Franz Binder. Links oben in Rapids Meistermannschaft der Saison 1934/35.

Fußball zu einem wirtschaftlichen Faktor. Erstmals wurde in Österreich mit einem Spieler erfolgreich Produktwerbung in großem Stil begonnen. Sein Konterfei prangte auf vielen Plakatwänden, er war Werbeträger für Dutzende Waren, trat allabendlich in einer Revue auf (mitunter auch mit dem berühmten Hans Moser), machte als Filmschauspieler keine schlechte Figur, übernahm im Streifen »Pflicht und Ehre« die Hauptrolle. Der populäre Hermann Leopoldi widmete 1921 Uridil ein Lied, das er textete, sang und auf dem Klavier spielte: **»Heute spült der Uridil, Uridil, Uridil. Man kann sagen, was man will, so wundervoll trifft keiner mehr ins Goal! Jawohl!«** Es herrschte eine Uridil-Hysterie. Speziell nach seinen sieben Toren am 10. April 1921 für Rapid gegen den WAC. Aus einem 1:5 zur Pause wurde dank Uridil noch ein 7:5-Sieg. Auch als Trainer feierte Uridil viele Jahre später mit Rapid Triumphe. Unter anderem ein 6:1-Sensationssieg 1953 in Brügge gegen Englands Meister Arsenal. Uridils Worte vor dem Match:

»Burschen, geht's aussa, spielt's euer Spül und gwinnt's. Nachher gibt's a Sekterl.«

Rapid war bald die große Torfabrik im heimischen Fußball. In Hütteldorf tummelten sich auch nach Uridil die Scharfschützen: »Blitz« Weselik, Pepi Bican, Georg Schors. Der Größte von allen, nicht nur was die Körperlänge betraf, war **Franz Binder**, der als »Bimbo« in die Geschichte einging. 1151 Tore in 794 Pflichtspielen bedeuteten lange absoluten Tor-Weltrekord. Seine gefürchteten Schüsse durchschlugen Tornetze, brachen Torleuten die Hände. 16 Tore erzielte der gebürtige St. Pöltener in 19 Spielen für Österreich. Unübertroffen sind seine drei Tore, mit denen er Rapid 1941 in Berlin nach einem 0:3-Rückstand gegen Schalke im Finale der deutschen Meisterschaft noch zum 4:3-Sieger machte.

Das Wunderteam

Das 8:2 gegen Ungarn 1932 auf der Wiener Hohen Warte galt als der Höhepunkt einer glanzvollen Ära.
Stehend von links: Schramseis, Nausch, Hofmann, Zischek, Sindelar, Braun, Schall, Vogl. Sitzend: Gschweidl, Hiden, Blum.

»Ka schlechte Hack'n«

Nach dem Wunderteam schlugen die »Gscherten« zu:

Silber!

Dieses Kapitel widmet Ihnen

APF

Hugo Meisl an seinem Schreibtisch im Verbandssitz in der Wiener Berggasse und auf dem berühmten Bild von Prof. Paul Meissner mit seinem Team beim legendären 3:4 gegen England 1932 in London.

Der 16. Mai 1931 gilt als Geburtsstunde des Wunderteams. Mit den Worten »Da habt´s euer Schmieranskiteam« soll Verbandskapitän Hugo Meisl einen Zettel mit der Aufstellung der Nationalmannschaft für das Länderspiel gegen Schottland auf einen Tisch des »Ring-Cafés« am Wiener Stubenring (wo heute das Restaurant »Indochine 21« logiert) geknallt haben, das zumeist von den Sportjournalisten frequentiert war. Der frühere »Kurier«-Sportchef Robert »Nazl« Brum bestätigte die spektakuläre Aktion, auch um die Verdienste seiner Zunft der Sportschreiber ins rechte Licht zu rücken. Denn sie waren es, die Meisl das Duo Matthias Sindelar – Fritz Gschweidl, von dem er seit dem 0:5 gegen Süddeutschland in Nürnberg 1929 nichts mehr wissen wollte (»für euch Dribblanskis hab i kann Platz mehr«) wieder einredeten. In vertauschten Positionen: Mittelstürmer Gschweidl neu als Verbindungsstürmer (heutzutage wäre das ein offensiver Mittelfeldspieler), Sindelar wie bei der Austria ganz vorne Mittelstürmer. Ein Platztausch, der ein Wunder vollbrachte. Alles war auf Improvisation aufgebaut. Mit dem 5:0 gegen die Schotten begann die größte Erfolgsära des österreichischen Vorkriegsfußballs.

Mit einem unglaublichen Siegeszug zwischen Mai 1931 und Februar 1933: Unter anderem 6:0 und 5:0 gegen

1932

DAS WUNDERTEAM

Deutschland, 8:1 über die Schweiz, 2:1 gegen Italien, 6:1 gegen Belgien, 4:0 gegen Frankreich. Das 8:2 gegen »Erbfeind« Ungarn galt als absoluter Höhepunkt. Die Bezeichnung »Wunderteam« prägten aber die Journalisten aus dem Ausland. Sie nahmen davon nichts zurück, als Österreich am 7. Dezember 1932 gegen England im Londoner Stadion an der Stamford Bridge (Heimstätte von Chelsea) 3:4 verlor. Das legendäre Match zog ganz Europa in seinen Bann. Das 3:4 gilt bis heute als die »glorreichste« Niederlage der österreichischen Nationalmannschaft!

Das ehemalige Ring-Café am Stubenring. Hier gab Meisl erstmals den Journalisten einen Zettel mit der Aufstellung ihres »Schmieranskiteams«

1932

Abfahrt zum legendären Match gegen England am 1. Dezember 1932. Der Zug mit den Spielern fährt aus der Halle des Wiener Westbahnhofs.

»Ihr könnt sogar gewinnen. Die ganze Sportwelt schaut auf euch. Spielt anständig, protestiert's nie gegen den Schiedsrichter und rennt's, was das Beuschel aushält!«

Mit diesen Sätzen schickte Teamchef Hugo Meisl das »Wunderteam« auf den Rasen. 50.000 Zuschauer stürmten in London das Chelsea-Stadion, daheim in Österreich grassierte das Fußballfieber. Firmen hatten ihren Mitarbeitern für zwei Stunden freigegeben, damit sie die Radioübertragung auf den Plätzen der Stadt gegen eine Spende von 20 Groschen für die Winterhilfe anhören konnten. Das Parlament unterbrach die Sitzung, die Abgeordneten hörten am Radio die Übertragung des damaligen »Krone«-Sportchefs, Professor Willy Schmieger. Einige Fans waren trotz der großen Arbeitslosigkeit mit ihrem letzten Geld nach England gereist. Die Engländer führten zur Pause 2:0, Zischek verkürzte auf 2:1, die Österreicher begannen ihr berühmtes »Scheiberl«-Spiel. Kurz vor Abpfiff vergab Linksaußen Vogl das 4:4. Der belgische Referee John Langenus lobte: »Das schönste Match, das ich in meiner Karriere leitete. Niemals brauchte eine Niederlage weniger schmerzen!«

»... rennt's, was das Beuschel aushält!«

Aufstellen für die englischen Fotografen. Das Wunderteam beim Training in Highbury, der Heimstätte von Arsenal.

Die 16 Spieler, die das Gerippe dieses einmaligen Teams bildeten, nannten ihren Boss respektvoll »Herr Hugo«. Der große Mittelläufer Pepi Smistik drückte ihre Hochachtung gegenüber dem Coach, Chef und Ideengeber, kurz und einfach aus: »Hugo Meisl war unser Gott!« Es gab nie mehr einen Mann, der alles in einer Person so wie Meisl vereinte: hohe Intelligenz, großen Fußballsachverstand, blendendes Organisationstalent, mitreißenden Patriotismus (im Ersten Welt-

Referee John Langenus aus Belgien als Zuschauer im Luftkampf zwischen Sindelar und Benkinsop – nachher schwärmte der Unparteiische:»Das schönste Match, das ich leitete!«

Hugo Meisl beim Shakehands in London mit seinem englischen Kollegen Sir Frederick Wall – unten Meisls Arbeitszimmer im ÖFB-Haus in der Berggasse.

krieg war er Frontsoldat, kehrte nach einer schweren Verwundung als Hauptmann mit hohen Auszeichnungen zurück) und höchste internationale Reputation. Der geborene Chef war aber auch ein Choleriker, der in seiner Wut über jede Niederlage oft mit seinem gummibepropften Gehstock in gefährlicher Nähe der Spielerköpfe herumfuchtelte. Die Jahrhundertpersönlichkeit wirkte nie überheblich. Seine Portion gesunden »Schmähs« machte sich auch im Spiel seiner Schützlinge bemerkbar. Von dem Schmäh lebte die »Wiener Schule« Jahrzehnte.

Das Kind einer jüdischen Kaufmannsfamilie wurde 1881 in Böhmen geboren, übersiedelte mit sechs Jahren nach Wien. Aus dem Bankbeamten, der einige Zeit auch in London arbeitete,

Kapitän Matthias Sindelar mit skeptischem Blick vor dem 2:2 gegen Ungarn 1933 in Wien.

wurde einer der ersten »Fußballverrückten« in der k. u. k. Metropole. Wie sein jüngerer Bruder Willy arbeitete er an allen Fronten der aus England importierten Fußballeuphorie: als Spieler, internationaler Referee, Trainer, Funktionär, Sportjournalist, Regelexperte, Vereinsgründer und als Generalsekretär des Fußballverbandes, als Teamchef. Hugo Meisl war unumschränkter Fußballherrscher Österreichs. Er mischte schon 1904 bei der Verbandsgründung mit und holte 1908 den ersten FIFA-Kongress nach Wien. Sein Wort allein zählte. 1927 schuf er den »Mitropa-Cup« als Vorläufer des Europacups, startete von Österreich aus eine übernationale europäische Konkurrenz. Das Universalgenie parlierte in neun Sprachen, galt als Ideengeber der Weltmeisterschaften und bei der Einführung des Profitums.

Als Chef des »Wunderteams« wurde er unsterblich. Er machte das »Ring-Café« zum Verbandslokal, versammelte dort täglich Journalisten, Fans und Spieler um sich. Auch wenn es für Niederlagen Kritik gab, als Persönlichkeit blieb »Herr Hugo« unantastbar. Das Geheimnis seines Wunderteams? Die 16 Spieler, zwar ganz unterschiedliche Charaktere, besaßen dennoch Gemeinsames: Sie waren hervorragende Fußballer und dazu echte Kameraden und Freunde. Es gab Kämpfer wie Schramseis, Smistik, Nausch, Sesta, Blum, Schall genauso

wie feine Techniker vom Format eines Sindelar, Gschweidl, Gall, Rainer, Braun, Mock oder Hofmann. Die 20-jährigen blitzschnellen, unerschrockenen Flügelstürmer Zischek und Vogl ließen den Angriffselan nie erlahmen, der 22-jährige Grazer Supertormann Rudi Hiden sorgte für den Rückhalt. So gab's in 15 Spielen nur eine Niederlage.

Der Schmäh ging nie aus. Dafür sorgte der bullige Karl Sesta. Er brachte beim legendären Match in London selbst den zukünftigen englischen König bei der Vorstellung zum Lachen. Als der meinte: »Sie haben als Fußballer einen wunderbaren Beruf«, antwortete Sesta schlagfertig: »Sie haben a ka schlechte Hack'n, Majestät!« Auch der Begriff »Steirertor« entsprang einer Sesta-Idee. Als er in Richtung Hiden einmal ätzte: »So a Tor kriegt nur ein Steirer!« Peter Platzer, der hervorragende zweite Tormann (später Karriere als Schauspieler), sorgte als erstklassiger Klavierspieler für Stimmung, der »Papierene« Sindelar bewies als Kartenspieler so viel Raffinesse wie auf dem Rasen. Ihm ein »Bummerl« anzuhängen, bedeutete schon hohe Kunst. Der britische Trainer Jimmy Hogan, den England-Verehrer Meisl von Fall zu Fall heranholte, passte hervorragend in das Milieu. Der Sir und Vollprofi verstand auch den Wiener Schmäh, aber er sorgte dafür, dass Disziplin immer an erster Stelle stand ...

Beim 8:2 gegen Ungarn 1932 war auf der Hohen Warte kein Platz mehr frei. Auch die Wagenauffahrt war beachtlich, wie der Blick auf den Parkplatz zeigt. Und die Mannschaft stürmte vor Anpfiff im wahrsten Sinne des Wortes den Platz (wie hier Hiden, links), so groß war ihr Tatendrang. Ungarns Abwehr kam gegen Sindelar (unten) nie zum Verschnaufen.

Das Wunderteam bei seinem letzten Spiel:
9. April 1933, 1:2 gegen Tschechien in Wien.

Diese Wundertruppe verhalf dem Fußball zu ungeheurer Popularität, war für jeden Patrioten in einer Zeit der Wirtschaftskrise, Arbeitslosigkeit und der politischen Auseinandersetzungen ein »Strohhalm«, um stolz zu sein. Bei der WM 1934 fehlten Österreich aber mit Hiden, Rainer, Gall, Smistik, Nausch (beim 6:1 in der Qualifikation gegen Bulgarien schwer verletzt), Gschweidl und Vogl schon sieben Wunderteamspieler. Es waren also nur die Reste des Wunderteams dabei. Die schlechte wirtschaftliche Lage wirkte sich auf die WM-Vorbereitung katastrophal aus. Aus Geldnot kam Hogan nicht mit. Ein Masseur konnte nur vom AC Torino ausgeliehen werden. Aus Kostengründen verfrachtete man die Mannschaft in überbelegte Hotels in den Städten statt in ruhige Quartiere an den italienischen Seen. Meisterschaft und Cupbewerb gingen erst knapp vor der WM zu Ende, Torjäger Hansi Horvath vom FC Wien musste sogar während der WM ein Nachtragsspiel absolvieren und reiste erst zum zweiten Spiel nach. Der schwedische Heimreferee Eklind ließ im Mailänder Semifinale Österreichs Endspielträume platzen. Bei Italiens Siegestor zum 1:0 ignorierte er, dass der berühmte Giuseppe Meazza Platzer ins Tor rempelte. Sindelar wurde vom Italiener Monti nach allen Regeln der Kunst weich geklopft. Im Match um Platz drei spielten die Österreicher (ohne den verletzten Sindelar) gegen Deutschland in ausgeborgten und ausgewaschenen Dressen des AC Napoli. Beide Mannschaften hatten nur weiße Leiberln mit, Österreich verlor die Dressenauslosung und das Match 2:3 – das war die »Geburtsstunde« des jahrelangen »Deutschen-Komplex«. Platz vier galt in der Heimat als Blamage. Ein Journalist schrieb in Anspielung auf das Wunderteam vom »Plunderteam«, bei der Ankunft am Südbahnhof gab es Pfiffe und Pfuirufe.

Als sich der ÖFB entschloss, zum Olympischen Turnier 1936 nach Berlin eine Mannschaft zu entsenden, zog man aus dem WM-Schock die Lehren. Diesmal stellte

In der Qualifikation für die WM in Italien spielten Horvath und Sindelar beim 6:1 gegen Bulgarien auf.
Vor der WM gelang noch ein 5:2 gegen Ungarn. Aber in Italien gelang nur noch wenig. Sieben Wunderteamspieler fehlten. Und die Reste des Wunderteams reichten nicht.

»Die Gscherten werden's Kraut nett fett machen.«

DIE »SILBERNEN« – SIE SETZTEN SICH EIN ÖSTERREICHISCHES FUSSBALLDENKMAL: Edi Kainberger (SAK Salzburg), Künz (FC Lustenau), Kargl (Kores Wien), Krenn (Polizei Wien), Wahlmüller (SV Urfahr), Hofmeister (Donawitz); Werginz (Klagenfurter AC), Laudon (SAK Salzburg), Steinmetz (Kapfenberg), Karl Kainberger (SAK Salzburg), Fuchsberger (SV Urfahr). Österreichs erfolgreichste Olympiaschützen waren mit je drei Treffern Steinmetz und Werginz.

der ÖFB eine echte Amateurtruppe auf die Beine, die entsprechend vorbereitet nach Berlin fuhr. 1935 verpflichtete man dafür Jimmy Hogan und den österreichische Altinternationalen Ludwig »Luigi« Husak. Beide beobachteten in den Bundesländern die Kandidaten, organisierten Probespiele, versammelten ihre Schützlinge drei Wochen vor Olympia in einem Trainingslager. Im Aufgebot standen nur vier Wiener, der älteste Olympiakandidat zählte erst 26 Jahre, der jüngste war 18 ...

So wurde das bunte Gemisch aus Spielern von Landesliga- und Zweitklassenklubs Olympiasensation. Zuerst 2:1 gegen Ägypten, dann ein Skandalspiel gegen Peru. Österreich führte 2:0, die brutal spielenden Südamerikaner schafften in der regulären Spielzeit den Ausgleich, führten im Nachspiel 4:2, liefen Amok. Der schwache Referee brach das Match ab, empörte Zuschauer liefen auf das Feld, prügelten sich mit Anhängern Perus. Öster-reich protestierte, eine internationale Jury ordnete eine Wiederholung unter Ausschluss der Öffentlichkeit an. Peru trat nicht mehr an. Danach eliminierte Österreich trotz verletzungsbedingter Umstellungen Polen in der nächsten Härteschlacht vor 100.0000 Zuschauern, stand damit unerwartet im Finale gegen Favorit Italien.

1936

Der Weg zu OLYMPIA-SILBER

ACHTELFINALE

Österreich – Ägypten 3:1 (2:0).
1:0 (4.) Steinmetz, 2:0 (7.) Laudon, 3:0 (65.), Steinmetz, 3:1 (65.) Sahi.

VIERTELFINALE

Österreich – Peru 2:4 (2:2, 2:0) nach Verlängerung. Das Ergebnis wurde annulliert, Peru trat zum Wiederholungsspiel nicht an.
1:0 (23.) Werginz, 2:0 (37.) Steinmetz, 2:1 (75.) Alcade, 2:2, 2:3 (81., 117.) Villanueva, 2:4 (119.) Meyzan.

SEMIFINALE

Österreich – Polen 3:1 (1:0).
1:0 (14.) Karl Kainberger, 2:0 (55.) Laudon, 2:1 (73.) Gad, 3:1 (88.) Werginz.

FINALE

Italien – Österreich 2:1 (1:1, 0:0) nach Verlängerung.
1:0 (70.) Frossi, 1:1 (79.) Karl Kainberger, 2:1 (92.) Frossi.

Im Olympiajahr 1936 überzeugte das Nationalteam vor allem mit dem 2:1-Heimsieg gegen England. Torhüter Platzer fängt den Ball sicher aus der Luft herunter.

Italiens Schlachtenlenker, der erfahrene Vittorio Pozzo, nahm es mit dem Amateurstatus nicht so genau wie die Österreicher. Teamchef Pozzo holte und setzte auf Routiniers von Profivereinen, die er als »Studenten« tarnte. Mit Erfolg. Die Österreicher begeisterten zwar auch im Endspiel 100.000 Zuschauer. Holten ein 0:1 auf, zwangen die Italiener in ein Nachspiel, in dem sie aber 1:2 verloren. Benachteiligt durch den deutschen Referee Bauwens. Gentleman Hogan sagte dem späteren Präsidenten des Deutschen Fußballverbands am Ende offen ins Gesicht: »Sie waren der zwölfte Mann der Italiener!«

Bei der Verabschiedung der Olympiamannschaft auf dem Wiener Heldenplatz dominierten noch die skeptischen Stimmen wie »schad ums Geld« oder »die Gscherten werden's Kraut net fett machen«. Die »Gscherten« schlugen zu, der Empfang übertraf dann alle Erwartungen. Silber wog so schwer wie Gold. Die Spieler waren dank ihrer Moral und einer ganz »unösterreichischen« Kondition in dem kräfteraubenden Turnier plötzlich in aller Munde. Der Linzer Linksaußen Franz Fuchsberger schaffte 1936 als erster »Provinzler« den direkten Sprung in die Nationalmannschaft.

VOR DER PLEITE

In der »Steinzeit« waren die Engländer als Pioniere am Werk, in den Zwanzigerjahren verfeinerten die Ungarn den Spielstil, der später noch mit tschechischer »Beigabe« zur »Wiener Schule« und »höchster Spielkultur« führte. Das Engagement der Budapester Brüder Jenö und Kalman Konrad sowie des ungarischen »Fußballkönigs« Spezi Schaffer, des exzentrischsten Profis in ganz Europa, erwies sich als Volltreffer. Sie wurden nobel beim »Amateur Sportverein« bezahlt. 1926 bekamen die in Violett spielenden Amateure den Klubnamen Austria. Amateure waren die Violetten nie. Neben Schaffer und Kalman Konrad wuchs Matthias Sindelar, den Austria vom Klub Hertha als Draufgabe für zwei abgeworbene Spieler bekam, zum großen

Einer der vielen Admira-Teamspieler: Torhüter Platzer (links).

Star heran. Der in Favoriten unter den »Ziegelböhm« aufgewachsene Sindelar wurde zu einem Jahrhundert-Fußballer.

Dem ersten Schub aus dem Nachbarland Ungarn folgte der zweite. Der jüdische Sportklub Hakoah stützte sich vor allem auf einen großartigen Mittelläufer namens Bela Guttmann, der später im Weltfußball eine große Rolle spielen sollte. Hakoah gewann den Titel in der ersten Profimeisterschaft (1924/25), schlug in London den englischen Meister Westham 5:0. Der Austrianer Wudi Müller, einer der großen heimischen Spieler und Trainer, schwärmte noch viele, viele Jahre später: »Eine bessere Stürmerreihe als von Hakoah habe ich nie gesehen.« Leider sah man Nemes-Häusler-Grünwald-Eisenhoffer-Schwarz nicht lange. Als Hakoah 1926 eine USA-Tournee antrat, blieben acht Spieler drüben, abgeworben von einigen neuen US-Klubs.

Die Austria bekam Matthias Sindelar, hier im Teamdress, vom Klub Hertha als Draufgabe für zwei abgeworbene Spieler.

Das unerwartete Ende eines österreichischen Meisters. Das des Nobelklubs Austria drohte 1931. Er war praktisch pleite, von Pfändungen bedroht. Aber seine Gönner saßen im Ausland: Ein Schweizer Industrieller rettete mit einer Spende von 14.000 Schilling die Existenz, bezahlte die ausständigen Spielergagen. Der Gesamtsieger der Profimeisterschaft von 1924 bis 1938 aber hieß Admira. Sieben Meistertitel, drei Cupsiege, vier zweite Plätze gingen an den in Floridsdorf beheimateten Klub, der es sich damals leistete, den neben Sindelar attraktivsten Stürmer, Josef »Pepi« Bican, 1935 von Rapid abzuwerben und wegen Undisziplinierheiten lange sperren zu lassen. Trotzdem konnte Admira mit Platzer, Schall, Vogl, Stoiber, Hahnemann usw. fast zwei Nationalteams beschicken. Genannt wurden die Schwarz-Weißen »Botaniker«. Das hatten sie einem Spruch ihres Mittelstürmers Karl Stoiber beim Besuch eines Tulpenhauses während einer Holland-Tournee zu verdanken. Weil Stoiber sich sehr interessiert zeigte, fragte ihn der holländische Gärtner, ob er vielleicht Botaniker wäre. Karl Stoiber (Spitzname »Schuaster«) antwortete treuherzig: »Oba na, ich bin a Jedleseer ...«

1927 wurde der Mitropa-Cup ins Leben gerufen. Nur die Creme de la Creme des kontinentalen Fußballs durfte teilnehmen, die Meister und Cupsieger aus der Tschechoslowakei, aus Italien, Ungarn und Österreich. Speziell zwischen 1930 und 1936 wurde der Mitropa-Cup zu einem Zauberwort unseres Fußballs. Viermal ging die höchste und bedeutendste Trophäe, die der europäische Spitzenfußball damals zu vergeben hatte, nach Wien: 1930 an Rapid, 1931 an Vienna, 1933 und 1936 an Austria. 1931 gab es sogar ein rein österreichisches Endspiel zwischen Vienna und WAC.

Heute kann es sich niemand mehr vorstellen, dass ein österreichischer Funktionär bei einem Europacup-Auswärtsspiel zur Pause wutentbrannt in die Kabine stürmt, um mit dem Ausruf **»5:0! Seid's narrisch? So kommen beim Rückspiel keine Leut' mehr!«** die Spieler am weiteren Toreschießen zu hindern. Das tat anno 1935 der legendäre Austria-Präsident Michl Schwarz bei einer 5:0-Führung gegen Italiens berühmte Meisterelf Ambrosiana (später Inter) im Mailänder San Siro-Stadion. Das Match gewannen die nach der präsidialen »Kabinenpredigt« schaumgebremsten Violetten locker mit 5:2. Zum Wiener 3:1-Heimsieg kamen aber trotzdem 60.000 Zuschauer ...

»Macht's keine Tore mehr ...«

Austrias Mannschaft, die 1936 den Mitropacup gewann. Unten Kapitän Nausch beim Wimpeltausch vor dem 3:1-Heimsieg über Italiens Meister Ambrosiana. Trotz 5:2 in Mailand kamen 60.000 Zuschauer ...

... aber in Wien schauten 60.000 zu ...

WELTWEITE SICHERHEIT
SECURITAS
WORLDWIDE
SERVICE IN TRUST
SECURITAS
WORLDWIDE
www.securitas.at

1938 – 1945

Franz Binder bei seinem größten Spiel, Rapids 4:3 gegen Schalke 1941 in Berlin. Damals gab es den ÖFB nicht.

»Vogerl, mach dein Nesterl leer!«

Am 28. März **1938** hörte der ÖFB zum Bestehen auf.

Dienstag Selbstauflösung des Österreichischen Fußball-Bundes

Kommenden Dienstag, 7. Juni, findet um 10 Uhr vormittags eine Tagung des Österreichischen Fußball-Bundes statt, in der der Bund seine Selbstauflösung und Eingliederung in den Deutschen Reichsbund für Leibesübungen beschließen wird.

Ein Kapitel in der Geschichte des ostmärkischen Fußballsportes ist damit abgeschlossen, über das abschließend zu urteilen im gegebenen Augenblick kaum möglich ist. Eine neue Zeit bricht an, eine Zeit, die dem Sport ganz anders gegenübersteht als die glücklich überwundene des Systems. Der ostmärkische Fußballsport hat sich unter Schwierigkeiten und Hemmnisse sonder Zahl zu einer sportlichen Höh emporgearbeitet, die erstaunlich war, wen man eben diese Schwierigkeiten und di durchaus feindliche Einstellung fast aller Be hörden gegen den Fußballsport ins Aug faßt.

Das beweist, welch guter Kern in de ostmärkischen Fußballbewegung steckt, die si nun, nicht mehr gehemmt und eingeengt vo einer sportfeindlichen Regierung, von sport fremden Behörden, frei und ungehemm entwickeln und entfalten kann. Wir anerken nen freimütig die großen sportlichen Leistun gen des ostmärkischen Fußballsportes in de

Ein fröhliches Völkchen

Dieses Kapitel widmet Ihnen SECURITAS

Am 28. März 1938 musste der amtierende ÖFB-Präsident Dr. Richard Eberstaller in einem Telegramm dem Weltverband FIFA Folgendes mitteilen:

»Ich beehre mich, Sie in Kenntnis zu setzen, dass der ÖFB seine Organisation liquidiert hat und die gesamte Verwaltung seiner angeschlossenen Vereine dem Deutschen Reichsbund für Leibesübungen, Fachamt Fußball, Berlin-Charlottenburg, übertragen wurde. Der ÖFB hat mit heutigem Tag als selbstständiger Staatsverband zu bestehen aufgehört. Womit seine Mitgliedschaft zur FIFA als erloschen zu betrachten ist!

Gez.: Dr. Richard Eberstaller

Österreich hatte sich durch einen Erfolg über Lettland für die WM-Endrunde 1938 in Frankreich qualifiziert. Ein Zehnerkomitee war bereits mit den Vorbereitungen beschäftigt und ein englischer Trainer (James Donelli, zuletzt bei Ambrosiana Mailand) sollte verpflichtet werden. Am 13. März 1938 erfolgte jedoch die Machtergreifung durch die Nationalsozialisten. Sie brachten für den rot-weiß-roten Fußball einschneidende Veränderungen.

Die damalige Fußballgroßmacht Österreich verschwand über Nacht von der Bildfläche. Die österreichischen Fußballer wurden zu »Ostmärkern« und in den »reichsdeutschen« Fußball integriert. Bei der WM-Endrunde in Juni musste der »Reichstrainer« Sepp Herberger auf höchsten Befehl aus propagandistischen Gründen seine eingespielte Auswahl, die ebenfalls die WM-Fahrkarte erkämpft hatte, umkrempeln und durch »ostmärkische« Spieler ergänzen, was aber zu einem Fiasko führte. Der deutsche Kampfstil und die »Wiener Schule« passten

Das „Zehnerkomitee"
das Österreich zur Fußballweltmeisterschaft vorbereitet

Oberlandesgerichtsrat Dr. Richard Eberstaller, Präsident des Österreichischen Fußball-Bundes

Erster Staatsanwalt Dr. Josef Gerö, Präsident des Wiener Fußball-Verbandes

Senatsrat Dr. Josef Schindler, Vizepräsident des Österreichischen Fußball-Bundes

Leo Schidrowitz, Vorsitzender des Klassenausschusses der Nationalliga

... aber Österreich fuhr 1938 nicht zur Weltmeisterschaft. Am 28 März hörte der ÖFB als selbstständiger Verband zu bestehen auf.

Wir blicken nach Breslau

Von Gaufachwart Hauptmann Hanns Janisch

In diesen Tagen, da unsere heimischen Spieler in großer Zahl in die Reichsmannschaft für die Weltmeisterschaftsspiele in Frankreich einberufen wurden, wo sie, das dürfen wir wohl sagen, alles für Deutschland hergeben werden, da richten wir unsere Blicke bereits nach Breslau. Dort findet Ende Juli das Reichs-Turn- und Sportfest statt und zum erstenmal seit dem Zusammenschluß wird die stärkste Mannschaft unseres Gaues 17 in Wettstreit treten mit den anderen 16 Gaumannschaften unseres schönen und großen deutschen Vaterlandes.

Die Teilnahme legt uns die große Verpflichtung auf, alles zu tun und vorzubereiten, damit die Fußballer der Ostmark jenen Platz erobern, der ihnen zweifellos gebühren wird, einen Platz, der erreicht, von uns festgehalten werden muß. Denn wir wissen, daß die Wiener Schule, das Wiener Spiel einen guten Klang in der Fußballwelt hat und es wird zu beweisen sein, daß die Auffassung und die Art des Spieles und Kampfes, die unserer landschaftlichen Eigenart entspricht, nicht durch irgendein angelerntes System, von dem gar nicht feststeht, ob es nachahmenswert ist, abgelöst werden darf.

In Breslau sind die Spitzenfußballer des ganzen Reiches zur Erprobung anwesend und alle Augen werden auf unsere Mannschaft und ihr Spiel gerichtet sein. Und jeder unserer Spielkameraden wird diesmal besonders die Größe seiner Pflichten erkennen, denn ist der Erfolg auf ihrer Seite, so bedeutet das die Anerkennung jener Spielart, die gemeinhin die Wiener Schule genannt wird.

Wir werden uns besonders vorbereiten, werden zweifellos das eine oder andere Trainingsspiel gegen starke Teams ansetzen können, und wenn dann die Mannschaft eine Woche vorher noch in ein ruhiges Trainingsquartier außerhalb Wiens geht, um auch noch neben der rein technischen Vorbereitung die Kameradschaft und den Zusammenhalt zu pflegen, so dürfte damit der Sache ein guter Dienst erwiesen sein.

Dienstag Selbstauflösung des Österreichischen Fußball-Bundes

Kommenden Dienstag, 7. Juni, findet um 10 Uhr vormittags eine Tagung des Österreichischen Fußball-Bundes statt, in der der Bund seine Selbstauflösung und Eingliederung in den Deutschen Reichsbund für Leibesübungen beschließen wird.

Ein Kapitel in der Geschichte des ostmärkischen Fußballsportes ist damit abgeschlossen, über das abschließend zu urteilen im gegebenen Augenblick kaum möglich ist. Eine neue Zeit bricht an, eine Zeit, die dem Sport ganz anders gegenübersteht als die glücklich überwundene des Systems. Der ostmärkische Fußballsport hat sich unter Schwierigkeiten und Hemmnissen sonder Zahl zu einer sportlichen Höhe emporgearbeitet, die erstaunlich war, wenn man eben diese Schwierigkeiten und die durchaus feindliche Einstellung fast aller Behörden gegen den Fußballsport ins Auge faßt.

Das beweist, welch guter Kern in der ostmärkischen Fußballbewegung steckt, die sich nun, nicht mehr gehemmt und eingeengt von einer sportfeindlichen Regierung, von sportfremden Behörden, frei und ungehemmt entwickeln und entfalten kann. Wir anerkennen freimütig die großen sportlichen Leistungen des ostmärkischen Fußballsportes in der

Pg. Dr. Richard Eberstaller

Systemzeit, wir begrüßen aber gerade deshalb um so mehr die Eingliederung in den gewaltigen, Millionen umfassenden DRL., weil wir überzeugt sind, daß in diesem Rahmen der weltberühmte ostmärkische Fußballsport erst zu seiner wahren Leistungsfähigkeit emporsteigen wird.

Wir gedenken an dieser geschichtlichen Wende im ostmärkischen Fußballsport besonders eines Mannes, des bisherigen Führers der Bewegung, des Pg. Dr. Richard Eberstaller, dessen Verdienst es in erster Linie war, daß unser Fußballsport trotz aller jüdischen Ränke und Schliche doch in seinem Kern eine gut deutsche Sportbewegung geblieben ist, der seinen ganzen Einfluß dareingesetzt hat, daß Österreich 1936 die Berliner Olympiade beschickte und der nichts unversucht ließ, um den von den Schergen des Systems künstlich unterbundenen Sportverkehr mit dem Deutschen Reiche wieder aufzunehmen.

Der ÖFB. hat seine Mission erfüllt. Es lebe die neue Zeit, die unsere ostmärkischen Fußballer in die Reihen der größten sportlichen Organisation Europas, in den Deutschen Reichsbund für Leibesübungen einführt.

Mitteilung im »Fußball-Sonntag« vom 5. Juni 1938: In zwei Tagen erfolgt die Selbstauflösung.

12 Fußball-Sonntag 20.3.38 Nr. 12

Mitteilungen des Österreichischen Fußball-Bundes und seiner Unterverbände

Weisungen an alle deutschösterreichischen Fußballvereine

Alle jüdischen Sportler sind aus dem Sport- und Spielbetrieb und den Vereinen ausgeschieden. Bis zum Einlangen weiterer Weisungen der Deutsch-Österreichischen Sport- und Turnfront bleibt der Fußballbetrieb unverändert aufrecht.

Vor Beginn jedes Spieles begeben sich beide Mannschaften mit den Linienrichtern unter Führung des Schiedsrichters in tadelloser Ordnung zur Mitte des Spielfeldes. Sie stellen sich in einer Linie parallel den Längsseiten rechts und links vom Schiedsrichter auf und grüßen schweigend mit dem deutschen Gruß. Sie machen sodann nach links „Kehrt-Euch!" und grüßen in der gleichen Art zur anderen Seite.

Nach Beendigung des Spieles treten einander die Mannschaften auf der Mittellinie des Spielfeldes gegenüber und bringen auf das Zeichen des Schiedsrichters gemeinsam ein dreifaches „Sieg-Heil!" auf die deutsche Sportkameradschaft aus.

Die Platzwahl vor Wettspielbeginn darf der Schiedsrichter erst nach Erweisung des deutschen Grußes vornehmen: auf gar keinen Fall darf die Feierlichkeit des Grußes beeinträchtigt oder verkürzt werden.

An die Schiedsrichter ergeht die Aufforderung, das bisherige österreichische Staatswappen von ihrem Sportkleid zu entfernen.

Fahnen

Die platzbesitzenden Vereine haben bei ihren Veranstaltungen die Hakenkreuzfahne zu hissen. Neben dieser Fahne kann auch die Klubfahne gehißt werden.

Abgaben

Die bisherigen Wettspielabgaben an Staat, Gemeinde und Verband bleiben, bis weitere Weisungen ausgegeben werden, unverändert aufrecht.

Heil Hitler!
Dr. Richard Eberstaller
Präsident des ÖFB.

Bereits am 20. März 1938, eine Woche nach der Machtergreifung, musste ÖFB-Präsident Eberstaller diese Weisung im »Fußballsonntag« veröffentlichen.

zueinander wie die Faust aufs Auge. Deutschland schied bereits in der ersten Runde gegen die Schweiz aus, die ausgerechnet der Wiener Karl Rappan zum Sensationserfolg führte.

Am 3. April inszenierte man das vorerst letzte große Aufeinandertreffen der österreichischen und deutschen Nationalmannschaft im Wiener Stadion. Unter dem Titel »Deutsch-Österreich« gegen Deutschland. Auf besonderen Wunsch von Kapitän Matthias Sindelar trugen die Österreicher den rot-weiß-roten Dress und siegten vor 60.000 Zuschauern durch Tore von Sesta und Sindelar ungefährdet 2:0. »Österreich« war drückend überlegen. Sindelar

Das inszenierte Match zwischen Österreich und Deutschland am 3. April 1938 im Wiener Stadion. Auf Wunsch von Kapitän Matthias Sindelar spielten die Österreicher in Rotweißrot. Um den Hitlergruß vor dem Anpfiff kamen sie nicht herum.

vergab fast provokativ beste Chancen. Nach seinem Tor soll er vor der Nazi-Tribüne einen Freudentanz aufgeführt haben. Diese Rolle galt vielen als Form spielerischen Widerstands. Dass die Deutschen die »Ostmärker« siegen lassen mussten, ist ebenso nur eine Legende wie später das Gerücht, die deutsche Meistermannschaft Schalke 04 hätte 1941 in Berlin im legendären Endspiel um die deutsche Meisterschaft nach einer 3:0-Führung auf höchsten Befehl Rapid noch 4:3 gewinnen lassen.

Die Umstellungen im österreichischen Fußball waren gravierend. Bereits am 22. April wurde offiziell das seit

Rapid Wien erstmals Deutscher Meister 1941 in Berlin: von links Wagner, Pesser, Dworacek, Skoumal, Fitz, Wagner, Sperner, Gernhardt, Schors, Binder, Raftl. In Berlin war der Hitlergruß erst recht Pflicht.

1924 in Österreich geltende Berufsspielertum aufgelöst. Die Spieler bekamen Arbeitsplätze bei Gemeinden, städtischen Einrichtungen oder staatlichen Ämtern zugewiesen. Das Gros der Spieler musste diese Angebote annehmen, da sie zumeist ohnehin arbeitslos waren und vom »Bettelprofessionalismus« nur schlecht und recht leben konnten. Die vertraglichen Höchstgagen betrugen für Spitzenkicker 300 Schilling im Monat, wurden jedoch nur schleppend bezahlt. Ein kleiner Teil der vorwiegend älteren Spieler versuchte noch rasch im Ausland, wo österreichische Fußballer besonders geschätzt waren, als Spieler oder Trainer unterzukommen.

In der Person von Hans Janisch wurde ein »Gaubeauftragter« für den heimischen Fußball installiert. In der neu geschaffenen »Gauliga« 1938/39 mit zehn Vereinen durften erstmals Vertreter der Bundesländer (Grazer SC, Amateure Steyr, Wacker Wr. Neustadt) in der bisher ausschließlich von Wiener Klubs besetzten obersten Spielklasse mitmachen. Tirol spielte mit Bayern, Vorarlberg mit Württemberg. Vor jedem Match waren die Akteure in der Feldmitte zum »Hitlergruß« verpflichtet. Die österreichischen Klubs standen in den sieben Jahren des »Anschlusses« fünfmal in den Finalspielen der deutschen Meisterschaft oder des »Tschammer-Pokal« genannten Cupbewerbs. Rapid wurde 1939 deutscher Cupsieger und 1941 deutscher Meister, die Vienna holte sich 1942 den deutschen Pokal. 28 Österreicher erhielten Berufungen in die deutsche Nationalmannschaft. In vier Länderspielen standen jeweils acht Österreicher im deutschen Team. Willy Hahnemann und Hans Mock fungierten als Kapitäne. Hahnemann war mit 23 Einsätzen neben dem berühmten Kaiserslauterer Fritz Walter der meistbeschäftigte deutsche Teamspieler dieser Zeit. Zum deutschen WM-Kader 1938 gehörten neun Österreicher.

Von den ersten Maßnahmen der neuen Führung betroffen waren die jüdische Sportgemeinschaft Hakoah, die Wiener Austria sowie Slovan, der Klub der Wiener Tschechen. Hakoah wurde aufgelöst, ihr Sportplatz neben dem Praterstadion konfisziert, später für militärische Zwecke verwendet. Slovan musste mit zahlreichen Schikanen leben, etwa dem neuen Namen »Sparta«. Da man die Stimmen der zahlreichen Wiener Tschechen benötigte, wurde der Klub nie offiziell liquidiert. Auch der Traditionsklub Austria nicht. Der neue Name »Ostmark« hielt allerdings nur drei Monate. Nach zahlreichen Protesten, auch aus dem Ausland, wurde der alte Name wieder zugelassen. Der Verein kam aber in neue Hände. Die vorwiegend jüdische Führung war sofort entlassen worden, musste – wenn sie noch konnte – emigrieren. Der Reservespieler und Parteigenosse Hermann Haldenwang wurde »kommissarischer Verwalter«. Eine seiner ersten Handlungen: Ein großes Hitlerbild musste das Klubsekretariat »schmücken«. Da kein geeigneter Bilderrahmen vorhanden war, klebte Klubsekretär Egon Ulbrich das Hitlerporträt über das gerahmte Porträt des verbannten Austria-Präsidenten Michl Schwarz. So durchlebten der »Führer« und der jüdische Emigrant »Schulter an Schulter« das Dritte Reich …

Zwei österreichische Teamspieler hatten das besondere Interesse der deutschen Machthaber gefunden: Walter Nausch und Matthias Sindelar. Beide galten als herausragende Spielerpersönlichkeiten und Sportler mit Vorbildcharakter. Das wollten sich die Nationalsozialisten zunutze machen und sie mit hohen Ämtern in der Jugendarbeit betrauen. Beim Austrianer Walter Nausch lautete die Bedingung, dass er sich von seiner jüdischen Ehefrau, einer ehemals erfolgreichen Sportlerin, trennen musste. Der ehemalige Wunderteamspieler zeigte Charakter, verließ aus Protest 1938 mit seiner Frau Österreich, fand durch Unterstützung seines Wiener Spielerfreundes Karl Rappan in der Schweiz Unterkunft und Beschäftigung. 1948 kehrte Nausch als Teamchef wieder in seine Heimat zurück.

Sindelar sollte noch im deutschen Team spielen. Teamchef Sepp Herberger, der Sindelar als Spieler sehr verehrte, wolle ihn ganz »ohne Auftrag« einbauen. Der mittlerweile 35-jährige Austrianer sagte Herberger jedoch jedes Mal mit Erfolg ab. Seine chronische Knieverletzung war aber nur ein Vorwand. Sindelar konnte als genialer Einfädler der »Wiener Schule« dem deutschen Kraftfußball nichts abgewinnen. Auch wusste er, dass er am Ende seiner Karriere stand. Obwohl der zurückhaltend, introvertiert wirkende Star in seinen Äußerungen höchst vorsichtig war, wussten alle seine Freunde, dass er mit den neuen Herren nichts gemein haben wollte. Auch wenn sie ihn durch die Hilfe bei der »Arisierung« eines Kaffeehauses zu ködern glaubten. Der »Papierene« wuchs im vorwiegend »roten« Wiener Tschechenmilieu auf. Seine geliebte Mutter galt bei den NS-Behörden als Gesinnungsfremde, als »National-Tschechin« auch als »Unwürdige« im neuen Regime. Ihrem Sohn verzieh man aber sogar die oft kolportierte Äußerung in den Tagen des »Machtwechsels«, die seinem zuerst geächteten und dann vertriebenen jüdischen Klubpräsidenten, dem populären Fußballdoktor Michl Schwarz galt: »Ihna, Herr Doktor, werd' i immer grüßen.« Zu sehr benötigte man den großartigen, international bekannten Sindelar als Aushängeschild, als Betreuer des gesamtdeutschen Nachwuchses. Sein früher Tod am 23. Jänner 1939 machte diesen Plan aber zunichte …

Über das mysteriöse Hinscheiden des Idols mit erst 36 Jahren ranken sich bis heute Legenden. In der amtlichen Sterbeurkunde ist »Tod durch Kohlenmonoxydvergiftung« zu lesen. Aber niemand in seiner Familie und keiner seiner Freunde war mit dieser Version einverstanden. Auch nicht alle der auffallend schnell beseitigten Indizien sprachen für diesen nüchternen Amtsbescheid. Das öffnete anderen Versionen Tür und Tor. Mit Sicherheit ist auszuschließen, dass Sindelar freiwillig (wie es selbst Sepp Herberger vermutete) oder aus politischen Gründen mit seiner Freundin, der »Halbjüdin« Camilla Castagnola, aus dem Leben schied. Ein Leben, das nur vom Fußball bestimmt war. Der berühmte Literat Alfred Polgar schrieb: »Der brave Sindelar folgte der Stadt, deren Kind und Stolz er war, in den Tod.«

Österreichs Fußballer hielten sich zum Großteil aus der Politik heraus. Oder sie versuchten es zumindest. Sie sahen im Fußball die einzige Chance, möglichst ungeschoren zu überleben. Am 17. November 1940 kam es im Wiener Stadion nach einem »Freundschaftsspiel« zwischen Admira und Schalke, das als Revanche für Admiras 0:9

Er spielte Fußball wie kein zweiter,
er stak voll Witz und Fantasie.
Er spielte lässig, leicht und heiter,
er spielte stets, er kämpfte nie.
Er war gewohnt zu kombinieren
und kombinierte manchen Tag,
Sein Überblick ließ ihn erspüren,
dass seine Chance im Gashahn lag.

Friedrich Torberg verewigte 1939
Matthias Sindelar im Gedicht
»Auf den Tod eines Fußballspielers«.

Matthias Sindelar, wie ihn seine Fans verehrten, wenn er die Trickkiste auspackte, und 1938 vor seinem neu eröffneten Kaffeehaus. Am ersten Todestag 1940 kamen viele Freunde an sein Grab. Von links: Zischek, Box-Europameister Karl Blaho, Smistik, Horvath, Stoiber und Viertl.

gegen Schalke im Finale der deutschen Meisterschaft 1939 propagiert wurde, zu schweren Ausschreitungen. Der deutsche Referee annullierte in dem hektischen Match zwei offenbar reguläre Tore der überlegenen Admira. So blieb es bei einem 1:1. Die Tumulte begannen mit einem wüsten Pfeifkonzert, eingeschlagenen Fensterscheiben und Schmährufen gegen den Referee und endeten damit, dass die Reifen des Autos von »Gauleiter« Baldur von Schirach zerschnitten wurden. Es gab zahlreiche Verhaftungen in und vor dem Stadion, danach begann eine »Säuberungsaktion« gegen verdächtige Regimegegner, die auch viele Fußballfans betraf.

Die Kriegsereignisse forderten unter den Fußballern viele Opfer. Hoffnungsvolle Spieler blieben auf dem Felde, wurden Bombenopfer, kehrten schwer gezeichnet, als Invalide aus der Gefangenschaft oder als Überlebende aus dem KZ in die Heimat zurück. Der damals blutjunge Karl Stotz geriet kurz vor Kriegsende in sowjetische Gefangenschaft, musste drei Jahre in Stalingrad Fronarbeit leisten. Unter den Spitzenfußballern befanden sich kaum engagierte Nationalsozialisten. Einer der Austrianer, Hans Mock, ein Wunderteamspieler, galt als illegaler Parteigenosse und später als Mitläufer. Der Großteil der Spieler musste sofort einrücken. Einige kamen in der Rüstungsindustrie unter. Vielen blieb der Einsatz an der Front nicht erspart, obwohl Fußballfanatiker in höchsten Positionen oft helfend eingriffen.

So hatte der Alt-Internationale Karl »Vogerl« Geyer (sein Pseudonym kam aber nicht vom Fliegen. Als der junge Spieler ohne Erlaubnis 1920 ein Probematch für die Amateure bestritt, riet der Sektionsleiter diplomatisch seinem Trainer: »Der Neue heißt Geyer, also schreiben's einfach Vogerl eini.« So trugen ihn die Violetten als »Vogerl« in das Spielerblankett ein) einen Beschützer in der obersten Parteiführung in Person eines ehemals bekannten Leichtathleten. Dieser warnte Geyer immer, bevor seine Wohnung kontrolliert wurde. Geyer war mit einer Jüdin verheiratet, verweigerte die empfohlene Scheidung, brachte seine Frau zeitweise in Budapest unter. Wegen der Weigerung wurde ihm jegliche Tätigkeit im Sport verboten. Aber das hinderte ihn nicht, im »Untergrund« bei der Austria als Trainer und »Mädchen für alles« zu arbeiten. Immer, wenn die »Kontrollore« zu Geyer kommen sollten, erhielt er die telefonische Warnung: »Vogerl, mach dein Nesterl leer und leg deine Orden an.« Geyer reagierte schnell. Vor dem im Ersten Weltkrieg mehrfach Ausgezeichneten kapitulierten die ungebetenen »Besucher« …

Weil auf dem damaligen Flughafengelände im niederösterreichischen Markersdorf ein fußballverrückter und einflussreicher Kommandant das Sagen hatte, eröffnete sich dort ein »Auffanglager« für Wiener Kicker. Als Luftwaffensportverein Markersdorf nahm eine bunt zusammengestellte Elf unter Spielertrainer Karl Sesta mit zahlreichen Größen wie Max Merkel, Marischka, Riegler, Weissenböck, Aurednik, Huber oder Durspekt noch 1943/44 an der »Gauliga« teil, erzielte bemerkenswerte Ergebnisse, ehe man dieses Fußballerprivileg einstellte.

In der Sanitätszentrale der Wehrmacht in Wien half Vienna-Funktionär Ing. Curd Reinisch. Der Fußballfan und Patriot vertauschte und verfälschte ständig Karteikarten der Akteure, um ihnen die Möglichkeit zu geben, mitten im Krieg zu spielen, auf Urlaub zu gehen oder zumindest vorübergehend vom Fronteinsatz zurückgestellt

Willy Hahnemann 1940 im deutschen Teamdress in Wien beim 1:2 gegen Jugoslawien.

zu sein. Ein gefährliches, aber wirkungsvolles System. Auch Fans unter den Ärzten machten bei diesem waghalsigen Unterfangen mit. Reinisch rekrutierte so auch zahlreiche Spieler aus dem »Altreich« für Wiener Klubs. Seine Vienna profitierte von dem riskanten Ein-Mann-Unternehmen am meisten, aber auch andere Klubs erhielten wertvolle Hilfe. So konnte der Spielbetrieb während des Krieges zwar unter kuriosen Voraussetzungen, aber doch in Regelmäßigkeit ablaufen. Mit teilweise bunt gemischten Aufstellungen: blutjunge Talente, ergraute Routiniers, Fronturlauber, Leichtversehrte und Gastspieler aus dem Reich. Die spielten immer in der Gefahr, sofort wieder an die Front geschickt zu werden. Natürlich setzte es auch seltsame Ergebnisse. Etwa das 21:0 der Wiener Austria gegen den LASK (das bisher höchste Ergebnis in einem Meisterschaftstreffen), da nur ein Teil der Linzer Elf rechtzeitig am Spielort war. Der andere, durch einen Bombenalarm auf der Fahrt behindert, kam erst gegen Spielende nach Wien. Oft wurden Spieler noch kurz vor Anpfiff auf den Plätzen per Lautsprecher unter den Zuschauern gesucht, wenn die Teams nicht komplett waren. Aber man spielte allen Widrigkeiten zum Trotz. Sogar noch zu Ostern 1945, wenige Tage vor Kriegsende. Da schlug der WAC die Austria 6:0.

Unter den Spielern versuchten einige auch im Alleingang, dem Einsatz an der Front zu entgehen. Mit Hilfe von »Spezialisten«, die für typische Fußballerverletzungen sorgen konnten. Verletzungen, die an verschwiegenen Orten zustande kamen, nicht aber auf dem Fußballfeld. Mit gezielten Attacken auf bestimmte Körperteile entstand eine vorübergehende Invalidität. Eine gefährliche und riskante Art, um den Fronteinsatz zumindest aufzuschieben. Am 1. Mai 1945, kaum vierzehn Tage nach Kriegsende, rollte die Lederkugel bereits wieder in Wien. Am 2. September begann mit der ersten Nachkriegsmeisterschaft eine neue Epoche des rot-weiß-roten Fußballs.

100 Jahre Fußball auf einem Block.

Die Post bringt allen was.

Post.at

1945 – 1954

Erich Probst bei einem seiner drei Tore zum 5:0-WM-Sieg über die ČSSR. Links Stojaspal.

»Kurtl, pass auf, sie kommen!«

Aus den Trümmern des Zweiten Weltkriegs zur großen Auferstehung bei der

WM 1954

Dieses Kapitel widmet Ihnen die POST AG

Karl Decker in Aktion beim ersten Nachkriegsländerspiel auf Wiener Boden, dem 4:1 gegen Frankreich am 6. Dezember 1945.

Der 6. Dezember 1945, ein regennasser, vorwinterlicher Tag. Die Massen setzen sich durch noch kriegsverwüstete Straßen in einem durch vier Besatzungsmächte geteilten Wien über Notbrücken und Stege Richtung Praterstadion in Marsch. Zum ersten Nachkriegsländerspiel auf Wiener Boden, zu dem selbst der greise FIFA-Präsident Jules Rimet angereist kam. Aus den Trümmern des Zweiten Weltkriegs feierte Österreich erfolgreich Anschluss an seine glorreiche Vergangenheit. Mit dem 4:1 gegen Frankreich trat König Fußball wieder seine Regentschaft an, gelang die Wiederaufnahme in die internationale Fußballfamilie. Die Musikkapelle intonierte

Hochbetrieb vor Österreichs Tor beim 3:2 über Ungarn (linkes Bild) am 12. April 1946 in Wien. Von links: Spale, Smutny, Joksch, rechts Gernhardt. Der lieferte sich auch in Budapest mit dem ungarischen Star Ferenc Puskas heiße Duelle (rechts).

mangels einer neuen Nationalhymne »Oh, du mein Österreich«. Die Fußballeuphorie beflügelte auch die neue Nationalmannschaft, die Edi Bauer (war lange Erfolgstrainer bei Rapid und Assistent von Hugo Meisl) praktisch aus dem Nichts aufbaute.

Bauer stellte Talente wie Zeman, Happel, die Körner-Bruder, Stojaspal, Wagner oder Ocwirk zu routinierten Führungsspielern wie Binder, Decker, Hahnemann, Gernhardt oder Joksch. Ernst Melchior wurde zum ersten Provinzler, der nach dem Krieg für Österreich spielte. Das erste große Highlight: 1947 das 5:1 in Wien über Doppel-Welt-

Szenen aus 1950: Links Turl Wagner am 29. Oktober in Budapest gegen Ungarns Torhüter Grosics, der hier den Ball fängt, aber von Wagner zwei Tore kassierte. Dennoch siegte Ungarn 4:3. Teamkapitän war Karl Decker. Links unten beim Wimpeltausch vor dem 1:0 gegen Italien. Rechts führt er die Mannschaft zum legendären 1:0 gegen Schottland am 13. Dezember im Glasgower Hampden Park auf das Feld. Hinter ihm Zeman und Ocwirk.

meister Italien. Das bedeutete zugleich den Abschied von Bauer, der ein halbes Jahr später mit nur 54 Jahren unerwartet nach einer Magenoperation verstarb. ÖFB-Präsident Josef Gerö holte daraufhin den Wunderteam-kapitän Walter Nausch aus seinem Exil in der Schweiz zurück. Nausch führte alle Vorstellungen Bauers weiter, brachte Österreich an die Spitze der europäischen Fußballnationen: Als erste kontinentale Auswahl Schottland in Glasgow geschlagen, die ČSSR, Jugoslawien, Ungarn, Belgien und Portugal besiegt, in London gegen England 2:2. Aber den Höhepunkt der Erfolgsepoche bedeutete die WM 1954 in der Schweiz.

Szenen vom denkwürdigen Sieg in Glasgow: Stojaspal (oben links) und Wagner sorgten für Aufregung im schottischen Strafraum. Walter Zeman setzte sich bei allen Luftduellen gegen die Stürmer Schottlands durch, Rudi Röckl war oft hautnah bei ihm, Ernst Ocwirk beobachtet (unten).

Österreichs Spieler bei der Besichtigung des Londoner Wembley-Stadions vor dem 2:2 im November 1951. Ganz vorne Stojaspal. Der Mann mit Pullmannkappe ist Ernst Happel. Links neben ihm Hanappi.

CHAMPIONNAT DU MONDE DE FOOTBALL 1954

Happel beim Anmessen des Anzugs für die WM 1954, der auch Verbandskapitän Walter Nausch sehr gut stand. Erich Probst gelang zum WM-Auftakt das goldene Tor zum 1:0 gegen Schottland.

Nausch ließ vom Systemreformator Edi Frühwirth und dem Praktiker Hans Pesser die Mannschaft langfristig vorbereiten. Bereits ein Jahr vorher begann die Selektion der Kandidaten. Seinen Routiniers versprach der ÖFB als Anreiz für die Zeit danach die Auslandsfreigabe. Von der Zusage machten etliche Gebrauch: etwa Happel, Ocwirk, Probst oder Stojaspal. Alles träumte von einem Finale gegen den Erzfeind Ungarn. Das schien auch möglich. Zwei Siege in der Vorrunde (1:0 gegen Schottland, 5:0 gegen die ČSSR mit drei Toren von Probst). Und dann im Viertelfinale am 26. Juni gegen die Schweiz.

Die Hitzeschlacht gegen die Schweiz in Lausanne nahm auch Edi Frühwirth und Hans Pesser auf der Betreuerbank (oben links) merkbar mit. Im Mittelpunkt dabei auch Torhüter Kurt Schmied. Zuerst fing er den Ball, dann lag er geschlagen am Boden, dann erlitt er vor der Pause einen Sonnenstich, musste in tranceähnlichem Zustand durchhalten. Trotzdem gab's ein Happyend mit einem Dutzend Toren und begeisterte Fans trugen nach dem 7:5 Erich Probst im Triumphzug vom Platz.

60.000 Zuschauer erlebten in Lausanne eines der allerverrücktesten Spiele der WM-Geschichte. Eine Hitzeschlacht mit einem Dutzend Tore.

Zwischen der 16. und 18. Minute ging die Schweiz 3:0 in Führung. Zwischen der 25. und 28. Minute folgten drei österreichische Tore – Ausgleich. Bis zur 34. Minute stand es 6:4 für Österreich – Wahnsinn! Zwei Minuten später nur noch 6:5 für Österreich. Bei diesem Stand vergab Robert Körner einen Elfmeter. Und dazu erlitt Tormann Kurt Schmied in der Gluthitze bereits vor der Pause einen Sonnenstich. Er musste das Match in einem tranceähnlichen

Zustand durchstehen, taumelte wie ein Ertrinkender zwischen den Pfosten herum, war unfähig, die eigenen Reflexe zu kontrollieren. Die Situation rettete der ÖFB-Teammasseur Pepi Ulrich. Ein Tormanntausch war noch nicht erlaubt, dafür durfte ein Betreuer aus der Torstangenposition »mitspielen«. Ulrich stand neben dem Torpfosten, dirigierte von dort Schmied, der einfach nicht mehr da war, den Masseur öfters fragte, wie es steht. Ulrich, bewaffnet mit einem Wasserkübel voller Schwämme, die er von Zeit zu Zeit, bei jeder Unterbrechung, dem Tormann zur Labung zuwarf, profitierte auch von seiner langjährigen Spielererfahrung als Profi in Frankreich, sowohl als Stürmer wie auch als

HERIBERT MEISEL: DAS 7:5 IM RADIO

Temperamentvoll vor dem Mikrofon: Heribert Meisel.

Fernsehübertragungen gab es von der WM 1954 noch keine – die Fans saßen gespannt vor den Radioapparaten. Und da hörte sich das unvergessliche 7:5 gegen die Schweiz, geschilderte vom populären Reporter Heribert Meisel, so an:

0:0 – der Österreicher ist guten Mutes. Er weiß, dass er der Stärkere ist und damit hat er Recht.

1:0 für die Schweiz – a da schau her, denkt der Österreicher. Jetzt musst aber aufpassen! Aber viel ist noch nicht passiert, a bisserl Glück haben's halt gehabt.

2:0, 3:0 für die Schweiz – alles hat sich heut verschworen gegen uns. Heut ist nix zu machen. Aber wir sind selber schuld. Warum lassen wir auch den Gegner immer in unserem Strafraum frei stehen? Recht geschieht uns! Aber a Pech is a dabei.

3:1 für die Schweiz – das wär was, wenn uns jetzt noch der Sieg gelingen tät! Unmöglich is gar nix, gemma Burschen, zaht's an, noch zwei Bummerl, dann san ma wieder Kaiser.

3:2, 3:3 – na, was hob i gsagt! Wir sind doch die Besseren, a lächerliches Strohfeuer vom Gegner war das. So und jetzt spuck ma uns in die Händ, gemma ...

4:3 für Österreich – warum hamma alle 22 die Krot gfressn? Wozu die Aufregung? Wenn die Schweizer gscheit gewesen wären, hätten's das Toreschießen sein lassen, den einen Knopf von uns bekommen. Jetzt stünde des 1:0 für uns.

5:3 für Österreich – na also, warum geht's denn jetzt? A Bombensieg wird das noch. Dös muss a Zufall gwesen sein, dass wir drei Tore kriegt ham. Jetzt ist alles Leinwand, jetzt brauch ma nimmer so genau decken. Der Vonlanthen steht frei, aber was kann schon passieren ...

5:4 für Österreich – is ja zu blöd, die Schweizer wolln no immer ned einsehen, dass sie im Halbfinale nix verlurn ham. Den Vonlanthen hätt ma vielleicht doch abdecken sollen.

6:4 für Österreich – jeder Spaß hat sein End. Jetzt muaß a Ruah sein! Wo komm ma denn sonst hin. Spün ma Handball oder Fußball ...?

6:5 für Österreich – Herrgottsakra, jetzt reißt uns aber die Geduld. Wenn's ned so haß war, hätt ma's eh schon durch Sunn und Mond geschossen, die Schweizer. Aber paßts auf Freunderln, jetzt wern Scharfe gemacht!

7:5 für Österreich – und damit basta! Samma froh, dass des Match aus is. Hat's euch gfalln? I was ned, warum ihr draußen allerweil so nervös seids. Is jo eh alles in Butter!«

KURT SCHMIED: DER HELD

1954

Verteidiger, brüllte mehrmals aufgeregt zu Schmied: »Kurtl, pass auf, sie kommen. Rechts kommen's Kurtl, links kommen's!« Schmied hielt sich instinktiv an die Anweisungen des Masseurs, hatte dabei auch viel Glück. Er kassierte nach der Pause nur noch ein Tor.

Österreich siegte 7:5. Nach dem Schicksalssieg konnte sich Schmied an nichts mehr erinnern. In Österreich ist seine »Heldentat« bis heute unvergessen.

Kein Durchkommen für Alfred Körner beim deutschen Abwehrrecken Liebrich.

Im Semifinale von Basel gegen Deutschland fehlte Schmied auf ärztlichen Rat. Beim schwarzen Tag stand Walter Zeman, auch nicht ganz fit, zwischen den Pfosten. Die Zuversicht war groß, weil die Austria neun Monate vorher den deutschen Meister Kaiserslautern mit 9:2 deklassiert hatte. Und die Lauterer um ihren Kapitän Fritz Walter bildeten das Kernstück des deutschen Teams von Sepp Herberger. Bis zur Pause führte Deutschland 1:0, schien noch alles offen. Was danach kam, bezeichnet Österreichs unvergesslicher Radioreporter Heribert Meisel als »größtes Debakel unserer Fußballgeschichte«. Endstand 1:6. Fritz Walter war an fünf Toren gegen die allzu

Turl Wagner köpfelt vor Deutschlands Torhüter Turek (oben links), doch der Ball wollte nicht ins Tor. Hanappi musste Fritz Walter viel mehr nachlaufen, als ihm lieb war (oben rechts). Sechs Mal lag der Ball in unserem Netz und Zeman geschlagen am Boden. Happel brüllte Schmerzen und Frust raus, der Blick von Frühwirth sagt genug.

Spiel um Platz drei gegen Uruguay: Probst wagt vor Stopper Santamaria einen akrobatischen Rückzieher. Die Abwehrspieler, links unten Carhallo, wurden vom Torjäger stets auf Trab gehalten. Teamchef Edi Frühwirth verschaffte Robert Körner eine Abkühlung.

selbstsicheren Österreicher beteiligt. In Österreich gab's nach der Abfuhr fast nur Sündenböcke und böse Schlagzeilen. Wie »Österreich von deutschem Industriellen bestochen« oder »Zeman, Happel, danke für das 1:6!« Im Spiel um Platz drei fehlten Zeman, der darüber erboste Happel (der danach bis September 1957 kein Länderspiel bestritt), Schleger und Alfred Körner. Am 3. Juli machten die Österreicher in Zürich mit dem 3:1 gegen Uruguay wieder einiges gut. Nausch, Frühwirth und Pesser gelang es, das Team in drei Tagen wieder aufzurichten. Ernst Ocwirk, nach dem 1:6 ebenfalls hart kritisiert, rehabilitierte sich mit einer Extraleistung.

Dank und Gratulation von Teamtrainer Edi Frühwirth für Kapitän Ernst Ocwirk.

1954

»Österreichs beste WM-Platzierung aller Zeiten«

DIE MANNSCHAFT, DIE MIT DEM 3:1 GEGEN URUGUAY WM-DRITTER WURDE: Von links stehend Masseur Ulrich, Probst, Robert Körner, Dienst, Teamtrainer Frühwirth, Koller, Hanappi, Trainer Hans Pesser. Hockend: Ocwirk, Schmied, Kollmann, Barschandt, Wagner und Stojaspal.

Riesenbegeisterung bei der Ankunft der WM-Helden am Wiener Westbahnhof. Die Polizei konnte die Menge kaum zurückhalten. Stojaspal wurde auf den Schultern in die Ankunftshalle getragen.

Die WM-Dritten erlebten bei der Heimkehr am Westbahnhof einen Riesenempfang, begeisterte Fans trugen die Spieler, die je 38.000 Schilling für Platz drei als Prämie bekamen, auf den Schultern aus der Bahnhofshalle. Platz drei ist Österreichs beste WM-Platzierung aller Zeiten.

Immer der Blick zum Ball: Ernst Ocwirk 1950 gegen Italien.

DIE DREI MUSKETIERE

Ernst Ocwirk Gerhard Hanappi Walter Zeman

So wie Matthias Sindelar das Vorkriegsidol im österreichischen Fußball war, bestimmten in der ersten Nachkriegszeit vor allem drei Musketiere Österreichs Ansehen in der internationalen Fußballwelt: Der Austrianer Ernst Ocwirk und die Rapidler Gerhard Hanappi und Walter Zeman. Ihre Namen gingen zigmal durch die Weltpresse. In den Bestenlisten schienen sie ständig an vorderster Stelle auf, ein Nationalteam ohne sie war undenkbar …

Als **»Ossi« Ocwirk** beim Firmenklub Wolfrum in Stadlau 1938 seine ersten Packeln zerriss, arbeitete dort ehrenamtlich der Wunderteamstratege Pepi Smistik im Nachwuchsbereich. Er erkannte das große Talent Ocwirks, modelte den Mittelstürmer zum Mittelläufer um, auf seine frühere Position. Aus dem Klub wurde der FAC. Ocwirk, ein gelernter Modelltischler von jugoslawischer Teilabstammung und »staatenlos«, überstand den Krieg ohne Militäreinsatz. Erzrapidler Smistik wollte seinen Schüler natürlich in Hütteldorf unterbringen, aber Austria war schneller, finanzierte den Ausbau der Sitzplatzreihen auf dem FAC-Platz. So durfte Ocwirk 1947 in den violetten Dress schlüpfen, obwohl er bereits bei den Grün-Weißen auf der Pfarrwiese mit dem Training begonnen hatte. 18 Jahre später revanchierte sich Rapid, als Ocwirk Austria-Trainer war, holte Gustl Starek aus dem violetten Trainingslager in Eisenstadt nach Hütteldorf …

Ocwirk, der letzte große Mitteläufer der »Wiener Schule«, spielte zehn Jahre bei Austria, sechs Jahre in Genua bei Sampdoria. In der Zeit zählte er zu den markantesten Erscheinungen im italienischen Profifußball. Danach führte er als Trainer die Austria zu Meisterehren, wechselte zum 1. FC Köln, arbeitete bei Admira, wo die Karriere Mitte der Siebzigerjahre durch einen Schicksalsschlag zu Ende ging: Als er bei einem Meisterschaftsspiel in der Südstadt gegen DSV Alpine auf das Feld lief, riss seine Achillessehne. Nach der Operation traten Lähmungserscheinungen auf, die den ganzen Körper erfassten, am 23. Jänner 1980 zum Tod führten. An einem 23. Jänner war auch Sindelar aus dem Leben geschieden. Ocwirk wurde nur 53 Jahre alt …

Fast schicksalhaft endete 1980 auch das Leben von **Gerhard Hanappi.** Ebenfalls an einem 23., aber im Monat August. Der »Gschropp«, wie Hanappi wegen seiner geringen Körpergröße genannt wurde (dabei erreichte er jeden Kopfball) war ein »Riese« im Fußball. Einer der vielseitigsten Spieler, die Österreich je hervorbrachte. Bis auf den Tormannposten nahm der blonde Allrounder alle Positionen ein, war als Verteidiger, Läufer und Stürmer Extraklasse. Seine perfekte Technik, die schnelle Gabe im Erfassen der Situation und sein angeborener Fußballerinstinkt verhalfen zuerst Wacker und nach seinem spektakulären Übertritt zu Rapid ab

Die drei Musketiere in einem Team, hier 1949 vor dem 3:4 gegen Ungarn. Von links: Aurednik, Gernhardt, Kowanz, Strittich, Decker, Dienst, Stojaspal, Hanappi. Knieend: Ocwirk, Zeman, Happel.

Zwei ganz Große im Duell: Gerhard Hanappi 1959 in Valencia gegen Alfredo Di Stefano, den in Argentinien geborenen Regisseur von Spanien und Real Madrid.

1950 den Hütteldorfern zu vielen Erfolgen. Wacker wollte Hanappi nicht freigeben, musste aber doch nachgeben, als Rapids Sektionsleiter Franz Binder Hanappi »entführte« und versteckte. Selbst als Hanappi vereinslos war, scheute sich Bundeskapitän Walter Nausch nicht, ihn im Team einzusetzen. Er trainierte persönlich allein mit ihm. Hanappi bot prompt auch ohne Matchpraxis Prachtpartien in der Nationalelf. Als Nausch die FIFA-Auswahl 1953 gegen England in London betreute, sie auf Drängen »von oben« statt der »Wiener Schule« das WM-System spielen lassen musste, verzichtete er nicht auf Hanappi, sondern stellte ihn mit den Worten »er kann einfach überall spielen« erstmals als linken Außenverteidiger auf. Als direkten Gegner des berühmtesten britischen Rechtsaußen, Sir Stanley Matthews, der beim 4:4 keinen Treffer erzielte.

Hanappi schmökerte in jeder freien Minute in seinen Studienbüchern, bereitete sich auf die Architektenlaufbahn als Diplom-Ingenieur vor, die er noch während seiner aktiven Karriere erfolgreich begann. Als Krönung bekam er die Planung und den Bau des Wiener »Weststadions«, das jetzt seinen Namen trägt, übertragen. Ein unheilbarer Lymphdrüsenkrebs setzte dem Leben des Publikumslieblings ein tragisches Ende. Mit 51 Jahren verschied er. Er wusste von der Krankheit, an der auch seine Mutter verstorben und seine Spielerkarriere in Italien gescheitert war.

Keiner war in den ersten zehn Nachkriegsjahren bei der Jugend mehr gefragt als **Walter Zeman.** Er fiel schon in jungen Jahren auf den Gründen der »Ziegelböhm« in Favoriten beim FC Wien auf. Als begabter jugendlicher Leichtathlet eignete er sich jene Sprungtechnik an, die ihn später als Tormann berühmt und erfolgreich machte: »Ein Klassetormann muss eine leichtathletische Ausbildung haben, ohne der wird er das nicht!« Die Fans faszinierten die tollkühnen Paraden des »Panthers« oder »Tigers«, wie man den katzengewandten Rapid-Keeper auch bald international nannte. Selbst Ungarns Scharfschützen-Major Ferenc Puskas brach in Verzweiflung aus, als Zeman seine härtesten und präzisesten Schüsse in den Länderspielen meisterte. Die schottischen Fans feierten Zeman trotz einer Heimniederlage ihres Teams. Denn fast im Alleingang hielt er in Glasgow dem mächtigsten Ansturm der Schotten stand. Was er am 13. Dezember 1950 beim 1:0 leistete, war nicht mehr zu übertreffen.

Natürlich hatte der herausragende Zeman mitunter schwache Stunden. Da musste er sich die Schimpfkanonaden seines Vordermannes, des »schlampigen Genies« Ernst »Aschyl« Happel anhören. Der konnte sich in seiner blumigen Sprache nicht zurückhalten: »Was willst du sein? Der Panther von Glasgow? Der Tiger von Budapest? Du bist der A… von Hütteldorf.« Mitunter testete Happel Zeman mit gewagten Rückgaben Richtung Kreuzeck, in einem Teamprobespiel pfefferte er ihm einmal zur Gaudi den Ball genau ins Eck. Nach dem Match waren sie (zeitlebens) dicke Freunde. Als Happel von seinem Freund »Waugl« im August 1991 am Grab Abschied nehmen musste, rannten ihm bei den Worten »Machs gut, Walter« die Tränen herunter.

Der »Panther von Glasgow« in Aktion.

Fast immer alles mit links. Auch bei der WM 1954. Egal ob beim 5:0 gegen die ČSSR ...

DER »EINBEINIGE SCHÜTZENKÖNIG«

Ernst Stojaspal

Mit dem Spruch »Wir haben einen Spieler, der ist nur einbeinig, schießt aber dennoch unsere meisten Goals« sorgte der urige Austria-Präsident »Michl« Schwarz in seiner Kaffeehausrunde immer für Lacherfolge. Die Experten wussten, wen er meinte, den erstaunten Nichtfußballern riet Schwarz, sich beim nächsten Austria-Match von diesem »Phänomen« zu überzeugen. Die fußballerische Diagnose des Fußballdoktors stimmte: Ernst Stojaspal, der violette Paradestürmer der Fünfzigerjahre, schoss vorwiegend mit links.

Böswillige Kritiker behaupteten, er hätte den rechten Fuß nur zum Stehen. Und wie Stojaspal als »Einbeiniger« schoss: Fünfmal wurde er Torschützenkönig.

Der »Stoissi« war nicht nur der perfekte Exekutor, sondern auch idealer Einfädler und Ideenbringer. Seine perfekte Ballbehandlung und sein Spielwitz erinnerten an Sindelar. Mit dem schnellen und ebenfalls technisch hervorragenden »Harry« Aurednik bildete er das kongeniale Gegenstück zum starken linken Rapid-Flügelpaar mit Erich Probst und Alfred Körner.

Stojaspal, gelernter Schlosser, kam 1945 von Ostbahn XI zur Austria. Er kämpfte stets ein wenig gegen sein Gewicht, trickste aber mit einer einzigen Körpertäuschung seine oft leichtgewichtigen Bewacher blendend aus. Als ihn ein Kritiker mit immer spitzer Feder den österreichischen »Faruk« des Fußballs nannte, ihn mit dem schwergewichtigen ägyptischen Herrscher verglich, platzte dem Ernstl, der sonst für jeden Schmäh zu haben

... oder bei der Hitzeschlacht von Lausanne gegen die Schweiz. Rechts Alfred Körner.

war, der Kragen. Er arbeitete in der Boxschule des ehemaligen Europameisters Karl Blaho im Wiener Dianabad einige Kilos herunter. So präsentierte sich zur WM 1954 der schlankste Stojaspal aller Zeiten. Als Weltklassestürmer, der am Weg zum dritten Platz drei Tore erzielte.

Der »Einbeinige« galt als typisches Wiener Kind, als Sonnyboy mit stets guter Laune, bei Freund und Feind beliebt. Es war keine Schande, im Match von »Stoissi« die »Gurke« (den Ball zwischen den Beinen hindurchgespielt) zu bekommen. Einen besseren Techniker gab es nicht. Manchmal übertrieb er den Schmäh etwas. Gegen Vienna auf der Hohen Warte pfiff Stojaspal selbst das Match an, lief mit Fritz Kominek ohne Ball durch die Vienna-Reihen, ehe der verdutzte Referee beide stoppte. »Stoissi« nannte dieses Solo »Geschenk an das Publikum«. Als die Austria 1953 im Wiener Stadion Kaiserslautern mit 9:2 vom Platz schoss, tröstete Stojaspal den deutschen Regisseur Fritz Walter noch: **»Einmal der Gigl, einmal der Gogl, Fritzl!«** Nach dem WM-Debakel gegen Deutschland in Basel musste Stojaspal seine Worte aus dem Munde des deutschen Kapitäns vernehmen: **»Einmal der Gigl, einmal der Gogl, Ernstl.«** So ist Fußball.

Nach der WM 1954 zog er nach Frankreich, heiratete eine Französin, wurde auch dort gefeiert: Spieler bei Strasbourg, Beziers, Monaco, Troyes und Metz, später Trainer auf Korsika bei Ajaccio, bei Giromont, in der Schweiz bei Monthey und in Belgien bei Athus. Stojaspal eröffnete in der Rue Caroline in Monaco das »Cafe Viennois« als Anziehungspunkt für Fußballfans aus aller Welt. Später übersiedelte er nach Metz. Er kam nur noch selten nach Wien, etwa 1986 zur Eröffnung des renovierten Wiener Stadions. Im April 2002 verstarb er mit 77 Jahren in Metz: Nach einer Alzheimererkrankung war Stojaspal zum Pflegefall geworden, rückte nur mit einem Pyjama bekleidet nachts aus dem Pflegeheim aus, wurde in einer Baugrube leblos aufgefunden. Todesursache: Herzversagen.

TIBURON

ab € 21.800.- Fix Preis

1,6 l Benzin (77 kW/105 PS), 2,0 l CVVT Benzin (105 kW/143 PS), 2,7 l V6 Benzin (123 kW/167 PS), CO_2: 182 g/km, Verbrauch: 7,6 l Benzin (1,6 l)/100 km

Fahr-Träume werden wahr. Kraft und Design in Vollendung.

1954 – 1978

Das lange Warten

Zuerst Enttäuschung auf Schwedisch, dann **Pause** bis 1978

Wer ist gestorben?

Rudolf Schick war in den Fünfzigerjahren bei Rapid Sekretär und Manager in Personalunion. Das Schlitzohr war nicht nur als harter Verhandler bekannt, sondern galt auch als besonders schlagfertig. Seine bösartigen Aussprüche waren oft Tagesgespräch in der Wiener Fußballszene. Nur ein Beispiel: Eines Tages ging er mit einem Freund die Mariahilfer Straße vom Westbahnhof in Richtung ÖFB-Haus hinunter. Dort hing zum Gedenken an einen verstorbenen Funktionär eine schwarze Fahne. Der Freund fragte »Rudi, wer ist denn da gestorben?« Schicks schnelle Antwort hieß: „Mir is' jeder recht!"

Nach der WM 1954 gab es so manchen Leerlauf. Etwa 1955 beim 1:4 gegen Schottland in Wien (oben), als ein Schotte den grimmigen Rudi Röckl, Ernst Ocwirk (Mitte) und Gerhard Hanappi (5) beschäftigte. Zwei Jahre später lag Österreich beim Qualifikations-Heimspiel gegen Holland trotz wagemutiger Reaktionen von Torhüter Schmied (am Boden) bereits 0:2 zurück. Knapp vor Schluss sicherte Stopper Karl Stotz (rechts) mit einem verwandelten Elfer noch den 3:2-Zittersieg.

Die Mannschaft, die bei der WM 1954 Platz drei sicherte, sollte nie mehr in der Besetzung wie beim 3:1 gegen Uruguay zusammenspielen. Auch das Betreuertrio zerfiel – Hans Pesser ging wieder zu Rapid, der herzkranke Nausch zog sich zurück, Edi Frühwirth nahm ein Angebot des deutschen Traditionsklubs Schalke 04 an, mit dem er ausgerechnet im Jahr der nächsten WM, also 1958, deutscher Meister wurde. Schon die WM-Qualifikation war keine leichte Sache. 0:2 lag Österreich daheim schon gegen Holland zurück, es gelang noch der Ausgleich und in letzter Minute durch einen von Stopper Karl Stotz verwandelten Elfmeter ein 3:2. Beim Retourspiel in Amsterdam (1:1) kam statt Sturmtank Dienst ein Grazer Neuling namens Helmut Senekowitsch erstmals zum Zug. Vor der End-

Das Betreuerduo Josef Molzer und Josef Argauer (mit Sonnenbrille) hier in seltener Einigkeit beim Riechen der Nelken – bei der Weltmeisterschaft in Schweden harmonierten sie aber nicht gut. Brasiliens Torhüter Gilmar hatte beim 3:0 im Eröffnungsspiel Österreichs Nummer 9, Hans Buzek, immer fest im Griff. Sogar mit geschlossenen Augen.

runde gab's heiße Diskussionen, warum das Betreuerduo mit Verbandstrainer Josef Molzer und »Express«-Sportjournalist Josef Argauer (der zu dieser Zeit ein Sportschwerarbeiter war, außer Teamchef und Journalist noch als Sektionsleiter für den SC Simmering fungierte) auf Italien-Legionär Ernst Ocwirk sowie die Paradetechniker Turl Wagner und Erich Hof verzichtete. Schon ein Unglück bei der Quartiersuche (eine Delegation verunglückte mit einem PKW des Verkehrsbüros auf der Fahrt von Stockholm nach Göteborg bei Dunkelheit auf Glatteis. Das Auto überschlug sich und landete im Straßengraben auf dem Dach. Trotz Totalschaden blieben die Insassen, darunter Teamchef Josef Argauer und Sekretär Otto Demuth, unverletzt.) und die schwere Auslosung mit Brasilien, der UdSSR und England

Auch für Helmut Senekowitsch gab es gegen die brasilianischen Verteidiger Orlando und Bellini nichts zu holen. Auch Nilton Santos (unten) kam nie in ernste Verlegenheit.

ließen nichts Gutes erahnen, aber es kamen auch noch hausgemachte Probleme dazu. Aus Kostengründen verzichtete Österreich darauf, sein Spielerkontingent voll auszuschöpfen. Statt der möglichen 22 wurden vier weniger nominiert. Anfangs sollten noch 19 Spieler nach Schweden, doch nach einem Vorbereitungsspiel in Amsterdam wurde Pepi Hamerl offiziell wegen einer Verletzung heimgeschickt. Aber nicht wie angekündigt Sturmtank Dienst flog nach Schweden, sondern die Assistentin von Teamarzt Robert Jelinek namens Helga. Alle anderen 15 Teilnehmer kamen hingegen mit 22 Spielern, schöpften ihr Kontingent voll aus. Teamchef Argauer und Betreuer Molzer harmonierten in keiner Weise und in Schweden eskalierten die Streitigkeiten so sehr, dass Molzer zur Beobachtung anderer Spiele entsandt wurde und Argauer allein auf der Bank saß. Nach der WM war ihre Zeit vorbei …

Egal ob mit Schussversuchen zu ebener Erd' oder mit Kopfbällen in luftiger Höh' – auch Horak machte gegen die Brasilianer keinen Stich.

Neun Mann aus dem Schweizer Kader waren noch dabei, aber einer davon, Torhüter Kurt Schmied, war nicht voll einsatzfähig. Der WM-Held von 1954 konnte sich nach einer Blinddarmoperation noch nicht richtig »bewegen«, war nicht in der Lage, den Bällen nachzuhechten. Die Routiniers bestimmten im Kader – ein WM-Neuling wie Senekowitsch fand es trotz seiner 24 Jahre als »normal« und nicht im Geringsten degradierend, seinem Zimmerpartner Alfred Körner die Tasche zu tragen und die Schuhe zu putzen …

Zum Auftakt gab's gleich ein bitteres 0:3 gegen Brasilien. Niemand ahnte, dass Österreich gegen den späteren Weltmeister eingegangen war. Trotz einem Eckballverhältnis von 10:1 und optischer Überlegenheit. Und dabei spielten Brasiliens spätere Trümpfe wie der 17-jährige Pele, Flügelflitzer Garrincha oder Torjäger Vava noch gar nicht. Für zwei Tore sorgte Mazzola, der später unter dem Namen Altafini in Italien beim AC Milan Triumphe feierte …

Einmarsch zum zweiten Spiel gegen die UdSSR. Links hinter Kapitän Hanappi Kurt Schmied, der WM-Held von 1954. Sein Blick zum russischen Torhüterriesen Lew Jaschin verrät Skepsis.

Prompt setzte es in der heimischen Presse harsche Kritiken. Der Kader reduzierte sich sogar noch auf 17 Spieler, weil Walter Schleger intern eliminiert wurde. Grund: Er sprach zu schlecht über einige Mitspieler. Ein Grund zur Unruhe. Der zweite: Berichte über nächtliche Eskapaden Ernst Happels im Quartier von Uddevalla. Zu Unrecht, wie sein Mitspieler Max Horak 46 Jahre später zugab: »Fort waren nur Hanappi, Halla und ich. Verraten hat uns der Koller. Er sah, wie wir nach dem Brasilien-Spiel über die Feuerleiter kletterten. Aber das war ja nicht so tragisch. Bis zum nächsten Match blieben ohnehin vier Tage Zeit!« Die drei hatten ihre Betten derart raffiniert »präpariert«, dass Argauer auf den ersten Blick annehmen musste, sie schliefen fest. So entging ihm ihre Absenz. Argauer gab

Jaschin versetzte Österreich dann auch den Todesstoß, als er den schwach geschossenen Elfmeter von Buzek problemlos hielt.

offiziell nie den Namen der »Schlitzohre« bekannt, sprach nur von den »drei großen H«. Zwei Nachtschwärmer (Hanappi, Horak) spielten auch gegen die UdSSR …

Aber von der Abwehr gegen Brasilien durfte nur Linksverteidiger Swoboda ran. Schmied kam für Szanwald ins Tor. Auch Happel blieb draußen. Denn nachdem Molzer den Spielern seine Eindrücke vom 2:2 gegen England und die UdSSR mitgeteilt, wahre Wunderdinge über die Sowjets berichtet, auf der Tafel alles aufgezeichnet hatte, wurde es Happel zu viel. Nach der Besprechung stand er auf, ging zur Tafel, strich Molzers Aufzeichnungen durch, schrieb darüber: »Taktik passé.« Und setzte noch einen drauf: »Wenn wir so chancenlos sind, brauchen wir nicht abzutreten.

Das letzte Match in Schweden war das beste. Gegen England sicherten sich die Österreicher wenigstens einen guten Abgang. Alfred Körner, der oben noch gegen Torhüter McDonald zu spät kommt, traf nach der Pause doch noch. Es sollte Österreichs letztes WM-Tor für 20 Jahre bleiben.

Den hoch favorisierten Engländern die Stirn geboten. Keeper Rudi Szanwald rettet vor Kevan. Kollmann (rechts) braucht nicht mehr einzugreifen.

Gebt's uns die Reisepässe und wir fahren heim!« Das sagte Happel sogar ÖFB-Präsident Hans Walch. Aber der lehnte das ab.

Molzer und Argauer waren sauer. Chancenlos waren die Österreicher nicht, aber es gab die nächste Nullnummer. Auch weil beim 0:2 gegen die UdSSR dem Jüngsten die Nerven versagten: Hans Buzek, gerade 20 Jahre, schoss beim Stand von 0:1 einen Elfmeter so schwach, dass es für Wunderkeeper Lew Jaschin gar keiner besonderen Anstrengung bedurfte, ihn abzuwehren. Der erste Elfmeterschütze war Happel – aber der spielte nicht. Der zweite Elferschütze hieß Buzek – den überkam die Angst. Also ging er zum zehn Jahre älteren Alfred Körner: »Ich trau mich nicht, schieß du!« Aber Körner ging einfach weg. Insider staunten damals, dass Buzek spielte. Denn er war nicht gesund, litt an einer Schilddrüsenerkrankung (Struma). Österreich war damit ausgeschieden, konnte zum Abschied nur England mit einem 2:2 den Aufstieg vermasseln. Der reaktivierte Happel brillierte in seinem 50. Länderspiel – im September ging mit dem 3:4 gegen Jugoslawien seine Teamkarriere zu Ende. Niemand ahnte zu der Zeit, dass schon das lange Warten auf Österreichs nächste WM-Teilnahme begonnen hatte. Es dauerte zwanzig Jahre …

Im letzten Länderspiel von Torhüterlegende Walter Zeman, der hier am 29. Mai 1960 beim 4:1 gegen Schottland vor Sturmtank St. John rettet, begann die große Serie des Decker-Teams.

Hans Buzek bejubelt am 30. Oktober 1960 vor 91.500 zahlenden Zuschauern im Praterstadion (der heimische Allzeitrekord) beim 3:0 gegen Spanien ein Tor gegen Torhüter Ramallets.

Auch der wienerischste Teamchef, Karl (»Juderl«) **Decker,** konnte daran nichts ändern. Der musste zunächst mit schweren Niederlagen leben – 1959 in Valencia 3:6 gegen Spanien und 2:5 in Paris gegen Frankreich. Dabei ging Deckers Marschroute mit Mittelfeldmotor Gerhard Hanappi als Spezialbewacher des französischen Dribbelkönigs Raymond Kopa und Defensivspezialist Karl Koller in einer Offensivrolle überhaupt nicht auf. Abwehrchef Karl Stotz nahm verärgert eine einjährige Auszeit im Team.

Die Stimmung um den Fußball war damals alles andere als gut. Die Staatsliga setzte den Verzicht auf die Teilnahme an der Qualifikation zur WM 1962 durch, begründete dies mit viel zu hohen Reisekosten ins WM-Land Chile.

Auch England kam in Wien auf die Abschussliste. Der bullige Horst Nemec machte Englands Abwehr immer wieder zu schaffen, am Ende gratulierte Erich Hof (8) Helmut Senekowitsch zu dessen 3:1, das er mit lädierter Wade humpelnd erzielte.

Ein starker Debütant im Tor machte am 10. Dezember 1960 in der Regenschlacht von Neapel das 2:1 gegen Italien möglich. Roman Pichler (am Boden), der keine Nerven zeigte, als er statt des mit Gehirnerschütterung ausgeschiedenen Kurt Schmied zwischen die Pfosten musste.

Und wie zum Trotz startete Decker mit dem Team 1960 und 1961 zur »großen Siegesserie«. Schottland, zweimal die UdSSR (3:1 in Wien, 1:0 in Moskau), Spanien, auswärts Italien, England und zweimal Ungarn (davon erstmals seit 29 Jahren wieder in Budapest) wurden besiegt: »Decker hatte die richtige Mischung gefunden, uns auch bei Laune gehalten«, erinnert sich Senekowitsch, der sich als Dauerläufer zwischen Mittelfeld und Angriff profilierte, die »Pendlerrolle« perfektionierte. Gegen England erzielte er trotz Zerrung humpelnd ein Tor. Belohnung: 1961 wurde er Legionär in Spanien bei Betis Sevilla …

Karl Decker war stets um gute Laune bei den Teamspielern bemüht. Auch indem er Hasenkopf, Stotz und Koller Tricks beim Minigolf erklärte. Oder als er sich mit Koller, Puschnik und Hof in die Gesellschaft von Hostessen, die Österreich-Werbebroschüren verteilten, begab. In dieser Stimmung gelang auch der 2:1-Sieg über Ungarn am 11. Juni 1961 im Budapester Nep-Stadion. Mit dem legendären Siegestor von Horst Nemec (7), der Ball, Torhüter Grosics und Abwehrspieler über die Linie beförderte.

Auch der 10. September 1961 wurde zum historischen Tag. Da gelang der Decker-Truppe ein 1:0-Sieg im Lenin-Stadion von Moskau gegen die UdSSR. Von links: Hof, Trubrig, Rafreider, Strobl, Stotz, Flögel, Koller, Nemec, Buzek, Fraydl und Kapitän Hanappi. Das Siegestor gelang dem Vorarlberger Fritz Rafreider gegen den russischen Torhüter Maslatschenko schon nach 7 Minuten. Danach lieferten die Österreicher eine mitunter sensationelle Abwehrschlacht, in der Nemec oft am eigenen Strafraum Kopfballduelle gewann (rechts) und Torhüter Fraydl nur vier Minuten nach dem Rafreider-Tor einen Elfer von Stürmerstar Ivanow parierte. Dessen Sohn Valentin ist übrigens derzeit Russlands Spitzen-Schiedsrichter, der auch bei der EURO 2004 im Einsatz war.

Der Blick von Karl Decker (dritter von rechts) verheißt nichts Gutes. Am 19. November 1961 ging im Dinamo-Stadion von Agram die Erfolgsserie seiner Nationalmannschaft zu Ende. Ein Tor von Horst Nemec war zu wenig, Jugoslawien gewann in einer sehr harten Partie 2:1. Beide Treffer erzielte Mittelstürmer Jerkovic, der Jahrzehnte später als Trainer in Klagenfurt arbeitete. Sieben Monate nach dem Sieg über Österreich wurde Jugoslawien in Chile WM-Dritter. Links neben Decker Teamarzt Jellinek, Trainer Robert Körner mit der unvermeidlichen Zigarette sowie die Ersatzspieler Strobl, Szanwald und Glechner.

Decker organisierte gemeinsame Heurigenbesuche, Minigolfturniere, Kartenpartien, private Zusammenkünfte, erreichte damit mehr als mit härtestem Training. Bei den sensationellen Erfolgen klingelte auch die Kassa: Mehrmals über 90.000 Besucher im Praterstadion mit dem heimischen Allzeitrekord von 91.500 zahlenden Zuschauern beim 3:0 gegen Spanien am 30. Oktober 1960. Allerdings musste man bei einer Zuschauerzahl über 60.000 die Hälfte der Nettoeinnahmen an die Stadt Wien abführen. Als Beteiligung an den Ausbaukosten des dritten Ranges im Stadion.

1962 verflog leider die gute Laune – da gehörten wieder Niederlagen dazu. Gleich sechs in neun Spielen. Speziell das Wiener 0:6 gegen den WM-Zweiten aus der Tschechoslowakei, betreut von dem in Wien geborenen Rudi Vytlacil, war ein Hammer, von dem sich Decker nicht mehr erholte. Nach fünfeinhalb Jahren war Ende 1963 seine Ära wieder vorbei.

Im Mai 1962 rettete Gernot Fraydl noch mit Super-Reaktionen (oben) einen 2:0-Sieg über Bulgarien vor 75.000 Zuschauern im Praterstadion. Vier Monate später stand aber auch der Torhüter gegen Vize-Weltmeister ČSSR auf verlorenem Posten. Bei 0:4 wurde Fraydl von Teamchef Karl Decker erlöst. Endstand 0:6 – da auch Fraydl-Nachfolger Szanwald gegen Scherer machtlos war (unten). Von diesem fürchterlichen Debakel erholte sich Decker nie mehr.

DER TRITT IN SOFIA

Das letzte Länderspiel des Jahres 1962 bestritt Österreich zweieinhalb Monate nach dem 0:6-Schocker gegen die ČSSR am 25. November in Sofia gegen Bulgarien. Das 1:1 war nach vier Niederlagen in Serie fast wie eine Wohltat. Das Match leitete der Türke Güriz. Als sich der hochbegabte Austria-Mittelfeldspieler Alfred Gager bei ihm über eine vermeintliche Fehlentscheidung beschwerte, verwarnte ihn der Referee nicht, sondern trat ihm voll und gezielt gegen das Schienbein. Gager musste von seinen Mitspieler zurückgehalten werden, sonst hätte er sich handgreiflich revanchiert – der Skandal wäre perfekt gewesen. Damals waren noch gemeinsame Bankette nach einem Match üblich. In Sofia verlangte Schiedsrichter Güriz das Wort, sagte sinngemäß, jetzt sei alles vergessen und man wieder gut, überreichte jeder Mannschaft einen kleinen Karton mit türkischem Honig.

Während des Banketts begann es übrigens stark zu schneien, in kurzer Zeit fielen an die zwanzig Zentimeter. Starreporter Heribert Meisel berichtete nach einem Anruf in Wien ziemlich aufgeregt, auch am Flughafen Schwechat liege Schnee. Damit sorgte er zwar bei einigen Spielern für Nervosität, einen Youngster konnte er nicht beeindrucken. LASK-Mittelfeldspieler Gerhard Sturmberger, Jahre später in der Ära von Leopold Stastny Abwehrchef und Kapitän, antwortete drei Jahre vor seinem Teamdebut mit dem Schmäh eines gebürtigen Kärntners: »Müaß ma halt a größere Maschin' nehmen, damit sie uns leichter finden!«

Einer der vielen Teamchefs Österreichs trat schon nach einem einzigen Länderspiel zurück: Der Wiener Kommerzialrat und Lederhändler **Hans Kaulich.** Der frühere Schiedsrichterobmann und Weggefährte des ÖFB-Präsidenten Josef Gerö wurde Nachfolger von Walter Nausch. Kaulich war ein integrer Mann, der aber zehn Jahre nicht mehr auf den Fußballplätzen präsent war und keine Spieler kannte. Er stellte nach den Kritiken in den Zeitungen sein erstes Team – das auch sein letztes sein sollte – auf. Bei der Begrüßung seiner Schützlinge verwechselte er aber deren Namen. »Grüß Gott, Herr Zeman«, sagte er zu Kurt Schmied. In Rudi Röckl glaubte er Leopold Barschandt zu erkennen, worauf sich einige Spieler selbst mit falschem Namen vorstellten und ihr »Häkerl« mit dem neuen Chef hatten. Aber nur für einen einzigen Auftritt, am 27. März 1955 beim 2:3 gegen die Tschechoslowakei in Brünn. Der Kommerzialrat trat entnervt zurück. Der Schmäh und die hämischen Kritiken gingen ihm, der ehrenamtlich arbeitete, zu weit.

Was das Nichterkennen eines Teamspielers betrifft, blieb Kaulich aber nicht allein. Der lang gediente ÖFB-Generalsekretär **Karl Liegl,** der ausgezeichnete Schreibtischarbeit leistete, wollte 1959 als Delegationschef beim 2:5 gegen Frankreich in Paris einen Teamspieler partout nicht in den Bus des Nationalteams lassen. Damals durfte ein 35-jähriger debütieren, der bei LASK spielende Linksaußen Karl Höfer. Nach dem Training hatte Höfer den Hut tief ins Gesicht gezogen – so verwehrte ihm Liegl mit den Worten »Was wollen Sie hier? Der Bus ist nur für Teamspieler, nicht für Touristen«, den Eintritt. Höfers Antwort (»Ich bin ja ein Spieler!«) konterte Liegl mit der Feststellung: »Das kann jeder sagen.« Erst durch eine Intervention von Schmied, Stotz, Hanappi, Koller und Horak kam Höfer in den Bus. Es war übrigens sein einziger Teameinsatz.

Garanten für gute Laune, egal wo sie auftauchten: Joschi Walter und Bela Guttmann.

KÄUZE &

Nur für ein Match Teamchef: Kaulich.

Ein ganz berühmter Trainer betreute 1964 das Nationalteam: Der Österreich-Ungar **Bela Guttmann,** der sich zuvor als Erfolgscoach von Penarol Montevideo, Milan und der großen Mannschaft von Benfica Lissabon mit Eusebio, die unter seiner Regie Europacupsieger wurde, weltweit einen Namen gemacht hatte. Nur die Freundschaft zu »Mister Austria«, **Joschi Walter,** der als Verbandskapitän fungierte, machte Belas Engagement möglich. Den Einstand feierte das Duo am 12. April 1964 mit einem 1:1 gegen Holland in Amsterdam. Guttmann wurde vor dem Match von in Holland lebenden Exil-Ungarn geradezu belagert. Mit einem spazierte er an den Grachten entlang. Beide redeten mit Händen und Füßen. Jemand rief von der anderen Straßenseite: »Servus, Bela!« Guttmann grüßte zurück. Darauf fragte sein neben ihm gehender Gesprächspartner: »Wer war das, Bela?« Guttmann antwortete fast entrüstet: »Woher soll ich das wissen? Ich weiß ja nicht einmal, wer du bist!«

VOGERL FLOG NICHT

Unter dem legendären Karl »Vogerl« Geyer, der ab 1955 zehn Jahre lang ÖFB-Nachwuchsleiter war, gelang 1957 dem Juniorenteam der Sieg beim UEFA-Nachwuchsturnier in Spanien. Geyer lehnte trotz seines Spitznamens »Vogerl« jeden Flug kategorisch ab. Als Eisenbahnpensionist reiste er zu Auswärtsspielen per Bahn schon Tage voraus. Auch in seiner fünf Spiele dauernden Ära als interimistischer Teamchef. Selbst auf die britischen Inseln zum 2:1 gegen Wales nach Wrexham. Karl Geyer, das einzige Vogerl, das nie flog …

Der Österreich-Ungar Bela Guttmann trainierte auch mit den Teamspielern fast nur mit Anzug und Krawatte, fast nie im Trainingsanzug.

ZU JUNG

1967 kam der erste Teamchef, der nicht aus Wien stammte, via Vorarlberg zum Amt: Kommerzialrat **Erwin Alge,** ein Stickereifabrikant, früher einmal in der Vorarlberger Landesauswahl tätig, seriös, ruhig, zu den Journalisten stets freundlich und offen. Alge, der liebend gerne eine Virginia rauchte, ließ die Teamvorbereitungen fast allein durch Hans Pesser in Wien durchführen. »Wissen Sie, warum ich so gerne nach Wien komme?«, fragte er einmal unvermittelt einen Sportschreiber und gab gleich selbst die Antwort: »Weil man in Wien sooo gut isst!« Der Appetit verging dem »Ländle-Sir« nach nur neun Spielen und eineinhalb Jahren. Auch wegen unfreundlicher Kritiken.

Erwin Alge erlebte nicht nur als Bundeskapitän mitunter seine Überraschungen mit dem Schmäh von Fußballern, sondern auch in seinem Job als Stickereifabrikant. In Lustenau, dem Heimatort Alges, war zum Ende seiner Karriere der frühere Linksaußen von Rapid, Austria und der Nationalmannschaft, Lukas Harry Aurednik (der wegen seines großen Trickrepertoires den Spitznamen »Zauberer« bekam) als Spielertrainer tätig. Alge fand Aurednik sehr sympathisch, machte ihm das Angebot, Repräsentant seiner Firma zu werden. Er bot ihm einen Dienstwagen, Fixum und Provicion an. Aurednik hätte nur bereits vorhandene Kunden der Firma besuchen und betreuen müssen. Er lehnte das Angebot jedoch ab. Die Begründung: »Herr Alge, i' bin no z'jung zum Arbeit'n. I' bin erst 37.«

KURIOSITÄTEN

Guttmann trainierte mit Mantel und Hut, nur ganz selten im Trainingsanzug. Oft bat er Journalisten um Rat: »Meinen Sie, soll ich gehen mit Hut in der Hand zur Bank? Oder wäre es besser, ich gehe mit Hut und nehme ihn dann erst vor der Bank vor den Leuten ab, um sie so zu begrüßen?« Guttmann kannte fast keinen Spieler. Daher sprach er seine Schützlinge auch ungewohnt an. Etwa an die Adresse von Leopold Grausam: »He, Sie, Kleiner, haben doch selbst Beine wie Puskas. Warum schießen nicht wie Puskas? Oder zum Sturmtank Horst Nemec: »Sie, Langer, können doch höher springen. Warum tun Sie es nicht?« Sein Training hatte Kabarettcharakter, die Erfolge waren aber gar nicht schlecht, lehrte er den Spielern doch allerhand Tricks, steigerte ihre Stimmung und ihr Selbstbewusstsein. Journalisten bezeichneten Bela-Bacsi als »Wunderrabbi«, worauf der seinen berühmten Hut nahm und nach nur fünf Spielen mit Walter wieder abtrat. Diese »Titulierung« hatte Guttmann überhaupt nicht gefallen – interne Verbandsquerelen taten ein übriges. Walter demissionierte, als Präsident Walch bei einer FIFA-Tagung in Japan weilte, und ließ sich auch von ihm nach der Rückkehr nicht mehr umstimmen.

Der Vorarlberger Stickereifabrikant Erwin Alge (rechts) war der erste Teamchef, der nicht aus Wien stammte. Er stützte sich auf den erfahrenen Hans Pesser, der für Alge fast allein die Teamvorbereitungen in Wien durchführte.

Schon der Auftakt in die desaströse WM-Qualifikation für 1966 verhieß nichts Gutes. Beim Start gegen die DDR im ausverkauften Praterstadion musste Stopper Walter Glechner schon nach 16 Minuten mit einem Schienbeinbruch vom Platz getragen werden. Da 1965 noch kein Austausch erlaubt war, musste Österreich mit zehn Mann weiterspielen. Auf den Ausgleich der DDR zum 1:1 folgten vorwurfsvolle Blicke von Hirnschrodt (unten links) und Halla zu Torhüter Fraydl.

Anfang 1965 versuchte mit Edi Frühwirth ein Erfolgsbetreuer der WM 1954 sein Teamchefglück. Aber vergeblich: kein Sieg in der WM-Qualifikation. Bis zum Ende seiner zweijährigen Ära im November 1966 gab's nur einen Paukenschlag: Das 3:2 am 20. Oktober 1965 im Londoner Wembley-Stadion gegen England. Rapid-Rechtsaußen Toni Fritsch traf gleich zweimal. Ein anderer Debütant, Austria-Verteidiger Robert Sara, nahm als Andenken ein Stück des berühmten Wembley-Rasens mit heim nach Kaisermühlen. Köstlich, wie heuer anlässlich der Feier zum 60. Geburtstag von Franz Hasil Fritsch und er die Szene zum Siegestor des »Wembley-Toni« schilderten. Fritsch hatte dem gefürchteten Nobby Stiles in der Nähe der Mittelauflage den Ball abgejagt, lief durch

Auf das 1:1 gegen die DDR folgte bald die nächste Heim-Enttäuschung: Ungarn gewann im Praterstadion 1:0. Da sahen Hirnschrodt (7) und Halla (2), wie Ungarns Linksaußen Fenyvesi (am Boden) mit einem Flug-Kopfball Szanwald keine Chance ließ. Ein Sieg im Budapester Nep-Stadion wäre die letzte Chance gewesen, noch alles umzudrehen ...

... aber dazu war Österreich am 7. September 1965 trotz einiger Umstellungen viel zu schwach. Ungarn führte bereits zur Pause 2:0, Szanwald hatte gegen den zweiten Treffer von Farkas (oben) keine Chance. Die Mienen der Österreicher nach Ungarns 3:0-Sieg sagen genug. Von rechts: Kapitän Koller, Teamchef Frühwirth, Debutant Köglberger neben Tormann Szanwald, Hirnschrodt, Nemec, Binder und Grausam.

Der aus Petronell stammende Toni Fritsch machte als einer von vier Debutanten (außer ihm noch Robert Sara, Walter Stamm und Alfons Dirnberger) im österreichischen »Baby-Team« (Durchschnittsalter nur 23,7 Jahre) den 20. Oktober 1965 für ewige Zeiten zum österreichischen Fußball-Feiertag. Im altehrwürdigen Londoner Wembley-Stadion verwandelte der Rapid-Rechtsaußen, der zuvor nur 14 Ligaspiele bestritt, dabei nur einen Treffer erzielte, mit seinen ersten Toren im Team einen 1:2-Rückstand gegen England in einen historischen 3:2-Sieg. Zuerst bezwang Fritsch nach 73 Minuten Englands Torhüter Springett nach abgewehrtem Buzek-Freistoß aus kurzer Distanz mit links zum 2:2, die »Giraffe« Jackie Charlton (Mitte) sieht zu. Aus der Distanz verfolgten dies die England-Stars Stiles, Moore, Bobby Charlton mit Schrecken (oben rechts). Beim Fritsch-Siegestor acht Minuten später flog Springett zwar sehr schön, aber doch vergeblich. Danach schickten auch der Bundespräsident und der Bundeskanzler Gratulationstelegramme nach London. Bei der Ankunft am Flughafen Schwechat trugen Fans Fritsch im Triumphzug aus der Halle. England legte übrigens nach der Schmach eine Serie von 19 Spielen ohne Niederlage hin, wurde neun Monate später in Wembley Weltmeister.

Als der »Wembley-Toni« geboren wurde ...

Österreich stand in Wembley oft gehörig unter Druck. Hier sieht Fraydl die Rettungsaktion von Stamm. In der Mitte Debutant Robert Sara. An all das erinnerten sich zwanzig Jahre später beim Heurigen in Wien gerne der damalige Teamchef-Assistent Karl Koller, Dirnberger, der »Wembley-Toni«, und Rudi Flögel zurück. Wenig später gab zu dem Anlass auch Englands Kapitän Bobby Moore die Ehre, traf Franz Hasil, Hans Krankl, Hans Buzek, »Waschi« Frank und Adi Macek (rechtes Bild von links). Moore und Macek sind inzwischen leider schon verstorben.

das Mittelfeld Richtung englischem Strafraum, rief aufgeregt zum mitlaufenden Hasil: «Hos', was soll i jetzt mochen?» Hasil schrie zurück: »Toni, bitte schiaß, damit ma zum Verschnaufen kuma!« Hasil hoffte, dass Fritsch den Ball irgendwo auf die Ränge dreschen würde und war umso überraschter, dass Fritsch genau unter die Latte traf. Von dem Ruhm zehrte der Wembley-Toni noch Jahre später als erfolgreicher Free-Kicker im American Football (1972 gewann er als einziger Österreicher die Super Bowl). Und sogar noch heute. Aber damals verflog die Euphorie über den historischen Triumph auf der britischen Insel rasch. Das 3:2 war nicht der Beginn eines Höhenflugs. Das nächste Match ging in der DDR 0:1 verloren und vom Wembley-Toni sah man herzlich wenig.

Deutschlands »Bomber der Nation«, Gerd Müller, wurde Österreichs Schicksal in der WM-Qualifikation. Er traf sowohl beim 2:0 in Wien (oben links) als auch beim 1:0 in Nürnberg praktisch in letzter Minute per Kopf. Beide Male hatte Österreichs Kapitän Sturmberger das Nachsehen. Und Teamchef Leopold Stastny blieb nichts anderes übrig, als die Legionäre Pumm, Siber und Starek (von links) zu trösten. Hinter Stastny der glückliche deutsche Bundestrainer Helmut Schön.

Aber egal, wer auf der Betreuerbank saß, Niederlagen bestimmten das Geschehen Mitte der Sechzigerjahre. Das sollte sich anfangs auch nicht ändern, als im Sommer 1968 mit Leopold Stastny der slowakische Erfolgstrainer von Wacker Innsbruck Teamchef wurde. Er begann sofort umzubauen, und zu verjüngen, musste aber stets um die Abstellung der Legionäre wie Hasil, Pumm, Starek, Siber, Fraydl oder später Kreuz zittern (der damalige Pressechef Ludwig Stewicz verschickte an die Vereine Sachertorten, um sie »gütig« zu stimmen), mit ehrenvollen Niederlagen gegen die Großen wie Deutschland und dessen weltweit bewunderten Torjäger Gerd Müller (der gegen Österreich immer traf, beim 1:0 1969 in Nürnberg in letzter Minute) sowie Schott-

Auch die EM-Qualifikation 1972 begann mit einer unglücklichen, »ehrenvollen« Niederlage gegen einen Großen. Vize-Weltmeister Italien gewann in Wien durch dieses Tor von Sandro Mazzola (zweiter von rechts) 2:1.

land leben, fünf Spiele lang auf den ersten Sieg warten, der auf der Mittelmeerinsel Zypern gegen einen »Underdog« gelang. In der Qualifikation für die WM 1970 in Mexiko, die aber schon Illusion war. Die Spieler waren dennoch von Stastny und seinen Methoden großteils begeistert: »Er hat uns mit detaillierten taktischen Anweisungen, wie wir sie nie zuvor hörten, geradezu verwöhnt«, behauptete Senekowitsch, der Stastny auch als Klubtrainer in Innsbruck kennen gelernt hatte. Und er war eine so große fachliche Autorität, dass er eine Respektsperson blieb, egal welche Späße er abseits des Trainings und der Spiele mit der Mannschaft auch trieb. Dazu revolutionierte er die Trainerausbildung – einige Stastny-Schüler wurden später Teamchefs. Etwa Helmut Senekowitsch oder Erich Hof ...

Die große vergebene Ausgleichschance gegen die Italiener. Ettmayer schoss einen Elfer zu schwach, zu unplaziert – kein Problem für Albertosi, abzuwehren.

Das Los für die EM-Qualifikation 1972 war um nichts leichter – Vizeweltmeister Italien, Schweden und Irland. Und es ging mit diesen »ehrenvollen«, aber unnötigen Niederlagen weiter. Zum Auftakt starke Leistung gegen Italiens Stars im Praterstadion aber 1:2. Auch weil Stastnys Entdeckung Hans »Buffi« Ettmayer im Finish mit einem Elfer an Italiens Klassekeeper Albertosi scheiterte. Dann als klar bessere Mannschaft 0:1 gegen Schweden in Stockholm – es gab Chancen, um drei Spiele zu gewinnen. Aber für den Kampf um das Ticket zur Weltmeisterschaft 1974 schien die Mannschaft um Libero und Kapitän Gerhard Sturmberger gerüstet zu sein – auch weil einigen der Sprung nach Deutschland, Holland oder Spanien (Ettmayer, Parits, Hickersberger, Schmidradner, Kreuz

Für den Kampf um das WM-Ticket 1974 nach Deutschland mobilisierte Leopold Stastny alle möglichen Legionäre. Die größten Hoffnungen trug Franz Hasil, zuvor mit Feyenoord Rotterdam Weltcup- und Europacupsieger. Hasil (rechts) und Thomas Parits brachten zum Heimsieg gegen Schweden den Klassefußball mit.

und Jara) gelungen war. In den entscheidenden Partien spielten bis zu sechs Legionäre. Das Stastny-Team mobilisierte wieder die Fans – im April 1973 begleiteten es über 20.000 zum Qualifikationsschlager gegen Erzfeind Ungarn nach Budapest. Trotz damals noch stundenlanger Wartezeiten an den Grenzübergängen. Mit einem 2:2 vor 74.000 Zuschauern schien Österreich für das Match gegen Schweden dreieinhalb Wochen darauf in Göteborg die Trümpfe in der Hand zu haben. Skistar Karl Schranz flog mit dem Team nach Schweden, Stastny mobilisierte sogar den in Schweden lebenden ehemaligen Linksaußen des Wunderteams, Adolf Vogl, um letzte Details über die Skandinavier zu erfahren. Man wusste alles über den Kopfballriesen Ralf Edström und dessen kongenialen,

Schwedens Klasse-Keeper Hellström geschlagen am Boden, der Ball im Netz – Kurt Jara bejubelt das Parits-Führungstor gegen Schweden.

schnellen Sturmpartner Sandberg – aber es sollte im Ullevi-Stadion, in dem 3000 rot-weiß-rote Fans waren, nicht sein. Bis zur Pause klar dominiert, bei 0:0 die Stange getroffen, aber am Ende 2:3 verloren. Durch zwei Tore Sandbergs, Edström leistete zum dritten per Kopf die Vorarbeit. Tiefste Enttäuschung überall, alles sprach für Schweden oder Ungarn. Aber Stastny, der den Spielern beim Abflug in die Heimat harte Tage prophezeite (»Man wird mich beschimpfen, man wird euch beschimpfen, aber das Leben geht weiter!«) dachte bereits weiter. Drei Wochen nach Göteborg ließ er beim Duell gegen Weltmeister Brasilien in Wien eine 20-jährige Stürmerhoffnung debütieren. Ihr Name Hans Krankl. Am gleichen Tag erreichte Schweden in Budapest gegen Ungarn ein 3:3 – damit blieb Ungarn

Jubel auch beim Heimspiel gegen Ungarn, weil ein 0:2 in ein 2:2 verwandelt wurde. Nach dem Ausgleich hing Starek im Netz. Schütze Jara lief jubelnd davon. Seine Devise hieß damals: Schädelbasisbruch oder Tor.
Ein 2:2 gab es auch im Budapester Nep-Stadion, das vor mehr als 20.000 österreichischen Fans diese »Langhaartruppe« erkämpfte.
Von links: Sara, Eigenstiller, Kreuz, Hasil, Starek, Jara, Parits, Krieger, Schmidradner, Koncilia und Sturmberger.

Die österreichischen Schlachtenbummler beherrschten das Nep-Stadion in Budapest. Mehr als 20.000 nahmen stundenlange Wartezeiten, die damals an der ungarischen Grenze üblich waren, auf sich, weil sie einen österreichischen Sieg bejubeln wollten.
Als Willi Kreuz den Ball nach Jaras Führungstor zum 2:1 noch einmal ins Netz schoss, sah es ganz danach aus. Aber es reichte nur zum 2:2.

Kurt Jara (oben links) bezwang auch in Göteborg Schwedens Torhüter, aber das reichte nicht. Weil Ralf Edström (rechts) zu oft bei den Luftduellen den Österreichern (hier Kapitän Sturmberger) das Nachsehen gab. Nach dem dritten Schwedentor waren alle frustriert: Schmidradner, Sturmberger und Tormann Stachowicz, der entsetzt die Hände vor's Gesicht schlägt.

Nach der Niederlage von Göteborg ließ Stastny Österreichs größte Stürmerhoffnung, Hans Krankl, ausgerechnet gegen den regierenden Weltmeister Brasilien debutieren.
Österreich und Krankl, hier im Luftkampf gegen Clodoaldo sowie Luis Pereira, hielten sich aber beim 1:1 sehr gut. Schlimm wurde für Krankl sein zweites Länderspiel gegen England. Da sah er wie Friedl Koncilia im englischen Schusshagel chancenlos war, ein Tor nach dem anderen kassierte. Am Ende hieß es 0:7, Krankl berührte gegen den Abwehrriesen McFarland kaum einen Ball.

bei Punktegleichheit auf Grund der schlechteren Tordifferenz hinter Österreich. Schweden musste im Herbst am Sandplatz von La Valetta Malta mit zwei Toren Differenz bezwingen, um vor Österreich zu sein.

Die Stastny-Truppe bezog einstweilen im Herbst innerhalb von zwei Wochen zwei fürchterliche Watschen. Zuerst ein 0:7 gegen England im Wembley-Stadion, dann ein 0:4 gegen Deutschland in Hannover. Dabei war in London die Stimmung vor dem Match bestens. Das Team war im Herzen der Weltstadt, der Kensington High Street, abgestiegen. Nahe des Stadions an der Stamford Bridge – so sollte an das glorreiche Spiel des Wunderteams 41 Jahre zuvor erinnert werden. Damals war gerade die Hippie-Mode mit hochhackigen Stiefeln in Mode. Ecke Kensington

Österreichs Fußballer sind langsam, technisch schwach, denkfaul und körperlos".

Max Merkel, von der ORF-Sendung »Telesport« als Kommentator und Kritiker engagiert, nach dem 0:7 im Wembley-Stadion

Diesmal traf Martin Chivers (9) – wieder hat's bei Österreich eingeschlagen!

High Street und Carnaby Street hatte es Krankl ein ausgeflipptes Schuhgeschäft angetan. Und darin Stiefel aus zusammengenähten Lederstücken und mit hohen Absätzen. Die galten als letzter Modeschrei, weil sie Popgrößen wie die »Kinks« trugen. Nach der Anprobe zögerte der begeisterte Krankl wegen des Preises (mehr als 2000 Schilling). Weil ihm Ettmayer und Starek zuredeten, kaufte Krankl – in Wien hat er die Stiefel aber dann nie getragen.

Auch am Wembley-Rasen passierten komische Dinge. Starek stand beim Abspielen der Hymne mitten unter den englischen Stars. Nach dem fünften Tor spielte er plötzlich mit heruntergerollten Stutzen gegen die Kampfmaschinen. Krankl, damals in der heimischen Meisterschaft ein Garant für Tore, sah gegen den Abwehrriesen McFarland kaum einen Ball. Nachher warf Stastny sowohl Starek als auch Ettmayer vor, sie seien nur vor der königlichen Loge »spazieren gegangen!« Ettmayer spielte danach unter Stastny nie mehr im Team. Nach dem Match natürlich eisiges Schweigen. Bis sich das Reporteroriginal Poldi Kait ein Herz nahm und Stastny nach sieben erhaltenen Toren keck fragte: »Herr Stastny, wie waren Sie mit der Abwehr zufrieden?« Der fragte nur grimmig: »Wollen's mich häkerln?« Und als ihm »Krone«-Sportchef Michael Kuhn am Tag danach am Flughafen Heathrow mitteilte, daheim würden viele empörte Fans in der Redaktion anrufen, seinen Rücktritt fordern, es sei Feuer am Dach, konterte Stastny trocken: »Na, wenn Feuer am Dach ist, sollen's bei der Feuerwehr anrufen, nicht bei der Krontschi!«

Entscheidungsspiel in Gelsenkirchen auf Schnee. Horvath, Norbert Hof, Hattenberger, Kreuz, Hasil, Jara, Krankl, Schmidradner, Kriess, Rettensteiner und Eigenstiller (von links) rannten vergeblich dem Glück nach, verloren als bessere Mannschaft.

Mitten in all den Frust über 0.7 und 0.4 kam aus La Valletta eine unerwartete Erfolgsmeldung: Schweden gewann nur 2:1. Damit gleiche Punkteanzahl, gleiche Tordifferenz wie Österreich – so kam's zu einem Entscheidungsspiel auf neutralem Boden. Die Wahl fiel auf Deutschland, auf Gelsenkirchen. Und dort spielte sich am 27. November 1973 ein rot-weiß-rotes Drama ab …

Eine Meisterschaftsrunde wurde ausgesetzt, damit es genügend Zeit zur Vorbereitung gab. Bereits fünf Tage vorher bezog Stastny mit seinem Kader in der Sportschule Kaiserau in der Nähe Dortmunds das Quartier. Am Spieltag Wintereinbruch – am Rasen des Parkstadions lag Schnee! 25.000 Zuschauer auf den Rängen, darunter 6000 Österreicher. Nach 26 Minuten lag Österreich 0:2 zurück, auf Roland Hattenbergers Anschlusstor folgte ein einziger rot-weiß-roter Sturmlauf. Franz Hasil traf im dichtesten Schneetreiben die Stange, DDR-Starreferee Rudi Glöckner übersah ein Foul Sandbergs vor dem zweiten schwedischen Tor und ein elferreifes Vergehen an Jara – der Ball wollte nicht über die Linie. Nachher Szenen in Österreichs Kabine, wie man sie nicht für möglich gehalten hätte: Fußballer und Betreuer, die hemmungslos weinten, einige Journalisten mit ihnen. Es gab nur Komplimente für die Leistung – aber es zählte nur das brutale Ergebnis: »Es gab in meiner Spielerkarriere keine größere Enttäuschung als dieses Match« behauptet Kurt Jara noch heute. Der Satz gilt wohl für andere auch. Dass diese Mannschaft WM-reif

Roland Hattenbergers Kopftor zum 1:2 gab zwar wieder Hoffnung, aber der Ausgleich wollte nicht mehr gelingen. Weil Valencia-Legionär Jara (11) an Schwedens Tormann Hellström scheiterte, DDR-Referee Glöckner nur zur Cornerfahne zeigte, als Jara im Strafraum elferreif gefoult wurde. Und in der Kabine flossen die Tränen.

Leopold Stastny am 24. September 1975 in Budapest beim 1:2 gegen Ungarn letztmals zwischen Masseur Pepi Flenner (links) und Assistent Georg Schmidt auf der Betreuerbank. Nach 49 Länderspielen hörte der »Weiße Riese« als Teamchef auf.

gewesen wäre, bewies sie im WM-Jahr 1974: Keine Niederlage, auswärts gegen Holland und Brasilien, daheim gegen Italien jeweils ein Remis erkämpft. Erstmals seit 1921 blieb das Team ein ganzes Jahr ungeschlagen.

Mitten in der EM-Qualifikation stellte der durch ein Rückenleiden auch gesundheitlich angeschlagene Stastny im September 1975 nach sieben Jahren und 49 Länderspielen seinen Posten zur Verfügung. Wobei er noch die Basis für die erfolgreiche WM-Truppe 1978 gelegt hatte: Stützen wie Herbert Prohaska, Bruno Pezzey und Erich Obermayer kamen schon in seiner Ära erstmals zu Teamehren. Von den in Argentinien eingesetzten Spielern waren nur drei keine »Stastny-Erfindungen«.

EIN NACKTER

Leopold Stastny hatte in der Öffentlichkeit das Image eines Griesgrams, der am liebsten in den Keller lachen geht. Aber genau das Gegenteil war der Fall. Nur zeigte Stastny sein zweites Gesicht nur im kleinsten Kreis. Um ausgefallene Ideen war er nie verlegen. Sein Markenzeichen war der trockene Humor. Der bescheidene Stastny konnte aber auch lachen, wenn jemand auf seine Kosten Schmähs machte. Er lebte während seiner ÖFB-Zeit auf Zimmer 26 des Hotels »Fürstenhof« gegenüber dem Westbahnhof. Von dort hatte er es nicht weit zum ÖFB-Haus auf der Mariahilfer Straße. Mitunter saß er im »Espresso Goal«, gönnte sich einen kleinen Schwarzen mit einem Glas Wasser. Wenn's hoch herging, ein Achterl Rot oder gar einen Cognac. Mehrere Lokalbesitzer konnte er überreden, seine geliebten Mohnnudeln auf die Speisekarte zu setzen. Mitunter war Stastny, der besonders mit Pressechef Ludwig Stecwicz leidenschaftlich gerne wettete (bevorzugter Mini-Einsatz war ein Schilling), auch Selbstversorger. Daher ging er ab und zu Sardinen kaufen. Als ihn die Verkäuferin fragte: »Wollen Sie norwegische oder portugiesische«, antwortete der Teamchef schlagfertig: »Warum? Das ist egal. Ich will ja nicht mit ihnen reden, ich will's essen!« Einem Journalisten, der ihn ständig kritisierte, oft unter der Gürtellinie, schrieben Stastny und Stecewicz einen Leserbrief. Inhalt: Lob, weil endlich einer da ist, der sich traut, Stastny zu kritisieren … Absender: Ein Herr Ledölb. Umgedreht hieß das »Blödel«. Als Adresse war die einer Nervenheilanstalt angegeben. Der Leserbrief wurde veröffentlicht, Stastny war begeistert.

Bei allem Ernst vor Länderspielen legte Stastny aber großen Wert darauf, dass auch sehr viel gelacht wurde. Daher besuchte er öfters am Wiener Naschmarkt ein Geschäft für Scherzartikel. Dort erstand er unter anderem Semmeln aus Plastik, die er bei Pressekonferenzen in den Korb mit »richtigen« Semmeln gab. Mit diebischer Freude beobachtete Stastny dann die Bisse in die Plastiksemmeln. Oder er brachte eine Zündholzschachtel mit, ging damit meist zu Neulingen: »Ich bring' die nicht auf, kannst du helfen?« Beim Öffnen der Schachtel gab's dann prompt einen Stromschlag.

Mitunter lachte Stastny Tränen. Um die zu trocknen, zog er meist ein riesiges, weißes Taschentuch heraus. Das laut einem seiner Ober-Schmähbrüder, Gustl Starek, andere als Zelt oder Segel verwendeten, so groß war das. Tränen konnte Stastny immer lachen, wenn er einen nackten Hintern sah. Diese Aktionen fanden überall statt. So auch auf der Straße zwischen Trainingsplätzen in der Südstadt und dem Quartier, dem Gewerkschaftsheim in Brunn. Die absolute Topstory gab's dabei einmal mit einem Taxi auf der Mariahilfer Straße. An der Kreuzung mit dem Gürtel zeigten Starek, Kapitän Sturmberger und Stastnys Lieblingsschüler »Buffi« Ettmayer dem Taxifahrer, der hinter ihm mit Stastny im Fonds fuhr, den nackten Hintern: Als die Ampel auf Rot sprang, standen die drei auf der Rückbank auf, zogen die Hosen runter. Der Taxifahrer war total perplex, wusste nicht, was er tun sollte, warum sich der Teamchef neben ihm vier Minuten lang vor Lachen zerkugelte.

Das schaffte auch ein ganzes Sortiment von »Schas-Bladern«, das er sich am Naschmarkt zulegte. Da war keiner vor den einschlägigen Pfurz-Geräuschen sicher. Selbst im Flugzeug nicht. Als eine Stewardess neben Rudi Flögel stand, drückte Stastny auf die Schas-Bladern. Flögel bekam einen

»Am liebsten möcht' ich mich in die Klomuschel setzen und selber abilassen!«

Teamchef Leopold Stastny 1970 nach der Heimniederlage gegen die ČSSR

H I N T E R N

hochroten Kopf. Auch bei gemeinsamen Kinobesuchen gab's solche Aktionen. Die dazu führten, dass empörte Besucher riefen, welche Schweine da im Saal sitzen. Nicht einmal das Theater an der Wien war beim Musical »Anatevka« davor sicher. Das Team saß deshalb extra schon 20 Minuten vor Beginn auf den Plätzen, Stastny übergab Ettmayer die Schas-Bladern: »Wenn die Leute kommen, dann machen Sie das!« Ettmayer legte den Besuchern links und rechts von ihm die Schas-Bladern unter den Allerwertesten. Prompt ging's los. Und Sturmberger fragte die konsternierten Anatevka-Besucher mit todernster Miene: »Muss das sein? Können Sie sich wenigstens im Theater nicht beherrschen?« Stastny brauchte zwei Reihen dahinter längst wieder das riesige weiße Taschentuch.

Stastny machte es auch eine diebische Freude, bei langatmigen Journalistenfragen sein Pokerface aufzusetzen, darauf nur mit »Ja« oder »Nein« zu antworten. Unter Journalisten regelmäßig über den Unterschied von Trainingsspiel und Probespiel (»Da macht man statt einem Training ein Spiel gegen den leichten Gegner, bei einem Probespiel probiert man etwas aus«) zu belehren oder sie auffordern, sorgfältig bei der Auswahl zu sein: »Sie haben geschrieben, der Tormann hielt bombensicher. Aber ich frag Sie, wie kann a Bomb'n sicher sein?« Einmal konnte er sogar ein Lachen mitten in einer Radioübertragung nicht unterdrücken. Als ihn 1969 Edi Finger senior fragte, was er zum 1:1 gegen Deutschland sagte, hieß Stastnys Antwort: »Das Resultat hätte auch umgekehrt lauten können!«

Trotz aller Späße blieb er durch seine fachliche Autorität eine Respektsperson. Auch wenn er im Ärger mitunter zu ungewöhnlichen Maßnahmen griff. Etwa auf der zweiwöchigen Wintertournee 1972 zur kuriosesten Austauschaktion seiner ganzen Ära mit 49 Länderspielen. Zum Abschluss-Testspiel in Athen gegen den griechischen Spitzenklub Olympiakos. Fast jeder dachte schon an den Heimflug. Dementsprechend schlecht lief das Match. Der schrecklich verärgerte Stastny gab nach 20 Minuten Josef Hickersberger das Kommando zum Aufwärmen. Und zehn Minuten später den Befehl: »Geh rein!« Da fragte Hickersberger: »Statt wem?« Der Teamchef antwortete kurz und mürrisch: »Such dir einen aus!« ...

Stastny fand immer etwas, mit dem er die Spieler merken ließ, dass er sich genau mit ihnen beschäftigte. Und sei es nur mit Spitznamen. Den aus Amstetten stammenden Hickersberger nannte er »Blindenmarkt« – das ist der nächste Ort nach Amstetten. Thomas Parits hieß »Kiklowitsch« – so wie früher der Tormann der Parits-Heimatgemeinde Siegendorf. Und Willi Kreuz ernannte er zum »Studnicka«, weil er Säbelbeine wie das Idol zu Beginn des Jahrhunderts hatte. Herbert Prohaska war wegen seiner Haarpracht nur der »Schneckerl«.

Spielern, bei denen er es für nötig hielt, gab Stastny meist dezente Hinweise, dass er sie aufstellen wird, indem er sie von Stars des Gegners grüßen ließ. Hans Krankl bekam vor seinem Debüt gegen die Brasilianer, die für ihn damals »Götter« waren, Grüße von Clodoaldo, einem der weltbesten Defensivspieler. Und am Spieltag fragte Stastny Krankl vor dem Frühstück: »Na, wie haben wir geschlafen, Herr Krankl?« Krankl bekam einen hochroten Kopf: »Danke, gut!« Darauf Stastny: »Das wollte ich gar nicht wissen!« Also erkundigte sich der ratlose Krankl: »Was dann?« Stastnys prompte Antwort: »Ob am Bauch oder auf dem Rücken!« Die Routiniers fielen auf diesen Stastny-Schmäh nicht mehr rein. Bei Herbert Prohaskas Debüt ein Jahr darauf beim 1:0 gegen die Türkei in Istanbul versuchte Stastny dem Youngster auf andere Art die Scheu vor großen Namen zu nehmen. Er forderte ihn auf: »Gehen'S nur den Hasil pflanzen!« Gesagt, getan – nur, Hasil war sauer: »Herr Stastny, sagen 'S dem Buam, er soll aufhören. Sonst kriegt er a Watschn!« Dazu kam's nicht. Prohaska musste aber noch eine Bedingung Stastnys für das Debüt erfüllen – sein Schnurrbart, den Stastny »Rotzbrems'n« nannte, musste weg: »Ich will nicht, dass sich junge Leute älter machen!« Und das zwei Wochen vor Prohaskas Hochzeit – der Bart, auf den er mehr als sechs Wochen lang gespart hatte. Aber selbst die Gefahr, seine künftige Frau Elisabeth zu verärgern, war ihm sein erstes Länderspiel wert. Als Prohaska am Abend vor dem Match bartlos zum Essen kam, sagte Stastny lachend: »Meine Herren, einziger Fixstarter ist jetzt ohne Bart Schneckolito!«

»Das Resultat hätte auch ungekehrt lauten können.«

Leopold Stastny nach einem 1:1

AUS DEN PROTOKOLLEN

Otto Demuth

35 Jahre lang arbeitete Otto Demuth für den Fußballbund. 1950 (Bild) begann er als Sekretär, ab 1965 fungierte er praktisch als Nachfolger des langjährigen Generalsekretärs Josef Liegl, der dieses Amt hochoffiziell erst 1972 übernahm, obwohl er schon seit 1922 im ÖFB war. Mit 1. Jänner 1986 übergab Otto Demuth die Geschäfte an Alfred Ludwig, der sie bis zu seiner Berufung zum Euro-Turnierdirektor für 2008 17 Jahre lang führte, dann sie nach einem Jahr Unterbrechung wieder übernahm. Demuth stellte eine Verbandsgeschichte von 1904 bis 1987 minutiös zusammen und stützte sich dabei auf auf unzählige Protokolle. Ein Auszug aus den Nachkriegsjahren verleitet, mit dem Wissen von heute, auch zum Schmunzeln:

1951 Am 3. September wird als Entschädigungssumme für die Radioübertragung von Länderspielen erstmals ein Betrag von S 10.000 vereinbart.

Zu einem Länderspiel in England wird im November ein Masseur mitgenommen. Bisher wurde aus Kostengründen im Ausland ein örtlich ansässiger Masseur verpflichtet.

Als »Taschengeld« bei Auslandsreisen von Auswahlmannschaften wird der Betrag von einem Dollar festgelegt. Die Entschädigungssätze für A-Länderspiele lauten: Startgeld 90, Unentschieden 300 und Sieg 600 Schilling.

1952 Zu den Olympischen Spielen in Helsinki wird eine Amateurauswahl entsandt. Bemerkenswert ist, dass Joschi Walter mitwirkt, obwohl er beim Staatsligaverein Vienna in der obersten Spielklasse tätig ist. Aufgrund seiner Vermögensverhältnisse spieit Walter jedoch bei Vienna ohne Entschädigungen (Walter war Jahre später Boss der Austria und kurzfristig Verbandskapitän).

Am 23. Oktober liegt dem Präsidium ein Demissionsschreiben des Bundeskapitäns Walter Nausch vor. Das Präsidium stellt an den Bundesvorstand den Antrag: »Der BV möge beschließen, dass Herr Walter Nausch das volle Vertrauen des ÖFB genießt und ihm nahegelegt wird, jeweils vor Aufstellung der Nationalmannschaft ein Einvernehmen mit dem Präsidium zu pflegen, wobei die Entscheidung über die Aufstellung dem Bundeskapitän allein überlassen bleibt!«

1955 Das Präsidium bestätigte die Vereinbarung, derzufolge zur Deckung des Mindererträgs der WM 1954 ein zusätzliches Länderspiel ausgetragen werden soll. (Man hatte 1954 nicht erwartet, den dritten Platz bei der WM zu erreichen, den Spielern daher hohe Prämien zugesagt, weil man glaubte, diese ohnehin nicht ausbezahlen zu müssen.)

Der Bericht über die WM 1954 ergibt einen Abgang von rund 500.000 Schilling. Für die Restzahlungen für den Hausbau muss ein Darlehen von S 1,300.000 bei der Wiener Städtischen Versicherung aufgenommen werden. (Zinssatz 5,5%)

Erstmals gibt es Schwierigkeiten mit Fernsehübertragungen. Das Fernsehen beruft sich auf seinen Informationsauftrag und drängt auf Direktübertragungen. Die Bundeshauptversammlung beschließt jedoch, Direktübertragungen nicht zuzulassen.

Eine Freikartenregelung für Teamspieler wird nach folgendem Schema beschlossen: Ihnen werden für die Teilnahme an einem A-Länderspiel drei Punkte, an einem B-Länderspiel zwei und an einem C- oder Amateurländerspiel ein Punkt gutgeschrieben. Ab fünf Punkten ergibt sich der Anspruch auf eine Stehplatz-Freikarte, ab zehn auf einen Sitzplatz.

Für Länderspiele in entferntere Länder werden Flugreisen beschlossen. Vorher wurden oft auch weite Reisen mit der Bahn im Schlafwagen unternommen.

Die Aufstellung von Reklametafeln bei Länderspielen wird abgelehnt.

1956 Am 14. Dezember wird mit Dr. Walter Schleger (Austria) erstmals ein Fußballspieler promoviert. Er schließt das Studium an der Veterinäruniversität erfolgreich ab (später brachte es Schleger zum Rektor dieser Universität).

1959 Mit dem Fernsehen kommt es weiterhin zu Differenzen. Der ORF will ohne Zustimmung des ÖFB das englische Cupfinale live ausstrahlen. Ebenso gibt es Probleme wegen der Länderspielübertragungen

1960 Bei der Bundeshauptversammlung am 3. April in Feldkirch stellt Präsident Walch nach heftigen Zeitungsangriffen als Folge einer Niederlage des Teams in Frankreich die Vertrauensfrage. Er wird einstimmig gebeten, seine Funktion beizubehalten.

Im andauernden Streit mit dem ORF findet unter Vermittlung des Unterrichtsministers Heinrich Drimmel ein Gespräch statt, bei dem die Genehmigung der Übertragung der letzten 20 Minuten der Länderspiele erfolgt.

1961 Die Schwierigkeiten mit dem Fernsehen reißen nicht ab. Fernsehdirektor Freund hält sich nicht an Vereinbarungen, sondern schaltet immer wieder Politiker als Fürsprecher ein, die den Präsidenten unter Druck setzen. So wird auf Ersuchen des Wiener Bürgermeisters Franz Jonas die Übertragung des Länderspiels gegen England genehmigt.

1962 Um den Präsidenten vor Interventionen von Politikern zu schützen, beschließt die Bundeshauptversammlung ein Verbot der Fernsehübertragung von Heimländerspielen, an das er gebunden ist. Das Ansuchen einer jungen Frau, zur Schiedsrichterprüfung zugelassen zu werden, wird abgelehnt und entschieden, dass nur Männer das Schiedsrichteramt ausüben dürfen.

1968 Die übliche Präsidentenkonferenz am 20. April, einen Tag vor der Bundeshauptversammlung in Innsbruck, wächst zu einem kleinlichen Hin und Her aus, dauert von 15 Uhr, mit einer Unterbrechung für das Abendessen, bis drei Uhr morgens. Es geht dabei hauptsächlich um die Frage, wer von den Landesverbandspräsidenten auch Vizepräsident des ÖFB sein soll.

Vor dem Abschied in den verdienten Ruhestand erhielt Otto Demuth am 27. November 1985 von Unterrichtsminister Herbert Moritz (Mitte) das Silberne Verdienstzeichen der Republik Österreich.

RÖMERQUELLE®
belebt die Sinne
KLAVIER
www.roemerquelle.com

Die WM 1978

Tango Argentino

Als Österreich den Weltmeister heimschickte, an das Wunderteam erinnerte

Dieses Kapitel widmet Ihnen
RÖMERQUELLE

Mit Branko Elsner kam auch »Buffi« Ettmayer (zweiter von rechts) ins Team zurück. Das 6:2 gegen Luxemburg sorgte für leise Hoffnung. Aber in Wrexham montierte die Wales-Kampfmaschine Terry Yorath gnadenlos sowohl Prohaska als auch Krankl (9) ab. Österreich verlor 0:1 und auch das EM-Ticket, die Zeit von Elsner und Ettmayer war wieder vorbei.

Nach Leopold Stastny übernahm mit Branko Elsner der Trainer der damals besten Klubmannschaft, Wacker Innsbruck, das Team für die letzten Spiele der EM-Qualifikation gegen Luxemburg und in Wrexham gegen Wales. Der Slowene probierte vielerlei: Holte Ettmayer zurück, weil der beim VfB Stuttgart in Hochform spielte, versuchte die Mannschaft bei der nationalen Ehre zu packen. Vor jeder Besprechung mussten die Spieler aufstehen und die Bundeshymne hören, aber geholfen hat's auch nicht. Bei heftigem Wind und Regen vergab Österreich in Wrexham mit dem 0:1 die letzte Chance, sah ganz schlecht aus. Ettmayer war bald so fertig, dass er zu Krankl sagte: »Jetzt geh ich zurück, mach einen Abstoß, damit ich wenigstens einmal den Ball berühre!« So

Hans Pirkner (rechts) sorgte für das erste Siegestor der Ära Senekowitsch – er sicherte das 1:0 gegen Schweden.

war es auch – eine Szene, die in seinem endgültig letzten Länderspiel negative Erinnerung blieb. Ebenso, dass mit Hickersberger ein Legionär verärgert seine Teamkarriere beendet hatte: Gegen Luxemburg einberufen, aber beim 6:2 nicht aufgestellt. Das sah einer, der ein Angebot von Bayern München daheim liegen hatte, partout nicht ein …

Verbandsvize Karl Beck machte sich für Helmut Senekowitsch als Teamchef stark. 1974 war er sensationell mit VOEST Meister geworden. Zu der Zeit betreute er als Admira-Trainer nebenbei Österreichs Olympiateam. Alles wurde fix: Der neue Verbandschef Karl Sekanina, der hemdsärmelige Chef der Metallergewerkschaft, übernahm 1976 Teamchef Senekowitsch mit. Zur Übernahme der Präsidentschaft hatte Nationalrat Sekanina Bedingungen gestellt:

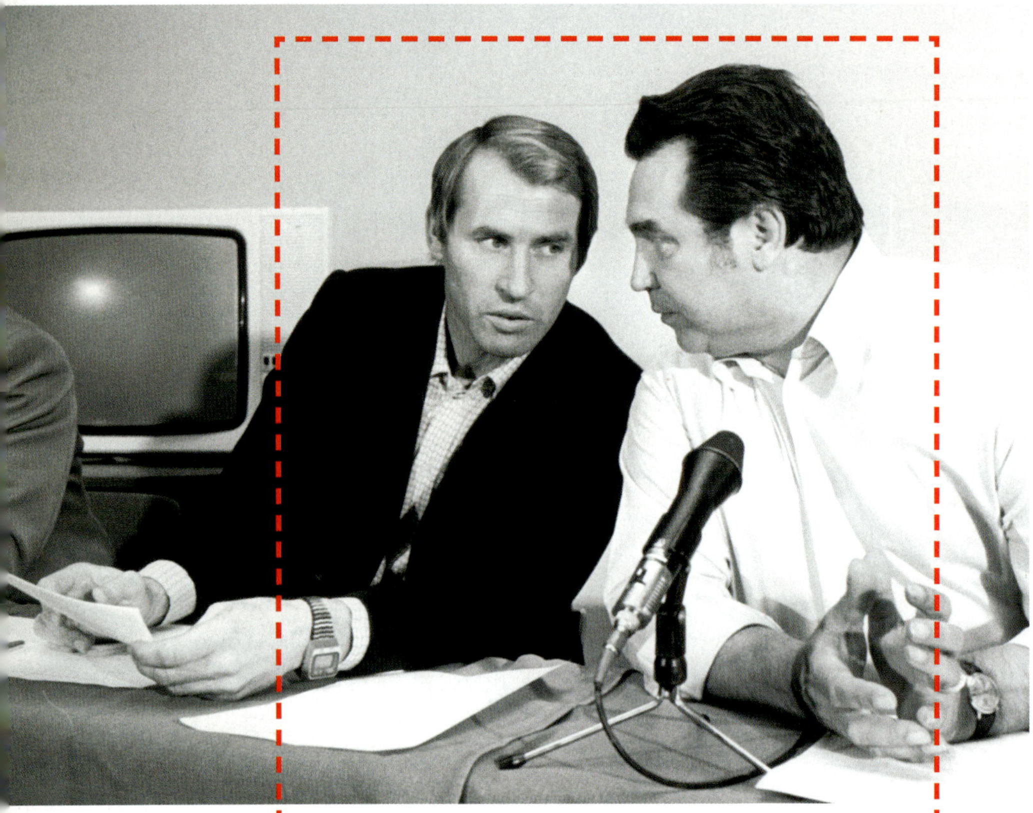

»Was soll ich mit vier Blattl'n Papier?«

Präsident Sekanina an Helmut Senekowitsch

1. Präsidium mit Vizepräsidenten.
2. Eine Präsidentenkonferenz.
3. Ein Kuratorium im finanziellen Bereich.
4. Alleinverantwortung des Teamchefs nach grundsätzlichen Linien.
5. Zuständigkeit des Generalsekretärs im administrativen Bereich.

Und schon bald ging es während der sechs Testspiele für die Qualifikation zur WM 1978 in Argentinien gegen die DDR (die 1976 in Montreal Olympiasieger wurde), Türkei und Malta rund. Senekowitsch suchte vorerst einen Stamm, experimentierte, verzichtete in den ersten drei Partien auf Legionäre, nur um es einmal so zu versuchen. Sekanina sah nicht lange zu, forderte vom Teamchef via Medien kurz-, mittel- und langfristige Konzepte, qualifizierte die von Senekowitsch und Assistent Georg Schmidt bei einem Meeting im Döblinger Hotel »Modul« übergebenen schriftlichen Vorbereitungspläne mit der Bemerkung »Was soll ich mit vier Blattl'n Papier« ab oder fragte den Teamchef in aller Öffentlichkeit, ob er sich dem Job gewachsen fühle oder überfordert sei. Senekowitsch, kein Mann der großen Worte, hielt sich zurück, ritt nie verbale Gegenattacken. Mitunter fragte er

Ein Tor aus der zweiten Division machte die WM-Qualifikation leichter: Der 20-jährige Walter Schachner von DSV Leoben (links) unterwegs zum »GoldenenTor« gegen die Türkei. Da jubelte auch Hans Krankl. Knieend Torhüter Senol, der 2002 als Teamchef mit der Türkei sensationell WM-Dritter wurde.

Sekanina: »Was soll das?« Als der Präsident um Verständnis bat (»Helmut, weißt eh, etwas Show muss dabei sein«), antwortete Senekowitsch nur etwas gequält: »Aber doch nicht nur auf meine Kosten!« Aber er bewies Nervenstärke: »Weil ich wusste, dass die Spieler hundertprozentig zu mir standen!«

Bis zum Beginn der WM-Qualifikation holte Senekowitsch mit Hattenberger, Kreuz, Hickersberger (der seinen Frust über den inzwischen geplatzten Vertrag bei Bayern München leichter mit dem Teamcomeback verdrängte), Jara und Krieger fünf Legionäre und auch eine 20-jährige Stürmerhoffnung aus der zweiten Division: Walter Schachner von DSV Alpine. Der bedankte sich am 17. April 1977 mit dem goldenen Tor zum 1:0-Heimsieg gegen die Türkei. Auch drei Siege in den ersten drei Qualifikationsspielen, darunter das 9:0 gegen Malta in Salzburg mit sechs Toren von Hans Krankl, übrigens bis heute der Rekordsieg von Österreichs Team, änderten nichts daran, dass Sekanina seinen Teamchef weiter in Frage stellte. Der bot im Sommer 1977 im Parlament dem Präsidenten genervt seinen Rücktritt

KRANKL -

an – Sekanina akzeptierte ihn nicht. Zu dieser Zeit verfolgte er schon längst den Plan, einen Sportdirektor zu installieren. Schon im Herbst 1976 sollte es Branko Elsner sein, dann Max Merkel nach vielen, vielen erfolgreichen Trainerjahren im Ausland. Die offene, oft auch bissige Kritik, die er jahrelang an den Fußballzuständen in Österreich geübt hatte, machte ihn bei den Spielern zum Buhmann.

Auf die Frage nach dem Warum hört man mehr als 25 Jahre später die gleiche Antwort, egal ob von Krankl, Prohaska oder Hickersberger: »Senekowitsch war immer für die Spieler da, behandelte uns nie wie Kinder, ließ uns Freiheiten, stellte sich stets vor die Mannschaft, kämpfte sogar im Ausland mit 180 Puls in den Hotels darum, dass

TORFESTSPIELE

Krankl-Torfestspiele in der Festspielstadt Salzburg: Sechs Mal bejubelte der Goalgetter einen Treffer von ihm beim 9:0 gegen Malta. Das ist bis heute der Rekordsieg von Österreichs Team.

DER STECKEN

Leopold Stastny arbeitete nach dem Rückzug als Teamchef für den ÖFB noch vier Jahre bis 1979 in der Trainerausbildung weiter, initiierte auch die Schülerliga, war Ratgeber für seine Schützlinge, die seinen früheren Job übernahmen. Speziell in schweren Stunden. Auch für Helmut Senekowitsch in der Qualifikation. Eines Tages überraschte Stastny Senekowitsch und seinen Assistenten Georg Schmidt mit einem Spazierstock, wie ihn passionierte Wanderer gerne benützen. Aber diesmal waren auf dem Stock keine Schilder mit dem Namen der bezwungenen Berge, sondern mit den Namen der früheren Teamchefs. Und Stastny feixte zu seinen Nachfolgern: »Da stehen alle Teamchefs darauf, die schon den Stecken bekommen haben. Bald gehört's auch ihr dazu!« ...

»Geh Bua, du musst dir ja etwas sagen und helfen lassen von mir.«

alles mit der Organisation passte, das Essen rechtzeitig am Tisch stand. Und wehe, etwas funktionierte nicht!« So hatte es Sekanina schwer, für Merkel eine Basis beim Team zu finden. Um so mehr nach der Panne beim Einstandsbesuch, die Sekanina letzten Herbst bei der Feier zum 70. Geburtstag von Senekowitsch lachend erzählte: »Ich holte Merkel vom Flughafen ab, fuhr mit ihm zur Mannschaft nach Lindabrunn, bat ihn, nur ja sein freundlichstes Gesicht zu machen!« Merkel hielt sich daran. Als er den ersten Spieler sah, schüttelte er ihm die Hand, fragte interessiert: »Wie geht's Ihnen, Herr Krankl?« Sein Pech, dass der Angesprochene nicht Krankl, sondern Sepp Stering war. Sekanina: »Da hab ich sofort gesagt: Max, da hab'n wir jetzt kein Leiberl mehr, fahr ma lieber!« Ob Sekanina mit voller Absicht mit Merkel provozierte, um das Wir-Gefühl zwischen Teamchef und Spielern noch zu verstärken? Senekowitsch schließt das heute kategorisch aus. Selbst Krankl, der Sekanina sehr gut leiden konnte, glaubt nicht daran: »Es wäre grenzgenial gewesen!«

Das Aufgabengebiet des von der Firma »Römerquelle« finanzierten Sportdirektors Merkel legte der ÖFB-Bundesvorstand fest. Von Beratung des Präsidenten in allen sportlichen Angelegenheiten, Beratung des Vorsitzenden der Liga-Kommission in allen Angelegenheiten der Bundesliga, Leitung des Referats »Information« unter besonderer Berücksichtigung der Öffentlichkeitsarbeit über die Organisation der sportlichen Betreuung der

Die berühmte Karikatur von Erich Sokol über den »Tango Argentino« von ÖFB-Präsident Karl Sekanina und Sportdirektor Max Merkel. Die brachte es auch zum Cover der »Krone«.

Josef Hickersberger im Sturzflug gegen die DDR im Praterstadion. Dass es nur zu einem 1:1 reichte, lag auch am bärtigen Waliser Referee Reynolds, der ein reguläres Tor von Krankl annullierte und ihn dann auch noch ausschloss. Aber auch ohne Krankl reichte es im Leipziger Zentralstadion zu einem 1:1. Roland Hattenberger umkurvte beim Führungstor gekonnt DDR-Torhüter Croy, Friedl Koncilia hielt, bis auf eine Ausnahme, alles. Da gab es nachher in der Kabine nur zufriedene Gesichter.

Auswahlmannschaften unter besonderer Berücksichtigung der organisatorischen Vorbereitung von Länderspielen bis zur Vertretung des ÖFB in der Arbeitsgemeinschaft Schulfußball, der Organisation der Leistungszentren und der Trainerausbildung. Da war also genug zu tun.

In fünf Wochen, zwischen 24. September und 30. Oktober 1977 entschied sich für das Team und Senekowitsch alles: Zweimal gegen die DDR und in Izmir gegen die Türkei. In Wien gab es gegen die favorisierte DDR trotz starker Vorstellung statt eines Siegs ein 1:1 mit einer roten Karte für Krankl, der dem walisischen Referee Reynolds nichts Freundliches sagte, weil der im Finish ein reguläres Kopftor von ihm annullierte. Sportdirektor Merkel kritisierte

Tormann Friedl Koncilia, Senekowitsch hielt ihm die Stange. Prompt hielt Koncilia zweieinhalb Wochen später im Zentralstadion von Leipzig vor 95.000 Zuschauern überragend, machte das 1:1 möglich. Senekowitsch ersetzte den gesperrten Torjäger Krankl durch einen Mittelfeldspieler, durch Herbert Prohaska, begann nur mit einer Spitze (Kreuz). Alles war richtig – am Sonntag, den 30. Oktober, qualifizierte sich Österreich, wieder mit Krankl, durch ein 1:0 in Izmir erstmals seit 20 Jahren wieder für eine WM.

Senekowitsch im Blick zurück: »Aber Leipzig war schon die Entscheidung, für uns viel schwerer. Das nervenaufreibendste Match in meinem ganzen Trainerleben!«

»Ich war nie so gescheit wie Leopold Stastny, ich habe nur sehr viel von ihm gelernt und versucht, nach seiner Ära das Selbstwertgefühl der Teamspieler zu heben!« Helmut Senekowitsch

Österreichisches Glück in Leipzig: Der Teamchef mit seinem Torschützen, Helmut Senekowitsch und Roland Hattenberger.

Die Türken versuchten um das Spiel in Izmir einen Nervenkrieg zu inszenieren. Beide Mannschaften wohnten in der gleichen Hotelanlage. Für die Heimmannschaft war ein Stock reserviert – alle Zimmer ruhig, mit Fenstern zum Gartentrakt. Die Spieler verließen die Etage nur zum Training und zum Spiel. Die Zimmer der Österreicher waren straßenseitig. Vor dem Hotel veranstalteten die türkischen Fans Tag und Nacht hindurch einen »Autokorso« mit Hupkonzerten, einige stürmten auch die Hotelhalle, um dort ihre »Türkiye«-Sprechchöre zu skandieren. Und dann noch die Sache mit den Dressen: Es war schriftlich festgelegt, dass die Türkei in Weiß, Österreich in Rot spielen sollte. Am Spieltag reklamierten die Türken, dass Sie unbedingt ihre roten Dressen tragen

Die Musik spielte im Hexenkessel von Izmir auf, aber auch davon ließen sich die Österreicher nicht beeindrucken. Sie lösten das WM-Ticket nach Argentinien: Stering, Jara, Hattenberger, Breitenberger, Kreuz, Prohaska, Krankl, Krieger, Pezzey, Koncilia und Sara.

müssten. Der jugoslawische UEFA-Beobachter stimmte dem zu. Österreich hatte nur zwei rote Garnituren mit – bekam von den Türken ihre weißen Trikots zur Verfügung gestellt. Zeugwart Helmut Legenstein musste in stundenlanger mühsamer Kleinarbeit den türkischen Halbmond von den roten Bruststreifen runter trennen …

Herbert Prohaska entschied das Match, in dem die Österreicher defensiv gut standen, aber nach vorne wenig zuwege brachten, bei einem Kopfball von Türkeis Abwehrstrategen Fatih Terim, zwanzig Jahre später als Erfolgstrainer von Galatasaray Istanbul international bekannt, an die Innenstange Glück hatten. 18 Minuten vor Schluss fälschte Terim bei einem Konter einen für Kreuz gedachten Stanglpass von Krankl vor die Beine des heran-

Der wichtigste Spitz in Herbert Prohaskas Fußballerleben: So schoss er Österreich in einem türkischen Trikot zur Weltmeisterschaft nach Argentinien. Dann begann der Jubelsprint mit Hans Krankl als erstem Verfolger. Am Boden sitzt der spätere türkische Erfolgstrainer Fatih Terim. Die Prohaska-Triumphszenen mit dem rot-weiß-roten Fan-Zylinder sieht man auch noch 27 Jahre später sehr gerne. Auch der Teamchef tanzte auf den Schultern der Spieler.

EIGENTLICH
ERSATZ

Eigentlich war der Mann, dessen »Spitz« Österreich zur WM 1978 brachte, in der Qualifikation gar keine so feste Größe. Beim 1:0 auf Malta saß er bis zur Pause auf der Bank. Bei den Heimsiegen gegen die Türkei und Malta spielte er halblinks im Mittelfeld, weil Kurt Jara vom MSV Duisburg nicht freikam. Beim 1:1 gegen die DDR in Wien stand Jara zur Verfügung, wurde Prohaska für ihn in der letzten Viertelstunde eingewechselt. Beim Retourspiel in Leipzig kam Prohaska zum Zug, weil Hans Krankl gesperrt war. Auch in Izmir sollte »Schneckerl« eigentlich Ersatz sein. Doch dann musste Josef Hickersberger fünf Tage vor dem Match vor einem Trainingsspiel mit starken Bauchschmerzen w. o. geben – akute Blinddarmentzündung, daher Blinddarmoperation im Franz-Josefs-Spital. Vom Spitalsbett aus sah er im Fernsehen den siegreichen Spitz seines Ersatzmanns Prohaska: »Der angenehmste Spitalsaufenthalt meines Lebens!«

stürmenden Prohaska ab. Türkeis Torhüter Eser stürzte Prohaska entgegen: »Von meiner Schrittfolge ging sich nur mehr ein Spitz aus, der zum Glück reichte«, erinnert sich Prohaska an sein zweites Tor für Österreich, an das wichtigste Tor seiner Teamkarriere: »Nie wieder hab ich einen solchen Druck verspürt wie bei dem Match in Izmir. Danach machten die Österreicher die Nacht zum Tag – Montag Vormittag bei der Rückkehr wartete auch Sekanina glücksstrahlend am Flughafen Schwechat ...

MAX UND HELMUT

Zunächst wurde ein so genannter Fachbeirat mit dem ehemaligen Teamspieler Universitätsprofessor Walter Schleger, Primarius Robert Jelinek, Primarius Rudolf Eberl, Univ-Prof. Dr. Giselher Gutmann, Burgenlands Landesverbandschef Hans Tschank und Dr. Lois Pavlik für die PR ins Leben gerufen, um dem Teamchef unter die Arme zu greifen. Nach einigen Sitzungen stellte sich heraus, dass die Vorschläge des Gremiums kaum zu finanzieren waren, daher »entschlief« der Fachbeirat wieder. Dann kam Max Merkel als Sportdirektor. Zur Zusammenarbeit kam es aber in Wahrheit nie. Bald forderte Merkel nach seinem Amtsantritt in einem Vieraugengespräch von Senekowitsch: »Geh Bua, du musst dir ja etwas sagen und helfen lassen von mir.« Die trockene Antwort des Teamchefs, die Merkel verärgerte: »Max, wenn es schief geht, dann hacken's nur mir den Kopf ab. Das sollen's aber wegen meiner Fehler tun und nicht wegen deiner guten Tipps.«

Auf der Tour durch Argentiniens WM-Stadien: Max Merkel und Helmut Senekowitsch, hier in Rosario.

Zur WM-Auslosung und der Quartiersuche flogen Merkel und Senekowitsch gemeinsam nach Buenos Aires. Als sie einige Stunden frei hatten, bummelten sie gemeinsam über die Top-Geschäftsstraße »Florida«. Dem sparsamen Senekowitsch hatten es vor allem die Schuhgeschäfte angetan: »Max, schau her, die schönen Lederschuh, aber soooo teuer!« Merkels Antwort war kurz und prägnant: »Waaßt was, kauf da nur an!«

Merkel gehörte auch zu Österreichs WM-Delegation. Die Funktionäre und er wohnten aber nicht bei der Mannschaft, sondern im »Sheraton«-Hotel, wo auch das Hauptquartier der FIFA war und viele Journalisten abstiegen. Die Verbindung zwischen Funktionären und Mannschaft war problematisch. Wegen der schlechten inländischen Telefonverbindungen dauerte es mitunter stundenlang, eine Nachricht nach Moreno durchzubringen. Drei Tage, bevor Österreich ins Geschehen eingriff, erzählte der Linzer Radioreporter Manfred Payrhuber Merkel beim Frühstück im Sheraton, dass Senekowitsch sich über ihn beschwerte, weil die neuen Tango-WM-Bälle noch nicht bei der Mannschaft waren. Merkel antwortete eindeutig – mit dem »Götz-Zitat!« Davon erfuhr Senekowitsch am Abend des gleichen Tages bei einem Empfang, den der österreichische Botschafter in Argentinien, Gerhard Gmoser, und seine dänische Gattin zu Ehren des Nationalteams und der ÖFB-Delegation gaben. Daraufhin wurde Senekowitsch etwas lauter, was auch Merkel in einer anderen Ecke des Botschaftsempfangssaals mitbekam: »Wer brüllt da so?« Merkel wurde aufgeklärt: »Man hat dem Teamchef ausgerichtet, dass er sie am A... lecken könnte. Aber er will nicht!« Merkel: »Dafür habe ich Verständnis!«

Merkel wollte nach der WM nicht nur Sportdirektor, sondern auch Teamchef sein, den Chefposten. Er reiste noch wie geplant vor dem ersten WM-Spiel aus Buenos Aires ab, konnte sicher aber eine Bemerkung nicht verkneifen: »Ich war bei der Hochzeit nicht dabei, also muss ich beim Begräbnis auch nicht dabei sein!« Nach dem Aufstieg ließen die Teamspieler ihm einen Kranz schicken – die für Österreich erfolgreiche WM beendete Merkels Tätigkeit. Darauf einigten sich Sekanina und Merkel, der in einem Abschiedsinterview mit dem »profil« nur verächtliche Worte für ÖFB-Funktionäre fand und ganz cool konstatierte: »Ich habe mich geirrt. Wäre ich unfehlbar, so würde ich nur noch Lotto spielen!«

Gratuliere zur WM-Teilnahme: Titelverteidiger Helmut Schön mit Helmut Senekowitsch bei der Auslosung der Endrunde in Buenos Aires. In Österreich kam auch eine WM-LP auf den Markt. Auf »Wir fahren zur WM« versuchten sich auch Hans Krankl und Walter Schachner als Sänger. Jugendsünden, die heute vergessen sind.

In Österreich grassierte das Fußballfieber. Auch die Auslosung gegen Brasilien, Spanien und Schweden löste keinen Schock aus. Bevor die Mannschaft am 27. Mai 1978 nach Argentinien flog, gab's noch einen Streit um Werbeverträge und WM-Prämien. Ein Vertrag mit der »Life-Werbung« sicherte dem ÖFB (mit Bankgarantie) 3,2 Millionen Schilling. Die Verhandlungen mit der Mannschaft standen mehrmals am Kippen. Spielersprecher Friedl Koncilia lehnte die von Vizepräsident Walter Zips übermittelten Angebote ab, wollte lieber mit Sekanina verhandeln. Als der einmal ins WM-Trainingscamp in die Sportschule Lindabrunn (in der es damals nur einen Fernseher und kein Telefon auf den Zimmern gab) kam, saß der WM-Kader gerade unten im Ort beim Heurigen, genehmigte sich Speckbrote und G'spritzte. Sogar die Drohung, eine Unter-21-Mannschaft statt der »Rebellen« zur WM zu schicken, stand im Raum. Senekowitsch antwortete: »Ohne mich. Ich fliege nur mit diesem Kader!« Sekanina und Koncilia fanden im letzten Moment einen Kompromiss. Auch die tagelangen, heißen Debatten, ob Krankl, Prohaska, Koncilia und Hickersberger ihre Kolumnistenverträge mit Tageszeitungen erfüllen dürften, fanden ein Happy End. Die Lösung, die Krankl »Krone«-Sportchef Michael Kuhn vorschlug (»Wenn sie's verbieten, schreib ich unter einem Pseudonym«) musste gar nicht bemüht werden …

Das WM-Quartier befand sich in einem Gewerkschafts-Erholungsheim in Moreno, 35 Kilometer außerhalb von Buenos Aires. Kostenpunkt der »Vollpension« pro Mann und Tag: rund 900 Schilling. Die höchstens 18 Quadratmeter großen und spartanisch eingerichteten Zimmer fanden wenig Beifall: »Italiener würden hier nie einziehen«, behauptete Brügge-Legionär Edi Krieger. Für die Journalisten bedeutete dies fast täglich je eine Stunde Busfahrt

Nach der Ankunft am Flughafen Ezeiza von Buenos Aires gleich das erste WM-Maskottchen für den gelassenen Teamchef. Koncilia verbirgt nach dem Transatlantikflug die Augen hinter Sonnenbrillen.

aus Buenos Aires nach Moreno. Und wieder zurück. Ihr Trost: Das Kalbsgulyas mit Nockerln, das Teamkoch Georg Pesek meist nach der Ankunft servierte.

Auffallend waren die riesigen Sicherheitsmaßnahmen der argentinischen Militärjunta von General Jorge Raffael Videla für die WM-Teilnehmer. Rund 500 Soldaten bewachten die Österreicher. Wenn ihr Autobus unterwegs war, wurden die Straßen rigoros geräumt, Autos von begleitenden Militär- und Polizeifahrzeugen abgedrängt, wenn es sein musste, auch in den Straßengraben. Fuhr einer nicht rasch genug zur Seite, drosch ein Polizist mit einem Gummiknüppel auf die Karosserie ein. Drei Sicherheitsbeamte fuhren zudem im Bus mit, einer trug einen Bombenkoffer bei sich. Mit »Besteck« zur Entschärfung allfälliger Sprengkörper. Den rasanten Buschauffeur nannten die Teamspieler schon nach dem zweiten Tag Niki Reutemann. Eine Kombination aus Österreichs Formel-I-Weltmeister Niki Lauda und seinem argentinischen Ferrari-Stallgefährten Carlos Reutemann.

Wer ins Quartier wollte, musste sich bei den Torwachen einer Leibesvisitation unterziehen. Jedes Gepäck-

»Das höchste Glück der Erde liegt auf dem Rücken der Pferde«: Drei Tage vor dem WM-Auftaktspiel gegen Spanien gab Senekowitsch seinen Rücktritt mit dem Ende der WM bekannt.

stück durchsuchten die Sicherheitsbeamten. Und ging ein Spieler vor das Haus, dann sah er in einem Abstand von 100 Metern rechts berittene Polizisten, links Soldaten mit Maschinengewehren im Anschlag. Die bestbewachte österreichische Mannschaft aller Zeiten …

Dennoch gab es eine »Bombe«: Drei Tage vor dem Auftaktspiel gegen Spanien gab Senekowitsch seinen Rücktritt mit Ende der Weltmeisterschaft bekannt. Er reagierte hitzig, als er von neuen Sticheleien Merkels gegen ihn erfuhr: »Weil es mir lieber ist, dass alle Öffentlichkeit weiß, dass ich von selbst gehe, ehe man mich hinauswirft!« Sekanina habe bereits vier Wochen zuvor seine Entscheidung erfahren, auch die Spieler hätten schon länger davon gewusst. Sie versicherten, sich nicht davon beeinflussen zu lassen. Auch wenn Kapitän Robert Sara klagte: »Wir wollen nur unsere Ruhe, ich weiß nicht, wer da ständig gezündelt hat!« Sekanina, verärgert über die Querelen, rief von Wien aus Delegationsleiter Walter Zips sogar um vier Uhr in der Früh argentinischer Zeit an, holte ihn gnadenlos aus dem Bett …

Österreichs erstes Tor in Argentinien: Schachner (18) bezwang aus unmöglichem Winkel Spaniens Torhüter Miguel Angel – dorthin, wo der Ball ging, hat der Steirer gar nicht gezielt.

Am Samstag, den 3. Juni, war es im Velez-Sarsfield-Stadion von Buenos Aires so weit: unser erstes WM-Spiel seit 20 Jahren. Gegen das stolze Spanien, dessen Teamchef, der ehemalige Barcelona-Star Ladislao Kubala, ein guter Freund von Senekowitsch und dessen Mentor Leopold Stastny war. Ohne den nicht fitten Hattenberger, den gesperrten Krieger, aber mit Hickersberger, der dem Teamchef verschwieg, dass seine Zerrung noch nicht ganz ausgeheilt war. Und mit dem 21-jährigen Steirer, dem einzigen Spieler aller WM-Teilnehmer aus der zweiten Division, Schachner, als Krankl-Partner im Angriff. Der explodierte vor 50.000 Zuschauern (fast nur »spanienfreundliche« Argentinier) im richtigen Moment: Erster guter österreichischer Konter, Schachner zog mit

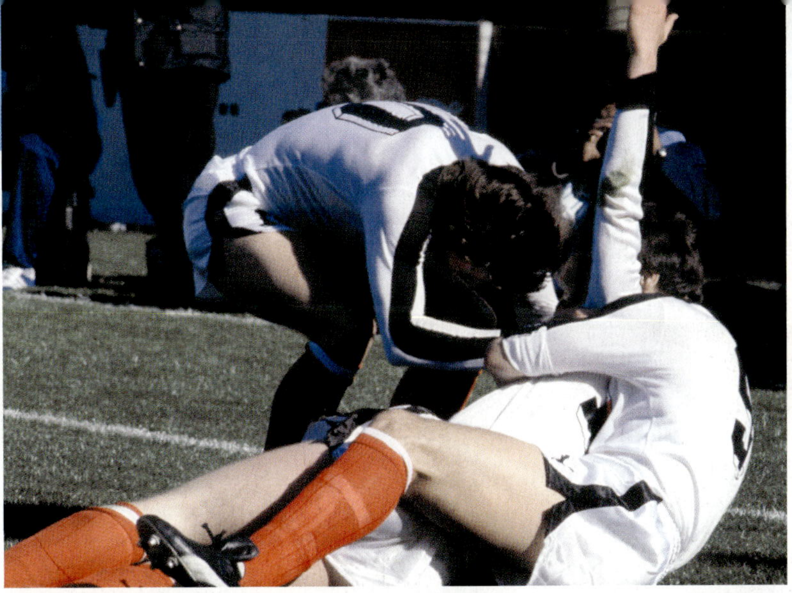

Zunächst riss Hans Krankl Walter Schachner bei der Gratulation zur Führung zu Boden, dann lieferte er sich harte Duelle mit seinem Bewacher Migueli (5), arbeitete ihn so auf. Das sollte sich noch bezahlt machen.

einem Pass von Pezzey auf und davon, traf aus unmöglichem Winkel unter die Latte. Sein Geständnis nachher: »Ich hab gar nicht dorthin gezielt, sondern nur das Tor treffen wollen!« Das war Österreichs 1:0 nach zehn Minuten. Für das Siegestor zum 2:1 sorgte Krankl 14 Minuten vor Schluss. Jaras Schuss blieb in der spanischen Abwehr hängen, plötzlich lag der Ball vor Krankl, der schob ihn mit links, mit der Breitseite, wie beim Eishockey, genau ins Eck. Das bezeichnete er in der Kabine euphorisch als sein bis dahin allerschönstes Tor …

Es war nicht nur der kalte, scharfe Wind, der den Österreichern in Velez Sarsfield die Tränen in die Augen trieb, sondern die Freude über den Triumph. Zu den Gratulanten zählte auch Alfredo di Stefano, der frühere Super-

Denn im Finish verlor Migueli (5) Krankl (9) prompt einmal aus den Augen, was der prompt zum Siegestreffer ausnützte. Jara (11) und Kreuz (10) sahen gebannt zu. Am Tag darauf war die Stimmung bei einer Bootsfahrt am Rio de la Plata bestens.

star von Real Madrid: »Ein Triumph des Wiener Walzers, der Planung und der Intelligenz!« Die Heimfahrt nach Moreno wurde zum Triumphzug. Am Straßenrand skandierten Argentinier, die aus ihren Häusern liefen, »Austria, Austria«, als der Autobus vorbeifuhr. Zur Siegesfeier servierte Pesek Schinkenrolle, Gemüsesuppe, Wiener Schnitzel und Torte. Für Schachner mit dem Schriftzug »Erstes Tor«. Da drückte die Serviererin dem Torschützen links und rechts einen Kuss auf die Wange, »Niki Reutemann« schloss sich an. Und plötzlich kamen die Funktionäre geschlossen in blauen Trainingsanzügen. Sozusagen als Sportler »verkleidet«.

Eine Bootsfahrt am Rio de la Plata hob am Tag danach weiter die Stimmung. Da es zwischen Schweden und

Brasilien ein 1:1 gab, eröffnete sich für Rot-Weiß-Rot am Mittwoch darauf die Chance, mit einem weiteren Sieg bereits die zweite Finalrunde zu erreichen. Aber mit der schwedischen Konterstärke machte Österreich ja in den Jahren zuvor in wichtigen Spielen wie in Gelsenkirchen nur schlechte Erfahrungen. Und darum kündigte Senekowitsch entschlossen an: »Und wenn ich ihnen Ketten an ihre Füße binden muss, sie dürfen nicht die Abwehr öffnen, nur aus einer gesicherten Verteidigung spielen!« Am Tag vor dem Match musste er umdisponieren: Hattenberger, der fit gewesen und in die Mannschaft gekommen wäre, verletzte sich im Training bei einem Zusammenstoß mit Koncilia am Knie, war total deprimiert, vergoss bittere Tränen – kein Einsatz bei der WM mehr möglich. Aber

Die Aufstellung für das zweite Spiel gegen Schweden überraschte alle. Aber die Umstellung bewährte sich: wieder ein Sieg, und damit der Aufstieg schon fixiert. Die Schweden-Bezwinger: Jara, Krieger, Obermayer, Hickersberger, Kreuz, Krankl, Prohaska, Breitenberger, Pezzey, Koncilia, Sara (von links).

Senekowitsch hatte doch eine Überraschung parat: Aus taktischen Gründen Torschütze Schachner raus, Krieger rein – aber nicht auf seiner Stammposition als Libero, sondern als defensiver Mittelfeldspieler vor der Abwehr. Willi Kreuz übersiedelte aus dem Mittelfeld vor in den Angriff. Ein riskantes Spiel, auf das sich der Teamchef mit einem aufreizend hässlichen Defensivsystem einließ. Wäre es schief gegangen, hätte der alleinige Buhmann Senekowitsch geheißen.

Aber seine Überlegungen gingen auf. In einem Match, in dem beide Mannschaften rein gar nichts riskierten. Dann jedoch holte Krankl drei Minuten vor der Pause im Zweikampf mit Schwedens Rekordspieler Nordqvist bei

Eiserne Nerven beim Elfmeter: Krankl schickte Hellström ins falsche Eck. Mit der Führung fiel allen ein Stein vom Herzen.

Hollands Referee Corver einen Elfer heraus, den er selbst verwandelte. Zum Siegestor. Schweden versuchte nach einer Stunde mit der »Giraffe« Edström, dem Österreicher-Schreck aus der letzten WM-Qualifikation, noch alles umzudrehen – aber der machte gegen Pezzey keinen Stich. Im Gegenteil, im Finish verschleuderte Österreich klare Chancen auf einen höheren Sieg. So ging das 1:0 voll in Ordnung.

Da es zwischen Brasilien und Spanien ein 0:0 gab, leuchtete nach Spielende auf der Anzeigentafel des Velez-Sarsfield-Stadions auf: »Austria qualificado!« Österreich unter den acht besten Teams der Welt, ein Wahnsinn, der in der Heimat Begeisterungsstürme auslöste und bei Sekanina sofort den Wunsch, Senekowitsch einen neuen

Im Duell mit Nordquist holte Krankl (links oben) den entscheidenden Elfer heraus, der zum einzigen Treffer führte. Aber die Chancen für einen höheren Sieg waren da. Eine vergab Willi Kreuz (oben), der den Ball über das leere Tor hob. Zum Glück war das »zu Null« von Koncilia nie in ernster Gefahr. Der Jubel über den Aufstieg am Rasen des Velez-Sarsfield-Stadions war aber überraschend verhalten.

Vierjahresvertrag zu geben. In Argentinien gratulierten wildfremde ausländische Reporter, wenn sie bei Kollegen das Wort »Austria« auf dem Ausweis sahen. In der Kabine hielt sich der Jubel in Grenzen. Die Sieger schienen die Reichweite ihre Triumphs noch nicht ganz begriffen zu haben. Hickersberger musste den für 16. Juni gebuchten Urlaub wieder stornieren. Herbert Prohaska kündigte lachend an: »Gegen Brasilien machen wir Voodoo-Zauber!« Denn der dreifache Weltmeister war zum Unterschied von Österreich noch nicht fix weiter. Unglaublich. Zur Feier des Tages wartete in Moreno eine Asado, ein argentinisches Grillfest, riesige argentinische Steaks am Holzkohlengrill. Mariachi-Geigen, ausgelassene Stimmung. Knapp vor Mitternacht mahnte der Teamchef

zum Aufbruch: »In vier Tagen geht's um den Gruppensieg!« Der Tisch mit Krankl, Kreuz, Krieger, Prohaska und Baumeister ging aber nicht vom Restaurant ins Hauptgebäude auf die Zimmer, sondern nur um das Restaurant herum und wieder zurück zu einer letzten Runde Bier. Bei der Zimmerkontrolle bemerkte man aber ihr Fehlen. Senekowitsch kam mit Assistent Georg Schmidt und Masseur Pepi Flenner zurück ins Restaurant, sagte zu den fünf Stammspielern nur kurz »Aha«, zum Reservisten Baumeister hingegen: »Wir zwei sprechen uns morgen!« Weitblick …

Am nächsten Tag folgten sogar Diskussionen, ob Österreich in Mar del Plata in stärkster Besetzung um den

Brasiliens Siegestor gegen Österreich. Pezzey fälschte den Schuss von Roberto noch leicht ab. Prohaska lieferte sich mit Dirceu (rechts) harte Duelle. Den Voodoo-Zauber, den Prohaska im Spaß versprochen und angekündigt hatte, sah man aber nie.

Gruppensieg kämpfen oder lieber Stützen für die Zwischenrunde schonen und das Match herschenken sollte. Senekowitsch bezog klar Stellung: »Wir wollen den Gruppensieg, Brasilien erstmals schlagen und dann unter die letzten vier!« Bei den Brasilianern war Feuer am Dach. Star Rivelino, leicht verletzt, schmollte. Der große Zico flog aus der Mannschaft. Aber am holprigen Rasen konnte Österreich nie an die Leistungen der ersten zwei Partien anschließen, war mit dem 0:1 noch gut bedient. Das zum Gruppensieg reichte – aber jetzt warteten in der zweiten Finalrunde die Großmächte Holland, Italien und Deutschland. Da wäre ein 0:2 vielleicht besser gewesen – das hätte nämlich die sicher leichtere Aufgabe bedeutet: gegen Argentinien, Polen und Peru.

Erster Gegner nur drei Tage nach dem Brasilien-Match: in Cordoba Holland mit Ernst Happel auf der Trainerbank. Der Wiener war zu jener Zeit auch Trainer des FC Brügge – der FIFA-Kongress vor der WM beschloss damals eine »Lex Happel«. Künftig war es einem Trainer verboten, gleichzeitig in zwei Ländern zu arbeiten. Holland hatte bis dahin enttäuscht, aber beim letzten Match vor der WM am 20. Mai in Wien Österreich 1:0 geschlagen. Topstar Johan Cruyff war nicht dabei, nach einer Verletzung sagte er Happel bei einem zweistündigen Vieraugengespräch in Barcelona ab – trotzdem hatte Oranje eine starke Truppe. Happel war die Gelassenheit in Person: »Es kann nur besser werden!« Das Gesprächsthema Nummer eins bei

Ein schwarzer Tag gegen Holland: keine Chance für Friedl Koncilia gegen Rensenbrinks Elfmeter.

Österreich: Soll Walter Schachner wieder stürmen? Das forderten sogar einige Spieler, aber Senekowitsch lehnte Umstellungen, zu denen Happel wegen Verletzungen von vier Stammspielern gezwungen war, ab. Ein gutes Omen: Es pfiff der Referee vom entscheidenden Qualifikationsspiel in Izmir. Der Schotte Gordon hatte dort von den Österreichern Souvenirs und Autogramme gesammelt ...

Aber es kam ganz schlimm. 0:1 nach sechs Minuten, 0:3 nach 36, am Ende 1:5. Weil die Österreicher in Happels offenes Kontermesser liefen, auf die taktische Disziplin vergaßen, die sie bei den ersten zwei Partien ausgezeichnet hatte. Sie hatten nichts mehr mit der gesicherten Abwehr am Hut, aus dem Mittelfeld stürmten praktisch

Österreichs Ehrentor durch Libero Obermayer am Tormannriesen Schrijvers vorbei war nur noch Resultatkosmetik.

alle nach vor – ein Fressen für die Holländer: »Wir wollten sie niederspielen und wurden dafür fürchterlich bestraft!«, erinnert sich Krankl. Senekowitsch fühlte schon bei der taktischen Besprechung eine Spur von Überheblichkeit bei den Gruppensiegern: »Sie haben geglaubt, sie brauchen keinen Trainer mehr!« Ein rabenschwarzer Tag, wie er 1954 mit dem 1:6 gegen Deutschland passiert war. Klar, dass die Stimmung in den Keller fiel. Senekowitsch musste sich einige Kritiken gefallen lassen, weil er auf einen Austausch verzichtete. Dicker Nebel legte nach dem Match den Flugverkehr lahm. Dann fiel am Flughafen auch noch der Strom aus. Wie geprügelte Hunde fuhren die Spieler mit dem Bus ins Hotel zurück, verließen erst am Tag darauf den Ort des Schreckens.

DAMENBESUCH

Punkto Damenbesuch beim Team waren die Österreicher federführend. Was heutzutage fast als normal gilt, bedeutete 1978 eine Sensation, die weltweit Beachtung fand. Hans Krankl hatte nach der Qualifikation bei einer Veranstaltung in der Wiener Stadthalle der »Ersten Österreichischen Sparcasse« die Zusage abgerungen, dass alle Spielerfrauen auf Kosten der Bank zur WM nachkommen durften, falls Österreich die zweite Runde erreichen sollte. Für den Fall hatte übrigens Krankl wie in einem Radiowerbespot für Römerquelle (»dann nehme ich den Seki auf die Schultern und trage ihn nach Edelsthal zur Römerquelle«) wochenlang und österreichweit versprochen, etwas Besonders zu tun. Das blieb zwar aus, aber die Frauen und Freundinnen der Spieler flogen zur zweiten Finalrunde tatsächlich auf »Erste-Kosten« nach Buenos Aires. Wo sie die Teamchefgattin Erika Senekowitsch, die seit WM-Beginn in Argentinien war, erwartete. Sie logierten mitten im Stadtzentrum im Hotel »Libertador«, wo zuvor Schwedens Team abgestiegen war. Den Einzug der Damen filmte sogar das brasilianische Fernsehen. Als ein Reporter Inge Krankl auf dem Weg zum Aufzug nach ihrem Alter fragte, antwortete sie kurz, aber bestimmt: »Diese Frage stellt man einer Dame nicht!« …

Die Frauendelegation sollte zum Holland-Spiel nach Cordoba fliegen. Das verhinderte der Nebel. Also hieß es, auf die Rückkehr der Männer warten. Aber auch die saßen im 700 Kilometer entfernten Cordoba wegen Nebels fest und mussten über Nacht bleiben. Die Damen warteten derweil im »Libertador« ungeduldig auf die Nachricht, wann mit der Ankunft der Männer zu rechnen sei. Plötzlich fuhr unter schwerer Polizeibewachung ein Autobus vor – aber die Freude war zu früh. Aus dem Bus entstiegen die falschen Spieler, die ebenfalls durch Nebel festgehaltenen deutschen Stars, die nach dem 0:0 gegen Italien in Buenos Aires bleiben mussten.

Also hieß es warten auf den nächsten Tag. Donnerstag Nachmittag wurden die Damen auf den Inlandsflughafen Aeroparque gebracht – dort war aber eine Landung unmöglich. Auch die Fahrt zum Militärflughafen war vergeblich. Erst um 18.20 Uhr abends kamen Spieler und Betreuer am Flughafen »El Palomar«, 20 Kilometer außerhalb der Hauptstadt an. Als sich die Flugzeugtüren öffneten, alle aussteigen wollten, kam die Teamchefgattin in die Kabine. Mit einem derart bleichen Gesicht, dass einige Spieler schon fürchteten, es sei etwas Schreckliches passiert, dass der Bus mit den Frauen etwa in den Rio de la Plata gefahren sei. Aber Frau Senekowitsch überbrachte ihrem Gatten nur den Befehl und Wunsch der ÖFB-Funktionäre: Der Damenbesuch im Teamquartier solle am Tag nach einem 1:5-Debakel besser unterbleiben. Der ORF durfte die Wiedersehensszenen prompt nicht filmen …

Offiziell fuhren die Damen nach einem gemeinsamen Abendessen in Moreno um zehn Uhr wieder zurück in ihr Hotel nach Buenos Aires. Auf diese offizielle Version schwor Senekowitsch in einer Besprechung die Spieler ein. Denn in Wahrheit waren die Frauen entgegen dem »Auftrag« über Nacht geblieben statt im strömenden Regen mitten in der Nacht zurückverfrachtet zu werden. Eigentlich hätte niemand gegen die gemeinsame Nacht etwas einwenden können – die Lügenaktion ließ jedoch den Eindruck entstehen, als hätten alle für etwas ein schlechtes Gewissen, für das man keines zu haben brauchte. Prompt plauderten einige das süße Geheimnis aus. Auch Spieler, die nicht einsahen, warum sie verschweigen sollten, dass ihre Ehefrauen bei ihnen übernachtet hatten.

Aber das war noch nicht alles. Aufgeschreckt von dem negativen Echo nach der aufgeflogenen Lüge durch die verärgerten Journalisten ordnete Senekowitsch für den Abend nach dem Italien-Spiel an: Gemeinsamer Abend in Moreno, um Mitternacht müssen die Frauen nach Buenos Aires zurück. Senekowitsch verhandelte nach dem Match mit Ägyptens Verband. Als er knapp vor 24 Uhr nach Moreno kam, bestand er auf der angeordneten »Abreise«. Nicht alle schluckten das – einige frustrierte Spieler probten den Aufstand. Bis in die frühen Morgenstunden. Ließen sich weder von Masseur Pepi Flenner und schon gar nicht

vom Teamchef besänftigen. Es kam zu bedrohlichen Szenen, in denen Helmut Senekowitsch sogar Handgreiflichkeiten angedroht wurden. Die Zeichen standen auf Sturm. Doch dann kam zum Glück das 3:2 von Cordoba …

Einige Familien flogen danach nicht sofort nach Wien zurück, sondern zum Badeurlaub nach Rio de Janeiro. In der gleichen Lufthansa-Maschine wie die deutschen Verlierer. Denen Hans Pirkner zum Trost Champagner servieren ließ. Beim Aussteigen in Rio lernten die Sieger aber die menschliche Größe des geschlagenen deutschen Teamchefs Helmut Schön kennen. Der stand am Ausgang, schüttelte jedem Österreicher die Hand, gratulierte nochmals zum Sieg und wünschte einen schönen Urlaub …

-ingt die Erste die bessere Hälfte unseres Teams nach Argentinien.

Damit löst die Erste österreichische Spar-Casse ein Versprechen ein, das sie anläßlich der 1. Novembershow vor 15.000 begeisterten Fans gab. „Wenn Ihr den Aufstieg in die 2. Runde schafft, dann fliegen Eure Frauen auf unsere Kosten nach Argentinien", versprach Hans Haumer, erster Mann bei der Ersten.

Hans Krankl, erster Mann in Europas Torschützenliste, spitzte die Ohren. Und letzten Mittwoch um 18.27 Uhr den linken Schuh. Läuft an zum Elfer gegen Schweden. Ein Bombenschuß. Ronnie Hellström wirft sich ins falsche Eck und macht das Tor auf für die Reise unserer Fußballdamen nach Argentinien. Und keine kommt mit leeren Händen.

Da ist **1.** Frau Baumeister: „Zu Hause verteidigt mein Mann immer sein altes Kaffeehäferl. Das bring ich ihm jetzt mit." **2.** Jolanda Jara: „Kurtl hat sich schon letztes Jahr ein WM-Hemd gekauft und es in der Aufregung zu Hause vergessen. Ich wollt's ihm schon schicken. Jetzt bring ich's ihm selbst." **3.** Andrea Happich: „Mein Mann hängt so an unserer kleinen Tochter. Ich bring ihm ein Foto mit. Fürs Nachtkastl in Moreno." **4.** Hilde Persidis: „Eine Originalzeichnung von Tino für Vati."

5. Renate Hickersberger: „Pepi verteilt sonst seine Traumpasses. Deshalb bringe ich ihm eine riesige Sachertorte mit. Da kann er 28 Portionen verteilen. Das reicht für alle." **6.** Elisabeth Prohaska: „Der Schneckerl ist eigentlich ein Schleckerl. Mit dem Kilo Konfekt kommt er bis ins Finale." **7.** Ingrid Krankl: „Damit mein Mann zur Siegesfeier nicht in Smoking und Fußballschuhen antritt, bring ich ihm seine Ausgehschuhe mit." **8.** Gertrude Strasser: „Am liebsten hätte ich ihm Fleischlaberln mitgebracht. Die ißt er so gern." **9.** Gabi Obermayer: „Ich hab ein Tonband mit, wo unsere Kinder dem Papi alles Gute zum Vatertag wünschen." **10.** Margit Pirkner: „Ich nehme unsere Claudia mit."

11. Ingrid Scharler: „Unsere ‚Asta' kann ich nicht mitnehmen", bedauert Gerhard Breitenbergers Verlobte und wickelt ihren Porzellanhund sorgfältig wieder ein. **12.** Sonja Kern bringt ihrem Herbert Weber eine Riesenkuhglocke mit, um den nächsten Sieg einzuläuten. **13.** Eva Koncilia: „Unsere Tochter hat für Papi einen Pinguin gestrickt. Als Maskottchen." **14.** Silvia de Bartoli: „Mein Bruno trinkt nicht. Und Herr Pezzey nur Champagner."

15. Edith Danler: „Ich kann doch nicht literweise Bitter Lemon mit ins Flugzeug nehmen. Dann schon lieber den Lieblingslikör von Franz dem Oberacher." **16.** Viktoria Fuchsbichler: „Für den Salat bring ich Erwin sein vielgeliebtes Kernöl mit."

Heute um 17.45 Uhr trifft Österreich in Cordoba auf den Vizeweltmeister Holland. Die Frauen unserer Spieler werden im Stadion dabei sein. Uns zu Hause bleibt nur noch das Daumenhalten.

Und die Gewißheit, daß alle Welt sagen wird: Die Österreicher haben wieder Fußballspielen gelernt.

Und dabei ihre vielzitierte Gemütlichkeit nicht vergessen.

Strasser zögerte, das war verhängnisvoll. Paolo Rossi (links) nutzte das zu Italiens Siegestor. Mehr italienische Tore verhinderte Koncilia, hier gegen Zaccarelli.

Nur noch Siege gegen Italien und Deutschland hätten zum Sprung unter die letzten vier verhelfen können. Aber viel mehr fürchteten alle die ganz große Katastrophe. Jetzt gab's doch Umstellungen – Strasser und Schachner kamen für Breitenberger und Jara, Kreuz, den der Teamchef als seinen besten Spieler bei der WM bezeichnete, rückte wieder ins Mittelfeld zurück. Im riesigen River-Plate-Stadion von Buenos Aires war Österreich besser, als man es erwarten durfte, dominierte speziell nach der Pause. Der große Antreiber hieß Sara. Aber ein Missverständnis zwischen Strasser und Koncilia, das Rossi nach 13 Minuten nutzte, bedeutete das bittere 0:1. Ein Hickersberger-Tor vor der Pause zählte nicht, der belgische Referee Rion pfiff eher Italien-freundlich.

Der Ball ist weg: Hans Krankl fand in Italiens Nahkampfspezialisten Claudio Gentile seinen Meister. So ging es im Laufe der Jahre aber nicht nur ihm ...

Damit war die letzte Aufstiegschance vor dem letzten Spiel gegen Deutschland dahin. Der Titelverteidiger brauchte einen Sieg, um vielleicht ins Finale zu kommen. Aber die Motivation, das als Rache für Jahre der Prügel (Österreichs letzter Sieg über Deutschland lag 47 Jahre zurück) zu verhindern, wäre alleine nicht genug gewesen. Denn die meisten österreichischen Spieler fühlten sich leer, wollten nur so schnell wie möglich heim. Der Lagerkoller machte sich breit. Erst als österreichische Journalisten, speziell Wolfgang Winheim vom »Kurier«, den Spielern mitteilten, wie sie vor dem Match in Deutschlands Massenblatt »Bild« heruntergemacht worden waren, wie die Deutschen schon ihren Sieg feierten, dass Tormann Sepp Maier ein Duell gegen Krankl ausschloss, weil

Friedl Koncilia hat den Ball, Fischer ist verzweifelt.

Vorstopper Rolf Rüssmann ihn total abmontieren würde, erwachte der Kampfgeist. Ein Vergleich der Spieler beider Mannschaften endete für »Bild« mit einem 11:0 für Deutschland. Da schworen sich Sara & Co: »Okay, wir müssen heim, aber die Deutschen nehmen wir mit!« Und so kam es auch am historischen Mittwoch, dem 21. Juni, in Cordoba.

Es wurde ein Jubeltag für Österreich. Erstmals nach 47 Jahren Deutschland besiegt, mit dem 3:2 den Weltmeister heimgeschickt. Zur gleichen Zeit führte der Wiener Trainer Ernst Happel Holland in Buenos Aires mit einem 2:1 gegen Italien ins Finale. Italien kam trotz dieser Niederlage ins Spiel um Platz drei – da sagte Happel : »Normal müssen die Italiener jetzt Südtirol an Österreich zurückgeben!«

Jubel von Schachner (links) und Obermayer (3) nach dem Eigentor von Berti Vogts zum 1:1. Da war Deutschlands Kapitän ein Bild des Jammers.

Senekowitsch setzte in Cordoba Jara wieder auf die Tribüne. Der Duisburg-Legionär war so sauer, dass er mit seinem deutschen Klubkameraden Worm schon vor Anpfiff die Dressen tauschte und ankündigte, auf weitere Teameinberufungen zu verzichten. Senekowitsch verabschiedete sich mit einem historischen Sieg nach 27 Monaten vom Team, das wider Erwarten noch ein Prachtspiel bot. Obwohl Krankl bis zur Pause, wie von Maier angekündigt, bei Rüssmann abgemeldet war. Der Schock von Rummenigges Führung für Deutschland bremste Österreichs Elan nicht – auch wenn der Ausgleich bis zur 59. Minute auf sich warten ließ. Da fälschte der von Schachner und Kreuz bedrängte Berti Vogts einen Stanglpass Kriegers ins eigene Tor ab. Sieben Minuten später

Hans Krankl vor Deutschlands Torhüterdenkmal Sepp Maier – da war für den Bayern immer Gefahr in Verzug. Beim Schuss Krankls (am Boden) ins Kreuzeck zum 2:1 war aber auch für den Klassetorhüter nichts zu halten. Das sahen er und Krankl-Bewacher Rüssmann mit Entsetzen.

Deutschlands Konter zwei Minuten nach Krankls Führung: Hölzenbein köpfelte das 2:2. Prohaska (8) störte ihn nicht, deshalb gab's nachher in der Kabine Krach mit Friedl Koncilia.

kam es für Deutschland noch dicker: Flanke Kriegers über Rüssmann hinweg, Krankl stoppte den Ball mit der Brust, übernahm ihn mit links aus der Luft, traf genau ins lange Eck. Eines der schönsten Krankl-Tore seiner ganzen Laufbahn. Zwei Minuten später der deutsche Ausgleich durch Hölzenbein – danach wurde es hektisch. Beim Nervenkrieg auf dem Rasen (der deutsche Flankengott aus dem Kohlenpott, Rüdiger Abramczik, fragte Kapitän Robert Sara: »Was kriegt ihr denn? Wir kassieren 40.000 Mark!«) gingen die Österreicher zwei Minuten vor Schluss als Sieger hervor: Krankl überdribbelte nach einem Querpass Saras zuerst Rüssmann, dann Kaltz, dann nochmals Rüssmann, ehe er unter dem herausstürzenden Maier ins Tor traf – Freudentänze bei den Österreichern, die Deutschen beschimpften sich untereinander noch mehr als zuvor. Sein »Tor, Tor, Tor«-Schrei über acht Sekunden nach Krankls 3:2 und das »I werd narrisch« machte den Hörfunkreporter Edi Finger zur Legende.

In Österreichs Kabine mischten sich unter den Jubel auch Dissonanzen. Ein Krach zwischen Koncilia und Prohaska wegen des deutschen 2:2 – Koncilia entschuldigte sich einen Tag später. Trotzdem überlegten beide ebenso wie Krankl das Ende ihrer Teamkarriere. Aber Krankl genoss doch mehr seine und Österreichs Sternstunde: »Wo war er denn, der Herr Kaltz?«, fragte er und gab selbst die Antwort: »Stocksteif war er, der Herr Kaltz!« Und mit Freund Prohaska dachte der Jesolo-Fan Krankl sofort an die Glücksgefühle österreichischer Urlauber an den italienischen

»Die Deutschen ham a Glück g'habt, dass i net in Form war ...«

Hans Krankl nach Cordoba

»I wer' narrisch!«

Edi Finger in Cordoba

Krankls Dribbling vor dem Siegestor: Rüssmann ist schon ausgespielt, Kaltz (oben links) ist stocksteif und kein Hindernis am Weg zu Sepp Maier. Danach wurde mit Hörfunkreporter Edi Finger (links) eine ganze Nation »narrisch«!

Stränden: »Schneckerl, kannst dir vorstellen, wie die jetzt die Deutschen in Caorle und Jesolo endlich häkerln können und werden?« Unter den vielen, vielen Gratulationstelegrammen freute die Sieger besonders das des ehemaligen Wunderteamspielers Pepi Smistik: »In den letzten zwanzig Minuten habt ihr so gespielt wie früher wir!«

In Österreich regierte Euphorie pur. Als die meisten »Helden von Cordoba« zwei Tage nach dem Match um 18 Uhr am Flughafen Schwechat landeten, drängten sich mindestens 5000 Fans in der damals doch recht kleinen Ankunftshalle. Dort ein Höllengebrüll, immer wieder aufbrandender Beifall, immer wieder »Hansi«-Sprechchöre, ein gefährliches Gedränge. Sekanina war im Verkehrsstau stecken geblieben, Krankl hielt seine kleine Tochter Sandra auf dem Arm, die ein Polizist schließlich liebevoll zum wartenden Autobus trug. Es war Südamerika in Schwechat, was sich da um die Lieblinge der Nation abspielte. Ein Empfang, wie sie ihn nie wieder erleben sollten. In dem gefährlichen Gedränge stürzte Prohaskas Frau zu Boden, schrie in Panik um ihr Leben. Als die Spieler endlich im Autobus saßen, konnte der noch lange nicht abfahren, weil ihn die Fans umringten, belagerten. Senekowitsch kam erst später, nach dem Finale, und alle Versuche Sekaninas, ihn zum Bleiben zu bewegen, scheiterten. Er blieb beim Abschied. Obwohl die Österreich-Abteilung des Treibstoffkonzerns »Shell« sich anbot, alle finanziellen Differenzen auszugleichen. Senekowitsch nahm lieber ein Angebot aus Mexiko, von Universidad Autonoma de Guadalajara, an. Heute glaubt er, dass seine »Scheuklappenentscheidung« eher ein Fehler war ...

Der ÖFB jubelte noch ein halbes Jahr später über die Weltmeisterschaft und Platz sieben: Die Einnahmen fielen höher als erwartet aus. So beschloss der Bundesvorstand die Anlage eines Teils in zinsengünstigen Kassenobligationen ...

Nur noch glücklich und zufrieden: Hans Krankl mit Josef Hickersberger (7) nach dem historischen Triumph in Cordoba.

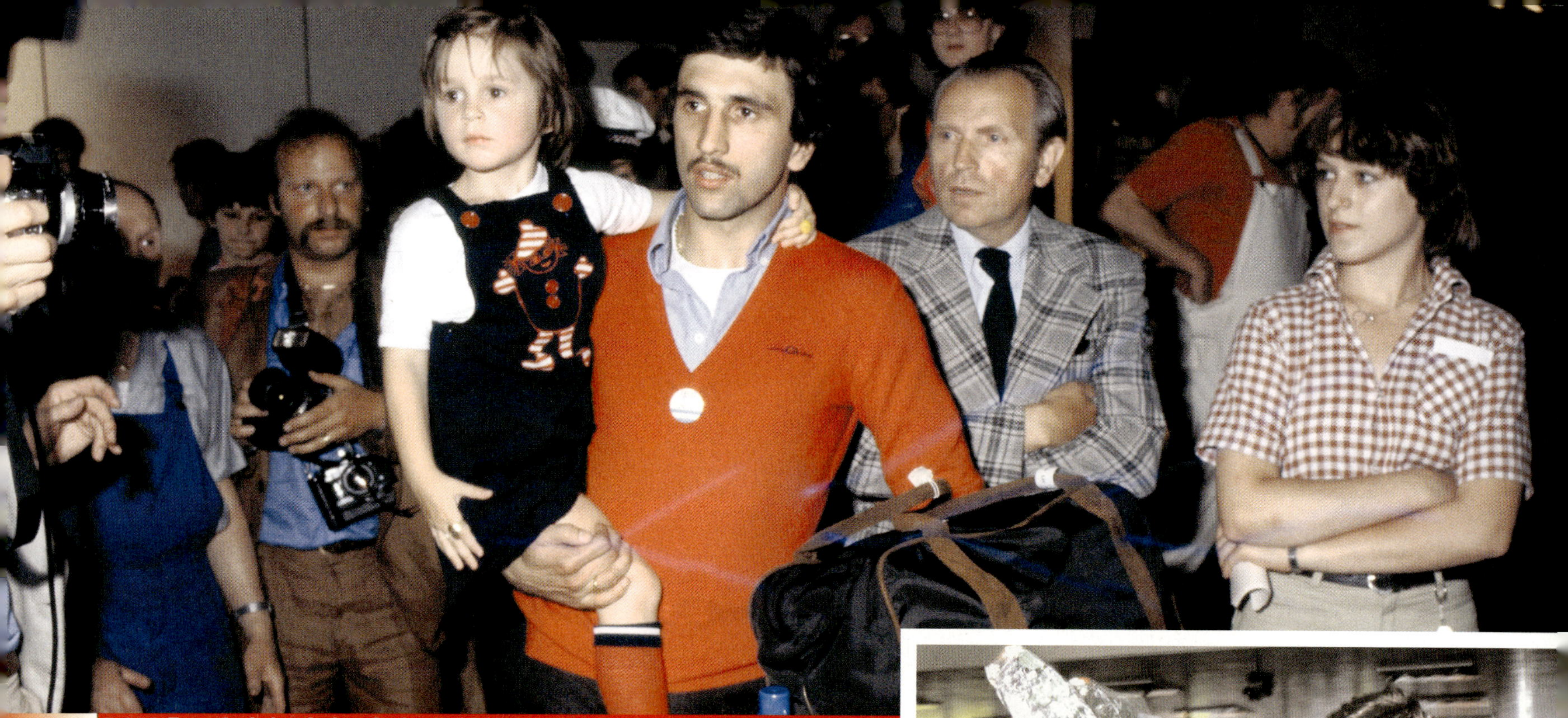

5.000 Fans bei der Ankunft der WM-Helden in Schwechat, riesiges Verkehrschaos, der Autobus mit den Spielern belagert. Hans Krankl trug zuerst seine kleine Tochter auf dem Arm, die ihm schließlich ein Polizist abnahm, damit er in die Menge winken konnte.

»Wenn ich mich heute an die WM in Argentinien zurückerinnere, sage ich mir oft, eigentlich hätte damals auf Grund unserer Klasse mehr drinnen sein müssen!«

Herbert Prohaska

Die Stange stand im River-Plate-Stadion Ernst Happel im Weg. Sonst hätte es in letzter Minute 2:1 für Holland geheißen, und der Wiener wäre als Weltmeister-Teamchef von Buenos Aires heimgeflogen. Aber auch das 3:1 für Argentinien im Nachspiel nahm Happel ganz emotionslos hin. Die einzige Ausnahme: Er boykottierte nach dem Finale die Pressekonferenz.

WO IST DENN DIE OMAMA?

Als Österreichs Team nach der Sternstunde aus Cordoba zurück nach Moreno kam, hatten sich dort bereits Ernst Happels Holländer einquartiert. Happels erste Frage hieß: »Gibt's in Moreno ein Casino?« Abends setzte er sich zu seinen Landsleuten, unterhielt sich stundenlang mit ihnen. Und zeigte, dass er wusste, wann er es mit den Zapfenstreich nicht so genau nehmen sollte. Als gegen ein Uhr früh plötzlich die Stars Rob Rensenbrink und Arie Haan in der Hotelhalle auftauchten, wussten sie auf Happels Frage, was sie denn hier zu dieser Stunde machten, eine Erklärung: Sie könnten nicht schlafen, seien auf der Suche nach einem Pulver. Das benötigten sie vielleicht wegen des vorangegangenen Bummels durch Buenos Aires. Aber Happel akzeptierte ihre Begründung. Er war ja als Spieler auch nie ein Kind von Traurigkeit. Zum Endspiel kamen mit Happels Genehmigung die Spielerfrauen. Ohne Zirkus.

Beim 1:3 nach Verlängerung im Finale gegen Argentiniens Hausherren scheiterten Happel und Holland an Rensenbrinks Stangenschuss in der 90. Minute sowie am überragenden, späteren Österreich-Legionär Mario Kempes: Er schoss das 1:0, in der Verlängerung das 2:1, und legte das 3:1 auf.

Die offizielle Pressekonferenz nach dem Finale boykottierte Happel, in Holland jubelte man aber über den zweiten Vizeweltmeistertitel in vier Jahren. Königin Juliane gab einen Empfang, bei dem sie auf sich warten ließ. Happel wurde ungeduldig, weil er schon in den Urlaub nach Velden am Wörthersee fahren wollte. Also fragte er den kleinen Johan Friso, den Sohn der Kronprinzessin Beatrix, recht ungeduldig: »Wann kommt denn endlich die Omama? Sag ihr, ich hab wenig Zeit, ich muss nach Velden!«

Demner, Merlicek & Bergmann
Lassen Sie Ihren optimalen Versicherungsschutz unsere Sorge sein.
Serviceline: 0800/208 800, www.wienerstaedtische.at
WIENER STÄDTISCHE
IHRE SORGEN MÖCHTEN WIR HABEN

1978 – 1981

Beschwipste Marille und Dürnsteiner Weincreme

Gemetzel in Metzling! Nicht einmal die WM-Qualifikation rettete

Karl Stotz!

Dieses Kapitel widmet Ihnen die
WIENER STÄDTISCHE

»Keegan wird liegen.«

Stimmungsmacher Roland Hattenberger vor dem Duell gegen den beim Hamburger SV spielenden englischen Topstar Kevin Keegan im Juni 1979 – Österreich gewann 4:3

Viel Zeit zur Teamchefsuche blieb Sekanina nicht – neun Wochen nach dem letzten WM-Spiel begann in Oslo gegen Norwegen die Qualifikation zur Europameisterschaft 1980. Anfang August präsentierte der Präsident den ehemaligen Teamstopper und erfolgreichen Austria-Trainer Karl Stotz, ernannte ihn zum Sportdirektor. Er bekam einen Vierjahresvertrag. Stotz reizte die Aufgabe, er sah viel Potenzial in der Mannschaft und in der möglichen Teilnahme an Europa- oder Weltmeisterschaften die Krönung seiner Betreuerlaufbahn. Teamstützen wechselten nach der WM den Klub: Krankl wurde neuer Mittelstürmer des berühmten FC Barcelona, Pezzey kam in die deutsche Bundesliga zu Eintracht Frankfurt, Kreuz kehrte von Feyenoord aus Holland nach Österreich zurück, unterschrieb in

Die England-Bezwinger: Kapitän Robert Sara, Koncilia, Pezzey, Prohaska, Kreuz, Jurtin, Hattenberger, Welzl, Jara, Obermayer und Baumeister (oben von links). Kurt Welzl (unten rechts) ersetzte Hans Krankl glänzend, gab Liverpool-Stopper Thompson (links) oft das Nachsehen.

Linz bei VOEST, aus Zweitdivisions-Bomber Schachner wurde ein Austrianer. Alles begann nach Plan: 2:0 in Oslo, 3:2-Heimsieg über Schottland nach 3:0-Führung, aber dann eine Panne – daheim 1:2 gegen Portugal, das zweite Tor in der 91. Minute kassiert. Das sollte nicht mehr wettzumachen sein: Zweimal Unentschieden gegen Belgien, klarer Heimsieg über Norwegen, ein Punkt in Glasgow, ein Sieg in Lissabon, obwohl sich Krankl im Training verletzte, nur im Finish zum Einsatz kam. Damals spielte das Team besser als bei der WM in Argentinien – denkwürdig blieb im Juni 1979 ein 4:3 gegen England im Wiener Stadion, das beste Match unter Stotz. So nahe war Österreich einer EM-Endrunde noch nie – aber nach Italien fuhren die Belgier (weil sie beim letzten Match

EIGENTOR BEI DEBÜT

In die Stotz-Ära fiel auch das Debüt eines Deutschen für Österreich: Im Sommer 1977 holte Rapid auf Empfehlung von Max Merkel den 20-jährigen Stürmer Bernd Krauss von Borussia Dortmund. Weil sich der im Angriff nicht durchsetzte, modelte Rapids Trainer Karl Schlechta ein halbes Jahr später den »verpatzten Stürmer« zum starken Offensivverteidiger um. Als nach dem Rücktritt von Robert Sara ein rechter Verteidiger für das Team gebraucht wurde, die ersten Versuche mit Nachfolgern nicht zur Zufriedenheit von Stotz ausfielen, kam die Zeit von Krauss. Auch wegen der möglichen Teamchance, der Aussicht, zur WM 1982 zu fahren, hatte er sich einbürgern lassen – mit Deutschland wäre ihm das ja nie gelungen. Am 29. April 1981 war es dann so weit: Debüt für Österreich, ausgerechnet in der WM-Qualifikation gegen Deutschland im Hamburger Volksparkstadion. Ein Deutscher gegen Deutschland – das lieferte Schlagzeilen. Vor allem, als Krauss nach 31 Minuten noch Deutschland in Führung brachte. Mit einer verunglückten Rettungsaktion bezwang er Friedl Koncilia. Endstand 2:0 für Deutschland. Aber bei der WM-Endrunde 1982 war Krauss dabei, bestritt dort alle fünf Spiele. 1983 empfahl er sich mit einer starken Leistung beim 0:0 gegen Deutschland Gladbachs Trainer Jupp Heynckes, der ihn engagierte. Im Sommer 1984 legte der jetzige Admira-Trainer auf sanften Druck Gladbachs die österreichische Staatsbürgerschaft wieder zurück und war nur noch Deutscher – Teamkarriere nach 22 Länderspielen vorbei.

Beim Debut in Hamburg passierte ausgerechnet dem eingebürgerten Deutschen Bernd Krauss ein Eigentor. Aber bei der WM-Runde in Spanien bestritt der Rapidler (hinten Mitte) beim 1:0 gegen Chile alle fünf Spiele.

in Glasgow nur auf die zweite schottische Garnitur trafen, so leicht 3:1 gewannen, kamen dort bis ins Finale ...

Sekanina blieb noch ruhig – in der WM-Qualifikation gegen Deutschland, Bulgarien, Finnland und Albanien fehlten mit Sara, der seine Teamlaufbahn beendet hatte, sowie Kreuz, der nach einem Achillessehnenriss nicht mehr richtig in Form kam, zwei Eckpfeiler der Argentinien-Truppe. Herbert Prohaska war seit Sommer Legionär bei Inter Mailand. Die Prestigeduelle gegen Deutschland verlor Österreich sowohl in Hamburg als auch in Wien – aber ansonst gab's keine Niederlage. Da der zweite Gruppenplatz reichte, genügte am 11. November 1981 im letzten Match gegen Bulgarien in Sofia ein Punkt zur WM-Fahrkarte nach Spanien. Stotz blieb ruhig, war immer überzeugt,

Mitunter war es nicht zum Hinschauen – aber am Ende wurde doch über das WM-Ticket für Spanien gejubelt.
Oben rechts Karl Stotz mit Torhüter Herbert Feurer in der Kabine nach dem 0:0 gegen Bulgarien in Sofia.
Unten Herbert Prohaska, Masseur Schreitl, Zeugwart Legenstein, Masseur Fodrek und Präsident Sekanina.

das zu schaffen. Gewohnt wurde im Vitosha-Hotel, das Jahre später zweifelhafte Berühmtheit erlangte, weil dort auch Papst-Attentäter Ali Agca kurz vor seiner Tat logiert hatte. Sekanina, inzwischen Bautenminister, kam am Spieltag in einem Privat-Jet, fiel Stotz, der Rapids Torhüter Herbert Feurer, mit dem bis dahin kein Match verloren wurde, den Vorzug gegenüber dem nicht topfiten Friedl Koncilia gab, nach dem 0:0 um den Hals, meinte vor laufenden ORF-Kameras auf die Frage nach der Zukunft: »Die beiden Karl werden das schon machen!« Den im Finish ausgetauschten Krankl nahm Sekanina in einem Privat-Jet gleich mit nach Wien, die Mannschaft kam erst einen Tag darauf. Da standen Präsident und Krankl gemeinsam mit der Gardemusik am Flughafen ...

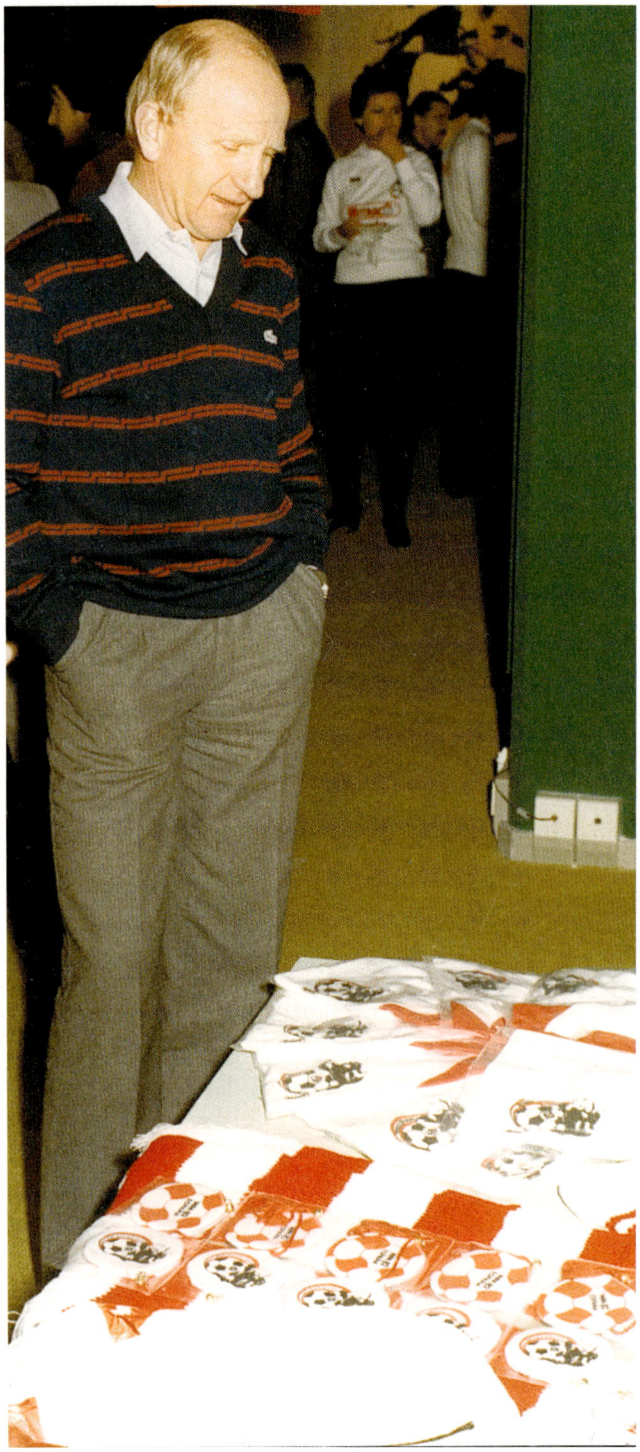

Stotz ahnte daher nicht, dass etwas gegen ihn in Gang war. Er flog sogar noch nach Spanien, um WM-Quartiere auszusuchen. Auch wenn der Name des beim Hamburger SV sehr erfolgreichen Ernst Happel als mögliche Alternative genannt wurde. Ein Teamchef, der die WM-Qualifikation schafft, wird doch nicht ausgetauscht. Sekanina wagte dieses Spiel dennoch. Am 30. November bat er die Journalisten abends ins Restaurant Donaurast nach Metzling bei Ybbs, um dort in gemütlicher Atmosphäre Bilanz eines Sportjahres zu ziehen. Mit dabei Vizepräsident Walter Zips, Generalsekretär Otto Demuth und der neue Pressechef Alfred Ludwig, dem Stotz vier Monate zuvor bei einem Treffen im »Alsgrill« hinter dem Sportklub-Platz den Job schmackhaft gemacht hatte und der sich dafür von

Champagner mit dem Präsidenten am Flughafen, Präsentation der WM-Souvenirs für Spanien – doch am 30. November 1981 kam in der Donaurast in Metzling für Karl Stotz das dicke Ende. Zwischen »Beschwipster Marille« und »Dürnsteiner Weincreme« – die Speisekarte zum Abschuss des Teamchefs.

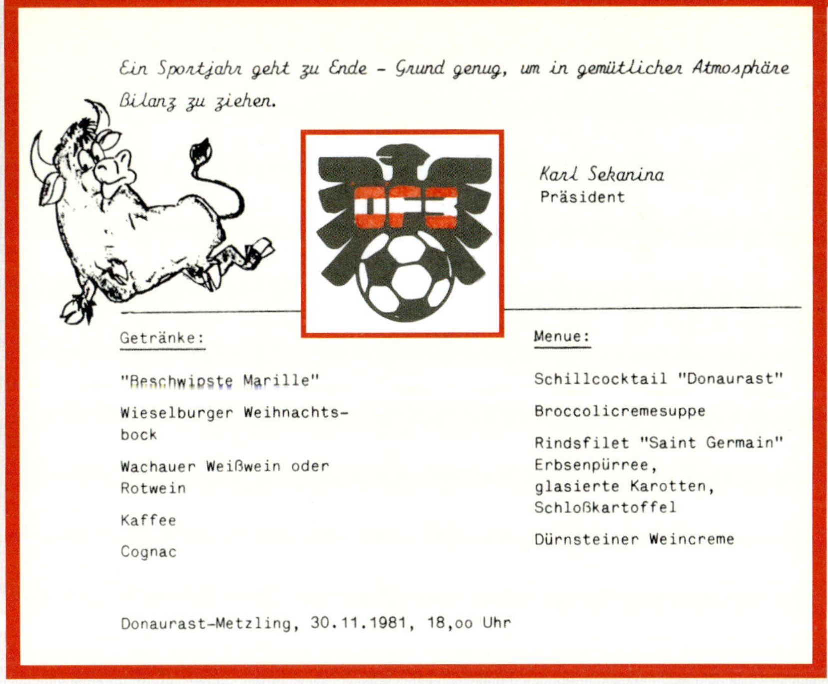

Ein Sportjahr geht zu Ende – Grund genug, um in gemütlicher Atmosphäre Bilanz zu ziehen.

Karl Sekanina
Präsident

Getränke:

"Beschwipste Marille"
Wieselburger Weihnachtsbock
Wachauer Weißwein oder Rotwein
Kaffee
Cognac

Menue:

Schillcocktail "Donaurast"
Broccolicremesuppe
Rindsfilet "Saint Germain"
Erbsenpürree,
glasierte Karotten,
Schloßkartoffel
Dürnsteiner Weincreme

Donaurast-Metzling, 30.11.1981, 18,oo Uhr

seinem Lehrerjob in der Hauptschule Geblergasse in Hernals karenzieren ließ. Mit seiner Erfahrung von heute, behauptet Euro-Direktor Ludwig, hätten damals bei ihm schon die Alarmglocken schrillen müssen. Weil beim Bilanzziehen eine Hauptperson fehlte: Der Teamchef ...

Anfangs passierte beim Bilanzziehen gar nichts. Aber dann legte Sekanina auf eine Journalistenfrage, ob er erwarte, dass Stotz jetzt verstärkt die Ärmel aufkrempeln werde, um mit Volldampf an der WM-Vorbereitung zu arbeiten plötzlich los: »So kann es nicht weitergehen!« Er gab Stotz zwischen »Beschwipster Marille« und Dürnsteiner Weincreme (siehe Speisekarte) mit einer verbalen Hinrichtung zum Abschluss frei, entzog ihm so das

T E A M C H E F M O R D

Karl Stotz durfte nur in der WM-Qualifikation auf der Betreuerbank mitzittern. Bei der WM-Endrunde saß er nicht mehr neben Georg Schmidt.

Vertrauen. Alle waren perplex. Mitunter wurde sogar von einem »Teamchefmord« gesprochen, den Sekanina auch damit begründete, er habe den Eindruck, dass Stotz die Spieler nicht mehr motivieren könne. Da stützte sich der Präsident auf den »Report« eines Studenten, der die Vorbereitungen auf ein Match in Lindabrunn beobachtete. Stotz wusste davon, Sekanina hatte ihn mit dem Hinweis, der Student benötige dies dringend für eine Diplomarbeit über Gruppendynamik, darum gebeten. Der Tenor des »Reports« hieß: Stotz hat bei den Teamspielern nicht mehr genug Ansehen. Vielleicht irritierte den »Spion«, dass die Spieler den Teamchef wegen seines schütteren Haarwuchses bei Gesprächen im Scherz »zottiger Büffel« nannten. So hatten sie ihn während eines Wintertrainingslagers in einem Kibbutz bei Tel Aviv getauft ...

BEIM BÜRGERMEISTER

1948 kam Karl Stotz mit 21 Jahren aus der Gefangenschaft in Stalingrad zurück – zwei Jahre später feierte er vor seinem Wechsel vom FC Wien, wo ihn der legendäre »Papa Watzinger« entdeckte und förderte, zur Austria sein Teamdebüt. Er gehörte zum WM-Aufgebot von 1954 und 1958, sorgte auch indirekt für die Siegesserie in der Ära Karl Deckers, weil er vom Teamchef ultimativ forderte: »Wir brauchen einen zweiten Mann im Abwehrzentrum neben mir, hol' den Karl Koller zurück!« Das war die »Geburtsstunde« des dann so erfolgreichen 4-2-4-Systems. Stotz führte über seine Karriere genau Buch – vier komplette Ordner hat er angelegt. 1962/63, in der letzten Saison seiner erfolgreichen Karriere, war er bei der Austria spielender Sektionsleiter. Die berufliche Laufbahn bei der Wiener Büromaschinenfirma »Tonko« ließ Stotz nie links liegen. Er verkaufte Büromaschinen, später Computer.

Nach sechs Jahren Pause stieg er auf Bitten von Joschi Walter 1970 wieder bei der Austria ein, quittierte 1976 den violetten Trainerjob wegen einer neuen beruflichen Herausforderung bei Austria-Präsident Leopold Böhm. Der machte ihn zum Leiter seines eben erst errichteten Wiener Modecenters in St. Marx. Als Stotz zwei Jahre später ins Büro Böhms gerufen wurde, warteten dort ÖFB-Präsident Karl Sekanina und sein Mentor, Gewerkschaftsbund-Boss Karl Benya. Böhm legte Stotz beim Teamchefangebot nichts in den Weg. Nach der WM 1982 wären ihm die Türen ins Modecenter wieder offen gestanden ...

Aber sechs Monate vorher war für ihn als Teamchef alles vorbei – fristlos entlassen. Der Grund? Stotz lernte bei einem von Sekanina in Ybbs arrangierten Trainingsspiel den dortigen Bürgermeister kennen. Wenig später wurde Stotz von einem Bekannten aus der Computerbranche gefragt, ob er Kontakte zum Bürgermeister von Ybbs habe und ihm dort einen Termin zur Vorführung einer neuartigen Computeranlage arrangieren könne. Das gelang – aus persönlichem Interesse fuhr Stotz zur Präsentation nach Ybbs mit. Daraus wurde versucht, den Grund für eine fristlose Entlassung zu konstruieren: die Funktion als Sportdirektor für persönliche Geschäfte genützt, in der Dienstzeit anderweitig gearbeitet. Denn laut seinem Vertrag hätte Stotz keine zweite bezahlte Tätigkeit neben der beim ÖFB ausüben dürfen. Der Prozess beim Arbeitsgericht endete offiziell mit einem Vergleich, Stotz gewann ihn aber auf allen Linien. Sekanina kam nicht zur Verhandlung. Für Stotz waren die 971.122 Schilling »Schmerzensgeld« aber nur ein schwacher Trost: »Der Präsident hat mir die Weltmeisterschaft weggenommen, da wäre mit dieser Mannschaft einiges möglich gewesen.«

Das war praktisch auch das Ende der Stotz-Karriere im Fußball. Auch wenn er fünf Jahre später kurzfristig eine Rückkehr auf Austrias Trainerbank gab. Mit Sekanina hatte er nie wieder einen Kontakt. Fast hat man auch 2004 den Eindruck, dass Stotz die Vorkommnisse vor 20 Jahren noch immer nicht ganz überwunden hat. An die Ära als Sportdirektor erinnert ihn seine Ehefrau, mit der er heute in Seefeld lebt. Sie lernte er damals kennen. Sie leitete das Hotel »President« gegenüber dem Raimundtheater, in dem das Team vor dem Flug zu Auswärtsländerspielen mitunter übernachtete ...

Karl Stotz als Teamstopper 1961 im ausverkauften Praterstadion gegen Ungarn und 1980 während der Teamchefzeit mit der Schauspielerin Dolores Schmidinger. Beide wurden als charmanteste Hutträger dieses Jahres geehrt.

Am 14. Dezember 1981 wurde Karl Stotz fristlos entlassen. Der einzige Teamchef in der ÖFB-Geschichte, der mit WM-Ticket gehen musste. Für Präsident Sekanina und Vize Walter Zips (rechts) ging die Suche nach dem Nachfolger nicht ohne Pannen ab.

Die zweite Variante, die damals ventiliert wurde: Krankl habe Sekanina im Lear-Jet zurück nach Wien und bei der darauf folgenden Feier in Krankls Maisonettenwohnung in Alt-Erlaa Munition gegen den Teamchef geliefert. Krankl schwört heute, dass damals kein Wort über Stotz gesprochen wurde: »Ich hatte nur Hochachtung vor ihm. Er war ein Sir. Ich wusste, wie hoch ich bei ihm im Kurs stehe.«

Stotz wusste nach dem Metzling-Gemetzel, was es geschlagen hatte. Er begann seinen Schreibtisch zu räumen, Ludwig wollte ihn davon abhalten: »Es ist ja noch nichts Endgültiges, das Präsidium tagt erst!« Stotz winkte ab: »Es gibt Rituale im Fußball, die kennt man. Und dieses Ritual sagt, mich gibt's nicht mehr. Selbst wenn ich noch Recht bekomme, bin ich demontiert. Da geht nichts mehr!« Und so war es auch. Am 14. Dezember bestätigte das Präsidium die fristlose Entlassung von Stotz, die er von Demuth überreicht bekam. Der erste und bisher einzige Teamchef in 100 Jahren ÖFB, der trotz EM-Ticket gehen musste. Stotz sagte beim letzten Abschiedshändedruck zu Ludwig: »Lassen Sie sich nicht davon irritieren. Ich wünsche Ihnen, dass Ihre Träume beim ÖFB in Erfüllung gehen!« Der Wunsch ging in Erfüllung. Vier Jahre darauf wurde Ludwig Demuth-Nachfolger als Generalsekretär – mit kurzer Unterbrechung bis heute.

Stotz wehrte sich nun auch verbal in aller Öffentlichkeit »Ich habe die Kritik des Präsidenten nie von ihm erfahren, sondern nur über Globalsätze und Schlagworte in Medien.« Die Suche nach dem Stotz-Nachfolger führte aber öfters zu Staunen und Kopfschütteln.

Ernst Happel plante mit Robert Körner (oben links) und Georg Schmid schon die WM-Vorbereitung – aber am 1. Februar 1982 ließ DFB-Präsident Neuberger (unten) ein endgültiges Nein zum Engagement des Hamburger SV-Trainers Happel als Österreichs Teamchef für die WM in Spanien hören.

Die Chronik der hektischen Tage:

20. Dezember 1981: Happel sagt Sekanina in Wien bei einem Treffen im Haus der Metallarbeitergewerkschaft in der Plösslgasse zu, das Team bei der WM-Endrunde in Spanien zu betreuen. Man muss nur noch mit dem Hamburger SV und der FIFA verhandeln. Die Zustimmung von Hamburgs Manager Günther Netzer sah Happel als kein Problem. Sekanina ließ aber, von der Öffentlichkeit unbemerkt, auch den in Athen bei Olympiakos beurlaubten Ex-Teamchef Helmut Senekowitsch zu Verhandlungen nach Wien einfliegen ...

17. Jänner 1982: Bei der Auslosung der WM-Endrunde 1982 erklären nach nächtelangen Verhandlungen der heutige FIFA-Boss Sepp Blatter, damals Generalsekretär, und Hermann Neuberger, Präsident des deutschen Fußballbundes, im Hotel »Melia Castilla« der ÖFB-Delegation mit Zips, Demuth, Kassier Fritz Wendl und Ludwig, dass Happel laut der in Buenos Aires beschlossenen »Lex Happel« nicht freigegeben werde,

falls Deutschland und Österreich in dieselbe Vorrundengruppe kommen. Das passierte wenig später ...

19. Jänner 1982: Happel gibt offiziell den Verzicht auf den Teamchefposten bekannt. Sekanina will mit ihm aber in Kontakt bleiben.

21. Jänner 1982: Das ÖFB-Präsidium tagt im Parlament. Acht Tage später nennt Sekanina drei Teamchefkandidaten: Happel, Senekowitsch und den bei Aris Saloniki engagierten Ex-Bayern-Trainer Dettmar Cramer. Nach einem Telefonat mit Neuberger glaubte Sekanina Happel noch freizubekommen.

29. Jänner 1982: DFB-Verbandstag in München. Neuberger erwartet, wie abgemacht, Sekanina zu einem Vieraugengespräch wegen Happel, aber statt des Bautenministers kommt Zips. Der DFB erklärt, man würde Happels Verpflichtung von Österreich mit Bedauern zur Kenntnis nehmen ...

30. Jänner 1982: Sekanina gibt Happels Engagement bekannt.

31. Jänner 1982: Der offizielle Kommentar aus der Frankfurter DFB-Zentrale: »Wir billigen die Entscheidung des ÖFB nicht!« Netzer will von Neuberger ein klares Ja oder Nein hören.

1. Februar 1982: Der DFB lässt ein Nein hören, worauf der Hamburger SV Happel nicht abstellt.

2. Februar 1982: Sekanina erklärt das Kapitel Happel für beendet.

5. Februar 1982: Nach einer Präsidiumssitzung ist der bisherige jahrelange Assistent Georg »Schurl« Schmidt plötzlich Teamchef.

Das war alles anders als geplant. Sekanina wollte wieder Senekowitsch inthronisieren. Bat deshalb Ludwig am Abend zuvor, Schmidt nochmals zu Senekowitsch in dessen Währinger Wohnung in die Schulgasse zu schicken, um die Details des neuen Vertrags ein weiteres Mal abzusprechen. Schmidt fuhr und meldete zwei Stunden vor Mitternacht Vollzug – aber am nächsten Morgen lief alles falsch. In einer Version heißt es, dass Senekowitsch plötzlich das netto verdienen wollte, was brutto ausgemacht war, worauf Sekanina verärgert die Gespräche nach 10 Minuten für beendet erklärte. Senekowitsch dementiert dies heute noch: »Ich wollte den Job, weil ich unsere Mannschaft für stärker und reifer als 1978 einschätzte. Aber der mächtige Ligachef Hans Reitinger hat das verhindert!« Beide waren in früheren Jahren nur selten einer Meinung. Daraufhin galt Cramer, zu seinen Bayern-Zeiten von Lästermaul Max Merkel als größter Zwerg Europas bezeichnet, als Favorit. Dann kam die Präsidiumssitzung, an der auch Schmidt teilnahm. Ludwig musste einstweilen im Nebenzimmer den Telefonkontakt zu Cramer herstellen. Als Sekanina Schmidt um seine Meinung zu Cramer fragte, antwortete er klar: »Ich kann da nicht dafür sein, ich muss als Chef der österreichischen Trainerausbildung für einen österreichischen Teamchef eintreten!« Daraufhin zehn Sekunden Schweigen, ehe Sekanina fragte: »Ist das dein letztes Wort?« Als Schmidt bejahte, sagte Sekanina: »Dann machst das du!« Da machte der 55-jährige »Schurl« keinen Rückzieher mehr. Er hatte in den Tagen zuvor wegen Cramer, der früher auch beim Pezzey-Klub Eintracht Frankfurt gearbeitet hatte, mit Pezzey telefoniert und von dem erfahren: »Das ist nicht der, den wir jetzt brauchen!« Schmidt sicherte sich in den Diskussionen danach noch das Recht zu, sich einen Assistenten aussuchen (die Wahl fiel auf Admiras Trainer Felix Latzke) und nach der Endrunde in Spanien wieder ins zweite Glied zurücktreten zu dürfen ...

Beim Abflug zur Endrunde nach Spanien lachte Georg Schmid noch auf der Gangway des Iberia-Charters nach Oviedo. Bei der Rückkehr sah dann alles anders aus ...

Die WM 1982

Spanische Träume

Das Semifinale sollte es werden – aber
Gijon überschattete alles!

Dieses Kapitel widmet Ihnen
COCA-COLA

Deutschland, Algerien und Chile – die Gegner in der Vorrunde bei der WM 1982 waren sicher nicht so schwierig wie vier Jahre zuvor in Argentinien. Trotz der Unruhe um die Stotz-Ablöse bewies das Team auch unter der neuen Führung Format: Weltklasseleistung am 24. März beim 3:2 gegen Ungarn in Budapest nach 3:0-Führung (Torschütze Walter Schachner wurde am Spieltag erstmals Vater), dann wurden in Wien die Tschechoslowakei 2:1 und Dänemark 1:0 besiegt. Die Erwartungen waren dementsprechend groß, sogar vom Semifinale wurde gesprochen – spanische Träume. Auch bei Sekanina – kein ÖFB-Präsident vor ihm konnte auf zwei WM-Teilnahmen in seiner Ära verweisen.

Zur offiziellen Verabschiedung in Wien kamen sogar 50.000 Fans. Aber schon lange vor der Weltmeisterschaft begannen die Probleme: Mit Bruno Pezzey (Knie) und Kurt Jara (Wadenbeinbruch) verletzten sich im

Vor Spanien war die Stimmung rund ums Team noch bestens. Zur Vorbereitung kamen auch die berühmten »Spitzbuam« als Stimmungsmacher in den Jagdhof nach Lackenhof am Ötscher. Weber, Prohaska, Krankl und Jurtin (von links) mit »Pipi« Christmann auf der Bühne. Auch Schlagerstar Peter Alexander zählte zu denDaumendrückern. Bei der offiziellen Verabschiedung in Floridsdorf winkten den Spanien-Fahrern tausende Fans am Straßenrand zu.

April zwei Stützen schwer. Beide marschierten beim Vorarlberger Fitnessmacher Toni Mathis in Dornbirn zwar hunderte Male über seine berühmte Himmelsstiege – aber bei Jara stellte sich kurz nach der Ankunft in Spanien am 8. Juni bei einem seiner vielen von Teamarzt Ossi Schwinger angesetzten Fitnesstests heraus, dass mit ihm in der Vorrunde noch nicht zu rechnen war. Dazu fehlte Krankl die Spielpraxis – er war im Finish der Meisterschaft nach einem Ausschluss gesperrt. Die Prämienverhandlungen waren weniger dramatisch als vier Jahre zuvor: 50.000 Schilling Startgeld, für den Aufstieg in die zweite Finalrunde 70.000 Schilling, für die zwei weiteren Spiele 50.000 Schilling. Alles unabhängig von den Resultaten.

Gespielt wurde in Oviedo und Gijon, in der Provinz Asturien. Alle Diskussionen drehten sich um die Frage: Wer soll Jara ersetzen? Dazu setzten Teamchef Georg Schmidt und sein Assistent Felix Latzke (der für Aufstellung

Das Aufgebot für Spanien aus der Sicht des Karikaturisten Hubert Schorn, von dem auch das WM-Maskottchen »Toro« stammte.

und Taktik zuständig war, das sportliche Sagen hatte, obwohl Schmidt offiziell als Chef fungierte) drei Tage vor dem Startspiel gegen Chile eine Besprechung mit den Spielern an. Die dauerte im Restaurant »La Cubierta« im achten Stock des Mannschaftshotels Marsol im Fischerdörfchen Candas fast zwei Stunden. Aber es stellte sich dabei nur heraus, was man schon ahnte: Kein Geist mehr wie bei der WM 1978, keine gute Stimmung, der Zusammenhalt war nicht mehr so groß wie in Argentinien. Die Rapidler forcierten den Rapidler Weber, die Austrianer den Austrianer Baumeister, die Legionärsgruppe um Pezzey (der in seiner »Krone«-Kolumne unter dem Titel: »Wir haben mehr Verteidiger mit als die risikolosen Italiener« die Zusammensetzung des Kaders kritisierte) und Jara wollte den steirischen Linksfuß Gernot Jurtin, einen der Neuen. Einige von Ihnen erkannten die bevorzugte Stellung der Argentinien-Fahrer nicht mehr an.

Für seine Spielerwahl erntete das Betreuerduo Georg Schmidt – Felix Latzke einige Kritik. Sogar von Bruno Pezzey in seiner »Krone«-Kolumne: »Wir haben mehr Verteidiger mit als die risikolosen Italiener.«

So kam es immer wieder zu Zwischenfällen, auch im Training. Als Prohaska einmal bei einem Spielchen Max Hagmayr foulte, brüllte der ihn in Nähe der ORF-Mikrofone ganz vorwurfsvoll und empört an: »Das hast du nur gemacht, damit ich nicht spielen kann!« …

Die Nervosität stieg, je näher das Startspiel kam. Chiles Teamchef Luis Santibanez beschuldigte die Österreicher, mit Härte und Brutalität zu agieren, versuchte mit der Behauptung »so ein Stil hat bei einer WM nichts verloren« einen Psychokrieg anzuzetteln. Am Tag, bevor sie selbst im Estadio Carlos Tatiere in Oviedo ranmussten, sahen unsere Spieler im »El Molinon« von Gijon eine Weltsensation: Deutschland unterlag Algerien 1:2. Bevor die Schadenfreude zu groß wurde, hatten die meisten begriffen, dass damit die »Papierform« gekippt war, der Aufstieg in die Zwischenrunde viel schwerer wurde, als man gehofft hatte. Verloren durfte gegen Chile nicht werden.

ALARM IN CANDAS

Das WM-Quartier in Candas.

Das direkt am Meeresstrand gelegene Hochhaushotel Marsol im Fischerort Candas, 40 Kilometer von Oviedo entfernt, nur 13 Kilometer von Gijon, gehörte zwei Wochen lang Österreichs Team: 32 Doppelzimmer in den oberen Etagen waren für das Team exklusiv reserviert, einige hatten ein besonderes Flair: rundherum Spiegel, detto an der Zimmerdecke. Böse Zungen behaupteten, dass diese Zimmer für »Seminare« von Topmanagern mit ihren Sekretärinnen vorgesehen waren. Auch ins Restaurant »La Cubierta« (das Deck) im achten Stock durften nur Mitglieder des österreichischen WM-Aufgebots. Dort regierte Chefkoch Georg Pesek, sorgte für kulinarische Erinnerungen an die Heimat: Gulasch, geröstete Knödel, Schmalzbrote etc. Unten im Pub wurden oft TV-Scheinwerfer, Kameras und Mikrofone aufgebaut – dort wartete man speziell nach den Siegen auf die Spieler. Mitunter auch in der Hoteldisco, in der in diesen Tagen auch der »Donauwalzer« und der »Radetzkymarsch« aufgelegt wurden …

Auffallend war die Bewachung durch die Milizen. Ab dem vierten Stock war das Hotel Sperrzone, an den Wachebeamten mit den Maschinengewehren vorbei kam keiner durch das Sperrgitter. Der Lift fuhr nur bis zum vierten Stock. Der Grund aller Sicherheitsvorkehrungen: Im Frühjahr hatte die baskische Terrororganisation ETA den baskischen Barcelona-Stürmerstar Quini entführt. Hans Krankl galt auf Grund seiner Barcelona-Vergangenheit als »gefährdet«. Eines Nachts wurden Krankl und sein Zimmerkollege Herbert Feurer wach – vom Gang war eine schrille Stimme zu hören: »Hilfe, Hilfe. Des bin i ja net, des bin i ja net!« Daraufhin geriet das Krankl-Zimmer leicht in Panik. Beide verbarrikadierten die Tür, sperrten sich im Badezimmer ein. Sollte Krankl entführt werden, verwechselten ihn die Kidnapper nur mit einem anderen Spieler? Nach einigen Minuten herrschte Ruhe auf dem Gang. Krankl schlug Feurer vor, der solle rausgehen und Nachschau halten – Feurer blieb lieber im Badezimmer. Also wagte sich Krankl weitere zehn Minuten später hinaus auf den Hotelgang. Fand keinen Wachposten mehr, auch nicht im Stock darunter. Kein beruhigendes Zeichen. Das Zimmer blieb die ganze Nacht verbarrikadiert. Das Rätsel wurde erst am nächsten Morgen gelöst: Die Entführungsangst löste ein Mitspieler, nämlich Max Hagmayr, aus. Der war Schlafwandler und Schlafschreier. Es war sogar vorgekommen, dass er Klaus Lindenberger, der mit ihm das Zimmer teilte, im Schlaf gewürgt hatte …

Es war nicht die einzige Nacht, in der Krankl und Feurer der Schlaf geraubt wurde. Einmal klopfte es noch nach Mitternacht fest und minutenlang an die Tür. Schließlich öffnete Feurer. Draußen stand Othmar Luczensky mit einer ungewöhnlichen Bitte: »Geht's Burschen, auf meinem Zimmer funktioniert die Brause nicht mehr. Kann ich mich bei euch rasch brausen?« Das konnte man ihm auch zur Nachtzeit nicht abschlagen …

Das war ein ereignisreicher Samstag vor dem WM-Start für Österreichs Aufgebot. Mit einem dicht gefüllten Programm: Fahrt nach Oviedo, dort im »Parque San Francisco« den 150. Geburtstag der Sacher-Torte im »Casa Austria« feiern, dann zum Trainingsspiel nach Pola del Siero, abends Empfang von Österreichs Botschafter in Spanien, Schallenberg, im Hotel Marsol in Candas. Einiges lief schief …

150

Der Sacher-Geburtstag wurde organisiert von Otto Zwonek, der mit seiner »Life-Werbung« so wie 1978 die Marketing- und Werberechte für Österreichs Team erworben hatte, das Maskottchen »Toro« entwickeln ließ. Aber mit den Spielern kam er auf keinen grünen Zweig, die Aufnahme einer WM-Schallplatte kam nicht zustande (die Spieler waren zwar bereits im Plattenstudio, sangen aber nicht, weil keiner ihnen sagen konnte, wie sie dafür entlohnt wurden). Erst knapp vor der WM wurde die Werbung für die Spieler freigegeben. Das »Casa Austria« war ein attraktives Blockhaus, allerdings ohne Strom und WC. Das befand sich in einem Kaffee auf der gegenüberliegenden Straßenseite. Als die Einladung im Mannschaftsbus herumgereicht wurde, darauf »die Sachertorte feiert mit der Nationalmannschaft Geburtstag« stand, ereiferte sich Teamsprecher Friedl Koncilia: »Das geht doch nicht, da muss man doch vorher mit uns reden!« Was nicht geschehen war. Der erste Grund der Verstimmung. Der zweite: Vor der Casa-Austria standen Klappstühle mit der Aufschrift einer deutschen Sportartikelfirma. Österreich wurde jedoch vom Konkurrenten Puma ausgerüstet. Also verhängten die Spieler mit den Puma-Jacken den »feindlichen« Schriftzug. Und sie weigerten sich, von Sacher-Chef Peter Gürtler eine seiner berühmten Torten in Empfang zu nehmen. Dabei waren Sachertorten im Wert von 70.000 Schilling nach Asturien eingeflogen worden. Es gab auch kein Foto vom Team beim Anschneiden einer Sachertorte – nur der Wiener Verbandschef Othmar Luczensky nahm als Delegationsleiter eine

Sachertorte in Empfang. Für den waren aber die Aufregungen an diesem Tag nicht ausgestanden, für den ÖFB nach der WM mit der »Life«-Werbung nicht. Die ging in Konkurs, dem ÖFB entstand ein beträchtlicher finanzieller Schaden. Da mussten Reserven aus den WM-Einnahmen 1978 zur Bedeckung herangezogen werden.

Als das Team vom Sacher-Geburtstag in Oviedo nach Pola del Siero kam, fielen alle aus den Wolken: der Rasen auf dem Spielfeld viel zu hoch, Unebenheiten und Löcher im Boden, Friedl Koncilia fand vor dem Tor sogar Glasscherben. Absolut unzumutbar. Also entschied Latzke zu Recht: »Die Verletzungsgefahr ist zu groß, hier spielen wir nicht!« Als der Autobus im Begriff war, wieder davonzufahren, kam Prohaska aus der Kabine bereits im Dress, aber nur in Badeschlapfen hinterhergelaufen: »Halt, nehmt mich mit!« Aus dem Bus ertönte nur ein guter Rat Krankls: »Nimm dir an Ball und spiel allein!«

Der Bürgermeister von Pola del Siero bekam einen Tobsuchtsanfall, rief die Bevölkerung Asturiens via Hörfunk auf, Österreich zu boykottieren, Chile und Algerien zu unterstützen. Chiles Teamchef Santibanez versuchte die Stimmung zu nützen, erklärte sich spontan bereit, mit seiner Mannschaft kostenlos ein Match in Pola del Siero zu bestreiten. Schließlich forderte der Bürgermeister in seinem Groll Schadenersatz …

Die Absage und die Folgen waren auch das Hauptthema beim abendlichen Empfang des Botschafters in Candas. Luczensky kündigte interne Konsequenzen an, warf Latzke mangelnde Diplomatie vor. Ein Wort gab das andere, Aufregung pur. Schließlich wurde beschlossen, tags darauf eine Delegation zum Bürgermeister zu schicken, um die Wogen zu glätten. Den Weg musste aber Luczenskys Vertreter aus dem Burgenland, Hans Tschank, auf sich nehmen. Der kam jedoch ohne »Friedensergebnis« zurück. Angeblich soll der Bürgermeister bei dem Gespräch aus der Flasche getrunken und in der Nase gebohrt haben. Nachteile entstanden Österreich nur durch hämische Kommentare in den heimischen Medien über den Canossagang nach Pola del Siero …

Luczensky bekam das anfangs alles nicht mit. Denn der meldete sich am Tag nach dem Empfang mit einer Kreislaufschwäche gleich bis Montag ab und kam nicht mehr aus dem Zimmer. Über die Gründe der Kreislaufschwäche wurden sogar Mutmaßungen in den Zeitungen angestellt. Das wurde Luczensky telefonisch aus Wien berichtet. Darüber beschwerte er sich, als er nach drei Tagen wieder zum Frühstück kam, bitterlich bei Herbert Prohaska: »Ich sag dir, die Journalisten sind so etwas Mieses. Da trinkt man einen einzigen Cognac und die machen aus einem gleich einen Alkoholiker«.

Dabei ärgerte auch Prohaska Luczensky mitunter, wenn er ihn mit »Grüß Gott, Herr Häusle« begrüßte. Hugo Häusle war der Vorarlberger Verbandschef. Da antwortete Luczensky grimmig: »Du Wappler, was redest du da, du bist überhaupt der größte Wappler.« Über Luczenskys Gesundheit wurde auch in den letzten Tagen des WM-Aufenthalts in Segovia, in denen der verletzte Torhüter Feurer verbissen seine vom Balkon gefallene Badehose suchte, gesprochen. Dort beschlossen die Spieler, den guten »Onkel Lu« in den kalten Swimmingpool (Temperatur nur 17 Grad) zu schmeißen. Jara, Hattenberger, Pezzey, Welzl und Krankl kidnappten Luczensky, trugen ihn zum Swimmingpool, waren gerade dabei, ihn unter »Ho-Ruck«-Rufen in das kalte Wasser zu werfen, als Teamarzt Ossi Schwinger auftauchte und warnend schrie: »Tut's des ja net, der hat ja an Herzschrittmacher!« Zu spät. Worauf alle fünf Übeltäter zur Vorsicht sofort nachsprangen – aber Rettungsaktionen waren nicht notwendig …

JAHRE SACHER

Zwar schon im Tonstudio, aber nicht gesungen. Das WM-Lied für 1982 kam nicht zustande.

Delegationsleiter Othmar Luczensky beim Händeschütteln mit Friedl Koncilia: Es waren anstrengende, hektische Tage.

Walter Schachner in der Waagrechten – aber auch Österreichs erster Torschütze bei der WM 1982 vermochte gegen Algerien bis zur Pause nichts auszurichten. Nach der Pause glükkte ihm wieder der Führungstreffer. Aber erst nach dem zweiten Tor von Krankl (9) stand der Sieg außer Diskussion.

Vor dem Match gegen Chile gingen in Oviedo heftige Gewitter mit Hagel nieder, auf dem regenschweren Boden fanden die Österreicher zum Unterschied von den Chilenen keinen Halt. Eine Rutschpartie jagte die andere – und das trotz »illegaler« Rugbystollen an den Schuhen. Illegal, weil breiter und länger als erlaubt. Das 1:0 war Friedl Koncilia und Walter Schachner zu verdanken. Der 34-jährige Torhüter entnervte mit seinen Reaktionen die Chilenen, deren Stürmerstar Caszely einen umstrittenen Penalty neben das Tor schoss. Nur vier Minuten nach dem goldenen Tor von Walter Schachner: Flanke Krauss, Schachner verlängerte per Kopf ins lange Eck – immer wieder war das im Training geübt geworden. Es war das erste Kopftor Schachners im Teamdress. Und wie vier Jahre zuvor in Buenos Aires erzielte er Österreichs ersten Treffer bei der WM. Damals als »Nobody« aus der zweiten Liga, jetzt als Italien-Legionär, dessen Marktwert bereits auf 60 Millionen Schilling geschätzt wurde.

Die von der »Life«-Werbung eingeflogene Hoch- und Deutschmeisterkapelle unter dem legendären Kapellmeister Julius Herrmann mobilisierte im Finish am Stehplatzrang ihre letzten Reserven, intonierte mit Pauken und

Die WM-Torsperre von Koncilia dauerte leider nur 191 Minuten. Aber das lag wirklich nicht am Torhüter. Der zählte nämlich gegen Chile und Algerien zu den Vätern des Sieges.

WUT-ANFÄLLE

Friedl Koncilia war Österreichs Bester bei der WM, wurde nach der ersten Vorrunde fast überall als bester Torhüter des Turniers bezeichnet. Beim Gegner waren seine sensationellen Reaktionen gefürchtet, bei Mitspielern oder Journalisten auch seine Wutausbrüche. Die es auch in Candas gab.

Erstmals, als die deutsche »Bild am Sonntag« ihn unter dem Titel »Ich helfe den Deutschen« so zitierte: »Wenn wir schon fix qualifiziert sind, werde ich, wenn es darauf ankommt, den Deutschen helfen, Zweiter zu werden!« Koncilia verstand die Welt nicht mehr. »Für wie blöd hält man mich denn? Ich habe nur gesagt, dass ich mir persönlich Deutschlands Aufstieg mehr wünsche als den von Chile oder Algerien. Aber nie, dass ich dabei helfen will!« Kaum war diese Aufregung vorbei, Koncilia halbwegs beruhigt und versöhnt, folgte ein noch ärgerer Hammer: Die Algerier lancierten, dass Koncilia und Krankl beim 2:0 gegen Algerien gedopt gewesen seien: »Ich red überhaupt mit keinem Journalisten mehr«, brüllte Koncilia, »das sind gelenkte Aktionen. Wenn ich dopen muss, höre ich sofort auf!« In seinem Zorn schloss Koncilia auch die österreichischen Journalisten ein: »Ich verstehe nicht, wie man so einen Blödsinn übernehmen und hinausposaunen kann!« Zum Presseboykott entschloss er sich aber doch nicht.

Trompeten »immer wieder Österreich!«. Dabei waren die meisten zum Umfallen müde: Strapaziöse Anreise von Wien mit dem Bus nach Budapest, von dort Flug nach Madrid, weiter mit dem Bus stundenlang nach Asturien. Einige schliefen vor dem Match in Oviedo auf den Parkbänken.

Der Abend nach dem 1:0 danach verlief so schaumgebremst wie das Match – der Pflichtsieg war kein Grund für große Feiern. Vier Tage später wartete ja Deutschland-Bezwinger Algerien. Latzke versprach eine merkbare Steigerung – aber heraus kam speziell bis zur Pause wieder nur Schlafwagenfußball. Die Umstellung mit Baumeister statt Weber, der gegen Chile als Jara-Ersatz nicht überzeugte, half auch nichts. Bei großer Hitze, hoher Luftfeuchtigkeit wirkten die Österreicher mit Ausnahme von Friedl Koncilia wie gelähmt. Es war nur ihm zu verdanken, dass Algerien nicht zur Pause 2:0 führte. Da reagierte Latzke, brachte mit dem launischen Genie Kurt Welzl einen dritten Stürmer statt Baumeister. Von Welzl gingen die Aktionen zum 1:0 Schachners und zum 2:0 von Krankl aus – mit den zwei Toren in 12 Minuten war das Plansoll erfüllt. Weiter auf Aufstiegskurs: »Welzl könnte so wertvoll sein,

In Gijon gab's nur anfangs harte Duelle wie links von Weber gegen Deutschlands Kapitän Rummenigge (11).

wenn er nur gewillt wäre, zu laufen«, stöhnte Latzke. Aber gegen Deutschland in Gijon begann dann nicht Welzl, sondern aus taktischen Gründen wieder Weber. Damals fanden die letzten Gruppenspiele noch nicht zum gleichen Zeitpunkt statt – einen Tag vorher bezwang Algerien Chile 3:2, daher wusste man: Österreich würde auch bei einer 0:1-Niederlage gemeinsam mit Deutschland auf Kosten der Afrikaner in die zweite Runde aufsteigen. Aber Latzke wollte mehr: »Wenn wir Deutschland heimschicken, ist der 25. Juni in Österreich künftig ein neuer Nationalfeiertag!« Die Spieler beider Teams kannten einander gut aus der Qualifikation, einige besonders gut aus der deutschen Bundesliga. Da gab's vorher im Kabinengang und beim Aufwärmen Smalltalk. Deutschland ging schon nach elf Minuten durch ein Oberschenkeltor von Horst Hrubesch in Führung, degradierte in den ersten zwanzig Minuten die tatenlos zusehenden Österreicher zu Statisten – doch als beim ersten guten österreichischen Konter Stielike und Briegel Schachner nur elferreif stoppen konnten, regierte beim Europameister die Vorsicht. Nach einer halben Stunde war mit dem Fußballspielen praktisch Schluss. Da beide mit dem Resultat weiterkamen, gab's nur noch

Nach dem deutschen Führungstor des späteren Happel-Assistenten in Tirol und Austria-Trainers Horst Hrubesch (9) war Österreich schon geschlagen. Herbert Prohaskas Blick spricht Bände, als Pierre Littbarski zur Gratulation Torschütze Hrubesch bespringt.

Querpassorgien im Mittelfeld zu sehen. Nur Schachner und Briegel schienen nichts von einem Waffenstillstand zu wissen. Aus dem erhofften Nationalfeiertag wurde eher ein Tag der Schande …

Die 44.000 Zuschauer waren empört, reagierten mit einem gellenden Pfeifkonzert. Die spanischen Fans schwenkten zum Zeichen ihres Missfallens weiße Taschentücher, wie es auch bei schwachen Stierkämpfen üblich ist, die algerischen, die sich schwer verschaukelt fühlten, hielten Geldscheine in die Höhe, um zu zeigen: Hier ist Schiebung im Spiel. Verbandspräsident Ben Ali Seikkel verkündete noch im Stadion, beim

Nach einer halben Stunde nur noch den Gegner mehr begleitet als attackiert, wie hier Hintermaier bei Hrubesch (9). Das ging zu Lasten Algeriens. Die Fans aus Afrika fühlten sich auf der Tribüne auch schwer verschaukelt, hielten empört Geldscheine in die Höhe.

Weltverband FIFA zu protestieren, den WM-Ausschluss Deutschlands und Österreichs wegen Verabredung gegen Algerien zu fordern. Auch vor dem Stadion ging es rund: Steine, Tomaten und Bananen flogen gegen die Mannschafts-Autobusse, den Spieler gellten Pfiffe und Buhrufe um die Ohren, als sie sich durch einen von der Polizei geschützten Kordon den Weg zum Bus bahnten. Wobei die deutschen Sieger sich noch mehr anhören mussten als die rot-weiß-roten Verlierer. ÖFB-Boss Sekanina, der zum Schlager eingeflogen war, sprach empört von einem Tiefpunkt und einer Frozzelei gegenüber allen Fans. Reservist Max Hagmayr schüttete noch Öl ins Feuer, als er behauptete, das Einzige, was zähle, sei die 120.000-Schilling-Aufstiegsprämie.

Die Stimmung bei einem Empfang von Teamsponsor Steyr Puch im Weinkeller Llagar de Junio war zum Zerreißen gespannt. Mineralwasser gab's keines, also hielten sich die meisten ans Nationalgetränk Sidra, einen spanischen Most. Der machte einige etwas aggressiv. So konnte sich Latzke nicht zurückhalten, als er gefragt wurde, ob der Aufstieg nicht ein riesiger Prestigeverlust für Österreich sei: »Sollen wir über das Weiterkommen

»Obschi, glaub mir, ich wär lieber daheim!«

Herbert Prohaska nach den zwei WM-Vorrundensiegen wegen der gespannten Stimmung zu seinem Freund und Zimmerkollegen Erich Obermayer

weinen? Wäre es besser gewesen, ehrenvoll auszuscheiden?« Bruno Pezzey gab Sekanina Kontra: »Wäre dem Präsidenten ein ehrenvolles 0:3, das zehn Millionen Schilling weniger Einnahmen bedeutet hätte, vielleicht lieber?« Die Wahrheit hieß: Österreich war komplett leer, musste froh sein, dass die Deutschen (Bundestrainer Jupp Derwall: »Wer von Betrug spricht, beleidigt beide Nationen.«) aus irgendeiner Angst zu spielen aufhörten. Es hat sich so ergeben. Koncilia: »Hätten wir den Deutschen ins offene Messer laufen sollen? Wir hatten nie den Funken einer Chance!« Krankl behauptet noch heute: »Hätten die Deutschen nur geahnt, wie schlecht und müde wir wirklich waren, hätte es mit einem Debakel für uns geendet!«

Als die Österreich zurück nach Candas kamen, warteten vor dem Hotel drei empörte Fans aus Oberösterreich, grölten in Abänderung eines bekannten Fanlieds: »Nimmer wieder, nimmer wieder, nimmer wieder Österreich!« Wie erwartet hatte Algeriens Protest keine Chance – das Match hatte aber zur Folge, dass ab der nächsten WM die letzten Gruppenspiele zur gleichen Zeit stattfanden. Die internationale Presse ließ kein gutes

In der Gluthitze des Vicente-Calderon-Stadions von Madrid verglühten Österreichs Aufstiegshoffnungen. Im Mittelfeld war Frankreich klar besser. Daran änderte auch das Comeback von Kurt Jara (links) nichts. Und Hans Krankl (rechts) war leider wieder nur eine stumpfe Waffe. Für Koncilia gab es beim entscheidenden Freistoß von Platini-Ersatz Genghini nichts zu halten.

Haar an Deutschland und Österreich. Vom »Liebestanz der Komödianten« war unter anderem die Rede. Dabei meinte es das Schicksal noch gut mit den Österreichern: Die Gegner in der zweiten Finalrunde in Madrid hießen Frankreich und Nordirland, da sahen viele sogar große Chancen auf das Semifinale, wenn nur das Team endlich so gut wie drei Monate zuvor in Budapest spielen würde. Die spanischen Träume gingen weiter. Aber die drei Tage bis zum Duell gegen Frankreich begleitete auch die Frage nach den Ursachen der bisherigen Enttäuschungen. War die Vorbereitung zu kurz, wurde vor dem Abflug in Lackenhof zu hart trainiert, waren das zweitägige Laufprogramm auf den Ötscher hinauf und die Einheiten in Candas zu intensiv?

Am Tag nach dem 0:1 flog der WM-Tross nach Madrid. Das neue Hotel lag in Segovia, 150 Kilometer außerhalb der Metropole. Der Parador National – ein Fünfsternehaus der Luxuskategorie. Gespielt wurde im Vicente-Calderon-Stadion von Atletico Madrid, in dem Max Merkel als Trainer Triumphe gefeiert hatte. Der Aufsteller gegen Frankreich sollte das Comeback von Kurt Jara nach zwei Monaten Pause sein – den Franzosen fehlte ihr

blessierter Regisseur Michel Platini. Um ja perfekt auf die zu erwartende Hitzeschlacht im Brutofen Madrid vorbereitet zu sein, fuhren die Spieler am Matchtag bereits nach dem Frühstück im klimatisierten Bus nach Madrid, bezogen in Stadionnähe ein Hotel. Koch Georg Pesek und ein Betreuer wurden vorgeschickt. Pesek, um das Mittagessen zuzubereiten, und der Betreuer musste die Klimaanlage in den Spielerzimmern auf die gewünschte Temperatur einstellen. Doch auch der wohltemperierte Schlaf half nicht, um Latzkes Ankündigung (»Sie sehen jetzt einen anderen Fußball!«) wahr werden zu lassen. Ein raffinierter Freistoß von Platini-Ersatz Genghini ins Kreuzeck besiegelte nach 39 Minuten Österreichs 0:1-Niederlage. Ohne Koncilia hätte es eine höhere Abfuhr gegeben. Jaras Comeback half ebenso nichts wie nach der Pause Joker Welzl statt Jara. Mitunter führten die Österreicher ein Duell um den Gruppensieg im Stile eines Freundschaftsspiels. Die große Chance auf das Semifinale war damit verpasst. Latzke und Schmidt, total verärgert, kündigten radikale Umstellungen für das letzte Match gegen Nordirland an, präsentierten mit Krankl sogar namentlich einen Sündenbock. Der stellte nur fest: »Wir sind müde, fertig,

Terroraktionen gegen Angehörige unserer müden WM-Fußballer!

Bericht auf der Seite 7

Li... Din 27,– Pts 100,– Dr 60,– DM 1,90 sfr 1,70

Mittwoch, 30. Juni 1982 / Nr. 7932, S 5,-

Neue Kronen Zeitung
UNABHÄNGIG

Wien 19, Muthgasse 2, Telefon 36 52 50

● Schulbus stürzte um: Vier verletzt

Wien. – Ein schwerer Busunfall ereignete sich in der Buckligen Welt in Niederösterreich. Ein mit 25 Kindern besetztes Fahrzeug geriet an den Straßenrand und stürzte um. Vier Schüler wurden verletzt (Ausführlicher Bildbericht im Lokalteil).

● Nun Kampf um längeren Urlaub

Wien. – Kampf um die Urlaubsverlängerung ab 1983: Die Wirtschaft errechnet Milliardenkosten und bangt um die Lebensfähigkeit von Betrieben und um Arbeitsplätze. Kreisky will Benya und Sallinger doch noch „zusammenbringen" (Seite 2).

Die Österreicher kommen …

kaputt. Warum, weiß ich nicht!« Am Abend forderte Sekanina telefonisch von Schmidt und Latzke die Köpfe der Stars. Es war aber auch klar, dass mit der WM auch die Zeit des Betreuerduos vorbei war. Dass der »Co« Latzke das Sagen hatte, gefiel einigen von Anfang an gar nicht …

Theoretisch hätte es sogar noch eine Aufstiegsmöglichkeit gegeben – mit einem klaren Sieg über die Nordiren, wenn die dann wiederum Frankreich schlagen. Aber daran dachte niemand. In der Heimat beschimpften wütende Fans Familienangehörige der Spieler auf offener Straße, zerkratzten Latzkes Auto. Und überall wurden Schuldzuweisungen betrieben. In Segovia ließen einige Spieler bei der Siesta am Swimmingpool durchblicken, sie seien »zu Tode« trainiert worden. Bruno Pezzey hielt dem entgegen, dass man aus Zeitgründen ohnehin nur zwei Tage richtig auf Kondition trainieren habe können. In einem Interview behauptete ein Sportwissenschaftler, solange er bis Ende April dabei gewesen wäre, sei punkto körperlicher Fitness alles in Ordnung gewesen. Danach müsste jemand alles zerstört haben. Latzke klagte an: »Bei uns können Spitzenspieler tun und lassen, was sie

Ärger in der Heimat bei den Fans, den sogar die Familien einiger Spieler zu spüren bekamen. Auch die Zeitungen hielten sich mit beißender Kritik nicht zurück – die Fußballer auf der Titelseite der »Krone« (links) als Schnecken.
Gegen Nordirland bedeutete bei 43 Grad dieser Gewaltschuss von Hintermaier (nicht im Bild) das 2:1. Aber zum Sieg reichte das nicht, so sehr die Verteidiger (rechts Krauss) auch dazwischengingen.

wollen. Sie gehen den Weg des geringsten Widerstandes und schimpfen auf den Trainer!« Davon nahm er nur Koncilia, Obermayer, Pezzey und Prohaska aus. Obermayer kündigte frustriert an, nach dem Match gegen Nordirland die Kapitänswürde zurückzulegen: »Die Mannschaft hört nicht auf mich.« Vorangegangen war im Training ein Krach mit Nürnberg-Legionär Hintermaier, der ihn als »Witzkapitän« abqualifizierte …

Gegen Nordirland fehlten bei 43 Grad Hitze Hattenberger, Jara, Hintermaier und Krankl – bis zur Pause änderte sich nichts. Wieder schwach, Nordirland führte 1:0. Erst mit dem Eintausch von Hintermaier und Welzl lief es plötzlich – von 0:1 durch einen Pezzey-Fersler und Hintermaiers Gewaltschuss auf 2:1, Chancen auf das 3:1 vergeben, ehe Koncilias einziger Fehler in fünf Spielen zum 2:2 führte. Damit war die WM für Österreich vorbei – schon am nächsten Tag folgte der Heimflug. Auf die wenigen, die in Schwechat landeten, wartete zum Unterschied von 1978 kein einziger Fan. Das Team war total out. Kurz vor seinem Abtreten drohte Sekanina einigen Stars mit einer langen Teamsperre – zu der kam es aber nie.

Erich Hof, zuvor Trainer bei Austria und Sportclub, wurde vorerst für drei Spiele provisorisch Teamchef. In denen gab es drei Heimsiege ohne Gegentor, auch gegen die Türkei lief, trotz einiger Gehässigkeiten, alles nach Plan. Die Abwehr, wie oben Bernd Krauss, kam nie in ernste Verlegenheit.

Hans Krankl wurde bis auf Rapids Heimspiele überall in Österreich kräftigst ausgepfiffen, vereinbarte mit dem vorerst für drei Spiele provisorisch engagierten Teamchef Erich Hof, im Herbst nicht den Teamdress zu tragen. In drei Heimspielen der EM-Qualifikation. Weil leere Ränge zu befürchten waren, spielte man gegen Albanien nicht im Prater, sondern im kleineren Hanappi-Stadion. Nach dem 5:0-Kantersieg wagte man doch wieder den Wechsel in die große Arena – dort sahen nur 10.000 das stimmungslose 2:0 gegen Nordirland. Also wieder zurück nach Hütteldorf, wo beim 4:0 (3:0) gegen die Türkei in einem mitunter gehässigen Spiel Debütant Toni Polster das Führungstor erzielte. Drei Spiele, drei Siege, 11:0-Tore – mit der Bilanz blieb Hof natürlich, ließ sich im April 1983 wieder das Praterstadion gegen Vizeweltmeister Deutschland bis auf den letzten Platz füllen. Krankl kehrte zurück – mit neun Spielern aus dem letzten WM-Aufgebot war Österreich beim 0:0 dem Sieg näher. Alles zufrieden.

Das Teamdebüt als Wuschelkopf: Toni Polster gelang gleich in seinem ersten Länderspiel sein erstes Tor für Österreich. Der spätere Rekordschütze sorgte beim 4:0 gegen die Türkei für die schnelle Führung.

DER BRIEF

Nach Karl Sekaninas Rückzug wurde dringend ein neuer Präsident gesucht. Als Kandidaten galten ÖÖC-Präsident Kurt Heller und der Industrielle Prof. Manfred Mautner-Markhof. Aber das ließ sich nicht bewerkstelligen. Also hatte Vizepräsident Walter Zips die Idee, Sekanina den Rücktritt vom Rücktritt schmackhaft zu machen. Eine Bitte der Spieler zum Comeback sollte den Bundesminister umstimmen. Zips fuhr vor dem 4:0 gegen die Türkei ins Trainingscamp nach Lindabrunn, gewann die Mannschaft für die Idee. Generalsekretär Otto Demuth schrieb den Brief an Sekanina, die Spieler setzten ihre Unterschrift darunter. Sekanina machte schon freundliche Nasenlöcher, ehe es im ÖFB-Präsidium zu einem massiven »Aufstand« kam. Speziell Burgenlands Präsident Hans Tschank ging gegen den Zips-Plan zur Sekanina-Rückkehr auf die Barrikaden, worauf Zips nach heftigsten Vorwürfen als Vizepräsident zurücktrat. Deshalb führte Kärntens Verbandschef Herbert Raggautz die Geschäfte, wollte sich bei der Bundeshauptversammlung am 8. April im Kongresshaus am Wiener Margaretengürtel zum Präsidenten küren lassen. Die Bundesliga und Tirol stimmten gegen ihn, Wien, Niederösterreich und das Burgenland enthielten sich der Stimme – da zog Raggautz trotz einer Mehrheit für sich die Kandidatur zurück. Unterbrechung der Hauptversammlung, man sollte mit Sekanina reden, ihn wieder zur Übernahme des Verbandsvorsitzes zu bewegen. Schließlich entschloss man sich, die Hauptversammlung erst am 30. Juni fortzusetzen. Bis dahin fand sich ein neuer Präsident, weil bei Gewerkschaftsbundvorsitzendem Anton Benya vorgefühlt wurde, ob er einen geeigneten Kandidaten wüsste. Benya fiel Austria-Tabak-General Beppo Mauhart ein, der als Sponsor der Austria auch eine Verbindung zum Fußball hatte. Benya rief Mauhart sofort in seinem Urlaub auf den Malediven an, ließ nicht locker, bis Mauhart sein Okay gab, bei dem auch Austria-Chef Joschi Walter nachhalf …

Kapitän Herbert Prohaska mit seinem Teamchef Erich Hof als heilige Familie. Hans Krankl als Engerl auf einer Wolke – die ersten fünf Spiele in der EM-Qualifikation schienen Hof und Prohaska Österreich in Richtung Endrunde 1984 in Frankreich dirigieren zu können. Leider nur fünf Spiele lang.

Nach sechs Spielen unter Hof ohne Niederlage wartete der Herbst der Wahrheit – Auswärtsspiele gegen Nordirland, Deutschland und die Türkei. Mit dem Handikap, dass Krankl nach einer Knieoperation Anfang Juni noch nicht in Form war, Obermayer verletzt ausfiel. Schon in Belfast gab's mit dem 1:3 einen Tiefschlag, zwei Wochen später folgte ein bitteres 0:3 gegen Deutschland in Gelsenkirchen, das bereits nach 33 Minuten feststand. Womit die Chance auf die EM-Fahrkarte auch schon dahin war. Bei der Abfuhr sah Krankl nur von der Ersatzbank aus zu. Ganz Deutschland wollte damals sehen, wie fünf Jahre nach Cordoba »Deutschland-Schreck« Krankl zur Wirkungslosigkeit verdammt wird. Hof weihte Krankl zwei Tage vor dem Match in seinen Plan ein: »Du spielst nicht von Beginn an, ich setz dich bei deiner Form lieber nicht dem Druck aus. Vielleicht kannst du nach der Pause noch etwas umdrehen und entscheiden!« Krankls Reservistenrolle war die große Sensation – nach dem Pausenpfiff

Kein Respekt vor großen Namen: Felix Gasselich trickst hier Deutschlands »blonden Engel«, Spanien-Legionär Bernd Schuster, aus. Beim 0:0 war Österreich dem Sieg näher.

stürmte er sofort von der Ersatzbank in die Kabine. Dann ging er auf die Toilette, um sich zu erleichtern. Als er im Pissoir vor der Muschel stand, huschte Hof herein. Der Teamchef stand links von Krankl, schaute ihn an und fragte: »Willst noch rein oder nicht?« Krankls Antwort: »Ich glaub, es ist besser, ich geh nimmer eine!« Hof akzeptierte. So endete eine große Teamkarriere vorerst am Pissoir des Parkstadions von Gelsenkirchen ...

Mit dem 1:3 von Istanbul, der ersten Niederlage gegen die Türkei, geriet Hof schon ins Schussfeld einiger Medien – es ertönten erste Rufe nach einem neuen Teamchef für die WM-Qualifikation gegen Holland, Ungarn und Zypern. Prohaska: »Der Großteil der gestandenen Spieler war weg. Im Umbruch fehlte uns die Qualität, um diese Gruppe zu gewinnen!« Aber der ÖFB hielt unter dem geschäftsführenden Vizepräsidenten aus Kärnten, Herbert Raggautz, an Hof fest. Als Beppo Mauhart am 30. Juni ÖFB-Präsident wurde, war das erste Match der

Nach zweijähriger Teampause verhalf Kurt Jara (links) zum wichtigen 1:0-Heimsieg über Holland. Danach waren die WM-Chancen wieder intakt. Dennoch nahm Präsident Mauhart nachher das Rücktrittsangebot von Erich Hof an.

Qualifikation für Mexiko bereits gewonnen – 2:1 in Nikosia gegen Zypern durch eines der eher seltenen Kopftore Herbert Prohaskas. Im November nahm Mauhart ein Rücktrittsangebot von Hof an. Der Teamchef wusste, dass er nicht den Vorstellungen Mauharts entsprach, der sich vor allem darüber mokierte, dass Hof mitunter für ihn nicht auffindbar war. Zum Zeitpunkt des Rücktrittsangebots waren die WM-Chancen noch intakt: Zwei Siege aus drei Spielen, 1:3 in Budapest verloren. Worauf wieder die Position des Teamchefs in Frage gestellt wurde. Beim zweiten Sieg, dem 1:0 gegen Holland, reaktivierte Hof nach zweijähriger Pause Kurt Jara – der 32-jährige Legionär von Grasshoppers Zürich hatte prompt beim goldenen Tor seine Beine im Spiel. Eigentlich erwartete der ansonst clevere Taktiker Hof, dass ihm Mauhart nach diesem Sieg öffentlich den Rücken stärken würde – aber im Gegenteil. Mauhart erfuhr auf einer Auslandsreise von Hofs Schritt (er führte als Grund sein schlechtes Image an, das

Branko Elsner (Mitte) war der erste Teamchef, den Beppo Mauhart aussuchte. Zunächst war Gustl Starek (links) sein Assistent. Als die WM-Qualifikation verspielt war, der ÖFB-Express nicht so recht in Schwung kam, nahm Starek ein Admira-Angebot an, wurde Unter-21-Teamchef Josef Hickersberger Elsners Assistent.

auf das Team abfärben könnte) und reagierte verstimmt. Er war damit erstmals dazu verdammt, den richtigen Teamchef zu finden …

Die Wahl Mauharts fiel im Jänner 1985 auf den früheren Innsbrucker Meistermacher Branko Elsner: »Egal, mit wem ich über mögliche Teamchefs sprach, es fiel immer sein Name«, erinnert sich Mauhart an seine Beweggründe, den Laibacher Universitätsprofessor zum ersten Teamchef seiner Wahl zu machen. »Außerdem wollte ich immer lieber keinen Teamchef, der polarisierte, sondern einen, der eher einte!« Als Assistent erhielt Elsner mit Gustl Starek einen Intimkenner der Fußballszene. Das erste Qualifikationsspiel unter Elsner endete mit einem Desaster: 0:3 gegen Ungarn im ausverkauften Hanappi-Stadion. Dort wurde gespielt, weil das Praterstadion renoviert und überdacht wurde. Unter den 18.500 Zuschauern waren zwei Drittel aus Ungarn – für die Magyaren gab

es praktisch ein Heimspiel in Hütteldorf. Via österreichische Reisebüros waren die Tickets ins Nachbarland gelangt. Sieben Mann aus dem WM-Aufgebot 1978 erlitten dieses Debakel – darunter Hans Krankl. Seine Hochform bei Rapid in der Meisterschaft zusammen mit der schwachen Form der anderen Teamkandidaten führten dazu, dass ihn Elsner und Starek baten, in »seinem« Stadion nochmals einzuspringen. Aber das Rad der Zeit ließ sich nicht mehr zurückdrängen. Auch die Aufstellung mit einem Flügelstürmer im Mittelfeld (Oberacher) war nicht optimal. Als Konsequenz aus dem 0:3 kam Krankl endgültig nie mehr wieder, war Jaras Comeback nach nur drei Partien vorbei. Mit einem 1:1 in Rotterdam gegen Holland und einem 4:0-Heimsieg über Zypern war noch der zweite Platz, der zum Aufstieg gereicht hätte, möglich gewesen – aber dann verlor Gruppensieger Ungarn im Nep-Stadion gegen Holland 0:1, vergab dabei die besten Chancen. Auch der ungarische Austria-Star Tibor Nyilasi.

Das 0:3 gegen Ungarn im Hanappi-Stadion bedeutete das Ende der Hoffnungen auf den Gruppensieg in der Qualifikation und von Teamkarrieren. Kurt Jara, der hier vor den Ungarn in die Knie geht, spielte nachher ebenso nicht mehr für Österreich wie der eigens für dieses Match reaktivierte Hans Krankl. Die Nummer 9 hätte sich einen weit schöneren Team-Abschied in seinem »Wohnzimmer« verdient.

Hans Krankls Abschied.

Prompt machten Spekulationen über holländische Geldflüsse nach Ungarn, sogar über den Weltkonzern Philips, die Runde. Bewiesen wurde aber nichts.

Österreich bei der WM-Endrunde in Mexiko nur Zuschauer, beim anschließenden Kampf um die EM-Teilnahme 1988 in Deutschland von Beginn an gegen Rumänien und Spanien immer chancenlos. Da fehlten Friedl Koncilia nach einer Bandscheibenoperation sowie Prohaska, der sich mit 31 Jahren wegen chronischer Achillessehnenbeschwerden nur noch auf die Austria konzentrierte: »Ich war ganz einfach nicht mehr fit genug, brauchte die Pause der Teamtermine, um mich einigermaßen zu erholen!« Es begann mit einem 0:4 in Bukarest, endete mit einem 0:0 gegen Rumänien in Wien. Vor diesem Match hatte der frustrierte Elsner bereits seinen Abgang angekündigt. Er stellte parallel zur Nationalmannschaft ein junges Olympiateam auf, war überzeugt, mit einer der

Ein unerwarteter Prestigeerfolg gelang am 29. Oktober 1986 zur Eröffnung des renovierten und überdachten Praterstadions – 4:1 gegen Vizeweltmeister Deutschland. Toni Polster (oben Mitte) verwandelte zwei Elfmeter, zweimal trug sich auch sein Freund Reinhard Kienast, der rechts beim Torjubel von Andi Ogris verfolgt wird, in die Schützenliste ein. Die richtige Antwort des Rapidlers auf den abwertenden Spruch seines Landsmanns Max Merkel.

beiden Auswahlen eine Qualifikation zu schaffen. Es gelang mit keiner. So blieb als Highlight der Ära Elsner ein Prestigeerfolg – ein denkwürdiges 4:1 am 29. Oktober 1986 zur Wiedereröffnung des renovierten Praterstadions. Auf die leichte Schulter nahmen die Deutschen, die in Mexiko unter Franz Beckenbauer Vizeweltmeister wurden, dieses Match nicht. Als sich die Niederlage abzeichnete, verloren sie die Nerven. Als Lothar Matthäus nach dem zweiten Elfertor Toni Polsters dem italienischen Starreferee Agnolin kräftig die Meinung sagte, schickte der ihn in die Kabine. Das drohte Agnolin auch dem wild reklamierenden Beckenbauer an. Solche Spiele hätte Elsner mehrere gebraucht – aber es gab nur dieses eine.

»Der Kienast bewegt sich so wie eine Weinbergschnecke«

Max Merkel 1987 in der »Bild«-Zeitung vor Österreichs 4:1 gegen Deutschland, als er Österreichs Spieler vorstellte. Dann erzielte Kienast zwei Tore.

Vor dem letzten Match der Ära Elsner gegen Rumänien war Starek nicht mehr sein Assistent. Er hatte ein Angebot Admiras angenommen. Für ihn kam mit 1. Jänner 1987 der 39fache Internationale Josef Hickersberger, der 1982 bei Rapid als Meister seine aktive Karriere beendet, danach nur in der zweiten Liga bei Casino Baden sowie bei Forchtenstein und Traisen als Trainer Erfahrung gesammelt hatte. Zum Abschied von Elsner bewies das Team am 18. November 1987 wenigstens eine anständige Gesinnung: Es spielte Schiedsrichter im Kampf zwischen Spanien und Rumänien um den Gruppensieg. Mit einem Sieg in Wien hätten es die Rumänen geschafft. Österreich erkämpfte ein 0:0 – die Spanier bedankten sich überschwänglich, dass sie dank rot-weiß-roter Hilfe nach Deutschland zur EM-Endrunde fahren konnten. Bei Mauhart lief zum zweiten Mal innerhalb von zwei Jahren die Aktion »Ich suche einen Teamchef« ...

WIR SIND ROT-WEISS-ROT
ÖFB
PUMA
pumafootball.com

Die WM 1990

Viva Italia!

Auf hohe Erwartungen folgte große Enttäuschung bis zur

Jahrhundertblamage

Dieses Kapitel widmet Ihnen
PUMA

EM-KVALIFIKATIONSKAMP
FØROYAR - EYSTURRIKI
12. september 1990 – klokken 19.00
LANDSKRONA IDROTTSPLATS

»Ja.«

Josef Hickersberger auf die Frage, ob er sich den Job des Teamchefs zutraue.

Der Favorit der Medien hieß Otto Baric, aber Josef Hickersberger avancierte vom Assistenten Branko Elsners zu dessen Nachfolger. Die Skepsis der Medien spürte er bei der Präsentation ganz deutlich. Er wollte schon verzichten, entschloss sich aber dann zu kämpfen. Dass er die Teamkarriere von Bruno Pezzey beendete, war aber ein großer Fehler, wie er selbst, nach der WM 1990, eingestand.

Mauharts Favorit hieß Ernst Happel. Doch Swarovski-Chef Gernot Langes ließ bald wissen, dass er nicht auf den Trainerstar verzichten wollte, kaum dass er ihn vom Hamburger SV zum FC Tirol gelotst hatte. Der Favorit der Medien und der Fans hieß Otto Baric. Doch je mehr sich Rapids Erfolgstrainer auch selbst anpries, desto mehr wuchs in Mauhart die Ablehnung gegenüber dem redegewandten Kroaten. Also freundete er sich immer mehr mit dem Gedanken an, das Experiment mit Hickersberger in der WM-Qualifikation gegen die UdSSR, DDR, Türkei und Island zu wagen, zumal dessen Arbeit mit dem Unter-21-Team (unter anderem Sieg in Jugoslawien) überzeugend und auch erfolgreich war, er zu seinen Spielerzeiten (sieben Jahre deutsche Bundesliga bei Kickers Offenbach und Fortuna Düsseldorf, 39 Länderspiele, WM-Teilnehmer 1978) genug Erfahrungen sammeln hatte können. Also fragte Mauhart Hickersberger, ob er sich auch den Job des Teamchefs zutraue. Dessen Antwort hieß klipp und klar: »Ja.« Damit war die Entscheidung gefallen. Zur Unterstützung Hickersbergers installierte Mauhart noch ein WM-Komitee mit Vertretern der wichtigsten Klubs. Für Austria Joschi Walter, für Rapid Vizepräsident Heinz Holzbach, für den FC Tirol Ernst Happel …

Aber was Hickersberger bei seiner Präsentation durch Mauhart am 23. Dezember 1987 im Wiener Tabakmuseum auf der Mariahilfer Straße erlebte, war nicht gerade aufbauend. Er merkte und spürte von der ersten

Minute an das Misstrauen, das ihm da entgegengebracht wurde. Keiner sah in ihm einen Tag vor Weihnachten Beppos »Christkindl«, ganz im Gegenteil. Nur wenige trauten ihm zu, das WM-Ticket nach Italien zu erkämpfen. Dazu war Platz zwei notwendig. Und das sowjetische Team unter dem ukrainischen Trainerfuchs Valeri Lobanowski galt als klarer Favorit. Für Hickersberger war die Vorstellung eine der bittersten Stunden in seiner Karriere. Er überlegte sogar kurzfristig zu verzichten, sagte sich dann aber doch: »So schlecht, wie die alle tun, kannst du gar nicht sein. Beweis ihnen das!«

Zuerst einmal wollte Hickersberger die Liberofrage klären. Weiter mit Kapitän Bruno Pezzey oder doch lieber Heribert Weber, der im Jahr zuvor nicht mehr für Österreich spielen wollte, da er glaubte, dass Elsner total auf Pezzey fixiert sei. Hickersberger flog nach Innsbruck, eröffnete Pezzey in dessen Haus, dass er sich gegen ihn und für Weber als Abwehrchef und Kapitän entschieden habe. Pezzeys Traum, als erster Österreicher bei drei WM-Endrunden mitzuspielen, war nach 83 Länderspielen geplatzt. Hickersberger vermutete damals, dass Pezzey durch acht Jahre deutsche Bundesliga und den harten Happel-Kurs beim FC Tirol schon verbraucht sei. Mit der Trainererfahrung von heute würde Hickersberger (»das war mein größter Fehler, das habe ich nach der Weltmeisterschaft auch Bruno gesagt«) garantiert anders handeln, sich nicht von vornherein total auf einen festlegen.

Z U R L O T T E

Der Gedanke, Herbert Prohaska nach drei Jahren wieder den Teamdress anzuziehen, spukte seit Amtsbeginn im Kopf des Teamchefs herum. Josef Hickersberger sprach Prohaska immer öfters darauf an, Anfang September 1987 lud Hickersberger Prohaska und seine Frau Elisabeth zum Essen ein – im »Gasthaus zur Lotte« auf der Wiener Heiligenstädter Straße stimmte er seinen ehemaligen Mitspieler um. Aber ohne Hilfe von Frau Prohaska hätte er es wahrscheinlich nicht geschafft. Der weiter von einer Achillessehnenentzündung geplagte Routinier verstand zwar seine Überlegungen, wollte mit 33 eigentlich nicht mehr seine gute Teambilanz gefährden, einen schlechten Abgang riskieren und Mitschuldiger an einer verpassten WM-Qualifikation sein, nach der die Fans und Medien fragen würden: »Wozu haben wir den noch gebraucht?« Aber da schritt seine Gattin ein: »Wer pfeift sich in ein paar Jahren um diese Bilanz? Wenn dich ein Freund um einen Gefallen bittet, dann sollte man das nicht abschlagen. Du musst es schon tun!« Und so kam es dann auch. Prohaska (»Der Hicke hat mich überrumpelt, meine Frau ist mir in den Rücken gefallen!«) stellte allerdings klar, dass er nur noch bis Sommer 1989 zur Verfügung stehe, dann seine aktive Karriere sicher beende und für die letzten vier Spiele der Qualifikation ausfalle. Beim Heimfahren war er eher sauer auf seine Frau. Die Prohaska-Wünsche akzeptierte der Teamchef, der als »Zuckerl« parat hatte, ihn zum Start gegen den Favorit UdSSR nach Kiew gar nicht mitzunehmen. Vereinbart wurden vier Spiele – Türkei in Wien, die DDR in Leipzig, Island in Reykjavik, dazu noch das »normale« Länderspiel gegen Italien in Wien. Mit Prohaska erkämpfte Österreich in drei Spielen vier Punkte – heute ist er froh darüber, obwohl er in allen nicht besonders gut spielte. Andi Herzogs Erinnerung: »Wenn ich nicht mehr gewusst habe, wohin mit dem Ball, hab ich ihn Prohaska gegeben. Der übernahm dann die Verantwortung.« Am 14. Juni 1988 war Prohaska in seinem 83. Länderspiel letztmals Teamkapitän, half mit seiner ganzen Er-fahrung mit, dass Österreich bei Regen und Wind in Reykjavik irgendwie das 0:0 halten konnte. Im Finish war's nur noch ein Rückzugsgefecht. Als der walisische Referee Howard King drei Minuten vor Schluss auf Höhe der Mittellinie Prohaska fragte, ob er ihm nachher seinen Dress schenke, antwortete er schlagfertig: »Only when you finish now!« Seine Horrorvision war nämlich: Wir kassieren in der letzten Minute ein Tor und so muss ich aufhören. King befolgte prompt den Befehl zum zu frühen sofortigen Schlusspfiff und schüttelte bei den Protesten der Isländer nur den Kopf. Prohaskas letzte gute Tat im Teamdress…

Zur WM nach Italien fuhr der ehemalige Inter- und Roma-Legionär als Attaché mit. Beim Training zeigte sich, dass man seine Erfahrung noch durchaus gut gebrauchen hätte können: Bei den internen Trainingspartien gewann fast immer die Mannschaft mit Prohaska …

Eine lange Teamkarriere beendete der 40-jährige Jung-Teamchef, eine andere fing zu Beginn seiner Ära an: die von Andi Herzog. Als Rapid-Talent, das nur selten in der Kampfmannschaft zum Einsatz kam, gehörte er zum festen Bestandteil von Hickersbergers Unter-21-Teams. Als 19-jährige Rapid-Leihgabe bei der Vienna kam er nach nur drei Meisterschaftsspielen schon zu ersten Team-Ehren. Hickersberger fragte Viennas Trainer Ernst Dokupil: »Kann man den jungen Mann schon ins kalte Wasser werfen?« Dokupils Antwort: »Hau ihn rein ins Wasser, er wird schon schwimmen!« Herzog hielt sich am 6. April 1988 beim 2:2 gegen Griechenland in Athen sehr gut, aber wenige Tage später musste er auf den Operationstisch. Bänderriss im Knöchel, erlitten auf der Hohen Warte bei Viennas Meisterschaftssieg gegen den Sportklub …

Die WM-Qualifikation begann im Oktober. Hickersberger hatte beim Terminpoker seine Variante, gegen

Herbert Prohaska nach drei Jahren wieder im Teamdress. Der Plan ging auf, Österreich feierte den dringend nötigen 3:2-Heimsieg.

Favorit UdSSR, DDR und Island zuerst auswärts zu spielen, durchgebracht. Geplant war, dass beim letzten Match zuvor gegen die DDR in Wien die Entscheidung um Platz zwei fallen sollte. Der Start gegen die UdSSR in Kiew wurde einen Monat gegen die ČSSR in Prag geprobt. Doch dabei Riesenaufregung: Mit Ernst Baumeister fehlte der routinierteste Mittelfeldspieler unentschuldigt bei der Abreise – Teamkarriere damit beendet. Sowohl beim 2:4 in Prag als auch beim 0:2 in Kiew erkannte Hickersberger, dass er dringend eine Zentralfigur im Mittelfeld brauchte. Für ihn konnte das nur Herbert Prohaska sein. Er bekniete ihn, nach drei Jahren den Rücktritt vom Rücktritt zu nehmen. Am 2. November 1988 bestritt Prohaska gegen die Türkei in Wien sein 80. Länderspiel. Der Plan ging auf: Alles drehte sich um den Routinier, auch die Türken konzentrierten sich auf ihn – und der inzwischen wieder fitte und von Rapid zurückgeholte Herzog spielte in seinem vierten Länderspiel ganz groß auf, erzielte nach Polsters

Mit 20 die erste Gala im Teamdress: Andi Herzog war beim 3:2 gegen die Türkei nicht zu halten. Ihm gelangen auch zwei Tore, das zweite durch einen Distanzschuss, den der am Boden liegende Andi Ogris unhaltbar abfälschte.

Führungstreffer das 2:0 und 3:0. Danach bekam er einen Tritt auf einen Nerv, hatte kein Gefühl mehr im linken Fuß, musste ausscheiden. Auf der Tragbahre sitzend wurde er hinter dem Tor vorbei zur Kabine getragen, winkte noch den Fans zu, die ihm zujubelten, weshalb ihn Polster nach dem 3:2 in der Kabine lachend tadelte: »Das hat vor dir noch keiner zusammengebracht! Normal liegt man schmerzverzerrt auf der Bahre, du sitzt und winkst!« Am Tag danach folgten die ersten Zeitungsmeldungen von ausländischen Interessenten für Herzog – der konnte vor Aufregung nicht schlafen ...

Der Prohaska-Plan ging bis zum Ende seiner Karriere im Juni 1989 auf. Mit je einem Unentschieden in Leipzig und Reykjavik – der Fahrplan stimmte. Dann Heimsieg gegen Island, ein 0:0 in Wien gegen die UdSSR, die damit bereits fix qualifiziert war – alles schien in Ordnung zu sein. Doch dann folgte am 25. Oktober das 0:3 in

Istanbul, als gar nichts lief, auch nicht bei Herzog, dessen Fehler zum vorentscheidenden 0:2 führte. In der Nacht danach kam »Mister Austria« Joschi Walter zu Hickersberger, den er sehr schätzte, ins Hotelzimmer, um den doch angeknacksten Teamchef bei einer stundenlangen Kartenpartie bis vier Uhr früh zuerst abzulenken und dann wieder aufzubauen.

Die Situation: Die Türkei holte Österreich mit dem Sieg ein – das schaffte auch die DDR mit einem 2:1 gegen die UdSSR. Alle drei hatten vor den letzten zwei Spielen, die UdSSR–Türkei und Österreich–DDR hießen, je sieben Punkte. Die große Sorge: Würden die fix qualifizierten Russen gegen die Türken noch voll spielen? Das hatte Lobanowski Hickersberger fix zugesagt …

Alles entschied sich am 15. November. Zuvor viele Diskussionen in der Öffentlichkeit, wie Hickersberger auf-

Sie erkämpften das WM-Ticket nach Italien. Kapitän Zsak, Lindenberger, Pecl, Pfeffer, Linzmaier, Hörtnagl, Keglevits, Ernst Aigner, Polster, Artner und Andi Ogris (oben von rechts). Es war der Abend des Toni Polster: zuerst verschmäht und ausgepfiffen, nach drei Toren zum 3:0 der umjubelte Held. Polster bewies gute Nerven. Auch beim Elfmeter, den er icher zum 2:0 verwandelte.

stellen sollte. Vor allem mit oder ohne Sevilla-Legionär Polster, der bisher in der Qualifikation zwei Tore erzielte, darunter das in der DDR, aber seit damals im Teamdress Ladehemmung hatte? Hickersberger ließ keinen Zweifel daran, weiter auf Polster zu setzen – das verhalf ihm zu einigen Schmähbriefen und sogar zu einer telefonischen Morddrohung, die in seiner Döblinger Wohnung in der Sollingergasse bei seiner Gattin einging. Die war etwas aufgelöst, Hickersberger hielt es nur für einen schlechten Scherz, besorgte sich aber doch lieber eine Geheimnummer …

Am 9. November, sechs Tage vor dem Spiel, war die Mauer gefallen – eine Tatsache, die Hickersberger Sorgen machte. Er dachte, dass sich die DDR-Stars wie Sammer, Kirsten, Thom, Doll etc. jetzt besonders für lukrative Verträge bei den Westklubs ins Zeug legen würden. Aber es wurde der Abend eines Mannes, den die eigenen Fans noch vor dem Match bei der Bekanntgabe der Aufstellungen ausgepfiffen hatten: der Abend von Toni

Der Abschluss der Polster-Festspiele: Haken nach rechts angedeutet, links vorbeigegangen, mit links ins lange Eck – damit war sein erster Dreierpack für Österreich perfekt. 3:0 gegen die DDR, da lagen sich die Sieger in den Armen. Auch Andi Ogris und Teamchef Josef Hickersberger.

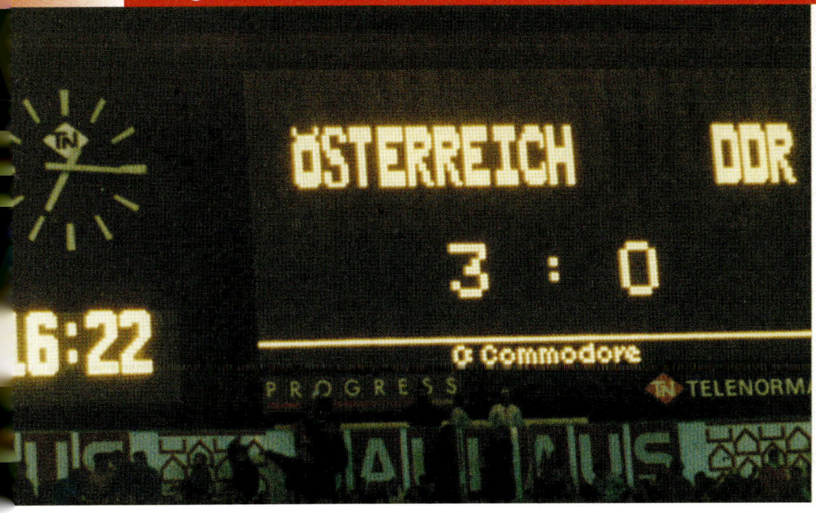

Polster. Bereits nach drei Minuten reckte er die Faust zum Himmel – der Vielgeschmähte erzielte mit links die schnelle Führung. Und verwertete nach 22 Minuten einen Elfmeter ganz sicher zum 2:0. Die mögliche Aufholjagd der DDR stoppte Torhüter Klaus Lindenberger, noch ehe sie begann – er hielt einen Elfmeter von Steinmann. Nach der Pause Fortsetzung der Polster-Festspiele – er schoss auch noch das 3:0. Sein erster »Dreierpack« im Teamdress. Danach rannte er auf die Laufbahn, um den Leuten auf den Rängen, die ihm jetzt frenetisch zujubelten, seine Meinung zuzuschreien. Die Empörung über das ihm angetane Unrecht brach aus wie ein Vulkan. Auf der Ehrenrunde nach dem Sieg lief Polster nicht mit. Sein Protest gegen die Pfiffe vor dem Spiel …

Kurz vor dem Abpfiff kam die nächste erlösende Meldung: Die UdSSR besiegte in Simferopol die Türkei 2:0. Österreich nach 1982 wieder bei der WM vertreten! Viva Italia, Riesenjubel auch um den Teamchef, der es allen

Die Fans auf den Rängen, egal ob mit rot-weiß-roten Zylindern oder ohne, feierten die WM-Fahrkarte euphorisch. Die Spieler wollten bei ihrem Freudenbad in der Kabine vorerst keine Kameras dabei haben. Als die Tür endlich geöffnet wurde, waren alle schon für die Jubelfotos entsprechend gestylt. Von links: Polster, Teamchef und Elferkiller Klaus Lindenberger mit dem Victory-Zeichen.

DIE VERSCHLOSSENE TÜR

Vor dem Start in die Qualifikation sorgte Josef Hickersberger bei seinem Mentor Beppo Mauhart für Ärger und Aufregung. Mit der Erklärung, er werde auf jeden Fall zurücktreten, wenn das WM-Ticket nach Italien geschafft werden sollte. Auf Druck des Präsidenten musste der Jung-Teamchef das aber rasch wieder zurücknehmen …

Nach dem Happy End gegen die DDR sorgten die Szenen vor der verschlossenen österreichischen Kabinentür für Aufregung. ORF-Reporter Peter Elstner klopfte an, begehrte Einlass, rief nach dem Teamchef. Alles vergeblich. Irgendwie wirkte es lustig, was da am Fernsehschirm zu sehen war. Viele sprachen von Überheblichkeit, weil die Spieler ihren Triumph mit dem Teamchef hinter verschlossener Kabinentür feierten. Das war einerseits Absicht, andererseits auch nicht. Die Kabine sollte tatsächlich für die Fernsehkameras verschlossen bleiben, weil ein Beitrag des ORF-Sport am Montag alle verärgert hatte. Da ging es zwei Tage vor dem wichtigsten Match der letzten Jahre nur über die sexuelle Ausstrahlung der Teamspieler. Was Gerti Senger von sich gab, bedeutete keine Aufwertung des Image. Spieler und Teamchef waren über die unsachliche Behandlung erbost, wollten daher bei ihrem Freudenbad keine Kameras dabei haben. Was sie nicht wissen konnten, war, dass die Interviews, die sie nach dem Match am Spielfeldrand gegeben hatten, wegen eines herausgerissenen Fernsehkabels nicht gesendet werden konnten. So entstand ein schiefes Bild. Dass Elstner zum Handkuss kam, tat Hickersberger sogar besonders Leid. Weil Elstner einer der wenigen Journalisten war, der bei der Hickersberger-Präsentation am 23. Dezember 1987 positive Worte für ihn gefunden hatte …

Zweiflern gezeigt hatte, jetzt auch als Trainer wie zwölf Jahre zuvor, als Spieler, der die DDR und die Türkei in der Qualifikation ausgeschaltet hatte. Doch Hickersberger dachte mitten im Triumph daran, ins zweite Glied zurückzutreten, schlug vor, dass Ernst Happel Österreichs WM-Teamchef werden sollte, weil dem Trainerstar alle mehr Respekt entgegenbrachten als ihm, Österreich damit auch ein besseres Image habe und davon profitieren könne. Bei einem Happel würden sich Gegner und Referees sicher weniger »erlauben« als bei einem Hickersberger. Aber Happel zeigte für Hickersbergers Ideen kein Verständnis: »Du hast es bisher gut gemacht, also mach's gefälligst weiter!«

HERIS ENDE

Er konnte vor dem letzten Qualifikationsspiel gegen die DDR wegen einer Zahnbehandlung zuerst nicht trainieren. Dann meldete er sich wegen des freien Wochenendes aus Salzburg krank – 39 Grad Fieber. Am Dienstag fühlte er sich wieder fit. Deshalb sollte Teamkapitän Heribert Weber nur Ersatz sein. Der Teamchef hatte sich für den international unroutinierten Austrianer Ernst Aigner entschieden. Die beleidigte Reaktion Webers kam für Josef Hickersberger aber unerwartet: »Wenn ich nicht fit genug bin, um von Beginn an zu spielen, kann ich auch nicht fit genug sein, um im Notfall einzuspringen!« Mit dieser Begründung zog Weber einen Platz auf der Tribüne dem auf der Ersatzbank vor. Also tauschte er mit dem vergrippten Herzog, der eigentlich auf der Tribüne sitzen sollte, Platz. Unerwartet traf Heribert Weber die konsequente Reaktion Hickersbergers: Er zog einen Schlussstrich unter Webers Teamkarriere. Nichts wurde es mit seiner dritten WM-Teilnahme.

Heute weiß Hickersberger: »Mit mehr Diplomatie hätte man das auch anders lösen können!« Dass er danach total auf Aigner setzte, auch auf Pezzeys Rückkehr verzichtete, war ein weiterer Fehler …

Im Frühjahr 1980 gab es verhärtete Fronten. So gut Weber bei Salzburg spielte, keine Spur von einem Kompromiss. Als das Team am 11. April in Salzburg Ungarn empfing, ging's rund: Am Spieltag ein anonymer Drohanruf im Point-Hotel in Anif, wo das Team logierte: Wegen der Nichtberücksichtigung Webers liegt im Hotel eine Bombe. Daraufhin wurde das Hotel evakuiert, was die anderen Hotelgäste ziemlich verärgerte, und genau durchsucht, aber keine Bombe gefunden. Der Teamchef bekam Polizeibewachung. Eine Nervenprobe für Generalsekretär Alfred Ludwig. Vor allem auch dann im Lehener Stadion, als Hickersberger darauf bestand, eine Stunde vor Anpfiff im strömenden Regen den Rasen nochmals anzusehen, wenn auch geschützt durch einen Schirm. Die Salzburger Fans erkannten ihn trotzdem, sparten nicht mit Pfiffen und Schmährufen – Hickersberger überstand es: »Ich musste den Spielern zeigen, dass ich mich dieser Situation stellte!« Darauf folgte ein souveräner 3:0-Sieg.

Bei der Weltmeisterschaft war Weber dann als Kolumnist für die »Kleine Zeitung« tätig. Zum Spiel gegen die USA in Florenz fuhr Weber im Mercedes von Werbeboss Hannes Kartnig. Der hängte sich an den Teambus an, als dieser mit Polizeieskorte in Richtung Stadion fuhr. Weber legte sich sofort auf den Boden vor dem Rücksitz und blieb an die zwanzig Minuten in dieser unbequemen Position. Damit ihn weder Hickersberger noch die Teamspieler sehen konnten. Zum Glück ist die Situation jetzt nicht mehr so gespannt …

Webers letzter Einsatz als Teamkapitän im Wiener Praterstadion: Beim Wimpeltausch vor dem 0:0 gegen die UdSSR mit Kiew-Star Michailitschenko. Beim 3:0 gegen die DDR saß er nur auf der Tribüne statt auf der Bank, wie der Teamchef es wollte – der Bruch war nicht mehr zu kitten.

NUR SIEBEN MINUTEN

Vor dem entscheidenden Qualifikationsspiel gegen die DDR gab's Probleme mit Andi Herzog. Der schlug sich wochenlang mit der im Europacup gegen Aberdeen verletzten Schulter herum, verlor seine Form, war angeknackst. Da ließ sich der Teamchef etwas einfallen, um Herzog wieder aufzurichten. Hickersberger bestellte bei Bremens Trainer Otto Rehhagel, mit dem er seit Jahren befreundet war, einen Telefonanruf bei Herzog, in dem er ihm ein Interesse an ihm signalisieren sollte. Das funktionierte zwar. Herzog war topmotiviert, aber vor dem ersten entscheidenden Qualifikationsspiel seiner Karriere so nervös, dass er vielleicht auch deshalb in der Nacht vor dem Spiel Fieber bekam. Nach dem Weber-Wirbel war er aber doch Ersatz. Und Hickersberger entschied, ihn als Dank für seine Tore beim 3:2 gegen die Türkei nach der Pause bei einem günstigen Stand einzutauschen. Wie geplant, schickte Hickersberger Herzog in der zweiten Hälfte zum Aufwärmen, wollte ihn nach einer Stunde bringen – aber Herzog sagte: »Ich fühl .mich noch nicht so weit!« Erst nach dem 3:0 Polsters kam er zur Trainerbank: »Trainer, jetzt geht's mir gut!« In der 75. Minute kam er auf das Feld, sieben Minuten später musste er schon wieder raus. Nach einem Torschuss rammte ihn der bärtige DDR-Libero Stahmann weg. Herzog flog wieder genau auf die lädierte Schulter. Unter großen Schmerzen in die Kabine – bei der Ehrenrunde zur Qualifikation ließ er die linke Hand hängen, in der rechten hielt er eine Fahne.

Auch vor der WM lief's bei Herzog nicht wie gewünscht – interne Probleme bei Rapid, ein Interview von ihm verärgerte die Funktionäre. Beim Testspiel im Rahmen der WM-Vorbereitung gegen eine Tirol-Auswahl ging's anfangs hektisch zu: Youngster Thomas Flögel wurde durch ein Foul so schwer am Knöchel verletzt, dass ihn dies seine WM-Teilnahme kostete. Kurz darauf war Herzog nach einem Revanchefoul eigentlich ausschlussreif, der Kärntner Referee Wieser verzichtete nur darauf, weil der Teamchef Herzog sofort austauschte, ihn zum Nachdenken auf einen Waldlauf über sieben Kilometer schickte. Nach dem Abendessen kam Hickersberger zu Herzog aufs Zimmer, um mit ihm über seine Situation zu reden und zu erfahren, was ihn so beschäftigte. Am Ende sagte Hickersberger: »Was die Leute denken, ist mir egal. Damit du es weißt: Du spielst gegen Holland!« Und die Chance nutzte Herzog, um sich wieder für die Stammformation zu empfehlen. Und so teilte ihm Hickersberger einige Tage vor dem Match gegen Italien mit: »Der Radlfahrer wart' wieder auf dich!« Der »Radlfahrer« war der italienische Mittelfeldspieler de Napoli. Als Herzog nämlich ein Jahr zuvor vor dem Freundschaftsspiel gegen die Italiener in Wien vom Teamchef erfuhr, dass er als Gegenspieler de Napolis vorgesehen war, reagierte er erfreut: »Super, das ist ja nur ein Radlfahrer!« Herzog verehrte Italiens Ballkünstler, de Napoli war »nur« ein mannschaftsdienlicher, laufstarker Defensivspieler. In den 90 Minuten machte Herzog gegen de Napoli keinen Stich. Und musste nach dem 0:1 von Hickersberger tadelnd hören: »Das war aber ein schöner Radlfahrer« …

Beim Jubel in der Kabine mit Toni Polster spürte Andi Herzog keine Schmerzen mehr.

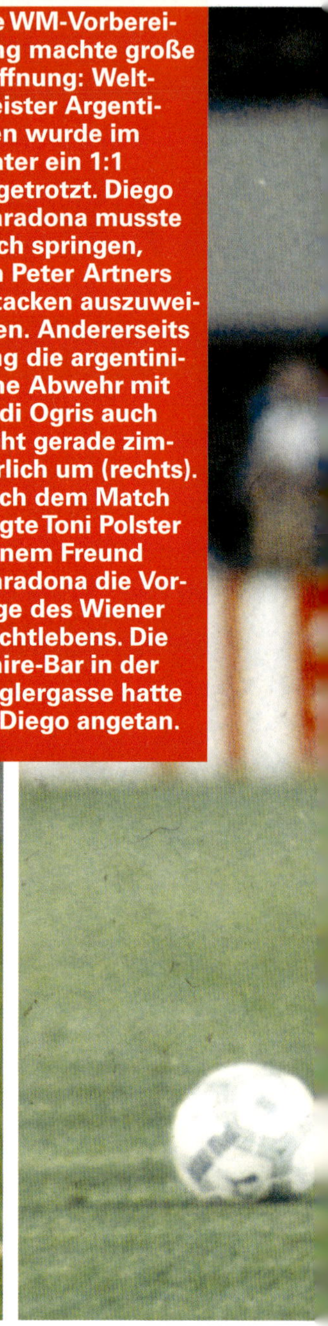

Die WM-Vorbereitung machte große Hoffnung: Weltmeister Argentinien wurde im Prater ein 1:1 abgetrotzt. Diego Maradona musste hoch springen, um Peter Artners Attacken auszuweichen. Andererseits ging die argentinische Abwehr mit Andi Ogris auch nicht gerade zimperlich um (rechts). Nach dem Match zeigte Toni Polster seinem Freund Maradona die Vorzüge des Wiener Nachtlebens. Die Claire-Bar in der Naglergasse hatte es Diego angetan.

Die Auslosung der Endrunde brachte in Rom Veranstalter Italien, den »Nachbarn« ČSFR und die USA als Gegner – auf Grund des neuen Modus stiegen aus den sechs Gruppen nicht nur die ersten zwei, sondern auch die »vier besten Drittplazierten« ins Achtelfinale auf. Das sollte doch zu schaffen sein. Die Vorbereitungsergebnisse nährten noch den Optimismus: 0:0 in Ägypten, in Malaga Spanien 3:2 besiegt (bis zur Pause dominierte Spanien beängstigend, führte 2:0, nach mehreren Wechseln kippte aber das Match), 1:1 gegen Weltmeister Argentinien in Wien, schließlich nach dem WM-Vorbereitungscamp in Brixen 3:2 über Holland in Wien, dabei 3:0 geführt. Die Warnungen von Hollands Star Ruud Gullit (»Die Weltmeisterschaft ist etwas anders als ein Freundschaftsspiel«) gingen im Jubel unter …

Drei Wochen vor dem ersten WM-Spiel gegen Italien heiratete Toni Polster in der Kirche Neu-Simmering am

Enkplatz seine Lisi – Riesenrummel um die Hochzeit des Jahres. Erst vier Tage vor dem Abflug nach Italien wurde der Wirbel um Stürmer Gerhard Rodax, der gegen Spanien mit einem Supersolo das Siegestor erzielte, beseitigt. Er kämpfte vor dem Wiener Arbeitsgericht um die Freigabe von Admira Wacker für Atletico Madrid – im Richterzimmer des Saal H wurde der Vergleich fixiert. Für die Rekordtransfersumme von 23 Millionen Schilling durfte Rodax nach Madrid. Damit war der Kopf frei für Tore bei der Weltmeisterschaft.

Das Quartier bezog Österreich oberhalb von Florenz, im Hotel Paggeria Medicea in Artimino, mitten in den Weinbergen der Toskana. Auf der »Alm« von Florenz gab's einen extra für das Team neu errichteten Swimmingpool, Tennisplätze, Parabolantennen für das Satelliten-TV (sogar der ORF war zu empfangen) und dazu auch Ruhe. Zum Teamkapitän für die WM bestimmte Hickersberger Polster, weil er ihn zu diesem Zeitpunkt als Symbolfigur des

Beim WM-Start in Rom, nervöser als normal, gegen Italien nur reagiert, nicht agiert. Wie hier Linzmaier gegen Donadoni ...

Erfolgs erachtete und für den richtigen Mann hielt, um in der Mannschaft ein Feuer zu entfachen. Die Pressekonferenzen auf der »Alm« waren auch international sehr stark frequentiert – eine Mannschaft, die im WM-Jahr noch ungeschlagen und erster Gegner des Veranstalters im Hexenkessel des ausverkauften Olympiastadions von Rom ist, kann man ja nichts links liegen lassen ...

... oder hier Kurt Russ, der zu spät kommt, um einen Vorstoß von Offensivverteidiger Maldini zu stoppen.

Schon nach dem Aufwärmen bemerkte Hickersberger, dass die Spieler nervöser waren als normal. Sie wirkten durch den orkanartigen Lärm, die Atmosphäre, wie vom Blitz gestreift. Österreich war vor den Augen von Bundeskanzler Franz Vranitzky nicht vorhanden, kam erst nach 41 Minuten zur ersten Torchance, die Italiener fanden genug Möglichkeiten vor, um in Führung zu gehen. Nach der Pause wurde es besser, ein Herzog-Volley ging knapp vorbei, dem er noch heute nachtrauert: »Wenn mir dieses Tor gelingt, geht das Match nicht mehr verloren. Mich hätten die bei meinen Ehrenrunden jahrelang nicht einfangen können!« So aber gewann Italien 1:0 ...

Es entwickelte sich zwar eine Art offener Schlagabtausch, bei dem die Italiener aber immer torgefährlicher wirkten. Und 12 Minuten vor Schluss passierte es auch: Libero Aigner störte Vialli nicht energisch beim Flanken, in der Mitte stand der drei Minuten zuvor eingewechselte Schillaci zwischen Pecl und Russ frei, bezwang per Kopf

Toni Polster biss gegen Italiens Abwehr auf Granit. Italiens Kapitän Bergomi war ein unbarmherziger Bewacher, der an Konsequenz nicht zu überbieten war.

Lindenberger. Eine Ausgleichschance gab's nicht mehr, die erste Niederlage seit sieben Monaten war perfekt. Die ging dem Teamchef unter die Haut – Präsident Mauhart konnte ihn nur schwer aufrichten.

Die Rückfahrt ins Hotel in den Vorort Nemi verzögerte sich, Linzmaier hatte mit der Dopingkontrolle so seine Probleme. Der Busfahrer musste eine wahre Irrfahrt unternehmen, um dem Jubel über Italiens Sieg auf Roms Straßen auszuweichen. Auf das Abendessen hatte 90 Minuten nach Mitternacht kaum noch einer Appetit. Die Kommentare in den Zeitungen am Tag danach fielen auch für die glimpflich davongekommenen Österreicher gut aus, sogar der kritische Max Merkel zeigte sich vom Kampfgeist angetan und prophezeite: »So gelingt der Aufstieg!« Beim 5:1 der ČSFR über die Amerikaner waren die Österreicher Augenzeugen im Stadion Communale von Florenz – ihre zweite Niederlage innerhalb von 24 Stunden. Denn der größte Rivale um Platz zwei hatte damit

Österreichische Fans auf dem Weg ins Stadio Communale von Florenz: 20.000 (unter 39.000 Zuschauern) hofften auf einen Sieg gegen die ČSFR. Vergeblich.

einen klaren Vorsprung in der Tordifferenz. Bis zum direkten Duell in Florenz blieben nur ganze vier Tage Zeit …

Der Tiroler Mittelfeldmotor Manfred Linzmaier sorgte für Aufregung, weil er wegen seiner beim 0:1 erlittenen Sprunggelenksverletzung nach München zum Bayern-Arzt fliegen wollte, um sich dort mit Injektionen behandeln zu lassen. Hans Müller-Wohlfahrt war aber auf Urlaub. Die Prognosen von Teamarzt Ossi Schwinger, dass Linzmaiers Verletzung während der WM nicht mehr auszukurieren sei, sollte sich leider bewahrheiten. Vier Umstellungen gab's gegenüber dem 0:1 gegen Italien. Diesmal begann Rodax statt Andi Ogris im Angriff neben Polster. Die Spieler erfuhren davon erst am Vormittag des Spieltags. Die Devise hieß: mit kontrolliertem Risiko auf Angriff spielen. Am Abend zuvor verlor die USA In Rom gegen Italien auch nur 0:1. Ein Punkt könnte beiden zum Aufstieg reichen. Also ein »neues Gijon« in Florenz?

Fünf Stunden vor dem Anpfiff schaute der Bundeskanzler vorbei, um alles Gute zu wünschen. Auf der Fahrt hinunter nach Florenz kam in Comeana, wo die Österreicher trainierten, sogar der Pfarrer aus der Kirche, um den Spielern zuzuwinken. Unter den 38.962 Zuschauern gut 20.000 Österreicher. Aber es lief wieder nicht. Zu wenig Bewegung, und dann auch noch das entscheidende Tor zum 0:1 nach 29 Minuten praktisch selbst erzielt: missglückter Rückpass von Toni Pfeffer zu Keeper Lindenberger, der foulte im Strafraum Chovanec, Bilek verwandelte den Elfmeter. Auch zwei Umstellungen zur Pause (Ogris kam als dritte Spitze) halfen nichts: nur eine Torchance, meist ungefährlich. Ein Fiasko, mit dem die Weltmeisterschaft eigentlich vorbei war. Auch der Präsident war maßlos enttäuscht: »Das muss man als Versagen bezeichnen. So verdienen wir das Achtelfinale nicht!«, ärgerte sich Beppo Mauhart. Kapitän Polster: »Wir haben alles falsch gemacht!«

Der Tag, an dem fast alles falsch gemacht wurde: Rodax blieb zu oft an Kocian (5) hängen. Der Elfer von Bilek, der Lindenberger keine Chance ließ, hätte nie zu Stande kommen dürfen. Die Spieler (von links: Zsak, Ernst Aigner und Pfeffer) und der Teamchef wussten nachher, was sie verbockt hatten.

Jetzt gab's nur noch eine Hoffnung auf das Achtelfinale: Sieg über die USA und Hoffen auf günstige Resultate in den anderen Gruppen, um zu den vier bestplatzierten Dritten zu gehören. Am Abend vor dem USA-Spiel besuchte Mauhart Hickersberger, ermunterte ihn, seinen Vertrag zu verlängern. Auch bei einer Niederlage gegen die Amerikaner. Aber Hickersberger sagte sich: Wie kann ich mit drei Niederlagen im Gepäck Teamchef blieben? Er ließ mit Ogris, Polster und Rodax drei Spitzen beginnen, um Entschlossenheit zu signalisieren. Dass Ogris und Rodax gegen die Variante Bedenken anmeldeten, konnte den Teamchef nicht umstimmen. Am Spieltag bekam er ein Telegramm des Bundeskanzlers: »Schwierig heißt nicht hoffnungslos, jedes Risiko ist auch eine Chance! Lasst den Kampf um jeden Ball zu einer Antwort an die Nörgler in schlechten Zeiten und die Anbiederer in guten werden!«

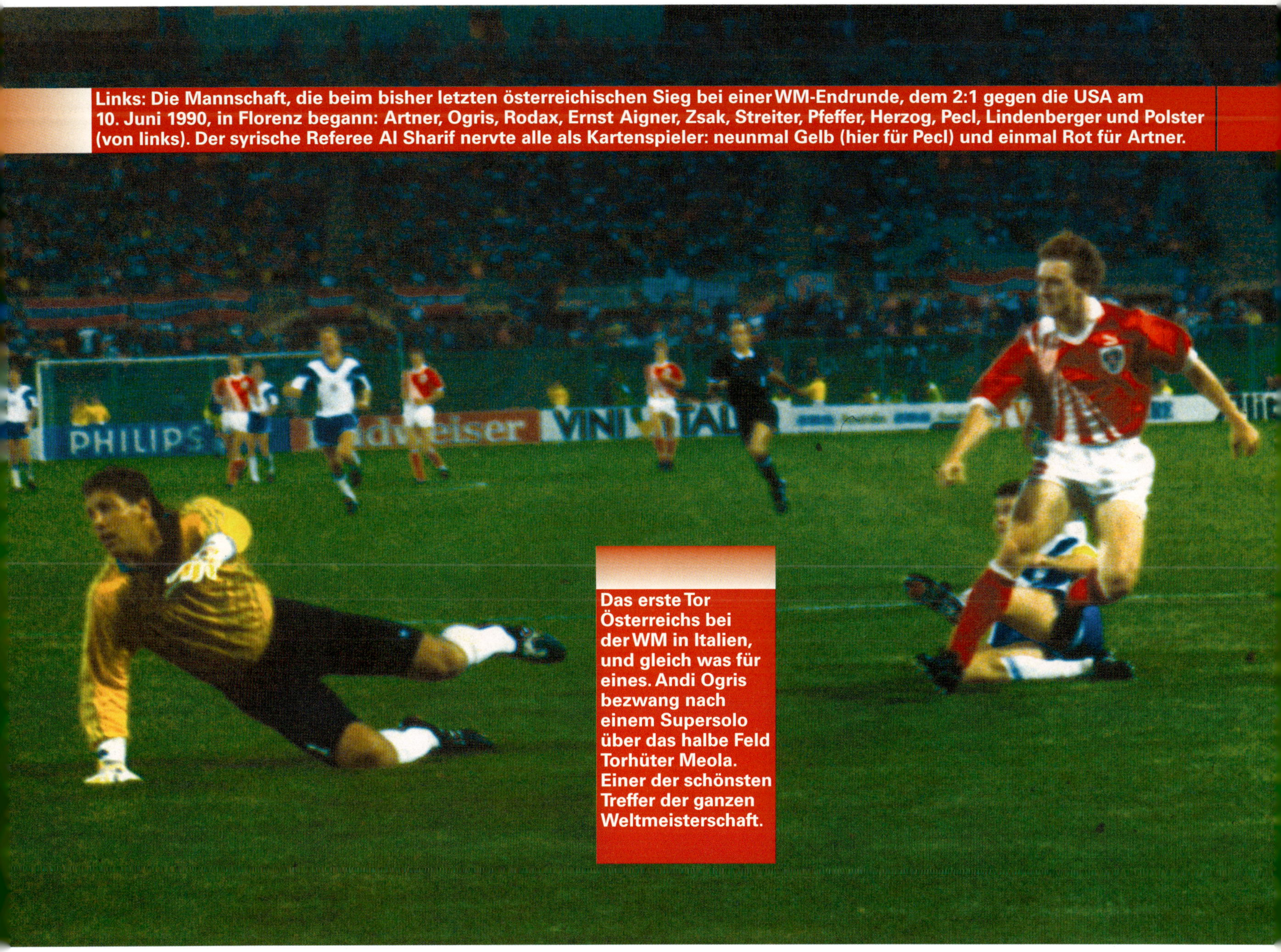

Links: Die Mannschaft, die beim bisher letzten österreichischen Sieg bei einer WM-Endrunde, dem 2:1 gegen die USA am 10. Juni 1990, in Florenz begann: Artner, Ogris, Rodax, Ernst Aigner, Zsak, Streiter, Pfeffer, Herzog, Pecl, Lindenberger und Polster (von links). Der syrische Referee Al Sharif nervte alle als Kartenspieler: neunmal Gelb (hier für Pecl) und einmal Rot für Artner.

Das erste Tor Österreichs bei der WM in Italien, und gleich was für eines. Andi Ogris bezwang nach einem Supersolo über das halbe Feld Torhüter Meola. Einer der schönsten Treffer der ganzen Weltmeisterschaft.

Der erste Schock traf alle im Bus bei der Fahrt nach Florenz: Da sahen die Spieler im Fernseher, wie Kolumbien gegen Deutschland in der 93. Minute ausglich und die Chance, einer der Drittplatzierten zu werden, die aufsteigen, schwand. Das Match zerstörte der syrische Schiedsrichter Al Sharif, der neunmal Gelb und einmal Rot zeigte. Rot für Artner nach 34 Minuten. Da opferte Hickersberger zur Pause eine Spitze (Polster, dem gar nichts gelang) für einen Mittelfeldspieler – mit zehn Mann gelangen die ersten rot-weiß-roten Tore bei der WM: Ein Supersolo von Andi Ogris, das zu einem der schönsten Tore des ganzen Turniers wurde, bedeutete das 1:0, Rodax traf nach Streiter-Vorarbeit zum 2:0, vergab das 3.0. Im Finish machte sich die numerische Schwächung bemerkbar, kamen die Amerikaner auf 2:1 heran. Das blieb bis heute Österreichs letzter Sieg bei einer WM-Endrunde. Und Hickersberger ist der Einzige, der mit Österreich sowohl als Spieler wie auch als Trainer ein WM-Spiel gewann.

Endlich getroffen. Gerhard Rodax (14), erleichtert nach seinem 2:0 gegen die USA. Aber reicht der Sieg zum Aufstieg? Die Mienen von Zsak, Hickersberger und Tormann-Trainer Friedl Koncilia verrieten schon auf dem Weg in die Kabine Skepsis.

»Gar nicht so weit von der Weltspitze entfernt. Aber die haben mit einem inneren Gamsbart gespielt, der bremste. Außerdem fehlte ein Führungsspieler. Vom Teamchef hab ich keinen Fehler gesehen!«

Ex-Teamchef Leopold Stastny als TV-Zuschauer über Österreichs Leistungen bei der WM 1990.

Würde das 2:1 reichen? Das wusste man erst zwei Tage später. In der Wartezeit rätselte Kapitän Polster über seine schwache Form: »Ich bin leer, total kaputt, kann nicht 150 Prozent bringen. Irgendetwas muss seit dem Holland-Spiel mit uns passiert sein!« Zuerst räumte Brasilien Schottland aus dem Weg, aber einen Tag später, am Donnerstag, den 21. Juni, kamen die Tiefschläge: Zuerst gelang Konkurrent Uruguay in der 93. Minute gegen Südkorea durch Fonseca das 1:0 aus Abseitsposition. Ein ORF-Team hatte knapp zuvor im TV-Zimmer der »Villa Austria« schon Kameras aufgebaut, Zusatzlampen aufgestellt, um den Jubel von Teamchef und Spielern über das 0:0 zu filmen. Hickersberger ahnte Böses: »Draht's das Licht ab!« Zuvor versuchte der Nichtraucher sich mit einer Zigarillo zu beruhigen. Nach Uruguays Tor nahm er einen letzten Zug, packte langsam seine Brille ein: »Das war's dann wohl!« Kurz darauf übte er auf der Wiese Golfschläge. Es bestand noch eine Chance: Holland

DER LETZTE ABEND

Mit den Werberechten gab's in Italien keine Probleme wie acht Jahre zuvor. Die erwarb der Grazer Werbeagenturbesitzer Hannes Kartnig (damals nur Fußballnarr und begeisterter Sturm-Fan, aber noch nicht Präsident) gemeinsam mit der Progress-Werbung. Beide Firmen hinterlegten je sechs Millionen Schilling Bankgarantie. Ludwig gefiel vor allem die positive Art Kartnigs, für den die Worte »geht nicht, kann man nicht« einfach nicht existierten. So entstand ein Meilenstein in der ÖFB-Vermarktung. Schon zum Vorbereitungsspiel nach Ägypten nahm Kartnig Pinnwände der Werbepartner mit, um die Teamspieler davor fotografieren zu lassen. Aber es mussten besondere Motive sein. Der Ausflug zu der 137 Meter hohen Cheops-Pyramide war die große Chance. Da ließ sich Kartnig weder vom orkanartigen Wind noch von allen Verboten hinsichtlich Aufstellen von Werbetafeln und Fotografieren vor den Pyramiden bremsen. Als die Aktion Polizisten auffiel, waren die Fotos bereits geschossen …

Für das WM-Lied »Insieme« engagierten der ÖFB und Kartnig Etta Scollo und Weltstar José Feliciano. Teamchef Josef Hickersberger »verkaufte« er exklusiv an die Ottakringer Brauerei. Im WM-Quartier in Artimino richtete Kartnig im altehrwürdigen Weinkeller ein Pressezentrum ein. Das Kongresszentrum der Villa Medicea La Ferdinanda verwandelte er in eine »Villa Austria«, in die Bundeskanzler Franz Vranitzky, Vizekanzler Josef Riegler, Unterrichtsministerin Hilde Havlicek oder auch Skistar Petra Kronberger auf Besuch kamen. Am Trainingsplatz in Comeana stellte er Werbetafeln auf. Auch das brachte Geld, führte aber dazu, dass die FIFA dies ab der nächsten WM untersagte. Am Ende waren alle Aktionen für alle trotz des sportlichen Misserfolgs ein finanzieller Erfolg. Der ÖFB kassierte 13,8 Millionen Schilling netto und Kartnig und die »Progress« bekamen die Provisionen, die ab zehn Millionen fällig waren. …

Am letzten Abend vor der Heimfahrt sorgte Kartnig noch dafür, dass die Enttäuschung vergessen wurde und etwas Stimmung aufkam. Zunächst stimmte er mit Andi Ogris die berühmten »Capri-Fischer« an, dann ließ er sich von Polster und Ogris über die angeblich mangelnde Qualität seiner Quattrophonie-Stereoanlage in seinem Mercedes so lang provozieren, bis er die herausnahm und zu den Klängen der Saragossa-Band (»Rasta Men«) auf volle Lautstärke aufdrehte. Da fuhren einige Funktionäre verschreckt in ihren Betten hoch, kamen im Pyjama aufgeschreckt in die Hotelhalle. Als Polster schließlich auf die Motorhaube des Mercedes sprang und mit der Radioantenne Boogie tanzte, traf Kartnig fast der Schlag …

Die WM-Werbeshow des Teams begann vor den Pyramiden in Kairo und endete in der Villa Austria oberhalb von Florenz. Der bärtige Werbezampano Hannes Kartnig neben seiner Erfindung, dem Teamchef als Pappkamerad für die Ottakringer Brauerei.

musste abends in Palermo gegen Irland gewinnen. Bis zur 69. Minute sah es danach aus, danach zerstörte Irlands Ausgleich Österreichs letzte Hoffnungen. Das 1:1 reichte beiden, nichts passierte mehr. Da fühlten sich die Österreicher in Artimino vor den TV-Schirmen so hilflos wie vier Jahre zuvor die Algerier in Gijon – am Ende nur fünftbester Dritter hinter Argentinien, Kolumbien, Holland und Uruguay. Hickersberger ging nach dem Schlusspfiff auf die Journalisten zu: »Wir können reden, es ist vorbei!«

Trotzdem meinte er auch heute noch im Rückblick, dass diese Weltmeisterschaft das bisher Größte war, was er im Fußball erlebt habe: »Alleine durch die Begeisterung der Tifosi, die Verantwortung, die ich trug, stellt das die Erlebnisse von Argentinien total in den Schatten!« Er glaubt, dass den Spielern die Erfahrung auf diesem Niveau fehlte: »Es gingen Routiniers ab, die sich nicht leicht kopfscheu machen ließen. Ich hab gegen die Tschecho-

DIE WATSCHEN

Die Blamage gegen die Färöer-Inseln hinterließ natürlich auch bei den Spielern Spuren. Speziell bei den jüngeren. Andi Herzog, damals 21, wäre am liebsten wochenlang nicht unter die Leute gegangen. Als er nach der Rückkehr erstmals zum Rapid-Training kam, gestand er Trainer Hans Krankl: »Ein Wahnsinn, dass wir so ein Match verlieren. Am liebsten würd ich jetzt aufhören!« Da geriet Krankl in Rage: »Was, aufhören willst du? Ich gib' dir gleich eine Watschen, wenn du so einen Blödsinn daherredst!« Und dann zog er Herzog zu sich und gab ihm wirklich eine Watschen – in Wahrheit nur eine Dachtel. Herzog verstand die Botschaft, redete erst wieder 12 Jahre später vom Aufhören. Nach seinem 100. Länderspiel als Krankl Teamchef war …

Bei der Rückkehr aus Italien wirkte Josef Hickersberger schon gefasst, aber das Ärgste sollte für ihn erst zweieinhalb Monate später passieren: die Jahrhundertblamage beim Start in die EM-Qualifikation gegen die Färöer-Inseln in Landskrona.
Das Programmheft zum Sieg der Inselkicker hat 14 Jahre später fast schon Liebhaberwert. Jens Martin Knudsen, der Torman mit der Pudelhaube, war für die österreichischen Millionenstürmer aus Spanien, Polster und Rodax, nicht zu bezwingen. Das ist noch heute unglaublich!

slowaken zu vorsichtig aufgestellt. Etwas mehr Risiko hätte uns gut getan!« Für ihn endete die Italien-WM in Mailand mit einem unangenehmen Erlebnis: Nach dem Viertelfinale zwischen Deutschland und Österreichs Bezwinger ČSFR fand er sein Auto erst wieder nach eineinhalb Stunden Fußmarsch rund um das Meazza-Stadion. Er hatte es neben einem Würstlstand geparkt, an dem er sich orientieren wollte. Aber es war ein fahrbarer Würstlstand, der nach dem Match schon weg war …

Was ihm zweieinhalb Monate später passierte, war aber noch viel unangenehmer. Die Enttäuschung der Spieler über das Ausscheiden bei der Weltmeisterschaft und die Reaktionen darauf in der Heimat wirkte noch weiter. Also kam es zum totalen Absturz. Start in der EM-Qualifikation gegen die Färöer-Inseln. Die daheim keinen geeigneten Rasenplatz hatten, daher ins schwedische Landskrona auswichen. auch UEFA-Präsidenten Lennart Johansson kam zum ersten Qualifikationsspiel der Amateure von den Schafinseln, die Hickersberger sogar zuvor bei der 0:6-Niederlage in einem Testspiel bei Dänemarks Spitzenklub Bröndby Kopenhagen beobachtet hatte. Was ihm dabei in nachhaltiger Erinnerung blieb: Der Tormann namens Jens Martin Knudsen spielte mit einer weißen Zipfelmütze. Also sagte er den Spielern sinngemäß Folgendes: Wenn ihr schlecht spielt, dann gewinnt ihr knapp, wenn ihr gut spielt, mit acht Toren Unterschied. Es sollte aber am 12. September 1990 zur Blamage kommen, die Österreich zur Lachnummer Europas, wie die internationalen Medien danach spotteten, machte …

Hickersberger verwarf den Gedanken, die WM-Besetzung aufzubieten, ihr die Chance zur Rehabilitation zu geben, experimentierte lieber. Nominierte zwei Debütanten vom Happel-Klub FC Tirol (Hartmann, Peischl), setzte auf

die Spanien-Legionäre Rodax und Polster im Angriff. Es wurde ein Match, das man bei so vielen Chancen und so viel Ballbesitz einfach nicht verlieren durfte. Es fehlte an der nötigen Konsequenz, so dass Hickersberger in der Halbzeit warnte: »Wenn ihr so weitermacht und wir kassieren vielleicht das erste Tor, dann wird das ganz schwer!« Es ging so weiter und in der 67. Minute führten die Färöer-Kicker. Und bald war Hickersberger klar: Wir können noch drei Stunden spielen und werden den Pudelhauben-Tormann nicht bezwingen. Endstand 1:0 für die Färöer-Inseln. Alles, was mühsam aufgebaut war, damit vernichtet.

Alles verloren, für Hickersberger war klar, dass er nach diesem Match keinen Spieler als Sündenbock eliminieren konnte, sondern er die Konsequenzen ziehen musste, er sich nicht vom Rücktritt abbringen lassen werde. Präsident Mauhart war an diesem Tag bei einer »Zigarrentaufe« beruflich in Venedig. Er bat Generalsekretär Ludwig, der in Wien geblieben war, ihn abends mit dem Resultat anzurufen. Ludwig rief unter Schock an: »Herr Mauhart, 1:0!« Die Antwort des Präsidenten: »Das ist aber nicht viel!« Darauf Ludwig: »Herr Mauhart, es heißt Färöer-

»Ja seid's ihr schon ganz deppert? Wir sollen gedopt gewesen sein? Wir haben doch gerade gegen die Färöer-Inseln verloren!«

Peter Pacult und Andi Herzog nach dem 0:1 in Landskrona zu den Offiziellen bei der Doping-Kontrolle.

»Das war so, wie wenn die Reichsbrücke einstürzt. Da muss einer die Verantwortung übernehmen!«

Josef Hickersberger über seinen Rücktritt nach dem 0:1 gegen die Färöer-Inseln.

»Wenn einer in Österreich ein zweites Mal Teamchef werden soll, dann sicher nicht ich, sondern Herbert Prohaska.«

Josef Hickersberger

Tore gegen den Pudelhauben-Tormann gelangen Österreich erst beim 3:0-Heimsieg in Salzburg. Aber da war Hickersberger schon nicht mehr Teamchef, sondern bereits Trainer in Düsseldorf.

Inseln gegen Österreich!« Da fiel dem entsetzten Mauhart nur der Satz ein: »Das ist ja nicht wahr!« Als Mauhart noch erfuhr, dass die ersten Hickersberger-Interviews auf seinen Rücktritt schließen ließen, ordnete er an: »Fahren Sie bitte hinaus auf den Flugplatz, reden Sie mit Hickersberger. Er soll durchhalten, wir tauschen die ganze Mannschaft aus! Ich bin in der Früh wieder in Wien, verschieben Sie die Team-Pressekonferenz um eine Stunde, ich muss vorher mit Hickersberger reden!«

Das Team landete erst nach zwei Uhr früh. Ludwig fuhr mit Hickersberger von Schwechat nach Döbling, redete fast eine Stunde auf ihn ein. Aber für Hickersberger gab es kein Zurück: »Gigi, das ist ein Resultat, nach dem ich diesen Schritt setzen muss!« Das Färöer-Syndrom verfolgte ihn anfangs, als er in der deutschen Bundesliga bei Fortuna Düsseldorf arbeitete. Und noch jahrelang in Österreich. Und noch heute glaubt Hickersberger, dass er wegen Landskrona nicht ein zweites Mal Teamchef in Österreich werden kann …

Mauhart präsentierte rasch den Hickersberger-Nachfolger: Alfred Riedl, im Frühjahr noch erfolgreicher Sportklub-Trainer, nach der WM Unter-21-Teamchef und Assistent Hickersbergers, zu aktiven Zeiten jahrelang Legionär in Belgien, darunter bei Standard Lüttich unter Ernst Happel. Mauhart weiß heute: »Es war keine wohlvorbereitete Entscheidung. Der Hickersberger-Rücktritt hat mich überrascht, ich hatte keinen Kandidaten in der

Kein langes Leben als Teamchef: Nach einem Jahr warf Alfred Riedl (links) das Handtuch, Assistent Didi Constantini wurde Nachfolger. Aber nur für die letzten zwei Spiele der total verpatzten EM-Qualifikation.

»Der glaubt ja, der Paprika ist ein ungarischer Teamspieler!«

Toni Polster nach dem Krach mit Teamchef Alfred Riedl

Tischlade!« Und mit der schnellen Entscheidung wollte er dem möglichen Druck und Ruf der Öffentlichkeit für einen anderen Kandidaten zuvorkommen. Etwa wieder nach dem inzwischen bei Salzburg engagierten Otto Baric.

Aber Riedl hatte von Beginn an keine Chance. Er kam weder bei den Medien noch bei den Fans an, experimentierte viel, gewann wenig, in der EM-Qualifikation nur in Salzburg gegen die Färöer-Inseln, als es doch gelang, Zipfelmützen-Tormann Knudsen zu bezwingen. Nach einem 0:6 am 1. Mai 1991 in Stockholm gegen Schweden, als die Teamspieler am Tag der Arbeit die Arbeit verweigerten, gab es viele Diskussionen, ob Riedl noch zu halten sei. Er zerkrachte sich danach mit Toni Polster. Daher war Andi Herzog am 5. Juni beim 1:2 in Dänemark erstmals Teamkapitän – auf Dauer hatte Riedl weder das Format noch die Nerven, das alles trotz Rückendeckung des Präsidenten durchzustehen. Als am 9. Oktober das Heimspiel gegen Dänemark (ein Jahr später Europameister) vor nur 10.500 Zuschauern sang- und klanglos 0:3 verloren ging, warf Riedl das Handtuch. »So schlecht wie er am Ende ausgesehen hat, war er aber nicht«, behauptete Mauhart noch elf Jahre später, als er den in Vietnam als Teamchef engagierten Riedl anlässlich eines Urlaubs in Hanoi besuchte. Nach Riedls Abgang betraute Mauhart wieder den Teamchefassistenten mit dem Job – diesmal Didi Constantini, allerdings nur interimistisch, für die letzten zwei Spiele in Nordirland und gegen Jugoslawien. Constantini bekannte nach einem 1:2 und 0:2 leicht resignierend: »Besser sind wir nicht!« Es musste dringend etwas geschehen …

TELE
KOM
AUS
TRIA
11887
Immer die richtige Auskunft.

1992

Alle standen im Banne des Trainerstars. Hier blickt der damalige ÖFB-Pressechef Heinz Palme fast ehrfürchtig auf Ernst Happel.

»Wirst sehen, da wird was draus!«

Wie Ernst **Happel** elf Monate lang eine Revolution machte

Schon während seiner Tirol-Ära bekam Ernst Happel am 4. Dezember 1990 von Bundeskanzler Franz Vranitzky das Silberne Ehrenzeichen der Republik überreicht. Happel hatte immer Sympathien für Vranitzky. Der Kanzler war ja auch Präsident des Klubs der Freunde der Nationalmannschaft.

Mauhart war klar, dass nach dem total enttäuschenden Jahr der Teamchef etwas Besonderes darstellen musste. Eine unantastbare Persönlichkeit, die in der schwierigen Situation auf Anhieb für bessere Stimmung und Optimismus sorgen kann. Kolportiert wurden viele Namen: wieder Otto Baric, dann Hans Krankl, auch Constantini, Kurt Jara, Horst Köppel, Assistent von Franz Beckenbauer, als der deutscher Teamchef war. Aber Mauhart hatte sich von Anfang an dafür entschieden, dass man noch einmal versuchen sollte, Ernst Happel zu bekommen. Obwohl der zu dem Thema den Satz »Ich bin Patriot, aber kein Idiot!« geprägt hatte und dessen angegriffene Gesundheit kein Geheimnis mehr war. Also bat Mauhart bei Swarovski-Boss Gernot Langes um die Erlaubnis, mit Happel Gespräche zu führen. Langes war bereit, nach fünf Jahren beim FC Tirol Happel nichts in den Weg zu legen, sollte der den Wunsch nach Veränderung haben.

Das erste Gespräch fand streng geheim im Wiener Tabakmuseum statt. Happel ließ sich von seinem besten Kartenfreund, Johann »Wurmerl« Brunnbauer, direkt aus seinem Ottakringer Stammcafé, dem »Ritter«, dorthin chauffieren. Da signalisierte Happel eine gewisse Bereitschaft, den Job zu übernehmen. Die zweite Unterredung mit Mauhart und Generalsekretär Ludwig im Besprechungszimmer der ÖFB-Räumlichkeiten im Praterstadion dauerte schon drei Stunden. Irgendwie ließ Happel aber immer wieder durchklingen, dass sicher nicht zu realisieren sein werde, was er sich da punkto Arbeit mit dem Team vorstelle: mehr Termine, mehr Zeit für die Vorbereitung, Wintertrainingslager, etc. Da widersprach ihm Ludwig: »Wenn ich den Präsidenten richtig verstehe, dann ist das für uns kein Problem. Können Sie uns Ihre unverrückbaren Eckdaten sagen?« Happel tat's, hörte von Mauhart als Antwort: »Herr Happel, Sie können schon morgen anfangen!« Happel blickte hoch, stellte fest: »Na gut, dann mach ma halt a Revolution!« Stand auf und ging zur Toilette.

Bis dahin war noch kein Wort über Geld gesprochen worden. Als er wieder zurück ins Zimmer kam, sagte er nur kurz: »Aber das geht erst im Jänner. Ich muss noch kurz einmal nach Innsbruck ins Spital!« Die Bedingung,

Feuer für den Präsidenten bei der überraschenden Happel-Präsentation als Teamchef am 20. Dezember 1991 im Wiener Tabakmuseum. Mauhart präsentierte Happel als sein »Christkindl« für die Fans, die vor der WM-Qualifikation von Happel genau das hörten, was sie hören wollten: »Dann wer ma uns halt qualifizieren.«

sein Engagement als Teamchef dürfe bis zur Pressekonferenz auf keinen Fall bekannt werden, sonst ziehe er seine Zusage sofort zurück, denn Gernot Langes müsse seine Entscheidung nur von ihm erfahren, nicht aus den Medien, konnte erfüllt werden, so sehr die Journalisten auch recherchierten. Am Abend vor der Pressekonferenz rief der »Kurier«, der eher wegen Mauharts guten Kontakten zu Beckenbauer auf Köppel tippte, daheim bei Ludwig an und wollte ihn sprechen. Seine Frau Monika antwortete wahrheitsgetreu: »Er ist im Hotel Europa bei einem Abendessen!« Dort, am Neuen Markt, war die Weihnachtsfeier der früheren Wiener Schiedsrichter. Aber das war ja nicht bekannt. Daher »Kurier«-Anruf im Hotel Europa: »Wohnt bei Ihnen ein Herr Köppel aus Deutschland?« Und tatsächlich wohnte ein Herr Köppel dort – eine zufällige Namensgleichheit, wie sich erst später herausstellen sollte. Aber so fuhr ein ganzes »Kurier«-Team samt Fotografen in die Stadt zum »Europa« und suchte Ludwig – der saß unterdessen an einem Tisch mit dem ehemaligen Wiener Verbandspräsidenten Othmar Luczensky und dem früheren FIFA-Referee Dimitri Wlachojanis. Am nächsten Tag war Happel-Präsentation im Tabakmuseum – Mauharts »Christkindl« am 20. Dezember ...

Das Thema Geld, das Mauhart nach Happels Zusage doch besprechen musste, war rasch erledigt. Happel nannte eine Summe, die er brutto verdienen wollte. Prämien lehnte er ab: »Nur wenn wir die WM-Qualifikation schaffen! Ich bin kein Teamchef, der auf Resultate und Statistiken spielt!« Happels Gagenwünsche waren für ÖFB-Verhältnisse zwar hoch gegriffen, aber Mauhart sagte sofort zu. Er finanzierte seinen bisher profiliertesten Teamchef erstmals auch über einen Extra-Sponsor. Happels blaue Kappe mit der Aufschrift »Funkberater« wurde zu einem seiner Markenzeichen. Seinen engsten Freunden gestand Happel: »Sie haben mich rumgekriegt!«

Das Los zur WM-Qualifikation war sicher keines, das zuversichtlich stimmte – Frankreich, Schweden, Bulgarien und Finnland. Doch Happel meinte in seiner Einstandspressekonferenz ganz ruhig, fast lakonisch: »Na, dann wer ma uns halt qualifiziern!« Und unberechenbar, wie er war, fügte er hinzu: »Das Problem heißt Finnland,

PROBIEREN

Ernst Happel vereinbarte mit ÖFB-Pressechef Heinz Palme genaue Umgangsformen für die Medien. Daran musste sich jeder Journalist halten. Unter anderem war verboten, Spieler gleich nach dem Training zu interviewen, noch bevor sie in der Kabine waren. Erst nach dem Duschen durften sie befragt werden. Ebenso verhielt es sich nach dem Match: Zuerst duschen und »abkühlen«, dann reden. Und wenn sich wer nicht daran hielt, dann konnte Happel laut und ungemütlich werden.

In Salzburg stauchte er den ORF-Reporter Hans Peter Stauber fürchterlich zusammen, weil der drei Tage vor dem Polen-Match Interviews gleich nach dem Training in der Mittagshitze riskierte: »Was ist da, Sie Ministrant? Es gibt fixe Vereinbarungen mit dem ORF. Hat man Ihnen die nicht mitgeteilt?« Stauber versuchte Happel alles zu erklären: »Die Spieler sind da herumgestanden, da dachte ich mir, Herr Happel, ich probier's gleich!« Mehr musste er nicht sagen – Happel explodierte: »Probieren, probieren, probieren? Wissen'S, wer's probiert? Probieren tan die Hund auf der Straßen!« Und mit der lautstarken Belehrung hatte es sich auch.

Auch in Linz fuhr Happel einmal fürchterlich dazwischen. Sogar der starke Belga-Raucher Happel war fassungslos, als nach dem Training Hörfunkreporter Manfred Payrhuber mit rauchender Zigarette in der Spielerkabine stand. Zigarettenqualm in der Kabine – etwas Schlimmeres konnte es nicht geben. Er warf den ORF-Reporter hochkantig aus der Kabine, war so erbost, dass er einen Interviewboykott für den Hörfunk verhängte. Payrhuber kam am Spieltag, knapp vor der Abfahrt zum Match, extra noch ins Hotel: Entschuldigung bei Happel, Shakehands – alles wieder vergessen. Vom Teamchef Happel bekamen die österreichischen Medienvertreter jedoch nie den Satz zu hören, mit dem Happel als Trainer des Hamburger SV deutschen Sensationsjournalisten mitunter seine Verachtung ausdrückte: »Haut's euch in Schnee!« Mitunter sogar im Hochsommer…

weil alle die Finnen unterschätzen werden.« Auch die Sorge, dass Happel jahrelang bei »adidas« unter Vertrag stand, das Team aber exklusiv Produkte des Konkurrenten »Puma« propagierte, war für Happel keine. Er stieg einfach um. Die einzige Bedingung: Friedl Koncilia, inzwischen PR-Mann bei Puma, musste ihm alle Produkte, praktisch die ganze Kollektion, zeigen, die »Ware« für sich suchte der Teamchef aber selbst aus …

Es ergab sich zufällig, dass Mauhart und Ludwig Weihnachten und Neujahr in Kitzbühel verbrachten. Da überraschte der Präsident seinen Generalsekretär mit der Mitteilung: »Auch wenn es der Silvestertag ist, wir müssen zu Happel in die Klinik!« Also fuhren sie mit dem Zug von Kitzbühel nach Innsbruck. Als sie in der Universitätsklinik zu Happel ins Zimmer kamen, saß der im Pyjama auf seinem Bett: »Das wird ein bisserl länger dauern. Ich kann nicht zur Terminkonferenz, aber das macht nichts. Lassen Sie sich bitte vom Doktor erklären, was da los ist!« Bisher hatte Happel die Frage, ob er an Krebs erkrankt sei, stets offiziell verneint, nur von einem Virus gesprochen, den er sich während eines Urlaubs auf den Bahamas eingefangen habe. Die Erklärung der Ärzte hieß jetzt aber Krebs, allerdings zugleich auch: »Theoretisch wird er 100 Jahre alt. Vor allem, wenn man bedenkt, was er bisher alles schon überstanden hat!« Nach dem Gespräch war Mauhart überzeugt, dass Happel die gesamte Qualifikation zur Verfügung stehen und sein letztes großes Ziel, die WM 1994 in den Vereinigten Staaten schaffen würde.

Für die Terminkonferenz instruierte Happel Didi Constantini, den er als Assistenten übernahm: »Später Beginn erst im Herbst, weil wir eine lange Vorbereitung brauchen. Zuerst gegen die Franzosen auswärts, die Entscheidungsspiele ganz spät zu Hause. Und gegen die Schweden am besten in den Wochen rund um die Europacupendspiele. Weil die so viele Legionäre bei ausländischen Spitzenklubs haben, mit denen haben sie dann Schwierigkeiten!« Fast alle Pläne gingen auf. Als Happel Mitte Jänner in einer eigentlich unglaublich guten Verfassung zu arbeiten begann, ging ein Ruck durch den ganzen Fußball. Die Spieler merkten schon beim ersten Kennenlernen, dass ihm Disziplin und Pünktlichkeit über alles gingen. Beim Essen nicht mehr verschiedene Tische, alle mussten an

Am 25. März 1992 saß Happel im Budapester Nep-Stadion erstmals neben Assistent Didi Constantini als Teamchef auf der Bank. Aus einem 1:0 gegen Ungarn wurde noch ein 1:2, aber das irritierte Happel nicht.

einer Tafel sitzen. Während des Essens durfte keiner zum Telefon gehen. Wer zur Abfahrt des Autobusses zu spät kam, war selbst schuld. Gewartet wird nicht, der »Sünder« musste auf eigene Kosten mit dem Taxi nachfahren. Frag nach bei Michael Konsel oder Peter Artner …

Happel betrachtete den Teamchefjob in der Heimat als krönenden Abschluss und Höhepunkt seiner Karriere: »Für ihn war immer klar, dass er danach keinen Job mehr antritt«, erinnerte sich Mauhart. Die Spieler mussten eine merkbar höhere Trainingsintensität als bisher in den Tagen vor den Länderspielen verkraften. Auch das Abschlusstraining bedeutete volles Programm. Happel kannte kein Pardon, ließ auch bei Temperaturen über dreißig Grad in Trainingsanzügen üben. Die Bitten, ob man Leiberl und kurze Hosen tragen durfte, ignorierte er. Ebenso wenig kümmerte es ihn, dass einige anfangs schwere Beine hatten. Andi Herzog: »So ein hartes, fast brutales Programm habe ich erst Jahre später wieder unter Felix Magath bei Werder Bremen kennen gelernt.« Der wurde deshalb sogar »Quälix« genannt. Aber Magath war ja einer der Eckpfeiler von Happels Erfolgstruppe beim Hamburger SV gewesen.

Salzburg-Stürmer Herfried Sabitzer behauptete sogar, dass er bei seinem Debüt unter Happel in drei Tagen Vorbereitung vier Kilo abgenommen habe. Aber der Teamchef zog seine Linie durch. Als er Andi Herzog vor dem ersten Match seiner Ära in Budapest gegen Ungarn aufstellte, kam Herzog zu ihm: »Trainer, bitte, ich wurde im Winter mit einem Bänderriss im Knie operiert. Mir fehlen noch Spielpraxis und Form!« Happels Antwort: »Das weiß ich eh, du Zauberer. Ich möcht nur sehen, ob du dich quälen kannst!« Zauberer sagte Happel zu vielen – kein Grund zur Besorgnis. Zauberer drückte eine Art von Wertschätzung aus. Wenn Happel aber einen als »Ministranten« anredete, war es schon viel gefährlicher …

Herzog spielte, von Happels Ex-Klub FC Tirol übrigens nur Linksverteidiger Hartmann. Österreich führte zur Pause im Nep-Stadion durch ein Tor des von Happel wieder zurückgeholten Toni Polster, spielte viel besser als im Jahr vorher – nach einer Stunde war bei Herzog total die Kraft weg. Happel merkte das, tauschte ihn aber erst mehr

Erster Sieg unter Happel bei der Heimpremiere gegen Litauen. Beim 4:0 erzielte auch Toni Polster einen Treffer. Und die Fans entrollten bereits nach Happels zweitem Spiel ein Transparent. »Happel, wir danken dir!«

als zehn Minuten später aus. Als die Ungarn schon 2:1 führten. Happel hatte das gesehen, was er wollte, nahm die Niederlage nicht tragisch: »Wir haben noch genug Vorbereitungsspiele. Nicht der Anfang ist wichtig, sondern das Ende der WM-Qualifikation!« Sein Auftrag hieß immer gleich: »Spielt selbstbewusst, traut euch etwas, habt vor keinem Angst!«

Für das Match in Budapest brauchte Happel aus einem anderen Grund viel, viel Kraft: Knapp zuvor hatte er mit Austria-Chef Joschi Walter und »Wurmerl« Brunnbauer zwei gute Freunde verloren. Letzterer fiel während einer Kartenpartie im »Ritter« tot vom Sessel. Da begann sogar Happel kurz zu resignieren, gestand seiner Freundin Veronika: »Eigentlich will ich nimmer!« Aber er raffte sich doch auf. Zur Heimpremiere, dem 4:0 gegen Litauen, hingen bereits Transparente im Praterstadion: »Happel, wir danken dir!« Zum 1:1 gegen Wales kam er erstmals erst zwei Minuten nach dem Anpfiff zur Bank. Begründung: »Mei Matratzn am Kopf muss erst wieder nachwachsen!« Durch die Chemotherapie waren ihm die Haare ausgefallen. Und daher wollte er bei der Nationalhymne nicht die Kappe abnehmen und so ins Fernsehbild kommen. Happel, der Taktiker ...

Das 1:1 gegen Wales war das bisher beste Match unter seiner Leitung. Am wohlsten fühlte er sich aber rund um das 2:4 gegen Polen in Salzburg am 19. Mai. Die Salzburger Luft tat ihm gut, er hatte wieder Appetit. An seinem Lieblingsplatz, dem Bluntautal bei Hallein, ließ er die Mannschaft joggen. Die Haussulz im Gasthaus mit Blick auf die Berge taugte ihm sehr. Die Niederlage schon weniger, auch wenn die Experimente mit jungen Spielern eher positiv als negativ ausfielen. Das letzte Match vor der Sommerpause bedeutete ihm dann besonders viel: Gegen »seine« Holländer in Sittard. Für den Europameister war es die Generalprobe für die Titelverteidigung, die scheitern sollte. In Holland hatte er noch viele Freunde, sie und ehemalige Spieler von ihm waren gekommen. Wie die früheren Feyenoord-Stars Wim van Hanegem oder Wim Jansen, der Sportagenturbesitzer Martin de Vos. Für die holländischen Zeitungen sprach Happel holländisch. Etwa über van Hanegem: »Der pure slime Jong!«

STIEGE
13
HAPPEL, WIR
DANKEN DIR

NUR NICHT VERSTECKEN

Das war ein Leitsatz Happels bei allen taktischen Besprechungen. Aber beim 0:2 von Paris ging auch das schief. Polster bekam es als vorderste Spitze zunächst mit dem unerbittlichen Marseille-Nahkämpfer Boli zu tun, Andi Herzog als »hängender Stürmer« mit Desailly. Als gar nichts nach vorne ging, sagte Polster nach zwanzig Minuten: »Komm, Herzerl, wechseln wir. Geh du zum Boli, ich zu Desailly, vielleicht geht's so besser!« Nichts wurde dadurch besser. Aber so bekam es Herzog mit dem brutalsten Gegenspieler seiner ganzen Karriere zu tun. Nachher zählte er in der Kabine acht zum Teil blutende Risswunden und Kratzspuren, die er Boli zu verdanken hatte. Am nächsten Tag nach der Rückkehr zu Werder Bremen ging Herzog nur zum Ausschwitzen in die Sauna statt auszulaufen. Da musste er sich von seinem väterlichen Trainer Otto Rehhagel noch anhören: »Andreas, Sie gehen nur in die Sauna? Ich hätte Ihnen den Boli reinsetzen sollen, dann wären Sie freiwillig auslaufen gegangen!« ...

Vier Tage nach Happels Tod versteckte sich Polster nicht, als es in Nürnberg gegen Deutschlands Eisenfuß Jürgen Kohler ging. Nach einem Gerangel der beiden lieferten sie sich noch ein herrliches Wortduell, das Polster so begann: »Herst, du bist ein schöner Trottel, du bist ja deppat, ich geb dir gleich eine mit!« Kohlers Antwort: »Ja wat denn? Großspurig reden, aber nichts dahinter!« Darauf Polster: »Wirst schon sehen, du bist ja a Trottel, ich brech dir glei des Nasenbein!« Kohler blieb ungerührt: »Das hat noch keiner geschafft!« Polster ließ nicht locker: »Wirst schon sehen, ich brech dir glei des Nasenbein!« Erst als Kohler meinte: »Mein Nasenbein ist aus Eisen, da musst du aber fest schlagen«, sagte Toni nichts mehr ...

Österreich verlor nur 2:3. Happels Fazit: »Wir haben uns gut verkauft!« Er tauschte seinen früheren Tirol-Schützling Mario Posch zu Beginn der zweiten Hälfte ein, zwanzig Minuten später wieder aus. Die Höchststrafe ...

Happel fuhr mit Constantini zur Europameisterschaft, um die Qualifikationsgegner Schweden und Frankreich zu beobachten. Gleich im direkten Duell zur Eröffnung im Rasunda-Stadion von Stockholm. Als er tags darauf gefragt wurde, welche Rückschlüsse er aus dem 1:1 auf den Start in die Qualifikation gegen Frankreich im Oktober ziehe, platzte es aus Happel heraus: »Weiß ich, was die Zukunft bringt? Vielleicht lieg ich in drei Monaten auf dem Hernalser Friedhof!« Der Schweden-Trip endete mit einem Misston. Happel sah sich in Norrköping auch das 1:1 zwischen Deutschland und Russland an, wobei die Deutschen erst in letzter Minute durch ein Freistoßtor ausglichen. Und hörte nachher, wie sich der deutsche Bundestrainer Berti Vogts für die enttäuschende Leistung rechtfertigte: »Wir haben ja nicht gegen die Türkei oder Österreich gespielt!« Das verärgerte Happel maßlos: »Hat diese Figur schon vergessen, was er für ein Fußballer war? Ein Fox-Terrier. Meine Antwort bekommt er in Nürnberg!« Im November bei Deutschland – Österreich ...

Über den Sommer bekam der Betreuerstab um Happel Verstärkung: Mauhart machte Herbert Prohaska zum Unter-21-Teamchef, als der nach dem Doublegewinn von den internen Querelen bei Austria genug hatte. Was Happel freute („Er kommt aus dem Praktischen und hat internationale Erfahrung«). Bis zum Start in Paris standen noch zwei Tests auf dem Programm – gegen die ČSFR in Pressburg und Portugal in Linz.

Die Hitze Mitte August in Pressburg setzte Happel (auch weil er zu wenig Flüssigkeit zu sich nahm) derart zu, dass sein Kreislauf beinahe kollabierte und Teamarzt Ernst Schopp sich mit Happels Ärzten in der Innsbrucker Universitätsklinik in Verbindung setzte, welche Infusionen man im Notfall verwenden sollte. Beim 2:2 konterte Happels Truppe phasenweise so perfekt, wie er sich das vorstellte, führte schon 2:0, kassierte erst in der 93. Minute den Ausgleich. Auch beim 1:1 gegen Portugal in Linz überzeugten einige Phasen. Happel gefiel's auch

Links: Happel mit Bremens Startrainer Otto Rehhagel im Mai 1992 beim Wiener Derby, als Rehhagel Herzog von Rapid nach Bremen lotste.

In der Hitze von Pressburg vor dem 2:2 gegen die ČSSR im August kollabierte fast Happels Kreislauf. Teamarzt Ernst Schopp nahm besorgt zur Vorsicht schon Kontakt zu Happels Innsbrucker Ärzten auf.

Nur mehr Haut und Knochen, bereits vom Tod gezeichnet, mit zwei dicken Jacken gegen die Kälte geschützt: Ernst Happel bei seinem letzten Match gegen Israel, das ihm wichtiger als jede Therapie war. Auch die Spieler wussten, was sie ihrem Trainer schuldig waren. So wurde es ein 5:2, mit dem der zweifache Torschütze Herzog und Kapitän Andi Ogris zufrieden sein durften.

aus einem anderen Grund in Linz: Zum Hotel Schillerpark, wo das Team abstieg, gehörte auch ein Casino: »Da kann ich ja im Trainingsanzug und mit Schlapfen hingehen!« Einem Happel wurde der Eintritt auch so gestattet ...

Und dann der Start in Paris. Andi Herzogs Erinnerung: »Man hat schon bemerkt, dass es ihm nicht gut ging, wie bei ihm die Kraft nachließ. Aber sein Leben war Fußball. Und der machte bei ihm noch immer Energien frei, die er sonst gar nicht mehr gehabt hätte.« Schopp legte ihm nahe, nicht zum Training auf den Platz zu gehen, wenn in Wr. Neudorf der Wind zu stark und kalt blies. Da leiteten die Assistenten Constantini und Rudi Szanwald Happels Programm. In Paris war dem schon auf Haut und Knochen abgemagerten Happel beim Training am Montagabend so kalt, dass er vorzeitig in die Kabine ging und das nächste am Dienstagvormittag absagte. Im Prinzenparkstadion gab es nichts, was Happel erwärmen hätte können: nicht den Funken einer Chance gegen die Stars Papin und Cantona, kein einziger gefährlicher Torschuss, erster Eckball für Österreich erst fünf Minuten vor Schluss. Da war der Teamchef, dem man nichts vormachen konnte, schwer getroffen: »So etwas von offensiv inferior hab ich noch nie erlebt. Noch nie zuvor hat eine Mannschaft von mir keine einzige Chance herausgespielt.«

Mauhart ist überzeugt, dass bei der Enttäuschung von Paris irgendetwas mit Happel passierte. Ein gesundheitlicher Rückschlag folgte, Happel verschob die nächste Therapie in Innsbruck: »Weil wir Israel schlagen müssen, sonst sind wir schon weg!« Schon zwei Tage nach Paris kündigte er Risiko total (das nannte er »dann spiel'n ma Hollywood«) an: »Wir müssen nicht aufs Feld laufen, sondern aufs Feld springen!« Es ging Happel schlecht, er hatte immer mehr Probleme beim Schlucken, hörte nach Paris auf, seinen Mercedes selbst zu fahren. Später stellten die Ärzte in Innsbruck fest, dass Happel in den Tagen nach Paris einen Lungeninfarkt erlitten hatte. Dadurch explodierte das abgekapselte Karzinom ...

Aber er kämpfte mit eisernem Willen um jeden Tag, Pressechef Heinz Palme befahl er, die Pressetermine auf das Nötigste zu reduzieren. Bei der letzten Pressekonferenz vor dem Spiel waren auch israelische Journalisten

Aber drei Wochen später, beim nächsten Match gegen Deutschland, war Happel bereits tot. Und zur Erinnerung legten Didi Constantini und Tormanntrainer Rudolf Szanwald Happels Kappe auf die Betreuerbank.

dabei. Als zwei von ihnen in den hinteren Reihen miteinander redeten, während Happel vorne Fragen beantwortete, raffte er nochmals verärgert alle noch vorhandene Kraft zusammen und befahl ihnen resolut: »Ruhe doda! Wir sind ja nicht am jüdischen Markt!« Palme wäre vor Schreck fast vom Sessel gefallen …

Die Spieler sahen, wie es um Happel stand. Sie rannten an diesem 28. Oktober (auf den Tag genau 36 Jahre, nachdem Happel für Rapid drei Tore im Europacup gegen Real Madrid erzielt hatte) auch für ihn, um ihm nochmals eine Freude zu bereiten. Endstand 5:2 (2:0) für Österreich mit einem großartigen Herzog, der in den letzten drei Minuten vor der Pause die ersten zwei Tore erzielte. Als Happel zur Pressekonferenz kam, die seine letzte sein sollte, brandete Beifall auf: »Es ist eine Verpflichtung gewesen. Die Mannschaft hat sich, was mich überrascht, nach der Pause gesteigert. Wir haben uns rehabilitiert, ich bin zufrieden!« Seine Augen leuchteten dabei noch – zwei Tage später fuhr er nach Innsbruck zur Therapie. Aber kein Wort davon, dass er beim Prestigeduell gegen Deutschland fehlen könnte. Auf den 18. November in Nürnberg freute er sich, den Kader wollte er telefonisch mit Constantini abklären, fünf Tage vor dem Match wieder in Wien sein …

Aber in der Woche davor meldet sich Freundin Veronika: »Es schaut nicht gut aus, ihr solltet nach Innsbruck kommen!« Constantini war seit dem Israel-Match bereits zweimal bei ihm gewesen. Als am 10. November Constantini, Ludwig und Palme Happels Zimmer in der Uni-Klinik betraten, wäre Ludwig beim Anblick Happels vor Schreck fast umgefallen. Der da mit geschlossenen Augen regungslos im Bett lag, das war nicht der Happel, den er noch nach dem 5:2 gesehen hatte, sondern eine zum Skelett abgemagerte Gestalt. Ludwig und Palme waren vor Entsetzen nicht fähig, auch nur ein Wort zu sagen. Hin und wieder schlug Happel die Augen auf, da fragte ihn Constantini, welchen Kader er für Nürnberg nominieren wolle. Happels Stimme war kaum hörbar: »Wie gegen Israel!« Dann schlief er wieder ein, wachte nochmals kurz auf, sagte zu Constantini: »Samstag hau ich ab!« Constantini gab ihm Recht: »Pack nur zsamm, Ernstl, ich komm mit dem Auto, dann sind wir gleich in Nürnberg!« Aber die

»Tausend Dank, Ernst Happel, es war ein schönes Jahr!«

ÖFB-Präsident Beppo Mauhart in seiner Trauerrede

Ärzte sagten: »Nicht daran zu denken, dass er noch aus dem Spital kommt. Im Gegenteil, man muss mit dem Schlimmsten rechnen!« Als sie gingen, wussten alle: Es geht dem Ende zu. Große Betroffenheit und ein Anruf bei Mauhart: Es schaut ganz schlecht aus.

Samstag Mittag eine Aussendung, dass Happel aus gesundheitlichen Gründen nicht in Nürnberg dabei sein konnte. Andi Herzog versprach in die TV-Kameras einen Kraftakt für Nürnberg, »um dem Chef eine Freude zu machen, damit es ihm bald wieder besser geht!« Aber an diesem 14. November schlief Happel um 17.17 Uhr für immer ein. Swarovski-Boss Gernot Langes war eine Stunde zuvor noch ans Sterbebett gekommen. Eine Woche davor durfte Happel das letzte Mal aus der Klinik. Als ihn seine Freundin Veronika am Montag wieder zurück zur Behandlung brachte, diktierte ihr Happel eine letzte Botschaft an alle Teamspieler und Verantwortlichen der Nationalmannschaft:

„Ich habe einen Kader hinterlassen, der Basis für eine gute Weiterarbeit sein kann. Sie müssen nur was daraus machen, müssen daran glauben. Wie es gehen kann, hab ich, so glaube ich, vorgezeigt – und sie haben es verstanden, die Spieler. Sie müssen stolz sein auf die Nationalmannschaft, eine innere Beziehung haben, sonst wird's nichts. Es war ein schönes Jahr, ich bin froh, dass ich das angenommen hab. Wirst sehen, da wird was draus! Sag das allen!"

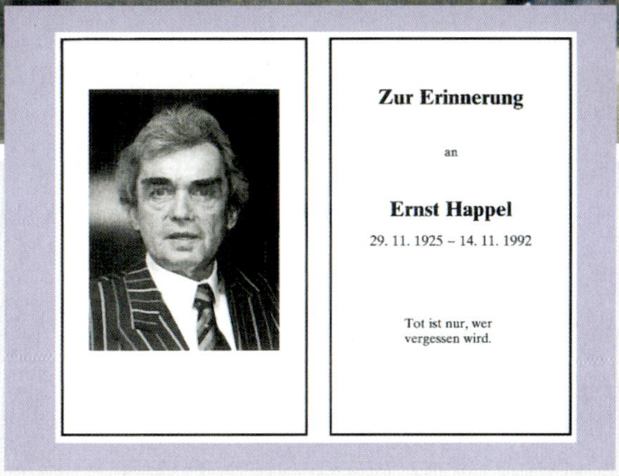

Zur Erinnerung

an

Ernst Happel

29. 11. 1925 – 14. 11. 1992

Tot ist nur, wer vergessen wird.

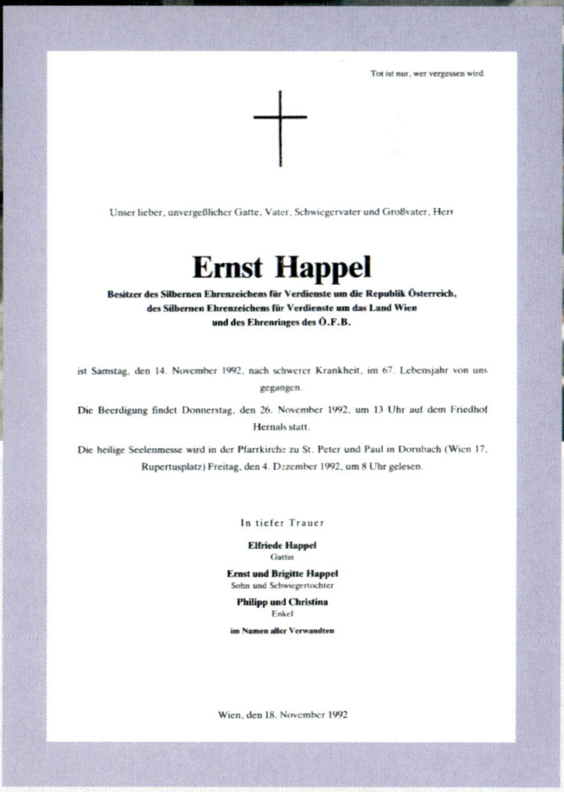

Tot ist nur, wer vergessen wird.

Unser lieber, unvergeßlicher Gatte, Vater, Schwiegervater und Großvater, Herr

Ernst Happel

Besitzer des Silbernen Ehrenzeichens für Verdienste um die Republik Österreich, des Silbernen Ehrenzeichens für Verdienste um das Land Wien und des Ehrenringes des Ö.F.B.

ist Samstag, den 14. November 1992, nach schwerer Krankheit, im 67. Lebensjahr von uns gegangen.

Die Beerdigung findet Donnerstag, den 26. November 1992, um 13 Uhr auf dem Friedhof Hernals statt.

Die heilige Seelenmesse wird in der Pfarrkirche zu St. Peter und Paul in Dornbach (Wien 17, Rupertusplatz) Freitag, den 4. Dezember 1992, um 8 Uhr gelesen.

In tiefer Trauer

Elfriede Happel
Gattin

Ernst und Brigitte Happel
Sohn und Schwiegertochter

Philipp und Christina
Enkel

im Namen aller Verwandten

Wien, den 18. November 1992

Als Veronika am Abend nach Happels Tod Mauhart den Text übermittelte, kamen beiden die Tränen. Dem Präsidenten auch, als er ihn am nächsten Tag vor der Mannschaft verlas. Das Training danach begann mit einer Gedenkminute. Die Spieler bestätigten in Nürnberg Happels letzte Botschaft, verdienten sich das 0:0 gegen den Weltmeister, bei dem der eingewechselte Polster knapp vor Schluss sogar den Matchball vergab. Constantini und Tormanntrainer Szanwald legten Happels Kappe auf die Betreuerbank – Constantini machte alles so, als wäre Happel noch da. Auch taktisch.

Am 26. November verabschiedete sich Österreich quasi mit einem Staatsakt von Happel am Hernalser Friedhof. Bundeskanzler Franz Vranitzky sagte treffend: »Er hat dem österreichischen Fußball neue Kraft gegeben, als er selber schon fast keine Kraft mehr hatte!«

Urlaubsreif ?
BURGENLAND
So will ich lebe
www.tiscover.at/burgenland
B U R G E N L A N D
PUMA

1 9 9 3 – 1 9 9 9

Der letzte Walzer in Paris

Woran das Unternehmen Frankreich nach der Super-Qualifikation scheiterte

Dieses Kapitel widmet Ihnen

BURGENLAND

Die Suche nach einem Happel-Nachfolger begann quasi schon nach dem 0:0 im Kabinengang des Nürnberger Frankenstadions. Generalsekretär Alfred Ludwig sprach Andi Herzogs Trainer bei Werder Bremen, Otto Rehhagel, an. Der wollte aber bei all seiner Wien-Liebe nicht weniger verdienen, als er es in den letzten Jahren gewohnt war – damit war das Thema schon vom Tisch ...

Happels Assistent Didi Constantini verärgerte Mauhart noch in Nürnberg nach dem Prestigeerfolg, als er ihn beim gemeinsamen Abendessen im Scandic-Crown-Hotel, fünf Minuten vom Stadion entfernt, vor allen Spielern in der Stimmung gefasster Freude an der gemeinsamen Tafel ansprach: »Na, Präsident, da könnt ma aber eigentlich schon die Siegesprämie zahlen!« Mauhart war zunächst perplex, dann antwortete er: »Herr Constantini, ich habe Ihnen ja auch nicht gesagt, dass Sie die letzte Siegesprämie zurückgeben müssen, wenn wir verlieren. Ich glaube nicht, dass Polster die Siegeschance knapp vor Schluss vergeben hat, um dem ÖFB sparen zu helfen!« Zu Ludwig sagte Mauhart fast schockiert später am Flughafen: »Unglaublich, dass er mir in so einer Situation vor der Mannschaft Geld abverlangen will. Das ist kein Stil. So will er nur seinen Beliebtheitsgrad bei den Spielern steigern.« Ein Fehler von Constantini. Es war für Mauhart sicher nicht der entscheidende Grund, ihn nicht zu Happels Nachfolger zu machen, aber ein kleiner Mosaikstein. Am 8. Jänner präsentierte der Präsident Prohaska als neuen Teamchef, Erich Obermayer als dessen Assistenten (weil Constantini, für den nur der Teamchefjob in Frage kam, nicht mitarbeiten wollte), Bruno Pezzey als Unter-21-Teamchef. Die Argentinien-Generation an die Front. Dass in den Wochen darauf versucht wurde, die Mauhart-Entscheidung gegen Constantini als nicht im Sinne Happels zu bezeichnen, war für den Präsidenten nur der Beweis, »dass hier nicht fair gespielt wurde. Denn Happel hat in den letzten Monaten öfter durchblicken lassen, mehr von Prohaska zu halten, bei dem auch er die bessere Perspektive sah.« ...

Sechs Monate zuvor hatte Prohaska noch gar nicht den Teamchefjob im Hinterkopf, als er sich mit Mauhart im City-Club traf. Dafür fühlte er sich trotz der je zwei Meistertitel und Cupsiegen mit seiner Austria noch zu jung und unerfahren. Mauhart versuchte damals, vorrangig zunächst mit seiner »Macht« als Austria-Sponsor, Prohaska zum Bleiben bei den Violetten zu bewegen, was der aber ablehnte, »weil es keinen Sinn hat, wenn die Klubführung gegen mich ist! Es wäre in meiner Situation gar nicht so schlecht, mit jungen Spielern zu arbeiten!« Und so bekam Prohaska bald ein Angebot als Unter-21-Teamchef, das er interessant fand.

Aber eine Bedingung stellte er doch, nämlich schon mit den 19-jährigen zu beginnen, damit er zwei Saisonen mit ihnen planen konnte und nicht schon nach einer ein neues Team formieren musste: »Im ersten Jahr müsst ihr mir die Resultate nachsehen, im zweiten könnt ihr sie fordern!« Als Happel dem Plan sofort zustimmte, machte Mauhart mit Prohaska alles klar. Es gab fürchterliche Abfuhren in Frankreich und gegen Israel, aber aus den Unter 21-Kadern von Prohaska und Nachfolger Bruno Pezzey kamen viele Spieler für spätere, zum Teil erfolgreiche Jahre im Nationalteam: Markus Schopp, Harald Cerny, Roman Mählich, Mario Haas, Christian Mayrleb, Martin Hiden, Gilbert Prilasnig. Cerny debütierte auch bei Prohaskas erfolgreichem Einstand als Teamchef, dem 2:1 gegen Griechenland am 10. März 1993.

Mauhart lockte Anfang Jänner Prohaska erst mit der Ankündigung aus der Reserve, dass Admiras deutscher Trainer Sigi Held, der mit Island Österreichs Gegner in der letzten WM-Qualifikation war, den Teamchefjob nach

Das zweite Tor der Ära Prohaska beim ersten Sieg: Michael Baur traf per Kopf zum 2:0 gegen Griechenland. Endstand 2:1.

Happel bekomme, wenn er jetzt noch absage. Eine ausländische Lösung wollte Prohaska doch nicht zulassen – er unterschrieb. Bei den letzten Gesprächen war auch ÖFB-Finanzchef Fritz Wendl dabei. Der stöhnte auf, als Prohaska seine Gehaltsvorstellungen vortrug: »Wenn ich nur denke, wie billig da Hickersberger im Vergleich war!« Daraufhin bemerkte Prohaska schlagfertig: »Aber Sie dürfen nicht vergessen, ich komme nicht nach Hickersberger, sondern nach Ernst Happel!« Mauhart erfüllte Prohaskas Forderungen ...

17 Tage später, nach seiner erfolgreichen Premiere, stieg Prohaska in die WM-Qualifikation ein – Schlager im ausverkauften Praterstadion, das mittlerweile nach seinem Vorgänger Happel benannt war, gegen Frankreich. Hektik in den Tagen zuvor, weil sich Ogris bei einem schlechten Trainingsspiel in Wiener Neudorf mit einem Gegenspieler anlegte. Daraufhin nahm Prohaska seinem Freund die Kapitänswürde weg, übergab sie an Herzog.

Auch im zweiten Versuch gelang Österreich gegen Favorit Frankreich kein Tor – diesmal war aber auch Pech dabei. Weil ein Polster-Freistoß gleich zu Beginn nur an die Stange ging. Jean Pierre Papin versetzte Österreich nach 57 Minuten den Todesstoß – die Leistung war trotzdem okay. Noch besser war sie zweieinhalb Wochen später am gleichen Ort gegen Bulgarien. Resultat (3:1) und die spielerische Gala sorgten wieder für eine neue Hoffnung, die ein Monat später innerhalb von sieben Tagen zerstört wurde. Auf der Skandinavien-Tour mit einem

1:3 in Turku gegen Finnland und dem 0:1 in Stockholm gegen Schweden. Alles, was noch folgte, ein Heimsieg über Finnland, ein 1:4 in Sofia, je ein 1:1 in Israel und daheim gegen Schweden, fiel nur noch unter die Kategorie Formsache. Prohaska: »Die Gruppe war für uns einfach zu schwer, nicht zu schaffen!« Sogar Favorit Frankreich blieb nach Heimniederlagen gegen Israel und Bulgarien zu Hause. Gruppensieger Schweden und der Zweite, Bulgarien, bestritten bei der WM 1994 in den USA das Spiel um Platz drei, das sagte genug. Bulgarien eliminierte zuvor im Viertelfinale sogar Weltmeister Deutschland.

Mehr Chancen rechnete sich Prohaska in seiner ersten EM-Qualifikation gegen Portugal, Irland, Nordirland, Lettland und Liechtenstein aus. Doch fast hätte er die gar nicht mehr mitgemacht. Nach einem enttäuschenden Frühjahr, in dem es in Wien eine 1:5-Abfuhr gegen Deutschland gab und Salzburgs Erfolge im UEFA-Cup unter Otto Baric das Team klar in den Schatten stellten, in dem es erstmals zwischen Teamchef und Herzog schwer krachte, wollte Prohaska am Abend des 17. August 1994 zurücktreten. Grund war die desolate Leistung beim Abschiedsspiel für Walter Schachner in Klagenfurt gegen Russland. Die Einstellung seiner Spieler setzte Prohaska an diesem schwarzen Mittwoch noch mehr zu als das 0:3. Speziell von Herzog, mit dem es während der WM in den USA im New Yorker Mariott Marquis-Hotel am Broadway eine Aussprache gegeben hatte und der wieder Kapitän war, fühlte er sich im Stich gelassen. Zur Halbzeit gab's schon einen lautstarken Disput in der Kabine. Dann ließ sich Herzog nach 54 Minuten wegen eines Schlags auf den Oberschenkel austauschen. Prohaska vermutete, dass er sich nur für den drei Tage später folgenden Bundesligastart mit Werder Bremen schonte. Das traf ihn am härtesten. Aber es ärgerte ihn auch furchtbar, dass viele Spieler schon bei der Zusammenkunft erklärten, sie seien vom Trainingslager bei den Klubs noch müde. Oder dass bei Mittelstürmer Ralph Hasenhüttl knapp vor Anpfiff in der Kabine noch das Handy läutete ...

Nur fünf Minuten nach dem Schlusspfiff kam Pressechef Heinz Palme aus der Kabine quer über den Platz zur Ehrentribüne gerannt, bat Mauhart, sofort zu kommen. Palme tat dies im Auftrag von Prohaska und Assistent Obermayer, die schwer frustriert ihre Mission als gescheitert betrachteten. Mauhart beorderte auch Ludwig aus dem VIP-Zelt zur Kabine. Dort hörten sie von Prohaska, dass es ihm keinen Spaß mehr mache, weiter mit einer Mannschaft zu arbeiten, die keinen Charakter habe. Mauhart bat Prohaska, eine Nacht darüber zu schlafen und am nächsten Tag vor der traditionell angesetzten Pressekonferenz mit ihm zu reden. Prohaska stimmte zu. Da er aber nach dem Match erstmals keine Interviews gab, ahnten die Journalisten, dass etwas im Busch war ...

Prohaska fuhr vom Stadion nach Pörtschach ins Schlosshotel Seefels, wo seine Frau und ein privater Freund warteten. Beim Treffen mit Mauhart am nächsten Vormittag blieb er bei seinem Rücktrittswunsch, ließ sich aber überreden, eine einwöchige Auszeit zum Nachdenken zu nehmen. Das hörten kurz darauf auch die Medien. Abends forderten auf der Seefels-Promenade am Wörthersee zwei prominente Urlauber, sein ehemaliger Mitspieler und Trainer Gustl Starek sowie Schauspieler Heinz Marecek, Prohaska auf, nicht klein beizugeben, nicht alles hinzuwerfen. Doch den Meinungsumschwung schafften sie nicht. Das gelang erst Mauhart drei Tage später in Wien bei einem Grillabend im Garten seines Hauses in der Sahulkagasse in Favoriten. Mauhart lud nicht nur Prohaska, Obermayer und Ludwig samt Frauen ein, sondern ließ auch Bruno Pezzey aus Innsbruck einfliegen, um den Teamchef zu bearbeiten. Den der Präsident an der Ehre packte: »Sie waren als Spieler sehr erfolgreich, kaum kritisiert. Sie waren als Trainer bei Austria zuletzt sehr erfolgreich, hatten nur mit Intrigen der Funktionäre

Sieben Jahre miteinander durch dick und dünn: Beppo Mauhart und Herbert Prohaska.

Probleme. Wenn Sie jetzt beim ersten Gegenwind ein Glaskinn zeigen und gleich das Handtuch werfen, dann kommen Sie nie weiter!« Prohaska musste sich eingestehen, dass Mauhart eigentlich Recht hatte, machte daher doch weiter, ohne davon hundertprozentig überzeugt zu sein. Aber er hatte auch nicht erwartet, dass sich der Präsident so um ihn bemühen würde. Vor den Journalisten, die das Festhalten an Prohaska kritisierten, zum Teil wieder nach Baric riefen, der mit Salzburg gerade in die Champions League gekommen war, prägte Mauhart den Satz: »Wenn die Pferde lahmen, wird der Wagen sicher nicht schneller gehen, wenn sie den Kutscher auswechseln!« Eine Formulierung, die er in den nächsten Jahren noch öfter gebrauchen sollte.

Prohaska begann die EM-Qualifikation ohne Herzog, obwohl es für ihn bei Bremen so gut lief, dass Bayern München ihm schon im Herbst für die nächsten Jahre ein Angebot machte, zu dem er nicht nein sagen konnte. Beim Team aber klappte nur wenig. In den ersten drei Spielen zwei Niederlagen – daheim gegen Nordirland und in Lissabon gegen Portugal. Um die Weihnachtszeit trafen sich Prohaska und Herzog im Hotel »Sacher« – im Frühjahr war er wieder dabei. Weil Salzburg weiter dominierte, setzte Prohaska auf einen Salzburg-Block. Im Lehener Stadion gab's Pflichtsiege gegen Lettland und Liechtenstein (5:0 und 7:0). Aber um wieder Chancen auf Platz zwei zu bekommen, brauchte Österreich drei Punkte gegen Irland in Dublin. Die Statistik sprach dagegen: Es gab in einem Bewerbspiel zuvor noch nie einen Auswärtssieg über eine britische oder irische Mannschaft.

Der ORF hatte Baric als Co-Kommentator engagiert, gleich nach dem Match einen »runden Tisch« angesetzt. Es sollte auch über den Teamchef geredet werden, mit dem die Landesverbandschefs aus der Steiermark (Georg Gartner) und Kärnten (Herbert Raggautz) nicht einverstanden waren. In den Tagen vor dem Match beherrschte das Thema Herzog die Schlagzeilen. Weil er an diesem Wochenende zuerst Samstag mit Bremen gegen Karlsruhe um die Titelchance in der deutschen Bundesliga kämpfen, dann nach Dublin fliegen und Sonntag spielen wollte. Das lehnte der Teamchef ab, Herzog blieb in Bremen. Am Tag vor dem Match meldete sich Salzburgs Keeper Konrad im Abschlusstraining mit einer Wirbelverletzung ab – also stand Konsel erstmals in der Ära Prohaska von Beginn an im Tor. Und sollte großartig halten.

Unten: Die historischen Sieger von Dublin bei der österreichischen Hymne: Kühbauer, Ramusch, Marasek, Pfeifenberger, Fürstaller, Hans Kogler, Prosenik, Pfeffer, Konsel und Kapitän Polster (von links).

Ein historischer Tag zum Jubeln. Am 11. Juni 1995 in Dublin: 3:1 gegen Irland, der erste Auswärtssieg über eine „Insel"-Mannschaft in einem Bewerbspiel. Mit Toni Polster im Mittelpunkt. Links bejubelt er mit Toni Pfeffer seinen Ausgleich zum 1:1. Andi Ogris kam von der Ersatzbank dazu. Als er eingewechselt wurde, traf er zum 2:1. Und am Ende jubelte wieder Polster (rechts) über sein zweites Tor.

Es wurde ein denkwürdiger Sonntag, der 11. Juni 1995. Thomas Muster gewann in Paris die French Open, stahl damit dem Team sicher die Show – aber das 3:1 in Dublin war auch ein Grund zum Jubeln. Mit drei Toren in zehn Minuten verwandelten Toni Polster, dann Andi Ogris und nochmals Polster ein 0:1 in ein 3:1. Da staunte auch Irlands berühmter Teamchef aus England, die »Giraffe« Jackie Charlton, ein Weltmeister von 1966. Und die Position Prohaskas stand nicht mehr zur Debatte.

Der war zwei Monate später wieder fuchsteufelswild, weil mit der 2:3-Blamage in Riga gegen Lettland der Triumph von Dublin viel weniger wert war. Die gute Ausgangsposition vor den Heimspielen gegen Irland und

Der große Abend des Peter Stöger: Drei Tore in 73 Minuten zum 3:1 gegen Irland, da war er bei seinem Jubel von Marasek (links) kaum einzufangen und es musste auch die Eckfahne für einen Fußtritt der Erleichterung herhalten. Herzog sah's mit einem Lächeln.

Portugal existierte nicht mehr. Gegen Irland stand alles im Zeichen der Sternstunde von Peter Stöger, der zum zweiten Mal innerhalb eines Jahres im Team drei Tore in einem Match erzielte. Er war der Vater des 3:1, bei dem als Konsequenz aus der Riga-Pleite auch Herzog wieder dabei war. Stöger traf auch gegen Portugal – aber das reichte nur zu einem 1:1. Somit gab's vor den letzten Spielen einen Dreikampf zwischen Österreich, Irland und Nordirland im Kampf um Platz zwei hinter Portugal – Österreich musste am 14. November in Belfast gewinnen. An diesem Mittwochabend regnete es waagrecht. Prohaskas Team ging bei orkanartigem Wind unter, lag zur Pause 0:2 zurück, nach 53 Minuten 0:3 – am Ende hieß es 3:5. Wieder gescheitert, wieder nichts mit der ersten EM-Teilnahme Österreichs. Prohaska (»Platz zwei hätten wir schaffen müssen«) macht sich noch heute den Vorwurf, dass er sich zu spät auf einen Stamm festlegte …

Ludwig prophezeite kurz nach dem 3:5 vor den ORF-Kameras provokant: »Jetzt werden wieder einige Ratten aus den Löchern kommen!« Mauhart warf ein: »Dagegen kann man Rattengift verwenden!« Äußerungen, die vier Tage später bei einer Präsidiumssitzung in Klagenfurt fast zum Aufstand gegen Mauhart führten. Vor allem Gartner fühlte sich angegriffen, war erst recht wütend, als ihm Mauhart versicherte, er werde schon darauf achten, dass er ja kein Rattengift bekomme. Mauhart ging mit der Bemerkung, wenn er zurückkomme, könne man ihm sagen, ob er noch Präsident sei, aus dem Sitzungszimmer. Daraufhin warf sich Ligachef Hans Reitinger für ihn in die »Schlacht« – der Aufstand einiger Landespräsidenten gegen Mauhart war im Keim erstickt. Und es gab keine Einwände, Prohaskas Vertrag für die nächste WM-Qualifikation zu verlängern.

Die Auslosung knapp einen Monat nach der Enttäuschung von Belfast galt am 12. Dezember als Munter-

Statt Doppelpack leider nur eine Nullnummer: Zum Start in die WM-Qualifikation konnte Toni Polster den Wunsch der Fans, die Schotten zu skalpieren, leider nicht erfüllen. Nur 0:0 und lange Gesichter ...

macher von Paris: Schweden, Schottland, Lettland, Weißrussland und Estland waren die Hürden auf dem Weg zum Ticket nach Frankreich. Das galt als Griff in den Glückstopf. Die Devise hieß: Das können wir schaffen! Und nach drei harten Jahren sollte die Zeit seiner Ära beginnen, von der Prohaska punkto Arbeit mit der Mannschaft noch jetzt schwärmt: »Für mich war das Weltklasse.«

Im Frühjahr 1996 blieb das Team bei drei Siegen (1:0 gegen Schweiz, 2:0 in Ungarn und sehr glücklich 1:0 gegen die ČSFR) ohne Gegentor. Prohaska flog zur EM-Endrunde nach England, beobachtete dort die Schotten – aber beim tristen Auftakt in die Qualifikation war von Aufbruchstimmung keine Spur. 29.500 Zuschauer beim faden 0:0 gegen Schottland am 31. August 1996. Und Mauhart musste hämische Kommentare einstecken, als ihm zur Situation des Teamchefs der Satz einfiel: »Die Journalisten sind zur Vernunft gekommen und schätzen seine

»Das Grab war schon ausgeschaufelt, der Sarg stand schon drinnen, aber der Deckel ging wieder nicht zu.«

Herbert Prohaska nach dem 1:0 in Schweden über seine Situation als Teamchef

seriöse Arbeit.« Auch intern rumorte es. Didi Kühbauer bekam für den Sager, dass er es schön langsam leid sei, auch für andere rennen zu müssen, einen telefonischen Rüffel von Kapitän Toni Polster. Aber die Nullnummer setzte alle unter Druck. Verlieren war im zweiten Spiel gegen Schweden im Rasunda-Stadion von Stockholm verboten. Dort, wo es unter Prohaska schon ein 0:1 gegeben hatte, 1991 das fürchterliche 0:6. Auf einen Sieg in Schweden wartete Österreich schon seit 64 Jahren …

Die Zuversicht in der Öffentlichkeit hielt sich in Grenzen. Im Gegenteil, einige Medien inszenierten Umfragen, ob Prohaska der richtige Mann sei, um Österreich zur WM zu führen. Mauharts Zuversicht (»Mir ist nicht im Geringsten nach Furcht zumute«) wurde nicht ernst genommen. Aber dann wurde der 9. Oktober ein historischer Tag. Andi Herzog schoss nach 12 Minuten das goldene Tor zum 1:0, Michael Konsel vollbrachte im Tor

DER TORREKORD

Hans Krankl bezeichnete er immer als sein Vorbild. Lange wagte es der sonst wirklich nicht auf den Mund gefallene Toni Polster nicht einmal auszusprechen, dass er es auf dessen Tor-Rekordmarken abgesehen hatte. Die 41 Tore in einer Meisterschaftssaison waren unantastbar, aber die 34 im Teamdress rückten immer näher. Zu dieser Zeit hatten es seine Mitspieler nicht gerade leicht, einen Freistoß in aussichtsreicher Position oder gar einen Elfmeter zu schießen. Polster nützte gnadenlos jede Chance. Das bekam im April 1995 etwa Salzburg-Tormann Otto Konrad beim 7:0-Kantersieg über Liechtenstein im Lehener Stadion zu spüren. Gleich nach der Pause beim Stand von 3:0 Elfmeter für Österreich. Die Salzburger Fans riefen mit »Otto-Sprechchören« nach ihrem Lokalmatador. Konrad kam prompt nach vorne gelaufen, aber da hatte sich Polster bereits den Ball geschnappt, meinte sehr bestimmt: »Du bleibst hinten in deinem Tor. Ich mach des schon. Das ist meine Sache.« Aber Polster vergab – Pfiffe aus dem Publikum. Kurz darauf wieder Elfmeter, wieder »Otto-, Otto-Rufe«. Er kam erneut nach vorne – aber Polster dachte nicht daran, für ihn auf die Elferchance zu verzichten: »Ich hab dir doch gesagt, du sollst hinten bleiben. Was tust du da vorne?«, fragte er mit strengem Blick den Torhüter. Unter Pfiffen der Fans verwandelte Polster den Penalty …

Sechs Wochen später begann sich Krankl nach den zwei Polster-Toren in Irland erstmals damit abzufinden, den Rekord, von dem er einmal glaubte, er werde bis in alle Ewigkeit halten, zu verlieren: »Jetzt hat er mi!«, unkte er nach den Polster-Toren 31 und 32. Bis er die Krankl-Marke einstellte, dauerte es aber noch fast ein Jahr. Nach vier Länderspielen ohne Polster-Tor war es am 24. April 1996 im Budapester Nep-Stadion so weit. Mit dem Führungstor holte Polster Krankl ein. Zuvor hatte er wie immer in den Spielen seit Dublin den Mitspielern versprochen: »Burschen, wenn mir es heute gelingt, Krankl einzuholen oder zu übertreffen, gehen wir das nachher schön feiern. Ihr seid's meine Gäste!« Also erwarteten alle die Einladung in ein feines Wiener Restaurant. Auf der Busfahrt von Budapest zurück ließ Polster aber an einer Raststätte der ungarischen Autobahn anhalten, stieg aus, kam bald mit einem Karton, auf dem rund dreißig Bierdosen standen, zurück, verteilte an Betreuer und Mitspieler je eine Dose, sagte: »Burschen, ich bin stolz auf euch!« Der bekannt sparsame Polster stürzte sich nicht in Unkosten. Das Rekordtor ließ dann bis 9. November auf sich warten – gegen Lettland bejubelten 16.000 Zuschauer im Happel-Stadion das 35. Polster-Tor für Österreich. Darauf folgten Tonis Kniefall und ein Kreuzzeichen. Nach dem Match kam er schon mit einer dicken kubanischen Zigarre zur Pressekonferenz: »Ich bin froh, dass ich es geschafft habe. Irgendwie hat mich das schon beschäftigt und belastet, jetzt bin ich stolz!« Noodles-Chef Kurt Bender lud zur Feier, der Teamchef kam ebenso wie der Herzog-Clan oder Franz Wohlfahrt. Knapp vor Mitternacht läutete dann das Handy – am anderen Ende der Leitung: Hans Krankl. Klar, dass nach dem Verlust des Teamtorrekords nach 14 Jahren der Schmäh bei der Gratulation nicht fehlen durfte: »Sag dem Prohaska, jetzt braucht er dich nicht mehr aufzustellen. Den Rekord hast ja endlich!« Bis zum Ende von Tonis Teamkarriere kamen noch neun Treffer dazu. Ob der neue Rekord von 44 Toren ebenfalls 14 Jahre halten wird? Oder noch länger?

Toni Polster mit geballter Faust nach seinem Rekordtor, Andi Herzog (ganz rechts) nach seinem Siegestor zum 2:1-Heimsieg über Lettland. Zum zweiten Mal in einem Monat sorgte die Nummer 10 für die Entscheidung. Auch in Stockholm war nach seinem Goldtreffer sein »Fäustchen« zu sehen gewesen. Begleitet von einem zarten Lächeln …

wahre Heldentaten. Hielt nach einer halben Stunde einen unberechtigten Elfer von Kenneth Andersson und nach der Pause im Sturmlauf Schwedens (Eckballverhältnis 10:1) schwere Bälle. »Jetzt sind wir mörderisch im Rennen«, prophezeite Andi Herzog im Kabinengang. Es war der Startschuss zu seiner besten Zeit im Teamdress. Mit der Rückkehr nach Bremen nach der verunglückten Bayern-Saison blühte er wieder auf. Und Polster sagte voraus: »Es ist kaum zu ermessen, wie wichtig dieser Tag für unseren Fußball noch sein wird.«

Schon 450 Minuten lang hatte das Team kein Tor kassiert – da konnte sich Mauhart hoch über den Wolken beim Heimflug via Bordmikrofon die Feststellung nicht verkneifen, dass sein Teamchef jetzt wohl außer Diskussion stehe. Der dachte erstmals: »Diese Qualifikation können und werden wir schaffen. Bei diesem Ergebnis muss ja ein Effekt eintreten!«

Prohaska wurde genau einen Monat nach Stockholm entgegen seinen Gewohnheiten im Happel-Stadion sehr laut. Zur Pause in der Kabine, weil ihm weder das Resultat (1:1) noch die Einstellung gegen Lettland passten. Aber es war Herzog, der das Zittern beendete – 17 Minuten vor Schluss sorgte er für das Siegestor. Da konnte auch Konsel den ersten Gegentreffer, den er in diesem Jahr im Teamtor kassierte, verschmerzen. Toni Polster hatte auch einen Grund zum Feiern: Das 1:0 war sein 35. Treffer für Österreich, womit er Hans Krankl als Rekordteamschütze ablöste. Und erstmals seit 1974 gab es wieder ein ganzes Teamjahr lang keine Niederlage. 1974 – das war das Jahr, in dem Prohaska erstmals als Spieler zu Teamehren gekommen war.

Zweimal 0:2 in den ersten zwei Spielen des Jahres 1997. Auch im Celtic-Park von Glasgow war Konsel zweimal dazu verurteilt, den Ball aus dem Netz zu holen. Aber danach wurde nur noch gejubelt. Erstmals als Ivo Vastic mit dem Führungstor beim 2:0-Heimsieg gegen Estland seine Torsperre im Teamdress besiegte. Herzog war der erste Gratulant. In Riga wurde danach mit dem 3:1 Revanche an Lettland für die Blamage von 1995 genommen. Da beglückwünschte Vastic Heraf (6) zu seinem erlösenden 1:0 nach 57 Minuten.

Dafür begann das Jahr 1997 gleich mit zwei Niederlagen. 0:2 hieß es sowohl in Linz gegen Slowenien mit einigen »Härteeinlagen« in aller Freundschaft als auch gegen Schottland im Celtic-Park von Glasgow. Weil sich die »Kreativabteilung« mit Herzog und Stöger nicht entfalten konnte. Die Folge daraus: Nur sechs Siege in Serie bedeuteten einen Garantieschein für das WM-Ticket! Eine derartige Serie war in der gesamten Teamgeschichte zuvor nie gelungen. Aber die Devise hieß: »Jetzt erst recht!«

Es begann mit einem Sturmlauf gegen Estland in Wien. Konsel bekam über die ganze Spielzeit keinen Ball zu halten, das Eckballverhältnis hieß 21:1 – aber erst nach 48 Minuten konnte der gebürtige Kroate Ivo Vastic mit seinem ersten Tor im Team den Bann brechen. Dabei prallte er mit Esten-Keeper Poom zusammen, musste mit blutenden Wunden am Knöchel in die Kabine getragen werden: »Wenn ich die Chance habe, mein erstes Tor für

»Geistige Nichtschwimmer«

Toni Polster über Fans, die ihn in Tallinn beschimpften.

Der Abschluss des Polster-Torfestivals in Tallinn in letzter Minute (links). Da war allen zum Lachen zumute, auch Didi Kühbauer in seinem ersten Teameinsatz als Spanien-Legionär von Real Sociedad.

Österreich zu schießen, dann kenne ich keine Schmerzen und keine Angst!« Noch länger als gegen Estland musste Österreich in Riga gegen Lettland auf das erste Tor warten – 57 Minuten lang. So lange lag die 2:3-Blamage von 1995 wie ein Ballast über dem ganzen Team. Am Ende siegte Österreich 3:1 – alles in Ordnung. Als nach der Sommerpause am 20. August in Tallinn gegen Estland gespielt wurde, war das Happel-Stadion für den Schlager gegen Schweden am 6. September bereits ausverkauft. Aber auf dem »Acker« des Kadriorg-Stadions sah es bis zur Pause düster aus. Irgendwie erinnerte es an die kleine Arena von Landskrona und die 0:1-Blamage gegen die Färöer-Inseln. Einer der Chancenvernebler von damals, Toni Polster, vertrieb alle Befürchtungen von einer neuen Blamage: »Wir brauchen nur Geduld«, behauptete er auf dem Weg in die Kabine im ORF-Pauseninterview. Ein Fan aus Oberösterreich beschimpfte ihn da schon, schrie mehrmals: »Polster raus!«. Polster antwortete mit drei Toren

Keinen Zentimeter nachgeben, auch wenn der Stadionrasen daran glauben musste. Das war die Devise beim Spiel des Jahres gegen Schweden. Toni Pfeffer hielt sich konsequent daran. Vielleicht zu konsequent. Der spanische Referee Lopez Nieto zeigte der Kampfmaschine mit der Nummer 4 schon vor der Pause die rote Karte.

wie 1989 beim 3:0 gegen die DDR. In Tallinn war's sein erster echter Hattrick für Österreich – in 43 Minuten. Ein Freistoß, ein Schuss mit links, ein Kopfball – 3:0 und Polstermania. Nach dem Match baute sich der »Schmährufer« von der Pause jubelnd vor Toni auf – der ignorierte ihn völlig: »Anhänger, die Tausende Kilometer von der Heimat entfernt ihre Landsleute beschimpfen, sind nicht dicht!«

Durch Polsters Torfestival gab es keinen Zweifel: Das Heimspiel gegen Schweden war das Match des Jahres. Erstmals wurde ein riesiges VIP-Zelt am Stadionparkplatz gegenüber dem Sektor B errichtet, um die Nachfrage der VIPs annähernd bewältigen zu können. Fünf Tage vor dem Match erlitt Kühbauer beim Training in Neusiedl bei einem normalen Zusammenstoß mit Pfeffer einen Schüsselbeinbruch. Zuvor hatte er noch prophezeit, die Auswirkungen des Trainings im pannonischen Reizklima werde Schweden zu spüren bekommen. Am Nach-

Zum zweiten Mal in einem Jahr war Herzog (10) das Schicksal der Schweden. Als er nach 76 Minuten mit einem Superschuss ins lange Eck das 1:0 besorgte, jubelten nicht nur die Mitspieler, sondern auch Ballbuben und Ordnungskräfte. Am Ende bedankte sich der strahlende Schweden-Killer auch bei Tormann Wohlfahrt, der im Finish den ausgeschlossenen Konsel fehlerlos ersetzte.

„Wahnsinn, dass ein Superkicker wie du derzeit nicht einmal einen Autobus trifft.

mittag des Samstag schwere Gewitter. In der Belüftung und in der Küche des VIP-Zelts hatte der Blitz eingeschlagen, das Spielfeld stand drei Stunden vor Anpfiff unter Wasser. Zur Einstimmung der 48.500 Zuschauer plärrte das Lied, mit dem Polster und die Kölner Kultgruppe »Fabulöse Thekenschlampen« in die Hitparaden gestürmt waren, aus den Lautsprechern: »Toni lass es polstern!«

Herbert Prohaskas Frau kam gar nicht ins Stadion, die hätte alles nicht einmal mit Kreislauftropfen durchgehalten. Bevor die geballte Politprominenz mit Bundespräsident, Bundeskanzler und Vizekanzler auf der Ehrentribüne jubelte, regierte das Zittern: ab der 40. Minute Österreich mit einem Mann weniger. Der spanische Referee Lopez Nieto zeigte Toni Pfeffer die Ampelkarte. Da galt schon die Devise: Wenigstens das 0:0 halten, damit die Chancen auf Platz zwei intakt bleiben. Ab der 69. Minute hieß es zehn gegen zehn – Roland Nilsson musste

Ziel einmal einfach auf die Cornerfahne, vielleicht triffst dann ins Tor!«

Franz Hasil zu Andi Herzog, 48 Stunden vor dessen Siegestor gegen Schweden in Wien

gehen. Und sieben Minuten später schlug Österreichs »Schweden-Killer« von Stockholm auch in Wien wieder zu …

„Ich hab den Ball bei der Mittellinie gekriegt, bin gelaufen, hab geschaut, ob einer frei steht. Kein Schwede ist mir entgegengekommen. Da hab ich mir den Ball einmal vorgelegt, ein zweites Mal. Noch immer kam kein Schwede. Da dachte ich mir: Jetzt hau einfach drauf. Und der Ball passte genau ins lange Kreuzeck!« Die Schilderung Herzogs von seinem schönsten Tor in 15 Jahren Nationalmannschaft. Die Sekunden danach erlebte er wie in Trance: »Ich bin Richtung Laufbahn zu den Fans gelaufen, habe geschrien, dann ein Sprint zurück in Richtung eigene Hälfte, aber da waren schon fast alle Mitspieler auf mir drauf, drückten mich zu Boden. Mir blieb die Luft weg. Durch das Schreien und die ganze Anstrengung ist mir alles, was ich in der Pause getrunken hab, wieder rausgekommen. Ich war völlig ausgepowert, zwei Minuten gar nicht in der Lage wieder mitzuspielen!«

Am Abend vor dem 1:0 in Minsk bekam Andi Herzog zu seinem 29. Geburtstag eine Do & Co-Torte mit Fußball und Krone. Es war nicht leicht, die Kerzen auszublasen. Herzogs Freund Heimo Pfeifenberger (8) köpfelte das goldene 1:0, das die Tür zur WM-Endrunde öffnete. Darauf wurde am Heimflug mit Sekt angestoßen.

»Jetzt brauch ich vier Wochen Zeit zum Regenerieren. Meine Seele lag auf der Laufbahn.«

Herbert Prohaska nach dem 1:0 in Minsk

Und kurz darauf war das Match für ihn schon vorbei. Denn Lopez-Nieto zeigte Konsel Rot, als er sich außerhalb des Strafraums den allein auf ihn zustürmenden Zetterberg entgegenwarf, ihn zu Fall brachte. Für Herzog kam Ersatztorhüter Franz Wohlfahrt, der noch zweimal den Sieg festhielt. Um 22 Uhr 21 kam der Schlusspfiff, Prohaska zeigte Temperamentsausbrüche, die man gar nicht für möglich gehalten hätte: »Der allerschönste Tag in meinem Trainerleben. Ich bin stolz auf diese Mannschaft!«

Der er eigentlich die traditionelle »dritte Hälfte« im Wiener In-Lokal »Noodles« am Karlsplatz untersagt hatte, weil vier Tage darauf schon das Match in Minsk gegen Weißrussland auf dem Programm stand. In der überschwänglichen Siegesfreude hob Prohaska das Noodles-Verbot auf. Bis tief in die Nacht sang Toni Polster »so ein Tag, so wunderschön wie heute« …

Drei Tage darauf Flug nach Minsk. Weil man Probleme mit der Verpflegung im »Hotel Orbita« befürchtete, engagierte man das für Qualität bekannte Catering-Unternehmen Do & Co um 150.000 Schilling. 857 Kilo Lebensmittel flogen bereits Montag nach Minsk – so gab's wie gewohnt Steaks, Spaghetti, Pute etc. Und am Vorabend des Spiels eine Riesentorte für Andi Herzog zu seinem 29. Geburtstag. Sturm-Graz-Präsident Hannes Kartnig stimmte lautstark das »Happy Birthday to you« an …

Das Match? Fast die ganze erste Hälfte wurde gebraucht, um die Strapazen aus dem Schweden-Spiel abzuschütteln. Im Finish waren die Österreicher stehend k. o. Zum Glück hielt Wohlfahrt statt des gesperrten

Der gelassene Blick vor einem großen Sieg: Herbert Prohaska vor dem 4:0 gegen Weißrussland im Happel-Stadion.

Konsel überragend, traf Heimo Pfeifenberger nach 50 Minuten nach Cernys Flanke per Kopf. Damit hieß es: Frankreich, wir kommen! Es stand schon fest: Wenn nicht mit einem Heimsieg über Weißrussland als Gruppensieger, so fährt Österreich als Bester der neun Gruppenzweiten zur Weltmeisterschaft. Um ein Uhr früh landete die AUA-Chartermaschine in Schwechat, 100 Fans warteten auf die Sieger, feierten sie stürmisch. Das »Noodles« hielt für Prohaska, Ludwig, Polster, Goldköpfchen Pfeifenberger, Abwehrchef Feiersinger und Pressechef Palme noch offen, tischte »Spaghetti« auf. Zur Feier der Nacht änderte Polster für Pfeifenberger seinen Hit ab, sang: »Heimo, lass es pfeifen!«

Bereits am nächsten Tag waren noch vor 14 Uhr alle 48.500 Karten für das letzten Gruppenspiel gegen Weißrussland weg. Ein Match dreißig Tage vorher ausverkauft – für Wien eine Neuigkeit. Am 11. Oktober folgte ein Festival in Rot-Weiß-Rot. Nach sechs Minuten schwebten Fans, Betreuer und Spieler im siebenten Himmel – da hieß es durch Polster und Stöger bereits 2:0. Zur Pause stand es 4:0, die zweite Hälfte war nur noch ein Warten auf das große Fest nach dem Schlusspfiff. Und Prohaska prophezeite: »Wir haben wieder so ein gutes und zusammengeschweißtes Team wie bei der Weltmeisterschaft 1978!« Zwei Klassetorhüter, eine grundsolide Abwehr mit Feiersinger, Schöttel und Pfeffer, fast ein Überangebot an kreativen Mittelfeldspielern (Herzog, Stöger, Kühbauer, Vastic), ein Toptorjäger mit Kapitän Toni Polster – so gab es für dieses kleine Land eine sensationelle, überragende Qualifikation mit acht Siegen in zehn Spielen, nur vier Gegentoren.

Zuerst traf Polster, dann nur noch

»Herzerl, bleib no liegen, bleib no liegen. Ich hab grad einen Sprint gemacht und muss

Die Jubelsäge á la Boris Becker hatte Prohaska den Spielern für die WM-Fahrkarte angekündigt und versprochen. Und er hielt Wort ...

Jubel ohne Ende!

erst ausblasen!« Toni Polster zum gefoulten Andi Herzog, bevor Polster gegen Weißrussland den Elfmeter zum 3:0 verwandelte

Frankreich, wir kommen! Von links: Pfeifenberger, Herzog, Mählich, Polster, Ramusch, Pfeffer, Konsel und Feiersinger.

SZENEN WIE IN
* R * I * O *

Als die zweite WM-Qualifikation seiner Präsidentenära außer jeder Diskussion stand, kam Beppo Mauhart fünf Minuten vor Schluss beim 4:0 gegen Weißrussland zur Betreuerbank. Dort sanken einander Prohaska und er in die Arme. Der Präsident drückte seinem Trainer ein Küsschen auf die Wange. Aber was sich dann nach dem Schlusspfiff abspielte, stellte alles bisher Dagewesene in Österreich in den Schatten. Das hätten auch Szenen aus dem fußballverrückten Brasilien sein können. Alles erinnerte an Rio de Janeiro. Immer wieder wogte die »Jubelwelle« durch das Prateroval, Teamchef und Spieler standen im Mittelkreis. Toni Polster verspritzte Champagner wie ein Formel-1-Champion. Und die Kabine blieb, anders als acht Jahre zuvor, nach dem 3:0 gegen die DDR nicht zu. Wer von der Zutrittsmöglichkeit Gebrauch machte, bereute dies aber bald. Jeder bekam seine Abreibung. TV-Reporter Andi Felber und Martin Lang von Radio Wien saßen bald in voller Montur bis obenhin eingeseift im Entmüdungsbecken. Auch für den Teamchef gab es kein Pardon. Als er mit einem Sektglas in der Hand nach den vielen Interviews in die Kabine kam, zerrten ihn die Spieler mitsamt dem offiziellen grauen Teamanzug am Körper unter die Dusche. Prohaskas Reaktion: »Die Rädelsführer haben keine Chance auf ein WM-Ticket. Auch wenn sie Polster oder Herzog heißen.« Prohaska war jedoch auf die Exzesse vorbereitet, darum nahm er in weiser Voraussicht gleich eine Ersatzgarnitur mit. Die trug er, als er zwei Stunden nach dem Abpfiff seine Gattin und die Töchter im VIP-Zelt in die Arme nahm. Als die Feiern in einer Innenstadtdisco endeten, zwitscherten bereits die Vögel im Morgengrauen. Die Pressekonferenz am Tag danach hatte er kurz nach dem Match abgesagt …

»Der allerschönste Tag in meinem Trainerleben!«

Herbert Prohaska

Nach dem Feuerwerk zerrten die Spieler ihren Teamchef in der Kabine unter die Dusche, zum Feiern mit Generalsekretär Ludwig kam Prohaska schon mit der Ersatzgarnitur ins VIP-Zelt.

DIE ZEHE DER NATION

Mehr als ein Jahr lang hielt es Andi Herzog geheim, welche Zehe ihm seit seiner verunglückten Bayern-Saison immer mehr Schmerzen bereitete, ja, ihn sogar beim Laufen behinderte. Anfangs schluckte er schmerzstillende Tabletten, die ihm bald auf den Magen schlugen. Als er immer öfter vor dem Anpfiff Magenkrämpfe bekam, mussten Injektionen her. Meist mit Cortison. Direkt ins Grundgelenk der rechten großen Zehe. Die Wirkung ließ aber meist nach einer Stunde nach. Es war eine schwere, unangenehme Verletzung: Luxation des Großgrundgelenks, dazu die Beugesehne abgerissen. Gegenspieler in Deutschland stiegen ihm auf »Verdacht« mit voller Absicht auf die Zehen. Ganz geheim blieben die Probleme mit Österreichs »Zehe der Nation« nicht.

Herzog vertraute sich dem Rapid-Ärzteteam unter seinem Freund Robert Lugscheider an, wusste, dass nur mit einer Operation Chance auf Heilung bestand. Aber den Eingriff wollte er bis zum Ende der Qualifikation Mitte Oktober hinausschieben und so lange über die Runden kommen. In enge Schuhe kam er nicht mehr rein, auch privat trug er längst nur noch weiche und weite Sportschuhe. Seinen Arbeitgeber in Bremen musste er immer wieder vertrösten (»Nur ein bisserl noch, es geht schon«). Mitunter war er aber nahe daran aufzugeben, sich gleich operieren zu lassen. Wie nach dem 3:0 in Estland. Da hatte er das Gefühl, dem Team nicht mehr helfen zu können. Im nächsten Spiel erzielte er das Goldtor gegen Schweden …

Zwei Tage nach dem großen Finale in der WM-Qualifikation war es dann so weit: Am 13. Oktober um acht Uhr früh meldete sich Herzog bei Rapid-Arzt Benno Zifko im Evangelischen Krankenhaus in Währing, wo er um die Mittagszeit operiert wurde. Zifko hatte in den Monaten zuvor mit Spezialisten aus Deutschland, Schottland und den Vereinigten Staaten über die Operationsmethode diskutiert. Das Gelenk wurde mit einem vier Zentimeter langen Nagel fixiert und versteift. Entscheidend war der Winkel, damit Herzog problemlos und schmerzfrei laufen konnte. Von vier bis sechs Monaten Pause war die Rede – aber es ging alles schneller. Zwar verhängte Zifko für den rechten Fuß ein Ballverbot bis Anfang Februar –, aber am 13. Februar spielte Herzog bereits in Bremen wieder. Alles ging gut – bis ihn in Hamburg der jetzige Bayern-Legionär Salihamidzic genau an der operierten Stelle traf. Die Ärzte rieten ihm, den Fuß ruhig zu stellen, zwei Wochen Gips zu tragen. Herzog lehnte ab, weil er fürchtete, die Form zu verlieren. Das sollte sich als Fehler herausstellen. Er brauchte wieder Tabletten und Injektionen, um spielen zu können. Um nicht ständig auf sie angewiesen zu sein, trainierte er nur im Schongang. Dadurch verlor er den Rhythmus. Ein Teufelskreis, aus dem es kein Entkommen gab. Dazu kam in der letzten Bundesligarunde beim Vfb Stuttgart durch einen Tritt eine Knochenabsplitterung am linken Rist – mit zwei lädierten Füßen regierte der Frust. Weil er bei seiner zweiten Weltmeisterschaft nie in die Form kam, die er sich wünschte: »Ich war damals 29, hatte die nötige Routine. Normal hätte ich das eine oder andere Spiel im Alleingang entscheiden können, das hätte ich mir schon zugetraut!« So war er leider nur Mitläufer, in den drei Spielen zweimal nur Joker. Erst nach der Weltmeisterschaft ließ er den rechten Fuß zwei Wochen eingipsen und ruhig stellen. Danach waren die Schmerzen weg. Zu spät …

»Wir müssen Andi für sein Durchhalten besonders danken. Seine Zehe war zuletzt schon größer als seine Nase, was man sich eigentlich gar nicht vorstellen kann!« Toni Polster

Als an einem kalten Dezemberabend bei der Auslosung im Stadion von Marseille Österreich als Gruppengegner Italien, Kamerun und Chile bekam, regierte die Zufriedenheit. Mit Leistungen in der Qualifikation sollte da der Aufstieg mit Siegen über Kamerun und Chile doch möglich sein. Aber das Problem war: Im Juni darauf war die Form aus der Qualifikation weg, stimmte der Zusammenhalt nicht mehr so beim Kampf um das WM-Ticket.

Prohaska suchte das »Relais de Margaux«, ein Hotel der Luxuskategorie, als WM-Stammquartier aus. 25 Kilometer nördlich von Bordeaux. Den Tipp bekam der Teamchef von einem ehemaligen prominenten Gegenspieler in seiner Italien-Zeit, vom WM-Organisationschef Michel Platini. Insgesamt inspizierte die ÖFB-Delegation über dreißig Hotels, fuhr dafür 2000 Kilometer mit dem Auto, aber das »Relais de Margaux« im Weinbaugebiet Medoc stand bei Prohaska unverrückbar auf Nummer eins. Umgeben von einem 55 Hektar großen Park, mit Hubschrauberlandeplatz, Swimming-Pool, Tischtennis- und Billardtisch, komplett reserviert für Österreichs WM-Aufgebot. Im Februar bezog der Teamkader dort schon sein Wintertrainingslager. – Und dabei bemerkte Prohaska erstmals das, was ihn in den nächsten Monaten noch öfter stören sollte: zu viel Raunzerei, zu wenig Profitum. Die Teamspieler bemängelten die Abgeschiedenheit des Quartiers, das der Teamchef von Beginn zur absoluten Sperr-

Beim FIFA-Galaspiel anlässlich der WM-Auslosung in Marseille vertrat Heimo Pfeifenberger Österreich, marschierte mit der rot-weiß-roten Fahne auf den Rasen. Nach der Auslosung regierten Zufriedenheit und Gelassenheit beim Smalltalk der Teamchefs aus Italien und Österreich, Cesare Maldini und Herbert Prohaska. ÖFB-Generalsekretär Alfred Ludwig mit skeptischem Blick.

ne erklären ließ. Nur ein offizieller Empfang am Anfang, dann achtete ein Sicherheitsdienst darauf, dass außer r WM-Crew keiner rein durfte. Didi Kühbauer konkretisierte seine Bedenken: »Das ist so abgelegen, dass du mit selber zum Reden anfängst!« Toni Polster hätte sich lieber ein Hotel im Stadtzentrum gewünscht, regte überdies , Frau und Kinder im »Relais de Margaux« einquartieren zu dürfen. Damit stieß der Kapitän beim Teamchef auf ube Ohren: »Die Weltmeisterschaft gibt es nur alle vier Jahre. Wir fahren nicht auf Urlaub, da muss man auch fer bringen!« Und außerdem werde man nie mehr als fünf Tage hintereinander in Margaux sein – dann müsse in ohnehin zu den Spielen nach Toulouse, St. Etienne und Paris.

An die drei Millionen Schilling kostete der Aufenthalt im »Relais de Margaux« – dort drohte im Februar der oße Knall. Weil sich der Kapitän zunächst weigerte, bei den Aufnahmen für einen Werbespot von Teamsponsor par« mitzumachen. Toni Polster winkte ein lukrativer Einzelvertrag beim Spar-Konkurrenten »Billa« mit einem M-Polster. Generalsekretär Ludwig machte Polster klar: Bei allen deinen Verdiensten, Solotouren in Sachen erbung kann es laut den Verträgen nicht geben. Wem das nicht passt, der muss auf die Weltmeisterschaft verhten. Das wollte der Kapitän dann doch nicht …

Der Teamchef und seine Assistenten einmal anders: Herbert Prohaska, Erich Obermayer und Herbert Feurer (von rechts) überraschten auf der Weihnachtsfeier als die neuen Drei Tenöre. Die Wahl zwischen Prohaska und Pavarotti fiel schwer ...

Das wunderschöne, ruhige WM-Quartier in Margaux wurde schon zur Probe im Winter-Trainingslager bezogen. Es gab geteilte Reaktionen. Im weltberühmten Weingut, dem Chateaux de Margaux, wurden Teamchef, Präsident und Generalsekretär zu Rittern des Weinordens geschlagen. Sie trugen's mit Würde.

Der WM-Song kam diesmal von einem österreichischen Weltstar: Udo Jürgens nahm mit den Frankreich-Fahrern, in der Hoffnung auf einige WM-Siege, das Lied »Wunderknaben« auf. Der Teamchef wollte mit seinen Wunderknaben ebenfalls hoch hinaus. Nicht nur bei der Liftfahrt in St. Corona am Wechsel samt anschließender Wanderung auf die Herrgottschnitzerhütte. Dort atmete er leider zum letzten Mal Höhenluft ...

Die rot-weiß-roten Fans waren vor dem WM-Start in Toulouse total auf Sieg eingestellt.

Durch verpatzte und verlorene Testspiele im Happel-Stadion gegen Ungarn (2:3) und die USA (0:3) setzten sich die Spieler selbst unter Druck. Der wurde durch ein mageres 2:1 gegen Tunesien und ein 6:0 gegen Liechtenstein nicht geringer. Der »unabsteigbare« Polster war inzwischen mit dem 1. FC Köln aus der Bundesliga abgestiegen, hatte auch seine Zukunft im Kopf, verhängte aber nicht deshalb über sich ein Interviewverbot, sondern weil er sich zu wenig im Angriff unterstützt fühlte. In den letzten Tagen vor dem Startspiel gegen Kamerun in Toulouse war beim Training in Arsac die Unsicherheit greifbar: Die großen Stützen der Qualifikation (Polster, Herzog) nicht so in Form wie im Kampf um das WM-Ticket. Und Sturm-Präsident Hannes Kartnig reklamierte mehrmals zum Ärger von Teamchef und Spielern, dass man mehr auf das »magische Dreieck« der Grazer Meistermannschaft mit Ivo Vastic, Hannes Reinmayr und Mario Haas setzen sollte. Mit dem Wissen von heute würde Prohaska

Sie eröffneten die WM 1998 für Österreich: Polster, Konsel, Pfeffer, Schöttel, Pfeifenberger, Feiersinger, Wetl, Cerny, Mählich, Kühbauer und Herzog (von links).

anders entscheiden als damals, nicht mehr die menschliche Komponente in den Vordergrund stellen, sondern mehr die Verdienste aus der Qualifikation, »für die ich Andi Herzog ewig dankbar sein werde«, vergessen.

Die Euphorie aus der Qualifikation war beim ersten WM-Spiel jedenfalls weg. Obwohl 10.000 Österreicher auf der Tribüne saßen. Das, was sich alle nach dem Gruppensieg in der Qualifikation vorgenommen hatten, auch bei der WM-Endrunde Mut und Initiative zu zeigen, offensiv nach vorne zu spielen, war vergessen. Man wollte doch lieber mit Sinn und Verstand spielen – das führte dazu, dass man sich gegen die athletisch überlegenen starken Afrikaner darauf beschränkte, das Match zu kontrollieren. 12 Minuten vor Schluss ein Blackout, als Kameruns Abwehrspieler Njanka über das halbe Feld spazieren konnte – Kamerun führte, die Niederlage drohte. Fünf Minuten später ein Dreiertausch, den Prohaska als letzte Rettung sah – Haas, Vastic und Stöger für Cerny,

Herzog und Pfeifenberger. Und wirklich – in der Nachspielzeit gelang noch der Ausgleich. Auf Polster konnte man sich in kritischen Situationen doch verlassen – mit rechts traf er nach einem von Toni Pfeffer verlängerten Eckball genau unter die Latte. Mit Kameruns Kapitän Mboma tauschte Toni das Trikot, in den Sektor mit jubelnden österreichischen Fans warf er dann die schwarze Hose und die Stutzen …

Damit blieb Österreich im Aufstiegsrennen – aber richtig locker wurde die Stimmung im »Relais de Margaux« eigentlich nie. Wie sollte auch der Schmäh rennen, wenn alle vordergründig an die Aufstiegschancen dachten. Der nächste Gegner Chile hatte zum Auftakt Favorit Italien ein 2:2 abgetrotzt, Sturms Trainerguru Ivica Osim spionierte dabei für Prohaska. Sechs Tage nach dem Kamerun-Spiel folgte im Stade Geoffrey-Guichard von St. Etienne das zweite 1:1 Österreichs bei der WM. Mit Skisuperstar Hermann Maier, der als bekennender Polster-

»Polster: Sag nie Alter zu ihm.«

Italiens Fußballbibel »Gazzetta dello Sport« nach Tonis Tor gegen Kamerun

Nach der Rettung in letzter Sekunde tauschte Polster mit Kameruns Kapitän Mboma den Dress, seine Hose und die Stutzen warf er unter die jubelnden Fans aus Österreich.

KAISERSCHMARREN

Zum ausgeklügelten Ernährungsplan von Teamarzt Ernst Schopp bei der WM in Frankreich gehörte der Kaiserschmarren nach dem Spiel. Zum raschen Auffüllen der leeren Energiespeicher. So war es auch in Toulouse nach dem Match gegen Kamerun geplant. Vom Stadion ins »Hotel Palladium«, wo Teamkoch Romeo Auer den Kaiserschmarren zubereitete. Aber dann kam's zu einem unvorhergesehenen Zwischenfall. Bundeskanzler Viktor Klima, der das Match mit Finanzminister Rudolf Edlinger, Wirtschaftsminister Martin Bartenstein und Verteidigungsminister Werner Fasslabend verfolgte, wollte die Mannschaft nachher beim Abendessen treffen. Die Politiker fuhren mit Sekretären und Sicherheitsbeamten ins Hotel vor. Für die gab's jedoch kein Halten mehr, als sie den Kaiserschmarren rochen und sahen. Bis die Mannschaft ins Hotel kam, war kein Kaiserschmarren mehr da. Der Teamarzt verlor kurz die Contenance, der Teamchef war etwas verstimmt, der Teamkoch musste nochmals an den Herd. Bis die müden Spieler den Kaiserschmarren bekamen, dauerte es. Um 23:59 Uhr sollte das Flugzeug zurück nach Bordeaux starten. Aber es dauerte bis 1:43 Uhr, bis es so weit war. Erst um drei Uhr früh lagen alle in Margaux im Bett. Ein Schmarr'n mit dem Kaiserschmarren.

Ski-Superstar Hermann Maier sah als bekennender Polster-Fan neben Hubert Neuper auf der Tribüne von St. Etienne, wie Toni Pfeffer (4) Chiles Millionenstürmer Zamorano meist sicher im Griff hatte.

Fan von Mauhart ein Teamtrikot mit der Nummer neun und dem Namen Herminator bekam, als prominentestem Daumendrücker auf der Tribüne. Auch gegen Chile musste Österreich ein Last-Minute-Tor retten. Mit Haas statt Herzog als zweite Spitze versuchte Prohaska Österreichs Offensive zu beleben – vergeblich. Ein Glück, dass Österreichs Abwehr mit Schöttel, Feiersinger und Pfeffer Chiles Millionenstürmer Zamorano und Salas meist im Griff hatte. Aber 20 Minuten vor Schluss stocherte Salas den Ball nach einem Zamorano-Köpfler irgendwie über die Linie – die Niederlage drohte. Da verhinderte der in der 73. Minute eingewechselte Ivo Vastic. In der Nachspielzeit zirkelte er den Ball nach einem Mählich-Pass von der Strafraumgrenze genau ins Kreuzeck. Der bis dahin fast beschäftigungslose chilenische Torhüter Tapia war fassungslos, fragte nachher Toni Polster: »Trefft ihr immer so genau ins Kreuzeck?« Polsters Antwort: »Wir trainieren das!«

Die Chilenen können es nicht fassen, wieder rettete ein Last-Minute-Tor Österreich vor einer Niederlage. Diesmal trat Ivo Vastic (9) genau ins Kreuzeck. Als die Österreicher mit den Gratulationen an Vastic fast schon fertig waren, lag Chiles Torhüter Tapia noch immer, völlig fertig, regungslos auf dem Boden.

DIE VERWANDTEN

Es war vielleicht eine Stunde vor dem Anpfiff zum 1:1 gegen Chile, als Ivica Vastic am Spielfeld in St. Etienne Markus Schopp verriet: »Ich hab Verwandte in Chile, die wissen gar nicht, dass es mich gibt!« Die Schwester seiner Großmutter war vor Jahren nach Chile ausgewandert. Natürlich machte der Vastic-Ausgleich in letzter Sekunde nicht nur in Österreich große Schlagzeilen, (die »Kronen Zeitung« erschien noch zwei Tage nach dem Match mit einem Vastic-Bild vor der rot-weiß-roten Fahne und der Schlagzeile: »Ivo, jetzt bist du ein echter Österreicher!«), sondern auch in Chile. Und prompt meldeten sich die Chile-Verwandten, die schon über 50 Jahre alten Kinder der Schwester der Großmutter, telefonisch bei einer Tante in Split: »Wie kann ein Vastic für Österreich spielen? Hat dieser Vastic etwas mit uns zu tun?« Er hatte. Und fünf Jahre später, im letzten Herbst, bekam Vastic in Wien Besuch aus Chile …

Am Tag nach seinem Torjubel trug Ivo Vastic zufrieden für die Fotografen die rot-weiß-rote Fahne. Mit seinem Tor machte er Verwandte in Chile auf sich aufmerksam.

Vastic, Prohaska und Pressechef Gramann bei der Pressekonferenz am Tag nach dem 1:1 gegen Chile in Margaux

550 LEERE KILOMETER

Österreich hatte für seine Sponsoren in Bordeaux ein nettes Hotel gemietet. Die Tage zwischen den Spielen wurden unter anderem auch mit Ausflügen überbrückt. Mauhart wusste von einem für seine exzellente Gänseleber bekannten Feinschmeckerlokal im rund 270 Kilometer entfernten Sarlat. Der Genuss sollte die Tagesreise wert sein. Mauhart konnte unter anderem Lotterien-General Friedrich Stickler, von dem damals noch niemand ahnte, dass er vier Jahre später Mauharts Nachfolger werden sollte, ORF-Sportchef Elmar Oberhauser und Sturm-Präsident Hannes Kartnig die Fahrt nach Sarlat schmackhaft machen. Mit zwei Autos war man unterwegs – als man kurz vor 14 Uhr dort ankam, war das Entsetzen aber groß. Das Lokal hatte Ruhetag, nichts zu machen in Sachen Gänselebergenuss. Und von einem gleichwertigen Ersatz war keine Spur – mehr als eine Gemüsesuppe in einem Bistro schaute nicht heraus, ehe es wieder zurück nach Bordeaux ging. Insgesamt also 550 leere Kilometer. Kartnig brauchte lange, um sich zu beruhigen: »So weit bin ich noch nie für nichts gefahren, ein Wahnsinn!«

Dem Teamchef stand aber das Wasser nicht so bis zum Hals wie im Schwimmbad neben Toni Polster. Schließlich hatte bei den Gegnern auch Sturm-Trainer Ivica Osim, oft Gast bei ÖFB-Präsident Mauhart, spioniert.

Einmarsch zum Entscheidungsspiel um den Aufstieg gegen Italien ins Stade de France in Paris. Die Fans hofften noch mit ihrem Idol Toni sogar auf den WM-Pokal, aber der rothaarige englische Referee Durkin (mit Ball) machte nicht mit.

Alles war vor den letzten Gruppenspielen möglich. Österreich musste aber für den Aufstieg wahrscheinlich das letzte Gruppenspiel gegen Italien im Stade de France von Paris gewinnen. 15.000 Fans in Rot-Weiß-Rot unter 80.000 Zuschauern schrien sich die Seele aus dem Leibe, es half nichts. Dabei waren die Italiener körperlich leer, aber sie retteten sich mit ihrer doch etwas höheren Klasse. Dabei boten die Österreicher nach Umstellungen (mit Reinmayr und Vastic von Beginn an) ihre beste Leistung bei der WM, erinnerten phasenweise an ihre guten Vorstellungen bei der Qualifikation – aber es sollte nicht sein. Es wurde der »letzte Walzer« in Paris. Auch unter englischer Mithilfe, denn der englische Referee Paul Durkin beging beim 2:1 (0:0) der Italiener schwere Fehler. Gab zwei Elfmeter für Österreich nicht, ignorierte die Abseitsstellung von Inzaghi vor Italiens 2:0 durch Roberto Baggio in vorletzter Minute. Deswegen wurde Mister Durkin von der FIFA-Schiedsrichterkommission nach diesem Match

Verstand bei seinem WM-Debüt die Welt nicht mehr: Hannes Reinmayr (14)

aus dem Verkehr gezogen, durfte kein Match bei der Weltmeisterschaft mehr pfeifen – aber davon konnte sich keiner etwas kaufen.

Das dritte Last-Minute-Tor Österreichs bei der WM, ein Elfmeter des eingetauschten Herzog, kam zu spät. Österreich hatte speziell nach Italiens Führung durch Vieri mehr und bessere Chancen, aber Italiens Torhüter Pagliuca hielt glänzend. Toni Polster marschierte nach seinem Austausch in der 62. Minute kommentarlos in die Kabine – offiziell begründete er dies, weil er sich mit einem durchschwitzten Trikot auf der Bank vielleicht einen Hexenschuss eingehandelt hätte. In Wahrheit war er sauer auf den Teamchef. Die guten Kritiken in der Heimat trotz Niederlagen (die »Kronen Zeitung« titelte: »Wir können stolz auf dieses Team sein«) waren ein schwacher Trost. »Es waren eigentlich normale Ergebnisse. Wir sind nur an unserer Mentalität gescheitert, an sonst nichts«,

Italien brachte Österreichs WM-Aufstiegshoffnungen endgültig zu Fall. So wie hier Kapitän Maldini Vastic.

so Prohaska. Nur die Defensivabteilung mit Konsel, Feiersinger, Schöttel und Pfeffer spielte so gut wie in der Qualifikation. Statt Österreich stieg Chile auf, spielte im Achtelfinale gegen Brasilien. Präsident Beppo Mauhart versicherte den Spielern vor dem Rückflug: »Ihr habt Österreich würdig vertreten!« In Wahrheit war auch er enttäuscht, hatte mehr erwartet. Als die Spieler einen Tag nach dem 1:2 spätabends in Wien landeten, jubelten ihnen dennoch am Flughafen Hunderte Fans zu. Wenigstens wurde Frankreich von den Einnahmen her die erfolgreichste Weltmeisterschaft in 100 Jahren ÖFB: Über 50 Millionen Schilling kassiert …

Die Irritationen der letzten Wochen zwischen Teamchef und Kapitän setzten sich nach der Weltmeisterschaft fort. Prohaska ging immer davon aus, dass mit dem 94. Länderspiel, mit dem Polster in Paris die Rekordmarke von Gerhard Hanappi übertroffen hatte, die Teamkarriere des 34-jährigen Torjägers beendet sein werde. Zudem plante

So sehr Kapitän Polster auch reklamierte, Mister Durkin gab keinen Elfer für Österreich. Dabei wäre durchaus einer fällig gewesen. So regierte Bonjour tristesse in Margaux, hieß es schon einen Tag später für Polster und Herzog Koffer packen. Nichts wie weg, ab nach Hause!

Das erste Match nach dem Gewinn des WM-Titels bestritt Frankreich in Österreich – Roman Mählich zeigte vor dem großen Zinedine Zidane nur wenig Respekt. Das 2:2 zählte für Österreich fast wie ein Sieg.

Prohaska eine neue, mehr als bisher auf Konter ausgerichtete Spielanlage, für die er schnellere Stürmer als Polster benötigte. Der wollte aber nach seinem Transfer von Köln zu Mönchengladbach weiter für Österreich stürmen, lehnte das ihm offerierte offizielle Abschiedsspiel im ausverkauften Happel-Stadion gegen den frisch gebackenen Weltmeister Frankreich ab: »Ich werde den Teamchef mit meinen Toren zum Umdenken zwingen«, kündigte er grimmig an. Prohaska verstand's nicht …

Das 2:2 gegen die Franzosen war ein starker Neubeginn nach der WM, bei dem nicht Polster, sondern überraschend Michael Konsel auf eigenen Wunsch seine Teamkarriere beendete. Ab sofort war Franz Wohlfahrt die Nummer eins. Der Start in die EM-Qualifikation gegen Israel ertrank am 5. September in schwerem Dauerregen: Das Spielfeld stand teilweise unter Wasser, je länger das Spiel dauerte, desto mehr verhinderte das Terrain ein

Bevor Referee Frisk das erste Match zur EM-Qualifikation 2000 gegen Israel im Happel-Stadion anpfiff, hatten die Stadionarbeiter Hochbetrieb, denn der Rasen stand nach einem Wolkenbruch unter Wasser. Die Regenschlacht endete prompt mit einer Enttäuschung: rasch 1:0 geführt, am Ende nur 1:1.

Angriffsspiel. Harald Cernys Flügelläufe endeten fast nur noch in Wasserlachen. Der enttäuschende Endstand hieß 1:1 (0:0), das WM-Jahr beendeten die Auswärtsspiele auf Zypern und in San Marino. In Larnaca, wo der hohe Gruppenfavorit Spanien zuvor sensationell 2:3 verloren hatte, siegte Österreich am 10. Oktober trotz eines vergebenen Elfmeters von Ivo Vastic in der ersten Hälfte souverän 3:0 (0:0), übernahm nach zwei Toren von Harald Cerny die Tabellenführung. Als es vier Tage später im Stadion Seravalle gegen den Fußballzwerg San Marino zur Pause noch 0:0 stand, war Prohaska wegen der lässigen Spielweise in der Kabine außer sich, schwor der empörte und geschockte Generalsekretär Ludwig oben auf der Tribüne seinem Zigarettenlaster ab. Bis heute hielt er sich daran – er verlegte sich auf Zigarren. Vastic erlöste nach 59 Minuten die österreichischen Fans unter den 1200 Zuschauern – Endstand 4:1.

Pause bis 10. März 1999. Das 50. Länderspiel von Prohaska als Teamchef stand in St. Gallen im Zeichen des Comebacks von Andi Herzog. Er spielte gegen die Schweiz, obwohl Werder Bremen am gleichen Tag gegen Wolfsburg um den Aufstieg ins deutsche Cupfinale kämpfte. Auf der Tribüne sah sein früherer Trainer bei Bremen und Bayern, Otto Rehhagel (der inzwischen Kaiserslautern zu unerwarteten Höhen geführt hatte), wie Herzog beim 4:2-Sieg zwei Tore erzielte und eines vorbereitete. Als Herzog nach der Pause in der Nähe der Outlinie herumdribbelte, hörte er auf einmal von der Tribüne eine vertraute Stimme: »Andreas, Andreas! Ich bin's, Otto, Ihr Trainer. Bremen führt 1:0 und ich fahre jetzt nach Hause« ...

Die starke Offensivleistung übertünchte in der Schweiz die Abwehrschwächen, die Wohlfahrt kaschierte – also hofften alle, am 27. März in Valencia auch in Spanien bestehen zu können. Prohaska hielt einen Punkt für möglich, »wenn wir genug Mut und Courage haben, nach vorne zu spielen, die Spanier zu beschäftigen!« Für den Fall eines Siegs versprach er sogar, seinen über alles geliebten Schnurrbart abzurasieren. Aber es kam im Mestalla-Stadion zu einer ganz anderen Rasur: Österreich von allen guten Geistern verlassen, 1:0 für Spanien nach fünf Minuten, 3:0 nach 29, 5:0 bis zur Pause – Endstand 9:0. Der helle Wahnsinn, ein Rückfall in die Steinzeit, Österreichs höchste Niederlage seit dem 1:11 gegen England am 8. Juni 1908 in Wien.

»Neun Tore aus elf spanischen Torschüssen, mehr braucht man nicht sagen«, erinnert sich Herzog an den schwärzesten Abend als Teamkapitän: »Wir waren grottenschlecht, glaubten, wir könnten die Spanier auskontern wie die Schweiz. Und dann fielen aus ihren ersten drei Angriffen gleich drei Tore. Das war Wahnsinn!« Bezeichnend eine Szene mit dem dreifachen Torschützen Raul. Zu dritt wollten Pfeffer, Herzog und Wetl den Star Real Madrids an der Outlinie »umschneiden«. Aber weit gefehlt: »Der hat einen Trick gemacht, den ich vorher und nachher nie wieder gesehen habe. Raul ist in die Höhe gesprungen, hat den Ball gehabt, und wir drei, die auf ihn hingefahren sind, haben uns gegenseitig die Knöchel blutig geschlagen!« Und das Schlimmste waren die letzten 17 Minuten nach dem 9:0. Herzog brüllte die Mitspieler an: »Haut's euch rein, zweistellig darf das nicht werden, das wäre ja eine Katastrophe.« Nach neunzig Minuten ließ der französische Referee Gilles Veissiere vier Minuten nachspielen: »Die kamen uns vor wie eine halbe Stunde, das war die Hölle!«

Für Prohaska war schon zur Pause klar: »Jetzt ist der Zeitpunkt zum Gehen gekommen, nach diesem Match macht es keinen Sinn mehr!« Als er nach dem 0:7 etwas zu seinem Assistenten Erich Obermayer sagen wollte, war der plötzlich nicht mehr da, sondern bereits schwer getroffen in die Kabine gegangen, um nicht wieder herauszukommen. Der Teamchef hätte es ihm am liebsten nachgemacht. So wie fünf Jahre zuvor in Klagenfurt kam Prohaska nach dem schwärzesten Tag seines Fußballlebens nicht zur Pressekonferenz, bot aber Mauhart nicht sofort seinen Rückzug an, bat ihn nur um ein Gespräch: »Im Unterschied zu Klagenfurt wollten diesmal alle, aber sie konnten nicht!« Alle Fragen nach Konsequenzen blockte er ab: »Das Resultat wird genau das sein, das dieses Ergebnis von mir erfordert. Auch von mir kam keine Hilfe!«

Am Flughafen von Valencia kam es als Strafverschärfung nochmals zu einem ähnlichen Chaos wie auf dem Spielfeld, obwohl nur zwei Chartermaschinen nach Österreich abzufertigen waren – Landung in Wien erst knapp vor sieben Uhr früh. Fünf Stunden später kam Prohaska im schwarzen Anzug zur traditionellen Matchanalyse mit den Journalisten. Im Privatauto, gar nicht mehr mit dem Dienstwagen. Diesmal probierte Mauhart gar nicht mehr den Teamchef justament zu halten, er hielt es auch nicht für richtig. Als Ludwig leise einzuwerfen versuchte, alle sollten

Franz Wohlfahrt redet mit Spaniens Star Raul – doch der kannte keine Gnade, drei der neun Tore gingen auf sein Konto. So oft musste Wohlfahrt im Team nie den Ball aus dem Netz holen. Und am Ende saß Herbert Prohaska schwer geschockt und verlassen vor der Betreuerbank. Denn Assistent Erich Obermayer war bereits nach dem 0:7 in die Kabine geflüchtet.

darüber noch eine Nacht schlafen, widersprach Prohaska sofort: »Was sollst bei einem 0:9 noch schlafen? Da fordert die Öffentlichkeit ein Opfer. Das Opfer ist der Trainer. Der Trainer geht und die Geschichte ist erledigt!« Das war drei Tage nach dem 0:9 am 30. März der Fall: »Ich kann nach dem Ergebnis nicht mehr glaubhaft sein. Die Fans sehen in mir keine Hoffnung mehr, die Europameisterschaft zu schaffen. Und der Fußball lebt von den Fans!« Prohaska fordert keinen Schilling Abfertigung, für das faire Angebot, das ihm Mauhart dann machte, bedankte er sich sehr: »Hätte ich nach 50 Spielen aufgehört, wäre mir vieles erspart geblieben. Es war das berühmte eine Match zu viel.«

Wir unterstützen das österreichische
Nationalteam, wo's nur geht.
www.raiffeisen.at

2003

Der Triumph in Genf

Wie hinter den Kulissen die Euro 2008 nach Österreich geholt wurde: Mit Platini in der Botschaft oder Mitternachtsdinner in Madrid

Zwischen der Blamage von Valencia und dem nächsten Match gegen San Marino lag nur knapp ein Monat – es musste also rasch etwas geschehen. Zumal trotz 0:9 noch relativ viel repariert werden konnte – die Chancen auf Platz zwei waren ja noch immer intakt. Mit Genehmigung von Sturm-Präsident Hannes Kartnig sprach Mauhart mit Sturms Meistermacher Ivica Osim – doch der sagte ihm bei einem Gespräch am Wechsel ab, konnte sich mit seinem legendären Spruch »Schwer ist« nicht zu einem Ja durchringen. Also galt bald wieder Otto Baric als erster Kandidat – der war nach seiner Trennung von Fenerbahce Istanbul und dem Schlussstrich in Linz beim LASK wegen Finanzproblemen frei auf dem Markt. Und weil er diesmal in den Zeitungen »kein Inserat für sich aufgab«, wie der Präsident zufrieden konstatierte, gab es auch von Mauhart keine Einwände. Sogar das erste Treffen der beiden im Haubenlokal Schaffelner auf den Strengbergen blieb so geheim, wie es Mauhart wollte. Aber Baric zeigte mitunter doch, dass er es noch nicht vergessen hatte, zweimal nicht zum Zug gekommen zu sein, als er großes Interesse an dem Teamchefjob hatte. Als Mauhart erstmals Zahlen nannte, blinzelte Baric ihn listig an: »Hätten Sie dieses Angebot so gemacht auch Ernst Happel?« Die Antwort, dass auch mit anderen Teamchefkandidaten verhandelt werde, irritierte den Kroaten nicht: »Herr Präsident, wollen Sie haben Straße oder Autobahn? Ich mache Ihnen gleich Autobahn!«

Die abschließenden Gespräche in Mauharts Wiener Haus hatten noch Nebengeräusche: Baric kam mit seinem Mercedes aus Zagreb, doch bei dem fehlte das vordere Kennzeichen: »Weiß ich nicht, wo ich habe diese«, bedauerte Otto maximal. Daher fuhr Ludwig mit Baric nach der Einigung noch auf das Kommissariat Leopoldstadt, um den Kennzeichenverlust aufnehmen zu lassen. Nicht der letzte Zwischenfall, den Baric in Sachen Auto lieferte. Einmal tankte er seinen Dienstwagen versehentlich mit Diesel statt mit Super voll …

Baric sorgte mit seinen bekannt markigen Sprüchen von »Maximal«, »Million Prozent« etc. trotz der neun kassierten Tore in Valencia für eine Art neue Aufbruchstimmung – das Schwarzenegger-Stadion war gegen San Marino immerhin ausverkauft. Beim Treffpunkt in Bad Waltersdorf war er gleich zu Kapitän Andi Herzog gegangen: »Ich habe kein Problem mit dir, hast du eines mit mir?« Herzog versicherte: Sein Frust aus gemeinsamen Rapid-Zeiten, weil Baric damals junge Spieler wie ihn nicht wirklich förderte, war längst vergessen.

Aber schon im zweiten Match kam für Baric der erste Tiefschlag. Ein 0:5-Debakel in Tel Aviv gegen Israel eine Woche nach Meisterschaftsende in Österreich. Das hätte er nie für möglich gehalten – also fragte er sich schon: »Hat das alles einen Sinn?« Damit stieß er aber bei Mauhart und Ludwig auf taube Ohren. Die EM-Qualifikation konnte er vergessen, er musste schon den Kampf um das WM-Ticket 2002 im Auge haben. Da warteten wieder Spanien und Israel, dazu die Türkei und Liechtenstein. Bis es im Oktober 2000 losging, überlegte Baric im Februar nach einer 1:4-Abfuhr in Kalamata gegen Griechenland wieder kurz seinen Rückzug und probierte viel – fix spielte sich nur der Burgenländer Martin Stranzl, der auf »Privatinitiative« in München bei 1860 via Nachwuchs und Amateuren Karriere machte, in die Stammbesetzung.

Der Auftakt im Rheinpark-Stadion von Vaduz war nicht erbauend. Österreich quälte sich zu einem knappen 1:0-Sieg – aber vier Tage später präsentierte sich Österreich ganz anders, rang Favorit Spanien im ausverkauften Happel-Stadion ein 1:1 ab. Und Baric hatte wieder mit seinen Motivationskünsten gearbeitet: »Seid ihr alle gut, sonst hätte ich euch nicht genommen«, versicherte er seinen Spielern auf der letzten Besprechung, »aber Spanier haben objektiv nur Klasseleute, sind phänomenal. Aber aufpassen: Ich habe einen Zug gefunden. Wenn ihr den

Alles klar mit dem Präsidenten. Skeptischer Blick vor der 7:0-Premiere in Graz, aber bald gab's Grund genug für Otto Baric, sich maximal zu ärgern.

»Herr Präsident, wollen Sie haben Straße oder Autobahn? Ich mache Ihnen gleich Autobahn!« Otto Baric

viermal in jeder Hälfte macht, dann verlieren wir sicher nicht!« Einen schwachen Punkt hatte er entdeckt und auf den baute er alles auf. Barcelona-Linksverteidiger Sergi sollte aus der Abwehr gelockt werden, auf dieser Seite immer wieder der schnelle Cerny forciert werden ...

Der Herbst 2000 war auch die Zeit, in der Mauhart merkte, dass einige Landesverbandspräsidenten nicht mehr mit ihm wollten. Er war fest entschlossen, sich nicht ohne weiteres »rausdrängen zu lassen«. Aber ihn beschäftigten andere Dinge mehr: Österreichs dritte Kandidatur für eine Euro-Endrunde richtig auf die Reihe zu bringen, die mögliche dritte WM-Qualifikation seiner Ära. Das Remis gegen Spanien machte Hoffnung, die auch Andi Herzog am Leben erhielt. 2001 begann sozusagen sein zweiter oder dritter Frühling im Team – in jedem wichtigen Match traf er oder legte Tore selbst auf. Gegen Bosnien das 1:1 in Sarajevo. Siegestor gegen Israel zum 2:1 in Wien, beide Treffer zum 2:0-Heimsieg über Bosnien. Zuvor war man beim zweiten Match in Valencia glimpflich davongekommen – nur 0:4. Dabei hatte Österreich durch Vastic die erste große Chance, kassierte in der 45. Minute das 0:1, in den letzten elf Minuten noch drei Treffer. So musste am 7. Oktober das Auswärtsspiel gegen Israel über Platz zwei entscheiden – ein Punkt reichte für Platz zwei und das Play-off um die WM-Fahrkarte nach Japan und Südkorea. Daraus wurde der größte Nervenkrieg, den es je um Österreichs Nationalteam gab.

DIE VERSCHIEBUNG

Mit dem Terroranschlag vom 11. September in New York stieg das Sicherheitsdenken in aller Welt, wurde die Lage in einigen Ländern noch explosiver. Auch in Israel. Daher fragte der Fußballbund brieflich beim Weltverband FIFA an, ob er in Zeiten wie diesen die Verantwortung für die Sicherheit von Österreichs Team in Tel Aviv übernehmen könnte. Einige österreichische Spieler hatten bereits ihre Bedenken gegen den Flug nach Israel deponiert. Teamchef Otto Baric nominierte seinen besten Kader, der bei der Zusammenkunft am 1. Oktober von Beppo Mauhart hörte, welches Sicherheitspaket in Absprache mit dem Außenministerium geschnürt wurde. Die Bedenken der Spieler konnte er nicht zerstreuen, wie Mauhart und Pressechef Wolfgang Gramann auf der zweiten Pressekonferenz des Tages zugeben mussten. Die Spieler wollten die Entscheidung in der FIFA-Zentrale in Zürich abwarten. Um 16 Uhr erfuhr Mauhart an diesem Montag via Handy, dass wie geplant am Sonntag im Ramat-Gan-Stadion von Tel Aviv gespielt werden muss. Weil die israelischen Behörden alle von der FIFA geforderten Sicherheitsgarantien abgaben. So wie in Tel Aviv sei zuvor noch nie eine österreichische Mannschaft bewacht worden: Mit einem so genannten »Personen- und Objekt-Rundumschutz«. Unter der Devise: In Tel Aviv nie ohne Bewachung. Eine Etage im »David-Intercontinental-Hotel« am Mittelmeer wäre total abgeriegelt worden. Ebenso die Restaurantzone für das Team. Dazu geheime Autobusrouten zum Training und zum Match, Bewachung des Busses rund um die Uhr. Außerhalb des Hotels und des Stadions hätten sich Mitglieder aus der ÖFB-Delegation nicht frei bewegen dürfen. Die Lauda-Air-Maschine wäre unter strenger Bewachung aufgetankt am Ben-Gurion-Flughafen stehen geblieben, damit das Team Tel Aviv jederzeit hätte verlassen können.

Mauhart fuhr zum Teamtraining auf einen Nebenplatz des Happel-Stadions und teilte es den Spielern mit. Nach dem Training begannen im »Hilton-Danube-Hotel« neue interne Spielerberatungen. Man ahnte schon: Mindestens fünf werden nein zu Israel sagen, bis Mitternacht waren es neun. Alle Spieler des FC Tirol (Roland Kirchler, Alfred Hörtnagl, Robert Ibertsberger, Walter Kogler, Edi Glieder), die Austrianer Christian Mayrleb und Martin Hiden, Wolfsburg-Legionär Didi Kühbauer sowie Günther Neukirchner von Sturm. Mauhart hatte vorher klargestellt, dass keiner mit Konsequenzen rechnen müsste, er warf den Verweigerern aber mangelnde Professionalität vor: »Sie lassen ihre WM-Chance, die sie sich selbst geschaffen haben, links liegen!« Umstimmungsversuche bei einer letzten Aussprache am Dienstag früh schlugen fehl. Wenn man zweieinhalb Jahre später mit ihm darüber redete, war er noch immer überzeugt: »Die Aktion ging nur von Tirol aus, Klubchef Martin Kerscher hat sie meines Erachtens sogar genehmigt! Alle kamen schon mit einer vorgefassten Meinung!« Trotz Protesten aus einigen Landesverbänden gegen den konzilianten Kurs, auf Sperren, die bei Nichtbefolgung der Einberufung laut Statuten möglich wären, zu verzichten, stand schließlich das komplette ÖFB-Präsidium hinter dem Mauhart-Kurs: »Wir haben eine gute, ausgewogene Politik gemacht!« Denn allen war klar: Hätte man sich offiziell geweigert, in Israel zu spielen, hätte man die EM-Kandidatur mit der Schweiz für 2008 gleich vergessen können. Das hatte Mauhart auch Baric, der zunächst Stimmung gegen das Match machte, klipp und klar gesagt. Mannschaftsintern war klar, dass keiner der neun je ein Wort der Kritik hören wird …

Frank Stronach, der Bundesligapräsident und Austria-Finanzier, machte auf Mauhart Druck, die Daheimbleiber zu sperren: »So sind wir kein gutes Aushängeschild. In Zukunft muss es bei so einer Verweigerung Sperren geben oder vielleicht noch besser saftige Geldstrafen!« Auch Sturm-Präsident Hannes Kartnig verstand die Welt nicht mehr: »Die Fußballer verdienen in ihrem Job Millionen. Daher dürfen sie nicht kneifen, wenn es einmal unangenehm wird.«

Aber es kam noch alles anders: Donnerstag stürzte eine in Tel Aviv gestartete russische Tupolev über der Ukraine ab. Gegen 15 Uhr gab es erste nähere Meldungen. Da begannen Mauhart und Generalsekretär Ludwig zu rotieren. Die Telefone glühten. Mauhart ließ FIFA-Präsident Sepp Blatter sogar aus einer Sitzung holen, intervenierte auch bei UEFA-Chef Lennart Johansson: »Ich kann die Mannschaft der neuen Situation nicht aussetzen!« Es gab zwar erste Gerüchte, dass die Ukraine die Tupolev irrtümlich abgeschossen habe, dann wieder Dementis. Blatter besorgte sich vom Dringlichkeitskomitee die Erlaubnis zu einer Ex-Präsidio-Entscheidung, die er kurz nach 18 Uhr traf: Terrorverdacht, daher vorerst kein Match. Über neuen Termin und Spielort sollte nächste Woche entschieden werden. Bei einem UEFA-Kongress in Prag …

Zwei Stunden später baten Mauhart, Baric, Pressechef Gramann und Teamkapitän Herzog („Wir hatten alle ein mulmiges Gefühl«) erleichtert zur Pressekonferenz über die neue Situation, in Israel hatte keiner Verständnis dafür. Mittelfeldstar Haim Revivo: »Die FIFA will nicht, dass Israel an einer WM teilnimmt.« Verbandspräsident Gabriel Levy bezeichnete die Entscheidung als irreführend, inakzeptabel und einen Kniefall vor Österreich. Zumal sich herausgestellt hatte, dass die Tupolev tatsächlich irrtümlich durch eine fehlgeleitete ukrainische Rakete abgeschossen wurde. Am 7. Oktober begann übrigens fast zur geplanten Spielzeit der große amerikanische Gegenschlag für den 11. September gegen Terroristenschlupfwinkel in Afghanistan. Die Vorstellung, dass Österreich gerade gespielt hätte, war makaber.

Donnerstag darauf stand der 27. Oktober als neuer Termin fest, der Spielort blieb offen. Man wollte die weitere Entwicklung der Lage in Israel abwarten. Erst drei Tage vor dem Match fiel die endgültige Entscheidung für Tel Aviv. Als die Chartermaschine mit dem Team, in der auch Hünen der Sicherheitsstaffel »Kobra« saßen, Freitag Mittag am Ben-Gurion-Flughafen landete, liefen am Flugfeld einige Arbeiter mit israelischen Flaggen um sie herum, als Österreichs Spieler die Gangway herunterkamen. Vor dem Flughafen standen Fans mit einem Transparent: »Chickens are not welcome in Israel!« Von feigen österreichischen Hühnern war im Match aber wirklich nichts zu sehen ...

Noch auf der Gangway sah Markus Schopp am Ben-Gurion-Flughafen in Tel Aviv die israelische Fahne. Und ein Transparent vor dem Flughafen machte den Österreichern klar, dass sie als Hühner (chickens) in Israel nicht willkommen waren.

DEBÜT MIT 39

Otto Baric schien vor dem Israel-Match an den Grenzen seiner Belastbarkeit zu sein. Neun Absagen, zwei Gesperrte (Baur, Flögel), zwei Verletzte (die 1860-Legionäre Cerny und Stranzl) – bei 13 Ausfällen hätten auch bessere Fußballnationen ihre Probleme. Mittwoch sollten 18 Mann beim Training sein. Als Baric in der Früh Vastic sagte, er brauche ihn nicht als Stürmer, sondern als Libero, antwortete er: »Ich bin doch vorne wertvoller. Warum nicht mit Zeljko?« damit meinte er Zeljko Vukovic. Die beiden gebürtigen Kroaten gelten als »Busenfreunde«. Baric, der nicht wusste, dass Vukovic Österreicher war, fand die Idee gut. Als der 39-Jährige vom Training des Aufsteigers FC Kärnten kam, bei dem er als Abwehrchef überzeugende Leistungen bot, hörte Vukovic auf der Mailbox seines Handys die Stimme von Baric: »Ich brauche dich für dieses eine Spiel. Bist du bereit zu helfen?« Vukovic war nachmittags bereits auf dem Weg zum Team, musste wegen der Verschiebung aber auf sein Debüt noch drei Wochen warten.

Über Nacht war ein neues Team aus dem Boden gestampft worden. Nach dem ersten Training in neuer Besetzung war Herzog verblüfft: »Trainer, da hab ich aber viel Feuer gesehen!« Auch Baric sah es so: »Wir werden die Stimmung schaffen, die notwendig ist, um einen Punkt zu holen!« Die für den Sport zuständige Vizekanzlerin Susanne Riess-Passer besuchte das Team, um zu zeigen, »dass Österreich hinter euch steht!« Durch die Verschiebung war sie dann am 27. Oktober live vor Ort. Neue Personalreserven eröffneten sich auch am neuen Termin für Baric nicht: Cerny wäre zwar fit geworden, bat aber, auf ihn zu verzichten. Grund: Seine Frau war hochschwanger, die Geburt der Zwillinge konnte täglich passieren. Sein Klubkollege Weissenberger musste mit einer Gürtelrose passen. Von den neun Verweigerern hatte inzwischen keiner seine Meinung revidiert. Es sollte trotzdem reichen.

Beim Frühstücksgespräch brachte Ivica Vastic Otto Baric auf die Idee, nicht ihn spielen zu lassen, sondern einen 39-jährigen Debütanten – Zemjko Vukovic.

Mit der Verschiebung aus Sicherheitsbedenken vom ursprünglich geplanten 7. Oktober um zwanzig Tage auf 27. Oktober begann es. Von einem Sonntag auf Samstag. Israels Verbandschef Levy konnte nicht genau erklären, warum es diesmal ein Samstag sein musste. Er sagte nur, dass an einem Feiertag weniger Verkehr ist. Aber am religiösen Feiertag Sabbat gibt es in Israel kein warmes Essen. Der beginnt mit Freitagabend nach Einbruch der Dunkelheit. Es folgten lange Diskussionen, ob und wie die Österreicher in dem Fünfsternehotel warm essen dürfen, wer vor dem Match das Mittagessen, die gewohnten Steaks und Nudeln, zubereitet oder zubereiten darf. Damit wurde sogar die FIFA-Zentrale in Zürich befasst. Schließlich wurde das Problem durch aus Wien mitgebrachte Elektrokocher gelöst: »Die Hendeln am Freitag waren wie Gummiadler«, erinnerte sich Teamkapitän Andi Herzog drei Jahre danach …

Der Teambus war stets streng bewacht und von fanatischen israelischen Fans umringt. Probleme gab es mit dem Essen im »David-Intercontinental-Hotel« wegen des religiösen Feiertags, dem Sabbat, es gab ab Freitagabend kein warmes Essen. Also mussten aus Wien mitgebrachte Elektrokocher helfen. Die Hendeln schmeckten trotzdem wie Gummiadler ...

Hektik pur im Ramat-Gan-Stadion, als der portugiesische Referee Melo Pereira die Teams auf das Feld führte. Österreichs UNO-Soldaten mit den rotweißroten Fahnen hatten keine Chance, sich richtig bemerkbar zu machen.

Israel versuchte die hitzige Atmosphäre in den Griff zu bekommen. 50.000 Flugzettel mit einem »Friedensappell« wurden rund um das Ramat-Gan-Stadion verteilt (»Verhalten wir uns als faire Sportsmänner, begrüßen wir das österreichische Team. Respektiert die Spieler, respektiert deren Hymne, vermeidet Beschimpfungen der Gäste!«). Teamchef Richard Möller-Nielsen, der 1992 mit Dänemark Sensations-Europameister geworden war, entschuldigte sich für einen dummen Sager von Manchester City-Legionär Eyal Berkovic (»Diese Feiglinge werden auf dem Rasen ihre Ohrfeigen bekommen«). Staatspräsident Katvan kam ebenso wie fünf

Sie schafften den rettenden Punkt in einem denkwürdigen Match in Tel Aviv. Stehend: Wohlfahrt, Schopp, Haas, Strafner, Prilasnig, Vukovic. Vordere Reihe: Herzog, Vastic, Kitzbichler, Markus Hiden und Winkelhofer (jeweils von links).

Minister zu Israels wichtigstem Spiel seit zwölf Jahren, für das sich 100 Journalisten akkreditieren ließen, das nach Brasilien und Japan, in die Türkei sowie nach Deutschland und Dänemark übertragen wurde. Rund um das Stadion zogen die Israelis einen dreifachen Sicherheitskordon auf. Während des Aufwärmens der Mannschaften wurden auf der Vidi-Wall die fünf israelischen Tore gegen Österreich von 1999 gezeigt. Österreichs Vizekanzlerin Susanne Riess-Passer, der alle Sicherheitsbedenken wegen ihres Flugs nach Tel Aviv egal waren, fand nur »nach Kampf« einen Platz auf der Ehrentribüne.

Von dort hörte sie, wie 42.000 Zuschauer Österreichs Hymne gnadenlos niederpfiffen. Beim obligatorischen Shakehands der Spieler vor Anpfiff sagte Israels Kapitän Banin zu Andi Herzog: »We apologize for our fans!« Herzog akzeptierte die Entschuldigung, vergatterte nochmals seine Mitspieler: »Ruhig bleiben, wir spielen gegen anständige Sportler!« Nach dem Match tauschte Herzog im Kabinengang sein Trikot mit Banin – zu diesem Zeitpunkt war Österreichs Kapitän endgültig der rot-weiß-rote Fußball-König! Der Mann, der Österreich zur WM 1998 geschossen und in dieser Qualifikation alle entscheidenden Tore erzielt hatte, rettete dem kämpferisch restlos

»Dann hau ihn eine!« – Andi Herzog hielt sich an Franz Wohlfahrts Befehl. Sein Last-Minute-Tor in Tel Aviv. Damit war er endgültig der rotweißrote Fußballkönig.

überzeugenden »Not-Team« mit einem Freistoß in der Nachspielzeit das 1:1 und damit die Play-Off-Spiele um das WM-Ticket gegen die Türkei.

Dabei war Herzog nach 65 Minuten stehend k.o. In Bremen war er zu dieser Zeit nicht mehr Stammspieler, meist Joker – daher fehlte ihm Spielpraxis, gestand er Baric an der Seitenlinie: »Ich glaub, ich kann jetzt nicht mehr helfen.« Aber der Teamchef dachte nicht daran, ihn zu wechseln – ein Herzog kann mit einer Aktion noch immer alles umdrehen. Und so war es auch: Ausgerechnet Vastic, der den umstrittenen Elfer zu Israels Führungstor verschuldete, holte an Israels Strafraumgrenze einen Freistoß heraus. Nach kurzer Beratung mit Herzog sagte Vastic: »Die Position ist besser für dich als Linksfuß!« Plötzlich kam Franz Wohlfahrt aus dem Tor nach vorne, wollte schießen. Als Herzog darauf bestand, das selbst zu erledigen, schrie ihn Wohlfahrt an: »Dann hau ihn eine!«

»Nasenbär, ich bin stolz auf dich«

Ein SMS von Toni Polster an Andi Herzog nach dessen Tor zum 1:1 in Israel

Der Wunsch war Herzog Befehl. Er wollte scharf auf das Eck von Torhüter Aouate zielen. Zum Glück passte der Ball genau zwischen die Beine von Nimny hindurch – da war nichts mehr zu halten. Weil der Keeper zuvor auf Verdacht einen Schritt zur Mitte gemacht hatte. Ein historisches Tor, das Österreich weiter von der WM träumen ließ – da hatte Baric bei den Jubeltänzen Tränen in den Augen. Die israelischen Fans reagierten mit Pfeifkonzerten, Schmährufen, bewarfen TV-Kommentator Hans Huber auf seinem Übertragungsplatz mit Orangen und Steinen – unschöne Szenen. Die Vizekanzlerin kam strahlend zur Gratulation in die Kabine, befahl allen Fotografen, die sie mit Andi Herzog ablichteten, ein Bild an sie zu liefern: »Das bekommt einen Ehrenplatz auf meinem Schreibtisch!« Am Flughafen Schwechat harrten 300 Fans bis fünf Uhr früh aus, um nach der Landung der Chartermaschine Andi Herzog im Triumphzug aus der Halle zu tragen …

Dieses Foto vom Ben-Gurion-Flugplatz in Tel Aviv bekam einen Ehrenplatz am Schreibtisch von Vizekanzlerin Riess-Passer. Strahlende Mienen bei Herzog und Wohlfahrt vor dem Rückflug. In Wien warteten 300 Fans bis fünf Uhr Früh, um Herzog im Triumphzug aus der Ankunftshalle zu tragen.

»Ein Supercharakter, der immer normal geblieben ist. Er war als Österreicher mitunter der beste Mittelfeldspieler der deutschen Bundesliga. Das war für die Deutschen Strafe genug!«

Hans Krankl über Andi Herzog

Restlos ausverkaufte Tribünen im Happel-Stadion im ersten Play-off-Spiel gegen die Türkei. Ein Argument mehr für die Vergabe der EM 2008 an Österreich. Die Fans waren total auf Sieg eingestellt. Die Österreicher kamen auch zu guten Chancen, aber es traf in Wien nur der Türke Okan (7).

Szenen, die einem kalte Schauer über den Rücken jagten. Die Euphorie in Österreich sorgte für ein ausverkauftes Happel-Stadion am 10. November im ersten Play-off-Spiel gegen die Türkei und trieb Österreich nach vorne – aber nach drei ungenützten Chancen kontrollierten die Türken das Geschehen. Gewannen in Wien 1:0, vier Tage darauf in Istanbul 5:0. Auch im Ali-Sami-Yen-Stadion vergab Mario Haas wie in Wien die erste Torchance im Spiel. Andi Herzog: »Wir wurden mit dem Pressing der Türken, das sie am ganzen Platz praktizierten, nicht fertig!« Wie gut die Türken waren, sah man sieben Monate später bei der WM in Südkorea und Japan – sensationeller Dritter.

Im Ali-Sami-Yen-Stadion von Istanbul kam Österreich zwar zur ersten Chance – aber das Pressing der Türkei war zu stark. Die Mienen von Otto Baric und Andi Herzog sagen alles, Mario Haas konnte nur dem türkischen Muskelpaket Alpay gratulieren, auch wenn's nicht leicht fiel.

Ein letztes Telefonat – dann Abschied von Rotweißrot. Baric hatte die Lust verloren.

»Vor zwei Monaten hätte ich Sie gebraucht. Der kroatische Verbandschef war zwar gut, aber Sie wären stärker gewesen.«

Otto Baric am 28. Juli 2004, einen Monat nach seinem Rücktritt als Kroatiens Teamchef bei der Europameisterschaft in Portugal, in Wien bei der Feier zu Franz Hasils 60. Geburtstag, zu Ex-ÖFB-Präsident Beppo Mauhart. Dessen Antwort: »Wenigstes a guate Nachred!«

In diesem Herbst fiel erstmals in einem Artikel des »Profil« der Name von Friedrich Stickler als möglicher Nachfolger für Mauhart, falls der Präsident im nächsten Jahr nicht mehr wiedergewählt würde oder abtreten sollte. Mauhart war aber zuvor mit einer anderen Nachfolge beschäftigt: mit der für Baric. Eigentlich plante Mauhart, ihn auch für die nächste EM-Qualifikation zu bestätigen, aber mit dem Scheitern im Play-Off gegen die Türkei hatte der Kroate die Lust verloren. Er wollte nicht mehr. Ein halbes Jahr später war Baric wieder Teamchef – nach der Weltmeisterschaft in seinem Heimatland Kroatien.

Erstmals in 17 Jahren nahm das ÖFB-Präsidium Mauhart das alleinige Handeln in Sachen Teamchef aus der Hand. Auch ÖFB-Generalsekretär Ludwig und Ligavorstand Reinhard Nachbagauer übernahmen Verhandlungen. Ligapräsident Frank Stronach wollte in einer »Task Force« noch ein entscheidendes Wort mitreden. Das musste Mauhart zu denken geben – es sah nicht gut aus für seine Pläne, noch zwei Jahre Präsident zu bleiben. Am 21. Jänner 2002 stand Hans Krankl nach fünfstündigen Beratungen der »Task Force« und des ÖFB-Präsidiums im Salzburger Hotel »Rosenberger« als Baric-Nachfolger fest. Mauhart gab schließlich die Zustimmung – anfangs dachte er an andere Namen. Im Anschluss daran tagte der Wahlausschuss für die Ernennung des neuen Präsidenten. Der steirische Verbandschef Hofrat DDr. Gerhard Kapl überraschte mit einem Vorstoß im Auftrage seiner Landesregierung für Frank Stronach, stieß damit auf massiven Widerstand der anderen Landesfürsten. Bis auf Niederösterreich, Tirol und im Ernstfall das Burgenland wollte auch keiner die Verlängerung von Mauharts Ära – also entschloss er sich, nicht mehr zu kandidieren, es auf keine Kampfwahl ankommen zu lassen. Mitten in der von ihm initiierten Kandidatur für die Euro 2008, die er selbst zu einem erfolgreichen Ende bringen wollte …

Alles Gute, Herr Teamchef. Das wünschte der ÖFB-Präsident Friedrich Stickler nach seiner Amtsübernahme Hans Krankl. Mitte Generalsekretär Ludwig, der bei der entscheidenden Sitzung in Salzburg auch für Krankl gestimmt hatte. Krankl war auch der Favorit von Ligapräsident Frank Stronach.

DER KRANKL-MARATHON

Zehn Mann umfassten die so genannte »Task Force«, die zur Bestellung des Nachfolgers von Otto Baric eingesetzt war. Je fünf Mitglieder sowohl von Bundesliga als auch vom ÖFB. Die Bundesliga kürte auf der Präsidentenkonferenz in Laxenburg Hans Krankl zu ihrem Kandidaten, für den sich vor allem Ligapräsident Frank Stronach stark machte. Auf der anschließenden Liga-Weihnachtsfeier kamen jedoch einige Klubchefs zum anwesenden Beppo Mauhart und beschworen ihn, einen neuen Teamchef namens Krankl zu verhindern. Mauhart war fassungslos: »Aber ihr habt ihn doch gerade erst zu eurem Kandidaten gewählt!« ...

Selbstverständlich wurden noch andere kontaktiert. Von Ivica Osim, um den sich Mauhart bemühte, war wieder kein »Ja« zu bekommen. Mit dem Engländer Roy Hodgson, der als Schweizer Teamchef große Erfolge hatte, als Klubtrainer erfolgreich in Schweden tätig, mit Inter Mailand bis ins UEFA-Cup-Finale gekommen und dann nach England zu Blackburn gewechselt war, nahmen Generalsekretär Ludwig und Ligavorstand Nachbagauer Verbindung auf. Didi Constantini nahm sich aus dem Rennen, weil er für ein halbes Jahr die Wiener Austria übernahm. Gesprochen wurde auch mit Kurt Jara, ob er aus dem Vertrag beim Hamburger SV aussteigen könne, was nicht der Fall war, und mit dem Holländer Cor Adriaanse. Das erstellte Anforderungsprofil erfüllte keiner zu hundert Prozent. So sah es vor der entscheidenden Sitzung in Salzburg nach einem klaren Favoriten Krankl im Duell gegen Hodgson aus.

Der erwartete Formalakt wurde aber zu einem fünfstündigen Marathon. Zunächst unterrichtete Sturm-Präsident Kartnig ungefragt die Task Force von immer größeren Bedenken gegen Krankl. Nicht der einzige Widerstand aus der Liga. Schließlich hieß es 6:3 für Krankl gegen Hodgson, der einen Vierjahresvertrag for-

Fußball mit Herz wollte Hans Krankl vom Team sehen, das ihm sicher eine Herzensangelegenheit ist. Krankl machte Andi Ivanschitz vier Tage vor dessen zwanzigstem Geburtstag am 11. Oktober 2003 bei der 2:3-Heimniederlage gegen Tschechien zum jüngsten österreichischen Teamkapitän aller Zeiten.

derte. Im darauf folgenden ÖFB-Präsidium wollten sich zunächst die Landeschefs aus Oberösterreich, Kärnten, Tirol, Vorarlberg und dem Burgenland über das Task-Force-Ergebnis hinwegsetzen. Erst als Ludwig mit Unterstützung der bewährten Rechtsanwaltsmanier von Salzburgs Verbandschef Herbert Hübel den Krankl-Gegnern vorrechnete, ein vorzeitiger Abgang von Hodgson würde dem ÖFB eine Million Euro kosten, kam es zum Krankl-Konsens ...

Krankl erhielt keinen längerfristigen Vertrag, vorerst nur einen auf zwei Jahre. Das änderte nichts an seinen radikalen Umbauplänen: »Eine große Aufgabe in einem kleinen Land, das Großes leisten kann!« Aber in der EM-Qualifikation reichte es zu keinem Punkt gegen die Favorits Holland und Tschechien. Dennoch machte sich Stickler am Ende der Qualifikation für eine Vertragsverlängerung stark: »Man hat doch am Ende gegen Holland und Tschechien klare Fortschritte gesehen. Keiner hätte es verstanden, danach den Teamchef zu wechseln!« Also ein neuer Anlauf in der WM-Qualifikation für 2006 in Deutschland. Schon vor der Auslosung in Frankfurt schwor Stickler Krankl auf die Formel ein: »Egal gegen wen, wir jammern nicht, sondern sagen, wir wollen uns qualifizieren!« Die Botschaft gilt gegen England, Polen, Wales, Nordirland und Aserbaidschan.

Stickler: »Hans weiß, dass die Latte hoch liegt!«

DER WECHSEL

Als Beppo Mauhart ÖFB-Präsident wurde, wollte er dies eigentlich nur ein Jahr bleiben. Das Image des Verbandes war ja 1984 nach der spanischen WM-Enttäuschung nicht das beste. Ein Debattierklub, der organisatorisch nicht am modernsten Stand und ineffizient sei, um dessen Liquidität es nicht zum Besten stand. Der Präsident »fehlte« im Statut, das kleinste Entscheidungsgremium umfasste 13 Mitglieder. Das alles gefiel Beppo Mauhart nicht. Der damalige Tiroler Verbandspräsident Alfred Burger schaffte es bei den vielen internen Gesprächen und Diskussionen mit der Bemerkung »Geben wir halt dem Mauhart mehr Entscheidungsgewalt!« die Weichen für eine längere Ära zu stellen. Mauhart hatte das letzte Wort in Sachen Teamchef und Generalsekretär, verkaufte erstmals die TV- und Werberechte etc. Daraus wurden 18 Jahre – länger war kein ÖFB-Präsident im Amt. Wie er das schaffte? »Ich hab mich mit niemandem verhabert und war nie zu feig, heiße Eisen anzufassen. Ich habe es mir nie leicht gemacht!« Zuerst bedeutete der Job viel Stress, erst als er 1995 aus der Austria-Tabakregie ausgeschieden war, machte es ihm richtig Spaß, den Fußballbund zu führen …

Mauhart und Stickler kannten sich seit 1986. Da wurde Stickler bei der Gründung der Österreichischen Lotterien mit 37 Jahren Vorstandsdirektor eines Unternehmens, das durch Toto und die gesetzlich verankerte Sportförderung eng mit dem Fußballbund verbunden ist. In der Jugend war Stickler begeisterter Leichtathlet (Weitspringer). Durch den Vater, der ihn oft zu Austria-Spielen mitnahm, wurde er auch Anhänger der Violetten. Die traditionellen Osterturniere im ausverkauften Wiener Stadion mit Rapid sowie den ungarischen Klubs Ujpest und Ferencvaros, begeisterten ihn besonders. Sticklers Idol hieß Karl Stotz. Dass der als Teamchef nach geschaffter WM-Qualifikation veabschiedet wurde, empfindet Stickler noch heute als zum Himmel schreiende Ungerechtigkeit. Das würde bei einem ÖFB-Präsidenten Stickler nie passieren …

Sticklers Aktivitäten im Fußball seit Ende der Achtzigerjahre: Im Exekutivkomitee des Internationalen Fußballcups, bei der Gründung des internationalen Jugend-Toto-Cups ebenso dabei wie bei der Toto-Jugendliga, dazu Mitglied der Bundesliga-Nachwuchszentren-Kommission, hauptverantwortlich für die Installierung der Toto-Länderspiele, Wegbereiter des UEFA-Intertoto-Cups, als Präsident der Vereinigung der europäischen Toto-Gesellschaften, EFP Nachfolger von Lennart Johansson, schon jahrelang Vorsitzender der UEFA-Kommission für Klubbewerbe.

Als er als möglicher neuer ÖFB-Präsident gehandelt wurde, ging von Mauhart die Initiative zu einem gemeinsamen Mittagessen aus. Bei dem ihm Stickler versicherte: »Beppo, ich schätze dich viel zu sehr, als dass ich gegen dich antreten würde!« Ähnliches hörte der Wiener Vorsitzende des Wahlausschusses, Bruno Leherbauer (übrigens der Bruder des berühmten Surrealisten »Maitre« Leherb), als er Stickler aufsuchte: »Ich bin an einer Kampfwahl nicht interessiert, entweder wollt ihr mich ganz oder gar nicht!« Stickler befragte seine Familie, seine Vorstandskollegen in den Lotterien, wie ÖÖC-Präsident Leo Wallner, auch den Aufsichtsratvorsitzenden (RZB-General Walter Rothensteiner) und UEFA-Chef Johansson – niemand riet ihm ab.

Am 21. Jänner 2002 bekam Stickler dann knapp vor Mitternacht den Anruf, dass Mauhart auf eine neuerliche Kandidatur verzichte, sich zurückgezogen habe. Stickler: »Ansonsten wäre ich sicher nicht zur Verfügung gestanden!« Der Eifer, mit dem er sich in die neue Aufgabe stürzte, veränderte sich in den zwei Jahren nicht. Ebenso wenig der Arbeitsstil: »Ich war immer ein Teamarbeiter und werde es auch immer bleiben. Einsame, diktatorische Entscheidungen gibt es nicht!« Einige Schrecksekunden musste er allerdings schon überstehen. Wie zwei Monate nach seiner Wahl beim ersten Auswärtsländerspiel seiner Ära gegen Deutschland in Leverkusen. Als Deutschland nach 36 Minuten 3:0 führte, fragte Stickler den neben ihm sitzenden deutschen Kollegen Gerhard Mayer-Vorfelder: »Ab welchem Resultat ist man eigentlich rücktrittsreif?« Da klopfte ihm der erfahrene DFB-Chef jovial auf die Schultern: »Nur schön langsam!« Österreich kam auf 2:3 heran, verlor aber 2:6 …

Schmerzen, wie hier für Roman Wallner (7) durch Jeremies auch für Stickler und Krankl im ersten Auswärtsspiel ihrer Ära, dem 2:6 gegen Deutschland in Leverkusen. Bei 0:3 fragte Stickler leicht schockiert: »Ab welchem Resultat ist man rücktrittsreif?«

Mauhart wollte schon die Euro 1996 nach Österreich holen. Die war damals noch für acht Nationen ausgeschrieben. Eigentlich eine Bewerbung mit untauglichen Mitteln – es sollten neue Stadien mit einem Fassungsvermögen von 20.000 Zuschauern in Salzburg, Graz und St. Pölten entstehen. Aber schon damals forderte die UEFA Stadien für 30.000 Zuschauer. Die größere Variante stieß vor allem in Graz auf Ablehnung – Bürgermeister Stingl und Sportlandesrat Hasiba wollten davon nichts wissen. Vielleicht weil auch die »Kleine Zeitung« dagegen total wetterte. Deren damaliger Sportchef Harald Schaupp wetterte in seiner Kolumne »Ohne Glacehandschuhe« gegen die Wiener Großmannssucht, die man nicht unterstützen dürfe. Wenige Jahre später beim Sturm-Erfolgsrun klagten viele über das zu kleine neue Grazer Schwarzenegger-Stadion.

Als Österreich ausschied, ging die Euro nach England – die Teilnehmerzahl der Endrunde wurde auf 16 aufgestockt. Der zweite Anlauf Österreichs war schon professioneller. Für die EURO 2004 mit einem Partner aus dem Osten Europas, mit dem »Erzfeind« Ungarn. Im Zeichen der Öffnung Europas nach Osten ein Projekt mit Visionen. Die ungarische Regierung zeigte mehr Interesse daran als die tschechische unter Vaclav Klaus. So sehr sich Mauhart und der ehemalige ÖFB-Pressechef Heinz Palme als »Außenminister« der Kandidatur quer durch Europa auch bemühten, es gelang ihnen nicht, die Bedenken, dass Ungarn einer derart großen Veranstaltung organisatorisch und punkto Hotellerie noch nicht gewachsen sei, aus dem Weg zu räumen. Ständige Wechsel an der Spitze des ungarischen Verbands taten ein Übriges. Umso ärgerlicher, dass ein anderer Kleiner gegen Favorit Spanien zum Zug kam, nämlich Portugal: »Eigentlich mit unseren Argumenten«, wie Mauhart nach der UEFA-Entscheidung 1999 in Aachen enttäuscht konstatierte.

Mauhart beschäftigte als einen von Wenigen, wahrscheinlich sogar als Einzigen das Scheitern weiter. Vor allem, weil er von der UEFA ständig Signale bekam, dass Österreich mit einem westlichen Partner sicher zum Zug gekommen wäre. Aber mit wem? Da half Mauhart die Freundschaft von ORF-Sportchef Elmar Oberhauser zum ehemaligen Schweizer Skichef und nunmehrigen Bundesrat Adolf Ogi. Erstmals sprachen sie ihn darauf bei der Feier zum 60. Geburtstag von Skilegende Karl Schranz in St. Anton am Arlberg an. Am Rande eines FIFA-Kongresses im Herbst 2000 gelang es, Ogi endgültig zu überzeugen, dass die Euro 2008 für Österreich und die Schweiz durchaus machbar sei und beiden Ländern enorm viel bringen würde. Ogi schaffte es in der Schweiz, die noch über das Scheitern Sions im Kampf um Olympia 2006 gegen Turin schwer frustriert war, vorerst einmal den Fußballverband und dessen zaudernden Präsidenten Marcel Mathier auf Euro-Kurs zu bringen, dann auch die offiziellen Stellen. In Österreich fiel das Mauhart auch nicht leicht. Im Jänner 2001 war er wegen des Fehlens von konkreten Zusagen aus der Politik und vor allem Widerständen im Präsidium darauf eingestellt, die Kandidatur zurückzuziehen. Aber es kam dann doch anders. In Vizekanzlerin Susanne Riess-Passer fand Mauhart eine große Stütze, die sich mit viel persönlichem Einsatz permanent um die Verwirklichung des Projekts bemühte, vor allem die Gespräche um Euro-Stadien in Innsbruck, Salzburg und Klagenfurt vorantrieb. In Wien konnte man sich auf Bürgermeister Michael Häupl und Vizebürgermeisterin Grete Laska verlassen, in der Schweiz wuchs mit dem neuen Verbandschef Ralph Zloczower die Euro-Begeisterung. Wie Jahre zuvor machte Mauhart, als diesmal anfangs bei seinen Personalentscheidungen an der Spitze der Kandidatur nicht alles nach Wunsch funktionierte, den bewährten ÖFB-Pressechef zum Projektleiter, diesmal Wolfgang Gramann, den Schwager von Andi Herzog.

Aber der 7. April 2002 veränderte alles. Der Tag, an dem Friedrich Stickler in Bad Tatzmannsdorf auf Beppo

Die Amtsübergabe von Mauhart an Stickler in Bad Tatzmannsdorf. Auf der Generalversammlung verlief noch alles harmonisch. Der Ärger folgte erst Stunden später bei einem Fernsehinterview.

»Ich bin jetzt 17 Jahre ÖFB-Präsident, daher darf ich wissen, dass im Ball kein Frosch mehr sitzt.« Beppo Mauhart

Mauhart folgte. Wie Mauhart das Amt übergab und seine Abschiedsrede, empfand Stickler noch als sensationell. Doch als er abends im ORF-Zentrum am Küniglberg als Studiogast in »Sport am Sonntag« saß, wurde ein Abschiedsinterview Oberhausers mit Mauhart eingespielt. Was Mauhart da so sagte, gefiel Stickler gar nicht. Er empfand es als »fast 20-minütige Blutoper, eine Wende um 180 Grad zu seiner Rede«. Vor allem Mauharts Behauptung, die politische Umfärbung des ÖFB habe bei der Wahl eine Rolle gespielt, verärgerte Stickler maßlos: »Ich bin alles, nur keine politische Besetzung. Ich will nichts umfärben, sondern nur, dass etwas weitergeht, bei meinen Mitarbeitern zählt nur gut oder schlecht!« Daher zog er

die Konsequenz, traf seine »schwerste Entscheidung«: Keine weitere Zusammenarbeit in Sachen Euro mit Mauhart, wie es zuvor überlegt wurde, sondern selbst voll die Euro-Kandidatur übernehmen, sich mit allen Mühen und Flügen quer durch Europa zu allen wichtigen Verbandspräsidenten voll in die Sache hineinknien. Auch trotz der anfänglichen Skepsis der Schweizer Kollegen Zloczower, mitten in der Bewerbung »die Pferde zu wechseln« und im vollen Bewusstsein der Gefahr in Österreich Buhmann zu sein, falls es nicht klappen sollte: »Ich bin ein mutiger Mensch!« Mauhart verstand die Aufregung über das Interview nie, versteht es bis heute nicht. Für ihn war die Kandidatur zu diesem Zeitpunkt bereits gut im Rennen. Andi Herzog war bereits Österreichs Euro-Botschafter so wie in der Schweiz der frühere Dortmund-Torjäger Stephane Chapuisat.

Stickler sieht das etwas anders: »Die Arbeiten am Dossier hatten eben erst begonnen!« Die Zeit bis zur Entscheidung der UEFA-Exekutive am 12. Dezember in der Zentrale Nyon am Genfer See musste optimal genutzt werden. Auch die Konkurrenten schliefen ja nicht: Egal ob »Nordic 2008« (Norwegen, Schweden, Finnland, Dänemark), Schottland/Irland, Russland, Griechenland/Türkei, Bosnien-Herzegowina/Kroatien, und Ungarn. Dass der schwedische UEFA-Präsident Lennart Johansson bei aller Freundschaft zu Stickler mit Nordic 2008 sympathisierte, lag auf der Hand. Daher galt es im Juni eine heikle Kippe zu umschiffen: die Wahl des FIFA-Präsidenten vor der WM-Eröffnungin in Seoul. Johansson, vier Jahre zuvor in Paris gegen Joseph S. Blatter klar unterlegen, unterstützte diesmal Afrika-Vertreter Issa Hayatou aus Kamerun gegen Blatter und wollte, dass die europäischen Länder seiner Linie folgen. Aber führende europäische Nationen wie Deutschland (WM-Veranstalter 2006), Frankreich oder Spanien verweigerten ihm die Gefolgschaft, traten für Blatter ein. Was also tun, Österreich und Schweiz, um die Euro-Chancen nicht zu gefährden, denn diese Nationen spielten ja auch bei der Euro-Entscheidung eine Rolle? Am besten heraushalten. Irgendwie und irgendwann gelang es Stickler aber, Johansson schonend beizubringen, dass für ein europäisches Land doch ein FIFA-Präsident aus Europa besser sein müsste als einer aus Afrika.

Blatters Wiederwahl mit den Stimmen aus Österreich und der Schweiz verschlechterte nicht die Chancen auf die Euro – im Gegenteil. Daher konnte man beginnen, einzelne Mitglieder des Exekutivkomitees zu besuchen, ihnen nochmals alle Vorzüge zu präsentieren. Da waren auch zwei Ex-Teamchefs involviert. Bei einem Mittagessen mit Michel Platini in Österreichs Botschaft in Paris war auch Herbert Prohaska dabei. Die kannten sich aus gemeinsamen Zeiten in Italien – Platini spielte bei Juventus, Prohaska bei Inter und Roma. Zur Delegation bei Spaniens Verbandschef Angel Maria Villar Llona gehörte auch Helmut Senekowitsch. Als er von 1979 bis 1981 Trainer bei Athletic Bilbao war, hieß sein laufstarker Mittelfeldspieler mit der Nummer acht Villar.

Zum Abendessen mit ihm lud Österreichs Botschafter in Madrid. Allerdings in seine Residenz. So stand es auch auf der Einladung. Villar fuhr aber irrtümlich in die Botschaft. Und als dort niemand auf ihn wartete, wieder zurück nach Hause. In der Residenz war Warten auf Villar angesagt. Irgendwie gelang es seine Handynummer herauszufinden. Als Senekowisch ihn erreichte, war Villar gerade dabei zu Bett zu gehen. Sein Ex-Trainer konnte ihn aber dazu bringen, sich wieder anzuziehen und in die Residenz zu kommen. Das Abendessen begann kurz vor Mitternacht. Beim Dessert versicherte Villar den Besuchern, dass im Dezember in der UEFA-Exekutive unter Garantie alles fair ablaufen werde. Fairer, als er es drei Jahre zuvor miterlebt hatte, als er vergeblich für Spanien um die Euro 2004 gekämpft hatte. Auch die deutsche Verbandsspitze mit Gerhard Mayer-Vorfelder und Franz Beckenbauer versicherte Stickler ihrer Sympathien.

DER HUNDERTER

Seit dem 20. November 2002 gehörte auch ein Österreicher zur »Hall of Fame« der FIFA. Zu dem Klub der internationalen Stars, die 100 oder mehr Länderspiele absolvierten. Wie Franz Beckenbauer, Morten Olsen, Billy Wright, Bobby Charlton, Bobby Moore, Michael Laudrup, Dino Zoff, etc. Das schaffte Andi Herzog mit 34 Jahren an diesem Mittwochabend im Hanappi-Stadion. Und es war doch eine Weltpremiere: Gegen Norwegen durfte er als erster Spieler der Welt bei seinem 100. Länderspiel mit der Rückennummer 100 spielen. Die Erlaubnis bekam Generalsekretär Alfred Ludwig bereits im September von der FIFA-Zentrale in Zürich.

Die 100 Länderspiele waren eines der großen Ziele von Euro-Botschafter Herzog bei seiner Rückkehr zu Rapid nach fast

Österreichs Team beim Herzog-Jubiläum. Stehend von links: Martin Hiden, Ehmann, Schöttel (der letztmals für fünf Minuten den Teamdress trug), Aufhauser, Pogatetz, Orman. Vorne Flögel, Herzog, Mandl, Wallner, Schopp.

zehn Jahren. Dafür steckte er bei seinem Klub sogar Demütigungen durch den Sportdirektor Lothar Matthäus ein, fraß den Ärger, dass es bei Rapid nicht einmal annähernd so lief, wie er sich das wünschte. Und der Rapid-Misserfolg wurde fast nur an ihm festgemacht. Da sagte ihm der Matthäus-Nachfolger in Hütteldorf, Herzogs erster Teamchef Josef Hickersberger, immer wieder: »Wir können nicht Meister werden, dein großes Ziel müssen die 100 Länderspiele sein!« Die hat er geschafft. Mit einigen Mühen. So verschwieg er fünf Wochen davor bei der EM-Qualifikation in Weißrussland Hans Krankl, dass er Fieber hatte. Er besorgte sich von Teamarzt Ernst Schopp Tabletten, in der Nacht zum Spieltag ging das Fieber weg. Es reichte zum 98. Länderspiel, auch wenn das nur sieben Minuten dauerte. Aber in der Zeit bereitete er Österreichs Tor zum 2:0-Sieg vor. Dass es gegen Norwegen ein unnötiges 0:1 setzte, tat dem Jubel um Herzog nach 14 Jahren Team keinen Abbruch. Sein großer Anreiz war es immer gewesen, die 96 Einsätze seines Freundes Toni Polster zu übertrumpfen: »Wenn ich daran denke, welch große Fußballer es in Österreich gab und dass ich der Erste bin, der das schaffte, ist das ein Hammer!« Zwei Wochen später bekam er von Vizekanzlerin Susanne Riess-Passer das Goldene Ehrenzeichen der Republik.

34 Jahre und noch kein bisschen müde: Andi Herzog bei seinem Hunderter

Herzogs TOP TEN seiner 104 Länderspiele

1. 1:0 gegen Schweden in Wien (1997, WM-Qualifikation)
2. 1:0 gegen Schweden in Stockholm (1996, WM-Qualifikation)
3. 1:1 gegen Israel in Tel Aviv (2001, WM-Qualifkation)
4. 4:0 gegen Weißrussland in Wien (1997, WM-Qualifikation)
5. 3:0 gegen die DDR in Wien (1989, WM-Qualifikation)
6. 0:1 gegen Italien 1990 in Rom (WM-Endrunde)
7. 2:1 gegen USA 1990 in Florenz (WM-Endrunde)
8. 3:2 gegen Holland 1990 in Wien
9. 5:2 gegen Israel 1992 in Wien (WM-Qualfikation, letztes Spiel unter Ernst Happel)
10. 0:0 gegen Deutschland 1992 in Nürnberg

Herzogs TOP FIVE seiner Tore für Österreich

1. 1:0 gegen Schweden 1997 in Wien
2. 1:0 gegen Schweden 1996 in Stockholm
3. 1:1 gegen Israel 2002 in Tel Aviv
4. 1:1 gegen Tschechien beim 1:2 1989 in Graz
5. 2:0 gegen Israel beim 5:2 1992 in Wien

Je näher die Entscheidung kam, desto angespannter waren die Nerven. Man wusste von der Achse zwischen Skandinaviern und Briten. Man rätselte, ob Russlands Staatschef Putin vielleicht noch seinen politischen Einfluss in Europa für die russische Bewerbung ausnützen werde. Der Schweizer Projektleiter Thomas Helbling weigerte sich standhaft, eine Siegesfeier in Genf vorzubereiten. Kein Wunder, weil er dies im Falle von Olympia 2006 und Sion getan hatte und dann der Blamierte war. Ein gebranntes Kind scheut das Feuer. Stickler und Kollege Zlocower setzten auf das Dossier und die persönlichen Kontakte: »Das Dossier war das beste, das je bei der UEFA eingereicht wurde.« Über eine eindrucksvolle Schlusspräsentation zerbrachen sich alle den Kopf. In Wien saßen Stickler, Gramann, PR-Experte Wolfgang Rosam sowie Dokumentarfilmer Georg Riha an historischer Stätte am Stubenring zusammen. Anfang der Dreißigerjahre befand sich an jener Stelle das Ringcafé, in dem Hugo Meisl das Wunderteam »geschaffen« hatte. 2002 entstand dort im Restaurant »Indochine 21« das Konzept für die Schlusspräsentation am Vortag der Bewerbung. Ein Einleitungsfilm, dann ein Dialog zwischen den zwei Präsidenten und den zwei Kindern auf emotioneller Basis. Der mehrmals unter Anleitung des Schauspielers Ian Towers geprobt wurde. Stickler: »Es war ein Ritt über den Bodensee, bei dem wir uns auch fürchterlich blamieren hätten können!« Das fürchteten anfangs die Schweizer. Als Zlocower erstmals den Film auf einem kleinen Monitor sah, rief er entsetzt : »Da krieg ich die Vögel!« Bei der Generalprobe war er schon voll zufrieden ...

Für die Präsentation in der UEFA-Zentrale Nyon gab es viel Applaus. Die Kinder fragten: »Bin ich sicher? Muss ich weit fahren? Könnt ihr so eine EURO machen?« Der Schlusssatz von Stickler: »Wir haben das Haus gebaut, bringt uns die Party!« In der Nacht vor der Entscheidung sah und hörte Stickler in seinem Zimmer im Genfer Hotel »Intercontinental« auf CNN die Zuversicht des schottischen Verbandschefs John McBeth: »Die Sache ist für Schottland und Irland so gut wie gelaufen.« Er sollte irren ...

Der 12. Dezember, der Tag der Entscheidung. Vizekanzlerin Riess-Passer war zum Daumendrücken in Genf. In der UEFA-Exekutive durften im ersten Wahlgang nur acht Mitglieder abstimmen – der Rest galt als »befangen«. Den Vorsitz hatte nicht Johansson, sondern Villar. Nach vier Wahlgängen war der Triumph von Genf für Österreich und die Schweiz perfekt. Zuerst fragte Villar: »Wer soll die EURO 2008 nicht bekommen?« Da setzte es eine Sensation: Schottland/Irland flog schon hinaus, dazu Russland und Bosnien-Herzegowina/Kroatien. Daher durften das russische und englische Exekutiv-Mitglied bei den vier verbliebenen Kandidaturen mitstimmen. Die Erstellung der »Shortlist« für die Kandidaturen, die in die Endausscheidung kommen, brachte die nächste Überraschung: »Nordic 2000« blieb auf der Strecke. In der Endausscheidung fiel zuerst Griechenland/Türkei weg, im unerwarteten Finale siegten Österreich und die Schweiz gegen Ungarn klar mit 9:3 ...

So lief es in Nyon – in Genf jagte im »Intercontinental« seit den Vormittagsstunden ein Gerücht das andere. Ein Journalist des Schweizer »Blick« schreckte Stickler und Zlocower auf, dass ihre Kandidatur aus dem Rennen sei. Der Grund dieser Theorie: Das Schweizer Exekutiv-Mitglied Giangiorgio Spiess sei entgegen allen Abmachungen via Handy nicht mehr zu erreichen. Daher nehme er wieder an der Sitzung teil. Und das sei nur erlaubt, wenn es nicht um die Kandidatur der Schweizer gehe. In Wahrheit hatte Spiess sein Handy vor dem Sitzungssaal vergessen, als er in die Cafeteria ging ...

Kurz nach 14 Uhr kamen Johansson und die Exekutivmitglieder ins »Interconti«, in den großen Saal, in dem die Entscheidung verkündet wurde. Stickler registrierte, dass die meisten TV-Kameras in Nähe der Delegationen

Wird's reichen?

ÖFB-Präsident Friedrich Stickler und sein Schweizer Kollege Ralph Zlocower beim stundenlangen, Nerven aufreibenden Warten auf die Entscheidung im Genfer »Intercontinental«.

aus Österreich und der Schweiz aufgebaut waren. Als ihm ein Mitglied des Exekutivkomitees, der deutsche Verbandschef Gerhard Mayer-Vorfelder, zuzwinkerte, ahnte der Präsident schon das Happy End. Als Johansson auf dem Podium das weiße Kuvert öffnete, sah Stickler schon »Austria«, noch bevor der Schwede mit seiner tiefen Stimme ins Mikrofon sagte: »Austria and Switzerland!« Für Stickler war's ein Glücksgefühl, »das man nur selten im Leben hat. Wie bei der Hochzeit oder der Geburt meiner Kinder!« Dementsprechend die Jubelszenen. Alle lagen sich minutenlang in den Armen. Riess-Passer, Stickler, Zlocower, Ludwig, Gramann …

Somit die EURO 2008 von 7. bis 29. Juni in Österreich. Mit je drei Vorrundenspielen in Wien, Innsbruck, Klagenfurt und Salzburg, zwei Viertelfinalpartien, einem Semifinale und dem großen Endspiel im Wiener Happel-Stadion, das eine neue Video-Wand bekommt, mit einem elektronischen Ticket-System ausgestattet wird. Die erwarteten zusätzlichen Einnahmen für unser Land belaufen sich auf bis zu 240 Millionen Euro, 6000 zusätzliche Arbeitsplätze entstehen in den nächsten vier Jahren. Mit 600.000 Besuchern wird gerechnet, davon 70 Prozent aus dem Ausland. Stickler: »Wir sind wieder wer in Europa, das vor der perfekten Kandidatur den Hut gezogen hat!« Bis er jedoch Ludwig dazu gebracht hatte, den Job des Generalsekretärs zu Gunsten des als Euro-Turnierdirektors für Österreich aufzugeben, war es noch ein hartes Stück Arbeit. Nicht einmal das Machtwort von FIFA-Präsident Blatter im Rahmen von Sticklers Antrittsbesuch in der Züricher FIFA-Zentrale zum mitgekommenen Ludwig („Und du machst beides«) nützte gleich. Erst mehr als ein halbes Jahr nach dem Triumph von Genf war es dann so weit

»Austria and Switzerland!«

Aber ab 14 Uhr 30 war nur noch Jubel angesagt. Zunächst mit vielen Emotionen. Als sich Präsident und Generalsekretär in den Armen lagen (links unten), mussten Vizekanzlerin Susanne Riess-Passer und Projektleiter Wolfgang Gramann schmunzeln. Beim Gruppenbild der Verbandschefs mit den UEFA-Bossen Lennart Johansson und Gerhard Aigner durfte das Victory-Zeichen nicht fehlen. Und ebenso nicht beim Siegerbild der österreichischen Delegation das Gläschen Sekt. Zuvor vergaß der Schweizer Verbandschef bei aller Euphorie nicht auf die Etikette: Küss die Hand, Frau Vizekanzler, und vielen Dank für die Hilfe.

www.casinos.at
Wir setzen auf den Sport.
Ihr Glückstag.
13.
Machen Sie Ihr Spiel.
CASINOS AUSTRIA
Ein Gewinn für den Sport.

2004

Wir wollen wieder an die Spitze!

Die Gala-Botschaft zum

100. Geburtstag

in der Wiener Staatsoper

Dieses Kapitel widmet Ihnen
CASINOS AUSTRIA

100
2004
ÖFB

Prominenz

als wäre bereits die Europameisterschaft 2008 angepfiffen, kam bereits vier Jahre zuvor nach Wien. Zum 100. Geburtstag des ÖFB, der sich im Jubiläumsjahr einiges einfielen ließ: 2004 erschienen Sondermarken von Matthias Sindelar, Ernst Ocwirk, Ernst Happel, Walter Zeman, Bruno Pezzey, Herbert Prohaska, Hans Krankl, Andi Herzog und Toni Polster, eine Jubiläumsmünze, am 17. August gab es die große Jubiläumsgala

Prominenter hätten die internationalen Laudatoren nicht sein können: Franz Beckenbauer, Lennart Johansson, Joseph Blatter und Michel Platini.

in der Wiener Staatsoper sowie am Tag darauf das Jubiläumsspiel gegen Deutschland, das Ludwig drei Jahre zuvor am Rückflug vom FIFA-Kongress in Buenos Aires nach Frankfurt mit DFB-Präsident Gerhard Mayer Vorfelder in der Business-Class der Lufthansa über dem Atlantik besprochen, ein Jahr darauf beim Flug von der WM-Eröffnung aus Seoul ausgemacht und dann bei zwei Gesprächen in der Frankfurter DFB-Zentrale mit Generalsekretär Horst R. Schmidt fixiert hatte. Der ÖFB rief und Europas Fußballprominenz (siehe Gästebuch) kam. Präsident Friedrich Stickler sprach stolz vom Länderspiel mit der prominentesten Tribünenbesetzung in der 100-jährigen Geschichte. Nie zuvor saßen die Bundespräsidenten beider Länder in der ersten Reihe der Ehrentribüne: Heinz Fischer und Horst Köhler.

Die Moderatoren Arabella Kiesbauer und Rainer Pariasek konnten prominente Showstars ansagen. Angefangen von Heldentenor Serge Nayda (unten rechts), den Wiener Sängerknaben, Zucchero, bei dessen Welthit »Cosi Celeste« es spontane Sympathiebezeugungen von Joseph Blatter und Friedrich Stikkler gab, bis zu Helmut Lotti (oben), der das ÖFB-Motto der nächsten Jahre in das Opernrund schmetterte: You 'll Win!

Nicht nur der ÖFB feiert 2004 seinen 100. Geburtstag, sondern auch der Weltverband FIFA, die Verbände von Schweden und Haiti. So beiläufig fragte Blatter während seines Wien-Aufenthalts, warum der ÖFB eigentlich nicht zu den Gründungsmitgliedern der FIFA gehöre. Da musste die Antwort ausbleiben. Die gelungene Organisation der Gala war ein Vorgeschmack darauf, was auf den ÖFB 2008 alles zukommen wird. Zum einen war es gar nicht leicht, die Staatsoper zu bekommen. Ohne den guten Willen von Bundestheater-General Georg Springer und Staatsoperndirektor Ioan Holender wäre es ein hoffnungsloses Unterfangen geblieben. Denn zuvor war die Oper in 135 Jahren nur für einen Abend dem Sport offen gestanden – 1999 zur Verleihung des World Sports Award an

absolute Superstars wie Muhammad Ali, Carl Lewis oder Österreichs Skikönigin Annemarie Moser-Pröll. Die Verpflichtung der Showstars verursachte auch monatelange Aufregungen. Der Versuch, »Austria 3«, also Wolfgang Ambros, Georg Danzer und Rainhard Fendrich zu engagieren, scheiterte an Terminproblemen. Als nach langem Hin und Her, nach vielen, vielen Telefonaten das Programm endlich stand, meldete sich plötzlich das Management eines Weltstars. Auch Bryan Adams wollte in der Oper singen – zu spät. Aber auch so hatte das Showprogramm mit Operntenor Serge Nayda, den Wiener Sängerknaben, Zucchero und Helmut Lotti internationales Spitzenniveau, erreichte Dimensionen wie in der berühmten »Wetten dass«-TV-Show von Thomas Gottschalk. Der ORF übertrug sogar direkt ...

Das Gästebuch

Bundespräsident Heinz Fischer

Die Bundesminister Karin Miklautsch (Justiz),
Martin Bartenstein (Wirtschaft)
und Herbert Haupt (Soziales)
Sport-Staatssekretär Karl Schweitzer
Ex-Bundeskanzler Franz Vranitzky
Ex-Vizekanzlerin Susanne Riess-Passer
Sportbischof Kurt Krenn

Tirols Landeshauptmann Herwig van Staa
Niederösterreichs Landessporträtin
Liese Prokop mit Ehemann Gunnar
SPÖ-Klubobmann Josef Cap
FIFA-Präsident Joseph S. Blatter
UEFA-Präsident Lennart Johansson
UEFA-Generaldirektor Lars Christer Olsson

Aus dem UEFA-Exekutivkomitee Vizepräsident Per Ravn Omdal (Norwegen),
Schatzmeister Matthieu Sprengers (Holland), Gerhard Mayer-Vorfelder (Deutschland), Michel Platini (Frankreich).
Insgesamt kamen 43 Vertreter von 52 nationalen Verbänden, darunter die Präsidenten aus
Deutschland (Theo Zwanziger), Kroatien (Ex-Rapid-Trainer Vlatko Markovic) und der Schweiz (Ralph Zloczower).

Vom deutschen OK-Komitee für die WM 2006 Präsident Franz Beckenbauer, Vizepräsident Wolfgang Niersbach und
Konsulent Fedor Radmann. Dazu der deutsche Ligachef Werner Hackmann und Teammanager Oliver Bierhoff.
Deutschlands früherer Mittelfeldstar Günther Netzer, der als ehemaliger Manager des Hamburger SV
auch zur Präsentation der Briefmarke von Hamburgs Ex-Trainer Ernst Happel gekommen war.

Die ÖFB-Ehrenpräsidenten Hans Reitinger, Herbert Raggautz und Beppo Mauhart.
Teamchef Hans Krankl und die österreichische Nationalmannschaft.
Fünf österreichische Ex-Teamchefs: Helmut Senekowitsch, Karl Stotz,
Branko Elsner, Josef Hickersberger und Herbert Prohaska.
Silvia Pezzey, die Witwe von Bruno Pezzey, mit den Töchtern Raphaela und Romina.
Spieler aus Österreichs WM-Teams von 1954 (Kurt Schmied, Walter Kollmann, Alfred Körner),
1958 (Rudi Szanwald, Helmut Senekowitsch, Hans Buzek), 1978 (Friedl Koncilia, Erich Obermayer,
Heinrich Strasser, Josef Hickersberger, Kurt Jara, Hans Krankl), 1982 (Herbert Feurer, Erich Obermayer, Josef Degeorgi,
Kurt Jara), 1990 (Toni Polster, Klaus Lindenberger, Otto Konrad, Peter Schöttel, Toni Pfeffer, Peter Artner,
Manfred Zsak) und 1998 (Michael Konsel, Ivo Vastic).

Franz Hasil, der in der Pause des Jubiläumsländerspiels von Blatter den FIFA-Award
als Österreichs erfolgreichster Klubfußballer erhielt.
Zwei österreichische Ex-Teamkapitäne (Hans Eigenstiller, Heribert Weber).

Beste Stimmung überall: Justizministerin Karin Miklautsch mit Sport-Staatssekratär Karl Schweitzer, die Fußballprominenz (Lennart Johansson, Michel Platini, Joseph Blatter), Ex-Kanzler Franz Vranitzky mit Gattin Christine ...

... Ex-Vizekanzlerin Susanne Riess-Passer mit Franz Beckenbauer und dem Ehepaar Kartnig, DFB-Präsident Gerhard Mayer-Vorfelder mit Wirtschaftsminister Martin Bartenstein sowie Ski-Alpinchef Hans Pum, der übrigens auch die Fußball-Trainerlizenz hat ...

...Trainer-Legionär Kurt Jara mit Erika Senekowitsch (links) und seiner Frau Jolanda, Hans Krankl und Toni Polster (der wegen seines weißen Smokings wie ein Oberkellner Bestellungen Krankls für ein Bier bekam), und Filmregisseur Franz Antel.

Spieler des Jahrhunderts	*Trainer des Jahrhunderts*
1. Herbert Prohaska	1. Ernst Happel
2. Hans Krankl	2. Helmut Senekowitsch
3. Bruno Pezzey	3. Hugo Meisl

DIE EHRUNGEN: Den Beginn machte Michel Platini mit Rekord-Torschützen Toni Polster, dann nahm Anton Herzog von ÖFB-Präsident Stickler die Trophäe für seinen Sohn Andi, den Rekord-Teamspieler, entgegen. Österreichs herausragendes Talent Andi Ivanschitz beeindruckte FIFA-Präsident Blatter, UEFA-Chef Johansson stand mit den Enkeln des verstorbenen Jahrhundert-Trainers Ernst Happel auf der Opernbühne.

Dort, wo es am Abend des Opernballes immer heißt »Alles Walzer«, regierte das Motto »Alles Fußball«. Moderator Rainer Pariasek stellte zu Recht fest, dass es in der Staatsoper sicher noch nie so viel Ballgefühl gab wie zu dieser Gala. Bundespräsident Heinz Fischer gestand in seiner Begrüßung, dass er in den Fünfzigerjahren über den Angriff von Rapid und Austria besser Bescheid wusste als über so manche Schulaufgaben. Die Botschaft von Stickler an die Prominenz hieß klipp und klar: »Wir wollen wieder an die Spitze!« Spitze war sicher die Gala sowie die zwei Empfänge danach in den Nebenräumlichkeiten der Oper (die für so viel Prominenz zu klein waren) sowie im Grand Hotel, wo Helmut Lotti noch um zwei Uhr früh Kostproben seiner Sangeskraft ablieferte. Den gelungenen Abend unterstrich am Tag danach auch das internationale Echo. Alle lobten das hohe Niveau. Wenn das nur Österreichs Fußball und die Nationalmannschaft bis 2008 erreichen könnten …

Der Rekordinternationale:	*Der Rekordtorschütze:*	*Das herausragende Talent:*
ANDREAS HERZOG (103 Teameinsätze)	TONI POLSTER (44 Tore in 95 Länderspielen)	ANDI IVANSCHITZ

Prominenter hätten die internationalen Laudatoren nicht sein können. Frankreichs Galionsfigur Michel Platini sprach den letzten Satz für den Rekordtorschützen Toni Polster, der vom Urlaub in Velden am Wörthersee im weißen Smoking mit schwarzem Mascherl und in schwarzen Lackschuhen gekommen war, sogar auf Deutsch: »Der Rekordtorschütze heißt Anton Polster!« Da im Vergleich zu aktiven Zeiten seine Haarecken schon sehr grau sind, ernannten die früheren Mitspieler Polster zum »jungen André Heller«. Er war an diesem Abend für jeden Schmäh zu haben, erzählte lachend, dass er immer auf Fragen, ob er zu Tosca oder Aida in die Oper gehe, antworte: »Bei welchem Verein spielen die?«

Polsters Freund Andi Herzog konnte nicht von Kalifornien nach Wien jetten. Die Los Angeles Galaxy hätten das zwischen zwei Heimspielen in der US-Major Soccer League nicht sehr gerne gesehen. So dankte der Rekord-

teamspieler via Video. Den Pokal nahm sein Vater Anton entgegen, der zugab, sehr stolz zu sein, dass sein Sohn »nie abgehoben ist, nie den Boden unter den Füßen verloren hat«. Herzogs Nachfolger als Teamkapitän mit der Nummer 10, Andi Ivanschitz, beeindruckte wiederum FIFA-Boss Blatter. Weil Ivanschitz, mit der Trophäe als größte Zukunftshoffnung in der Hand, versicherte, er werde weiter konsequent an der Beseitigung seiner Schwächen arbeiten. Das hätte auch der verstorbene Ernst Happel gerne gehört – die Auszeichnung zum »Trainer des Jahrhunderts« bekamen von UEFA-Präsident Lennart Johansson Happels Enkelkinder Christine und Philipp, inzwischen 23 und 21 Jahre jung.

Nur einmal schüttelte Bundespräsident Fischer während der neunzigminütigen Gala etwas den Kopf. Als Musikstar Helmut Lotti in einer kurzen Rede, zu der ihn ein spontaner Einfall von ORF-Regisseur Fritz Melchert

»Herbert, du bist es!« Mit diesen Worten gab Franz Beckenbauer bekannt, dass die Wahl des Jahrhundert-Fußballers auf Herbert Prohaska gefallen war. Dass der österreichische dem deutschen Jahrhundert Fußballer um den Hals fallen wird, war irgendwie klar. Ebenso, dass allen Ausgezeichneten nachher kein Foto zu viel war: Prohaska und Polster auf der Opernbühne.

dreieinhalb Stunden vor seinem Auftritt zwang, den Fußballbund als »wichtigste Vereinigung« in Österreich bezeichnete, ehe er zu den Klängen von Giuseppe Verdis Triumphmarsch aus »Aida« das ÖFB-Motto der nächsten »You 'll Win« sang. »Du gewinnst« als Überleitung zum Höhepunkt des Abends, zur Auszeichnung des »Fußballer des Jahrhunderts!«, der in seiner Karriere sehr viel gewonnen hat. Herbert Prohaska und Hans Krankl lagen bei der Wahl stets so eng beisammen, dass am Ende in einer TED-Umfrage die TV-Zuschauer während der Live-Übertragung die Entscheidung fällten. Moderatorin Arabella Kiesbauer brachte das Kuvert Franz Beckenbauer. Die Lichtgestalt des deutschen Fußballs öffnete es, sagte kurz: »Herbert, du bist es!« Die Wahl war auf Prohaska gefallen – sehr viel Applaus folgte. Der merkbar gerührte Prohaska gab zu: »Ich wollte mit Austria Europacupsieger werden, ich träumte davon, mit Österreich Weltmeister zu werden – beides ist mir nicht gelungen. Aber an

Das Jubiläumsspiel gegen Deutschland war das bisher prominentest besetzte Match in hundert Jahren ÖFB: Erstmals saßen zwei Bundespräsidenten auf der Ehrentribüne. Gastgeber Heinz Fischer lauscht dem deutschen Gast Horst Köhler.

Erfolgreiches Debüt in Wien: der deutsche Teamchef Jürgen Klinsmann mit Assistent Joachim Löw (Ex-Trainer von FC Tirol und der Wiener Austria) und Manager Oliver Bierhoff (früher Torjäger der Salzburger Austria).

In den gleichen roten Puma-Dressen-Modellen wie 1978 in Cordoba spielte Österreichs Jubiläums-Team (stehend von links: Schopp, Ehmann, Hiden, Aufhauser, Katzer und Mandl; hockend von links: Kollmann, Kühbauer, Amerhauser, Stranzl und Ivanschitz). Nur gab es diesmal statt eines 3:2 ein 1:3. An Cordoba erinnerte nur der Prachtschuss, mit dem Martin Amerhauser Weltklasse-Torhüter Oliver Kahn zum 1:1 bezwang. Kapitän Ivanschitz gratulierte dem Schützen spontan.

diese Auszeichnung hatte ich früher wirklich nie gedacht!« Sein Vater hatte ihm stets von Matthias Sindelar vorgeschwärmt. Prohaska: »Ich bin auch zum richtigen Zeitpunkt geboren.« Ihn haben noch viel mehr in Erinnerung als Sindelar. Aber er versicherte allen, die ihn gewählt hatten, eine gute Wahl getroffen zu haben. Davon war auch Beckenbauer überzeugt. Der deutsche Jahrhundertfußballer verhehlte dem österreichischen nicht weitere Annehmlichkeiten dieser Ehrung: »Herbert, jetzt musst du dir die nächsten 100 Jahre nicht den Kopf über deinen Nachfolger zerbrechen!« Das Geschenk von Beckenbauer bekam Prohaska am Tag danach: Ein Modell des schwarz-weißen Trikots, das die deutschen Weltmeister von 1954 im denkwürdigen Finale gegen Ungarn in Bern getragen hatten ...

Aber am Ende war Österreich am Boden zerstört, wie hier Didi Kühbauer bei seinem gelungenen Comeback vor dem weltbesten Referee, Italiens »Glatze gnadenlos«, Pierluigi Collina. Das Feuerwerk am Stadionrasen wurde leider erst nach dem Spiel entzündet.

Als Präsident des deutschen Organisationskomitees für die WM 2006 deponierte Beckenbauer aber auf der Opernbühne einen Wunsch: »Ich möchte schon bitten, dass die WM mit österreichischer Beteiligung stattfindet!« Bei der Präsentation der zwölf deutschen WM-Stadien nannte der Wahl-Tiroler das Nachbarsduell Deutschland–Österreich gar als seine Wunschpaarung für das WM-Finale in Berlin am 9. Juli 2006. Neun Stunden später zeigte aber das Jubiläumsspiel im Happel-Stadion, dass die gewagte Prognose nie Realität werden kann. Österreichs Team trug die gleichen roten Puma-Dressen wie 1978 bei der Sternstunde in Cordoba – Beckenbauer registrierte mit Erstaunen, dass man auch noch 26 Jahre später in Österreich nur Cordoba sagen muss und man sofort strahlende Gesichter sieht. Aber an Cordoba erinnerte nur der spektakuläre Schuss von Martin Amerhauser ins lange Eck, mit dem er die schnelle Führung des neuen deutschen Kapitäns Michael Ballack nach 1:35 Minuten egali-

sierte. Nach der Pause stellten die Österreicher trotz des Comebacks von Didi Kühbauer nach drei Jahren rätselhafterweise wieder das Fußballspielen ein – die Strafe waren zwei billige Tore zum 1:3. Der Wunsch des Präsidenten nach der Neuauflage der Sternstunde von 1986, als Österreich zur Eröffnung des renovierten Stadions Vizeweltmeister Deutschland unter Teamchef Beckenbauer 4:1 bezwungen hatte, blieb unerfüllt: »Wir haben Geschenke verteilt, ohne welche zu bekommen«, bedauerte Stickler. Branko Elsner, der beim 4:1 Österreichs Team betreut hatte, erkannte am Tag zuvor bei der Opern-Gala übrigens einen seiner zweifachen Torschützen von damals, Reinhard Kienast, nicht gleich wieder. Nichts war es leider mit dem erhofften Moraltanken für den Knaller zum Start in die WM-Qualifikation gegen England 17 Tage später geworden. Zwar machte Beckenbauer Stickler noch zum Abschied Mut (»die Qualifikation ist zwar schwer, aber machbar«), aber dennoch war die Erwartungshaltung auf null gesunken.

232 TEAM-EINSÄTZE

Ohne, dass es an die große Glocke gehängt wird, hat Österreichs Fußballteam einen Rekordmann. Denn nirgendwo in Europa oder vielleicht sogar auf der Welt gibt es einen länger »dienenden« Zeugwart als **Helmut Legenstein.** Bis heute brachte er es auf 232 Teameinsätze. Eine Zahl, die kein Spieler erreichen kann. Denn wer trägt schließlich 28 Jahre lang den Teamdress? Das kann es nicht geben. Legenstein amtiert seit 1. Mai 1976.

Damals löste er das langjährige Faktotum Anton Ranefeld ab. Der »Toni Onkel«, wie er genannt wurde, verwöhnte die Spieler wirklich nicht. Die mussten damals noch Schuhe und Socken mitnehmen. Und wer einen verdreckten oder durchnässten Trainingsanzug austauschen wollte, der erlebte seine blauen Wunder, wie Herbert Prohaska bei seinem Debüt: »Burschi, den musst du zum Trocknen aufhängen«, teilte ihm der »Toni-Onkel« ganz trocken mit. Ausnahme machte er keine, so wie er nie zu Auswärtsspielen mitfuhr. Da musste sich jeder Spieler um seine Sachen schon selbst kümmern.

Mit Legenstein, der bei einem zufällig gemeinsamen Spitalsaufenthalt mit dem damaligen ÖFB-Kassier Plattner von ihm erfuhr, dass ein neuer Zeugwart gesucht werde, hat sich das alles geändert. Kein Zufall, dass ihn Prohaska taxfrei zum »besten Zeugwart der Welt« kürte. Jetzt stimmt alles: liegen auch zu jedem Training für jeden Spieler die Dressen bereit, werden danach die Schuhe geputzt. Prohaska ist einer von vier, die Legenstein als Spieler und als Teamchef betreute – dazu noch Josef Hickersberger, Alfred Riedl und jetzt Hans Krankl. Unter zwölf Teamchefs hat er inzwischen bereits »gedient« – eigentlich kam er mit allen gut aus, mit einigen eben sehr gut. Erich Hof etwa legte Wert darauf, ihm und Teammasseur Toni Kulovits einmal vorzuzeigen, dass nur er in der berühmten Eden-Bar die Gulaschsuppe an der Bar genießen durfte, was normal nur an den Tischen erlaubt ist. Für Ernst Happel war er nur der »Zauberer«, mit Senekowitsch, Hickersberger und Prohaska ist er seit Jahren privat befreundet.

Dass er wegen seinem Beruf bei der Feuerwehr oft genug gehäkerlt wurde, nahm »Legi« locker in Kauf. Unter Führung von Herbert Prohaska konstatierten die Teamspieler nämlich relativ schnell, dass Legenstein der einzige Feuerwehrmann der Welt sei, der noch nie einen Brand gesehen, geschweige denn einen gelöscht habe. Auch, dass aus dem Hobby über die vielen Jahre eigentlich ein Fulltimejob wurde, erschütterte Legenstein keineswegs. Derzeit ist es nichts Außergewöhnliches, wenn fünf Auswahlmannschaften gleichzeitig unterwegs sind. Das war noch beim Amtsantritt undenkbar: »Eigentlich bräuchte der ÖFB jetzt schon zwei hauptamtliche Zeugwarte!«

Der Zeugwart war immer auch ein Vertrauter der Spieler. Denn er sagte nie etwas weiter. Kein Teamchef, der von ihm hörte, wie manche Spieler über ihn dachten oder wenn einer in der Kasernierung zum Nachtschwärmer wurde: »Ich wollte mir nie Feinde machen. Was hätte mir das auch gebracht?« Die zweite Devise: »Nichts gefallen lassen, ich weiß schon, was zu tun ist.« Auch nicht von hohen Verbandsherren. Damit fuhr er gut. Einen heftigeren Streit gab es eigentlich nur um die Entlohnung für die WM 1982 in Spanien. Da machte er keinen Rückzieher, worauf ÖFB-Präsident Karl Sekanina als Konsequenz aus der WM den Zeugwart austauschen wollte. Legenstein wird bis zur EURO 2008 im Amt bleiben. Eines wird sich bis dahin nicht ändern: In seinem »Reich« im Happel-Stadion duldet Legenstein keinen Widerspruch. Er bleibt der Herr über Dressen und Schuhe ...

P.S.: Dem Jahrhundertfußballer Herbert Prohaska fiel noch ein Vergleich zwischen dem Legenstein von 1976 und dem von 2004 auf: »Er hat als schmächtige Person begonnen, sich im Laufe der 28 Jahre aber verdoppelt bis verdreifacht« ...

Der Herr über Dressen und Schuhe in der Stadion-Kabine.
Zum 200. Teameinsatz bekam Helmut Legenstein von Franz Wohlfahrt im Namen der Mannschaft auch eine Torte – aber die mitten ins Gesicht.

Einmarsch zu Österreichs »Spiel des Jahres«. An der Spitze die Kapitäne Andi Ivanschitz und David Beckham.

Aber je näher das erste Duell gegen England seit 25 Jahren kam, desto mehr wurde in der Woche davor doch wieder auf eine Sensation, auf eine Sternstunde in Rot-Weiß-Rot spekuliert, die für einen gelungenen Start in die WM-Qualifikation sorgen könnte. Das Spiel des Jahres als Chance des Jahres, alles Negative vergessen zu machen, alles ins Positive umzudrehen. Ungeachtet aller Problematik, die es um die Nummer eins im Tor gab, ungeachtet von Ausfällen. Man redete viel über den glanzvollen 4:3-Heimsieg von 1979, ersparte Hans Krankl die Erinnerung an das 0:7-Debakel von Wembley, bei dem er 1973 in seinem zweiten Länderspiel dabei war.

Der Schlager war bereits seit Ende Juli restlos ausverkauft – offenbar hieß bei den Fans die Devise auch »Gemma Beckham schau'n«. So einen Andrang erlebte man zuletzt für die entscheidenden Heimspiele in der WM-Qualifikation 1998: »Wir hätten 200.000 Karten verkaufen können«, konstatierte Generalsekretär Wolfgang Gramann. Auf der offiziellen Homepage der WM 2006 wurde das Match im Happel-Stadion als der Tophit des ersten Termins in der WM-Qualifikation bezeichnet. Schließlich übertrugen 23 TV-Stationen aus aller Welt aus Wien, davon 14 direkt, so viel wie noch nie in der 100-jährigen ÖFB-Geschichte. Nicht nur in Österreich und England waren die 93 Minuten live zu sehen, sondern auch in Australien, Südamerika, Polen, im Mittleren Osten (sogar auf Al Jazeera), in China, Japan, Malaysia, Singapur, Indonesien und Hongkong. Ein denkwürdiges Match ging um die Welt, das auf ORF 1 zur Spitzenzeit 1,207 Millionen Seher vor den Fernsehschirm lockte. Mehr als alle anderen Sportevents in diesem Jahr – trotz Olympia, Formel-I-WM und Ski-Weltcup. Der Schnitt von 922.000 Zuschauern bedeutete überhaupt Rekord bei allen bisherigen Live-Sportübertragungen. Dazu hatte Österreich–England mit 47.500 die größte Besucherzahl aller Qualifikationsspiele in Europa an diesem Tag.

Das dümmste Tor, das Österreich in den letzten Jahren kassierte, sorgte für das 0:1 durch Lampard (8). Glück war dabei, dass weder der slowakische Referee Michel noch sein Assistent an der Linie sahen, dass Manninger diesen Heber von Owen vor Standfest außerhalb des Strafraums mit den Händen abwehrte. 0:1 in der Pause – kein Grund für Kühbauer (8) aufzugeben. Er kurbelte unentwegt, Beckham war nur staunender Zuschauer.

Zur ersten großen Ausgleichschance kam Mario Haas. Er überspielte außerhalb des Strafraums Torhüter James, lief King (6) davon, doch den Schuss wehrte Terry vor der Linie ab. Erstaunlich auch, dass die Österreicher die Lufthoheit erkämpften. Hier Aufhauser (6) und Glieder gegen Terry.

Wer das Match weder live im Happel-Stadion noch vor dem Fernsehschirm sah, der hatte wirklich etwas versäumt. Allein schon die Fan-Choreographie zu Beginn, das volle Happel-Stadion in Rot-Weiß-Rot, war ein Erlebnis. Bis zur 70. Minute schien alles eher normal und nach Papierform zu laufen. Österreich kassierte leider vor der Pause das dümmste Tor seit vielen Jahren, das, laut Hans Krankl, nicht einmal einer B-Knabenmannschaft passieren darf, lag dann 0:2 zurück, ehe die denkwürdigen zwei Minuten kamen, in denen zuerst ein Freistoß des drei Minuten zuvor eingewechselten Roland Kollmann sowie ein abgefälschter 20-Meter-Schuss von Kapitän Ivanschitz das Match umdrehten. Beide trafen mit links. Nach dem Ausgleich brachte im Finish der krasse Außenseiter den eigentlich auf allen Positionen besser besetzten Favoriten arg ins Wanken, an den Rand einer Niederlage. Als die frustrierten Engländer bereits enttäuscht in der Kabine saßen, liefen die Österreicher noch Ehrenrunden,

Als Andi Ivanschitz nur zwei Minuten nach dem Anschlusstor den Ausgleich zum 2:2 erzielte, kannte der Jubel keine Grenzen, der Kapitän wäre am liebsten auf den ersten Rang hinaufgesprungen. Kollmann (18), Kühbauer (8) und Haas (9) konnten ihn nur schwer einfangen.

Die Burgenland-Power für Österreich: Im Mittelfeld Kühbauer und Ivanschitz (hier nach dem 2:2), in der Abwehr machte Martin Stranzl (4) dicht, sorgte dafür, dass der Prestigeerfolg nicht mehr in Gefahr geriet.

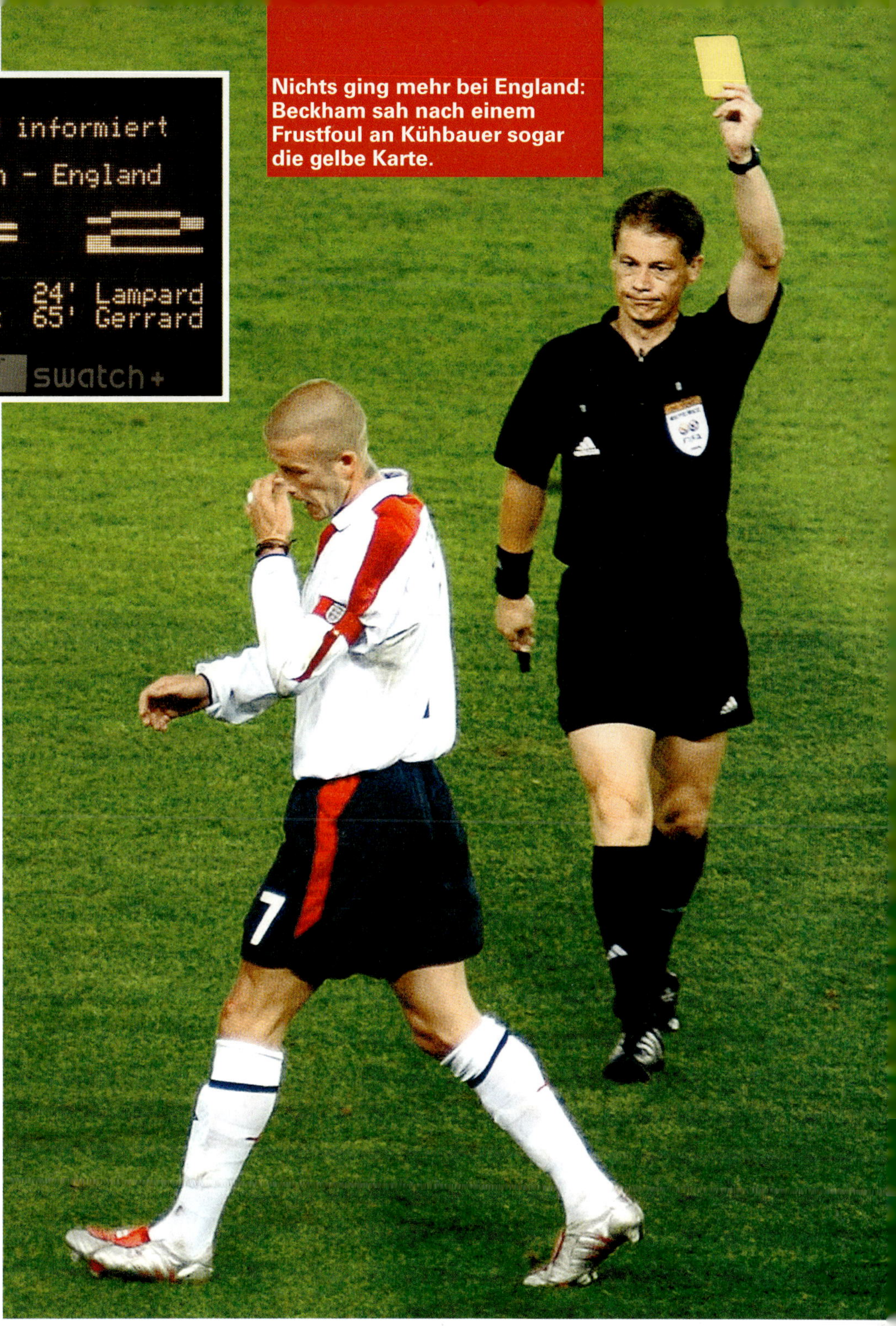

Nichts ging mehr bei England: Beckham sah nach einem Frustfoul an Kühbauer sogar die gelbe Karte.

machten vor den begeisterten Fans mehrere Jubelwellen. Und da hatte man den Satz von Präsident Stickler aus der Opern-Gala im Ohr: »Wir wollen wieder Spitze werden!«. Die letzten 20 Minuten machten Hoffnung darauf. Ein Team, das daheim in einem Bewerbspiel erstmals seit 1972 (gegen Erzfeind Ungarn unter Leopold Stastny) ein 0:2 aufholte, was dazwischen nur in einem Testspiel vor der WM 1990 gegen Malaga in Spanien sowie unter Hans Krankl im März 2002 in Graz gegen den späteren Europameister Griechenland (von 0:2 auf 2:2) gelungen war. In Malaga wurde aus einem 0:2 sogar noch ein 3:2. Vierzehn Jahre später bäumte sich das Team mit Einsatz und Willen gegen das Schicksal auf und zwang das Glück in zwei Minuten. Zu Recht schrieb Josef Metzger in der Presse: »Wie hat Helmut Qualtinger in Zeiten, als unser Fußball noch besser war, doch gesagt: ›A Unentschieden is a Sieg für Österreich.‹ Wann sonst, wenn nicht auf dieses fast glorreiche 2:2 gegen Beckham und Co hätte

Jubelwelle nach dem 2:2 von Standfest, Stranzl und Kühbauer.
Österreichs Nummer 10 tauschte mit der englischen den Dress: Ivanschitz mit Real-Madrid-Legionär Michael Owen.
Auf der Ehrentribüne applaudierten Vizekanzler Hubert Gorbach und der überglückliche ÖFB-Präsident.

Der Teamchef beim Jubel nach dem Schlusspfiff mit seinen Assistenten Franz Leberbauer und Erich Weidenauer. Die Anspannung fiel von Hans Krankl aber erst im Kreise der Familie im VIP-Zelt ab. Wo sich Didi Kühbauer und Gunnar Prokop lachend an längst vergangene Zeiten erinnerten, als Jung-Didi noch Prokops Zögling im Bundessport-Leistungszentrum Südstadt war.

dieses Zitat besser gepasst nach allem, was da passiert ist an wunschlosem Unglück und dummen Toren, die dümmer nicht hätten sein können?«

Im VIP-Zelt für 1900 Personen, dem größten, das je vor dem Stadion stand, brandete frenetischer Beifall auf, als die Spieler eine Stunde nach Schlusspfiff dort eintrudelten. Für Tormann Alex Manninger war mit dem positiven Comeback seit Oktober 2003 ein Traum in Erfüllung gegangen. Noch dazu gegen das Land, in dem er vier Jahre bei Arsenal gespielt hatte. Didi Kühbauer wurde gefeiert, als hätte er Österreich bereits zum WM-Ticket verholfen. Auch noch, als er nach Mitternacht vom VIP-Zelt zurück ins Hilton-Danube-Hotel ging. Der glückstrahlende Stickler versicherte der Mannschaft, dass er stolz auf sie sei. Dem konnte sich der Teamchef nur

So freuten sich die Torschützen Ivanschitz und Kollmann auf dem Spielfeld. Knapp zwei Stunden später waren sie im VIP-Zelt schon viel ruhiger, aber noch immer etwas aufgewühlt: Ivanschitz mit Olympia-Held Markus Rogan, Kollmann genoss die Gesellschaft seiner Freundin Manuela.

anschließen – für Hans Krankl und seinen Betreuerstab um Assistent Slavko Kovacic, Tormanntrainer Erich Weidenauer und Sportwissenschaftler Franz Leberbauer war es eine »kleine Sternstunde. Eventuell sogar eine große, wenn man bedenkt, dass wir die österreichische Mentalität ignoriert und uns aufgebäumt haben.« Der große Lichtblick kam praktisch zum Ende der Feiern zum 100. Geburtstag. Vier Tage später, am 8. September gelang mit dem 2:0-Pflichtsieg gegen Aserbaidschan (bei dem die TV-Zuseherzahlen mit durchschnittlich 1,152 Millionen und einem nationalen Marktanteil von 47 % sensationell und sogar noch besser als gegen England waren), der nach der besten ersten Hälfte seit Jahren und den dabei herausgespielten Chancen nach viel höher hätte ausfallen können, sogar der Sprung auf Platz eins der WM-Qualifikationsgruppe sechs. Dort soll Rot-Weiß-Rot bis Herbst 2005 bleiben ...

Wann? – Was? – Wie? – Wo? – Wer?

Österreich : Ungarn 5:0

1902 **Freundschaftsspiel**
1. Länderspiel, Wien, 12. 10. 1902
Schiedsrichter: Shires, AUT

Nauss (WAC); Eipeldauer (Vienna), Wachuda (WAC), Hüttl (Cricketer), Blässy (Graphia), Mössmer (DJM Währing), Wiesner (WFC 1898), Huber (WAC), Schrammel (WAC), Studnicka (WAC), Taurer (WAC)

Tore: Huber, Taurer, Studnicka (3x)

Ungarn : Österreich 3:2 (1:0)

1903 **Freundschaftsspiel**
2. Länderspiel, Budapest, 11. 06. 1903
Schiedsrichter: Jolland, H

Wagner (Cricketer); Leuthe (WAC), Dettelmaier (WAC), Schrammel (WAC), Stürmer (WAC), Dick (Deutscher Sportverein), Fischer (WAC), Schulz (WAC), Pulchert (Vienna), Studnicka (WAC), Taurer (WAC)

Tore: Pulchert, Studnicka

Österreich : Ungarn 4:2 (1:1)

1903 **Freundschaftsspiel**
3. Länderspiel, Wien, 11. 10. 1903
Schiedsrichter: Fuchs, AUT

Steinmann (Graphia); Schulz (WAC), Dettelmaier (WAC), Schrammel (Rapid), Pulchert (WAC), Wilczek (Deutscher Sportverein), Schneck (Graphia), Schediwy (Rapid), Huber (WAC), Studnicka (WAC), Taurer (WAC)

Tore: Huber, Schediwy, Studnicka (2x)

Ungarn : Österreich 3:0 (1:0)

1904 **Freundschaftsspiel**
4. Länderspiel, Budapest, 02. 06. 1904
Schiedsrichter: Horvath, H

Prager (WAC); Fischer (WAC), Dettelmaier (WAC), Sax (WAC), Wilczek (Wiener Sportvereinigung), Schrammel (WAC), Schönecker (Rapid), Huber (WAC), Stürmer (WAC), Hoffmann (WAC), Taurer (WAC)

Österreich : Ungarn 5:4 (2:3)

1904 **Freundschaftsspiel**
5. Länderspiel, Wien, 09. 10. 1904
Schiedsrichter: Holley, AUT

Pekarna (Vienna); Fischer (WAC), Eipeldauer (Vienna), Schrammel (WAC), Feldmüller (Rapid), Dick (Vienna), Dettelmaier (WAC), Bugno (Cricketer), Stansfield (Cricketer), Studnicka (WAC), Taurer (WAC)

Tore: Bugno, Stansfield (4x)

Ungarn : Österreich 0:0

1905 **Freundschaftsspiel**
6. Länderspiel, Budapest, 09. 04. 1905
Schiedsrichter: Herczog, H

Prager (WAC); Fischer (WAC), Leuthe (Cricketer), Lowe (Cricketer), Stürmer (WAC), Grossmann (Cricketer), Hussak (Cricketer), Krug (Cricketer), Stansfield (Cricketer), König (Cricketer), Taurer (WAC)

Ungarn : Österreich 3:1 (1:0)

1906 **Freundschaftsspiel**
7. Länderspiel, Budapest, 04. 11. 1906
Schiedsrichter: Fehery, H

Prager (Cricketer); Hüttl (Cricketer), Vladar (Rapid), Lenczewsky (Vienna), Müller (Cricketer), Mastalka (Wiener Sportvereinigung), Hussak (Cricketer), Dünnmann (Rapid), Pollatschek (Viktoria), Engl E. (Cricketer), Engl K. (Cricketer)

Tore: Lenczewsky

Österreich : Ungarn 3:1 (0:0)

1907 **Freundschaftsspiel**
8. Länderspiel, Wien, 05. 05. 1907
Schiedsrichter: Meisl, AUT

Kaltenbrunner (Rapid); Vladar (Rapid), Wegscheider (Rapid), Hoitasch (Vienna), Kohn (Rapid), Lenczewsky (Vienna), Wancura (Viktoria), Schediwy (Rapid), Pollatschek (Viktoria), Dünnmann (Rapid), Wolf (Rapid)

Tore: Pollatschek, Schediwy, Wolf

Ungarn : Österreich 4:1 (3:0)

1907 **Freundschaftsspiel**
9. Länderspiel, Budapest, 03. 11. 1907
Schiedsrichter: Fehery, H

Kaltenbrunner (Rapid); Vladar (Rapid), Gross (Sportklub), Harmer (Rapid), Lenczewsky (Vienna), Weihrauch (Rudolfshügel), Beck (Rudolfshügel), Schmieger (Sportklub), Schediwy (Rapid), Dünnmann (Rapid), Wolf (Rapid)

Tore: Schmieger

Österreich : Ungarn 4:0 (2:0)

1908 **Freundschaftsspiel**
10. Länderspiel, Wien, 03. 05. 1908
Schiedsrichter: Holley, AUT

Pekarna (Vienna); Eipeldauer (Vienna), Retschury (Vienna), Knöll (Cricketer), Kwietek (WAC), Dlabac (WAC), Hussak (Cricketer), Kubik (Cricketer), Kohn (WAC), Fischera (WAC), Andres (WAC)

Tore: Andres, Kubik, Hussak, Kohn

Österreich : England 1:6 (0:3)

1908 **Freundschaftsspiel**
11. Länderspiel, Wien, 06. 06. 1908
Schiedsrichter: Groothoff, NL

Prager (Cricketer); Schwarz (DFC Prag), Smolek (Rapid), Cimera (DFC Prag), Fischl (DFC Prag), Wackenreuther (Sportklub), Schmieger (Sportklub), Merz (DFC Prag), König (Germania), Hirschl (Vienna), Thurm (DFC Prag)

Tore: Schmieger

Österreich : Deutschland 3:2 (3:2)

1908 **Freundschaftsspiel**
12. Länderspiel, Wien, 07. 06. 1908
Schiedsrichter: Simmons, GB

Kaltenbrunner (Rapid); Eipeldauer (Vienna), Retschury (Vienna), Knöll (Cricketer), Kurpiel (DFC Prag), Dlabac (WAC), Hussak (Cricketer), Kubik (Sportbrüder Prag), Studnicka (WAC), Fischera (WAC), Andres (WAC)

Tore: Dlabac, Studnicka, Andres

Österreich : England 1:11 (0:5)

1908 **Freundschaftsspiel**
13. Länderspiel, Wien, 08. 06. 1908
Schiedsrichter: Herczog, H

Donhardt (Sportklub); Schwarz (DFC Prag), Smolek (Rapid), Jech (Rapid), Fischl (DFC Prag), Wackenreuther (Sportklub), Hussak (Cricketer), Merz (DFC Prag), König (Germania), Hirschl (Vienna), Thurm (DFC Prag)

Tore: Hirschl

Ungarn : Österreich 5:3 (3:2)

1908 **Freundschaftsspiel**
14. Länderspiel, Budapest, 01. 11. 1908
Schiedsrichter: Riso, GER

Kaltenbrunner (Rapid); Retschury (Vienna), Smolek (Rapid), Jech (Rapid), Kurpiel (DFC Prag), Tekusch (WAC), Hussak (Cricketer), Neubauer (Sportklub), Studnicka (WAC), Fischera (WAC), Andres (WAC)

Tore: Studnicka, Fischera (2x)

Österreich : Ungarn 3:4 (2:2)

1909 **Freundschaftsspiel**
15. Länderspiel, Wien, 02. 05. 1909
Schiedsrichter: Neumann, GER

Kaltenbrunner (Rapid); Retschury (Vienna), Smolek (Rapid), Wackenreuther (Sportklub), Knöll (Cricketer), Singer (Vienna), Beck (Sportklub), Schmieger (Sportklub), Neubauer (Sportklub), König (Germania), Kraus (Germania)

Tore: Schmieger, Neubauer (2x)

Ungarn : Österreich 1:1

1909 **Freundschaftsspiel**
16. Länderspiel, Budapest, 30. 05. 1909
Schiedsrichter: Simmons, GB

Kaltenbrunner (Rapid); Retschury (Vienna), Vladar (Rapid), Lenczewsky (Vienna), Oppenheim (Vienna), Preiss (Viktoria), Beck (Sportklub), Schrenk (Vienna), Höllerl (Vienna), Cargnelli (Germania), Pfeiffer (Vienna)

Tore: Schrenk

Österreich : England 1:8 (0:2)

1909 **Freundschaftsspiel**
17. Länderspiel, Wien, 01. 06. 1909
Schiedsrichter: Schubert, H

Prager (Cricketer); Gross (Sportklub), Retschury (Vienna), Löwenfeld (Cricketer), Preiss (Viktoria), Lenczewsky (Vienna), Hussak (Cricketer), Schediwy (Rapid), Schrenk (Vienna), Neubauer (Sportklub), Scheu (Viktoria)

Tore: Hussak

Ungarn : Österreich 2:2 (1:1)

1909 **Freundschaftsspiel**
18. Länderspiel, Budapest, 07. 11. 1909
Schiedsrichter: Neumann, GER

Krof (WAC); Weihrauch (Rudolfshügel), Gross (Sportklub), Löwenfeld (Cricketer), Lenczewsky (Vienna), Linzmayer (Rapid), Beck (Sportklub), Merz (DFC Prag), Schmieger (Sportklub), Neubauer (Sportklub), Andres (WAC)

Tore: Schmieger (2x)

Österreich : Ungarn 2:1 (2:1)

1910 **Freundschaftsspiel**
19. Länderspiel, Wien, 01. 05. 1910
Schiedsrichter: Brandt, GER

Prager (Cricketer); Flor (Rudolfshügel), Tekusch F. (WAC), Bielohlavek (Rudolfshügel), Fischl (DFC Prag), Tekusch K. (WAC), Hussak (Cricketer), Kohn (WAC), Neubauer (Sportklub), Fischera (WAC), Andres (WAC)

Tore: Fischera, Hussak

Ungarn : Österreich 3:0 (1:0)

1910 **Freundschaftsspiel**
20. Länderspiel, Budapest, 06. 11. 1910
Schiedsrichter: Blüher, GER

Weinberg (Vienna); Drexler (Vienna), Tekusch F. (WAF), Weber (Vienna), Reichl (Simmering), Tekusch K. (WAF), Beck (Sportklub), Neubauer (Sportklub), Studnicka (WAC), Fischera (WAF), Meiringer (Sportklub)

Österreich : Ungarn 3:1 (2:1)

1911 **Freundschaftsspiel**
21. Länderspiel, Wien, 07. 05. 1911
Schiedsrichter: Istace, BE

Müller (Sportklub); Krojer (Sportklub), Tekusch F. (WAF), Wackenreuther (Sportklub), Kurpiel (DFC Prag), Weber (Vienna), Hussak (Amateure), Merz (DFC Prag), Schwarz (Vienna), Schmieger (Sportklub), Meiringer (Sportklub)

Tore: Hussak, Merz (2x)

Deutschland : Österreich 1:2 (1:1)

1911 **Freundschaftsspiel**
22. Länderspiel, Dresden, 09. 10. 1911
Schiedsrichter: Willing (NL)

Müller (Sportklub); Popovich (Amateure), Tekusch F. (WAF), Cimera (DFC Prag), Swatosch (Simmering), Tekusch K. (WAF), Kohn (WAF), Schmieger (Sportklub), Schwarz (Vienna), Neumann (WAC), Spindler (FK 03 Teplitz)

Tore: Neumann, Spindler

Ungarn : Österreich 2:0 (1:0)

1911 **Freundschaftsspiel**
23. Länderspiel, Budapest, 05. 11. 1911
Schiedsrichter: Devitte, GB

Müller (Sportklub); Krojer (Sportklub), Tekusch F. (WAF), Wackenreuther (Sportklub), Kurpiel (DFC Prag), Tekusch K. (WAF), Hussak (Amateure), Kohn (WAF), Studnicka (WAC), Neumann (WAC), Meiringer (Sportklub)

Österreich : Ungarn 1:1 (0:1)

1912 **Freundschaftsspiel**
24. Länderspiel, Wien, 05. 05. 1912
Schiedsrichter: Howcraft, GB

Noll (DFC Prag); Graubart (DFC Prag), Tekusch F. (WAF), Weber (Vienna), Braunsteiner (Sportklub), Tekusch K. (WAF), Kohn (WAF), Merz (DFC Prag), Studnicka (WAC), Fischera (WAF), Andres (WAF)

Tore: Studnicka

Deutschland : Österreich 1:5 (1:0)

1912 **Olympische Spiele**
25. Länderspiel, Stockholm, 29. 06. 1912
Schiedsrichter: Willing, NL

Noll (DFC Prag); Graubart (DFC Prag), Kurpiel (DFC Prag), Brandstätter J. (Rapid), Braunsteiner (Sportklub), Cimera (DFC Prag), Hussak (Amateure), Merz (DFC Prag), Studnicka (WAC), Müller (Sportklub), Neubauer (Sportklub)

Tore: Studnicka (56.), Neubauer (60.), Merz (75., 81.), Cimera (89.)

Niederlande : Österreich 3:1 (3:1)

1912 **Olympische Spiele**
26.Länderspiel, Stockholm, 30. 06. 1912
Schiedsrichter: Phillips, SCO

Noll (DFC Prag); Graubart (DFC Prag), Kurpiel (DFC Prag), Brandstätter J. (Rapid), Braunsteiner (Sportklub), Cimera (DFC Prag), Hussak (Amateure), Merz (DFC Prag), Studnicka (WAC), Müller (Sportklub), Neubauer (Sportklub)

Tore: Müller (44.)

Norwegen : Österreich 0:1 (0:1)

1912 **Olympische Spiele**
27. Länderspiel, Tranneberg, 01. 07. 1912
Schiedsrichter: Sjöblom, SE

Kaltenbrunner (Rapid); Kurpiel (DFC Prag), Braunsteiner (Sportklub), Weber (Vienna), Brandstätter J. (Rapid), Cimera (DFC Prag), Müller (Sportklub), Blaha (Rapid), Merz (DFC Prag), Grundwald (Rapid), Neubauer (Sportklub)

Tor: Neubauer (2.)

Italien : Österreich 1:5 (0:2)

1912 **Olympische Spiele**
28. Länderspiel, Stockholm, 03. 07. 1912
Schiedsrichter: Willing, NL

Kaltenbrunner (Rapid); Braunsteiner (Sportklub), Graubart (DFC Prag), Weber (Vienna), Brandstätter J. (Rapid), Cimera (DFC Prag), Hussak (Amateure), Müller (Sportklub), Studnicka (WAC), Neubauer (Sportklub), Grundwald (Rapid)

Tore: Müller, Neubauer, Grundwald (2x), Hussak

Ungarn : Österreich 3:0 (1:0)

1912 **Olympische Spiele**
29. Länderspiel, Stockholm, 05. 07. 1912
Schiedsrichter: Willing, NL

Kaltenbrunner (Rapid); Graubart (DFC Prag), Kurpiel (DFC Prag), Brandstätter J. (Rapid), Braunsteiner (Sportklub), Cimera (DFC Prag), Hussak (Amateure), Müller (Sportklub), Merz (DFC Prag), Neubauer (Sportklub), Grundwald (Rapid)

Ungarn : Österreich 4:0 (2:0)

1912 **Freundschaftsspiel**
30. Länderspiel, Budapest, 03. 11. 1912
Schiedsrichter: Howcroft, GB

Müller (Sportklub); Popovich (Amateure), Brandstätter F. (Rapid), Hagler (Rapid), Brandstätter J. (Rapid), Tekusch K. (WAF), Müller (Sportklub), Merz (DFC Prag), König (WAF), Fischera (WAF), Schmid (Amateure)

Italien : Österreich 1:3 (1:1)

1912 **Freundschaftsspiel**
31. Länderspiel, Genua, 22. 12. 1912
Schiedsrichter: Barette, BL

Müller (Sportklub); Kiesling (Rudolfshügel), Tekusch F. (WAF), Brandstätter J. (Rapid), Braunsteiner (Sportklub), Tekusch K. (WAF), Bauer (Rapid), Kohn (WAF), Kuthan (Rapid), Schmieger (Sportklub), Schmid (Amateure)

Tore: Schmieger (30.), Kuthan (60.), Kohn (75.)

Österreich : Ungarn 1:4 (0:1)

1913 **Freundschaftsspiel**
32. Länderspiel, Wien, 27. 04. 1913
Schiedsrichter: Howcroft, GB

Kaltenbrunner (Rapid); Swatosch (Simmering), Rumbold (Vienna), Weber (Vienna), Brandstätter J. (Rapid), Tekusch K. (WAF), Bauer (Rapid), Twaroch (Wacker), Studnicka (WAC), Fischera (WAF), Grundwald (Rapid)

Tore: Studnicka (62.)

Österreich : Italien 2:0 (1:0)

1913 **Freundschaftsspiel**
33. Länderspiel, Wien, 15. 06. 1913
Schiedsrichter: Fehery, H

Kaltenbrunner (Rapid); Popovich (Amateure), Sudrich (WAC), Sedlacek (WAF), Brandstätter J. (Rapid), Tekusch K. (WAF), Bauer (Rapid), Twaroch (Wacker), Kuthan (Rapid), Grundwald (Rapid), Körner H. (Rapid)

Tore: Brandstätter (2x)

Ungarn : Österreich 4:3 (3:1)

1913 **Freundschaftsspiel**
34. Länderspiel, Budapest, 26. 10. 1913
Schiedsrichter: Schumacher, GB

Plhak (FAC); Dittrich (Rapid), Tekusch F. (WAF), Cimera (DFC Prag), Brandstätter J. (Rapid), Tekusch K. (WAF), Bauer (Rapid), Merz (DFC Prag), Schwarz (WAF), Grundwald (Rapid), Körner H. (Rapid)

Tore: Schwarz, Merz, Dittrich

Italien : Österreich 0:0

1914 **Freundschaftsspiel**
35. Länderspiel, Mailand, 11. 01. 1914
Schiedsrichter: Howcroft, GB

Plhak (FAC); Urban (Vienna), Swatosch (Simmering), Chrenka (WAC), Brandstätter J. (Rapid), Cimera (DFC Prag), Haist (WAF), Merz (DFC Prag), Kuthan (Rapid), Grundwald (Rapid), Körner H. (Rapid)

Österreich : Ungarn 2:0 (2:0)

1914 **Freundschaftsspiel**
36. Länderspiel, Wien, 03. 05. 1914
Schiedsrichter: Terwogt, NL

Plhak (FAC); Urban (Vienna), Tekusch F. (WAF), Chrenka (WAC), Brandstätter J. (Rapid), Tekusch K. (WAF), Heinzl (WAF), Merz (DFC Prag), Braunsteiner (Sportklub), Fischera (WAF), Neumann (WAC)

Tore: Fischera (19., 32.)

Ungarn : Österreich 2:2 (0:2)

1914 **Freundschaftsspiel**
37. Länderspiel, Budapest, 04. 10. 1914
Schiedsrichter: Fehery, H

Bode (WAF); Popovich (Amateure), Löwenfeld (Amateure), Achatzky (Sportklub), Heiss (WAF), Tekusch K. (WAF), Wondrak (Rapid), König (Rudolfshügel), Studnicka (WAC), Swatosch (Simmering), Körner H. (Rapid)

Tore: Studnicka, Swatosch

Österreich : Ungarn 1:2 (0:0)

1914 **Freundschaftsspiel**
38. Länderspiel, Wien, 08. 11. 1914
Schiedsrichter: Schmieger, AUT

Bode (WAF); Dittrich (Rapid), Schlosser (WAC), Achatzky (Sportklub), Brandstätter J. (Rapid), Tekusch K. (WAF), Haist (WAF), Bauer (Rapid), Kuthan (Rapid), Neumann (WAC), Körner H. (Rapid)

Tore: Kuthan

Ungarn : Österreich 2:5 (1:2)

1915 **Freundschaftsspiel**
39. Länderspiel, Budapest, 02. 05. 1915
Schiedsrichter: Schubert, H

Desnohlidek (Hertha); Popovich (Amateure), Jetzinger (WAF), Sedlacek (WAF), Prohaska (Rudolfshügel), Kürner (Simmering), Ehrlich (Simmering), Kuthan (Rapid), Studnicka (WAC), Swatosch (Rapid), Hoel (Rudolfshügel)

Tore: Studnicka (26., 46.), Swatosch (35.), Hoel (56.), Ehrlich (87.)

Österreich : Ungarn 1:2 (0:2)

1915 **Freundschaftsspiel**
40. Länderspiel, Wien, 30. 05. 1915
Schiedsrichter: Schmieger, AUT

Desnohlidek (Hertha); Popovich (Amateure), Schlosser (WAC), Cimera (Rapid), Brandstätter J. (Rapid), Kürner (Simmering), Heinzl (WAF), Kuthan (Rapid), Studnicka (WAC), Swatosch (Rapid), Hoel (Rudolfshügel)

Tore: Kuthan

Österreich : Ungarn 4:2 (2:1)

1915 **Freundschaftsspiel**
41. Länderspiel, Wien, 03. 10. 1915
Schiedsrichter: Retschury, AUT

Kraupar (FAC); Jetzinger (WAF), Schlosser (WAC), Prohaska (Rudolfshügel), Brandstätter J. (Rapid), Nitsch (Rapid), Ehrlich (Simmering), Heinzl (WAF), Studnicka (WAC), Bauer (Rapid), Hoel (Rudolfshügel)

Tore: Heinzl (2x), Bauer (2x)

Ungarn : Österreich 6:2 (2:1)

1915 **Freundschaftsspiel**
42. Länderspiel, Budapest, 07. 11. 1915
Schiedsrichter: Olah, H

Kraupar (FAC), Popovich (Amateure), Schlosser (WAC), Prohaska (Rudolfshügel), Brandstätter J. (Rapid), Nitsch (Rapid), Heinzl (WAF), Kuthan (Rapid), Studnicka (WAC), Neubauer (WAF), Hoel (Rudolfshügel)

Tore: Hoel, Studnicka

Österreich : Ungarn 3:1 (0:0)

1916 **Freundschaftsspiel**
43. Länderspiel, Wien, 07. 05. 1916
Schiedsrichter: Schmieger, AUT

Kraupar (FAC), Popovich (Amateure), Deutsch J. (FAC), Sedlacek (WAF), Brandstätter J. (Rapid), Deutsch G. (FAC), Beck (Rudolfshügel), Heinzl (WAF), Studnicka (WAC), Bauer (Rapid), Wieser (Rapid)

Tore: Bauer (2x), Studnicka

Ungarn : Österreich 2:1 (2:1)

1916 **Freundschaftsspiel**
44. Länderspiel, Budapest, 04. 06. 1916
Schiedsrichter: Olah, H

Feigl (Wacker); Popovich (Amateure), Deutsch J. (FAC), Sedlacek (WAF), Brandstätter J. (Rapid), Prohaska (Rudolfshügel), Stürmer (WAF), Neubauer (WAF), Studnicka (WAC), Bauer (Rapid), Wieser (Rapid)

Tore: Bauer

Ungarn : Österreich 2:3 (1:3)

1916 **Freundschaftsspiel**
45. Länderspiel, Budapest, 01. 10. 1916
Schiedsrichter: Vertes, H

Kraupar (FAC); Popovich (Amateure), Dittrich (Rapid), Sedlacek (WAF), Jordan (Sportklub), Kerr (WAC), Köck (WAC), Grundwald (Rapid), Studnicka (WAC), Bauer (Rapid), Wieser (Rapid)

Tore: Bauer (2x), Grundwald

Österreich : Ungarn 3:3 (2:2)

1916 **Freundschaftsspiel**
46. Länderspiel, Wien, 05. 11. 1916
Schiedsrichter: Seemann, AUT

Plhak (WAC); Popovich (Amateure), Dittrich (Rapid), Sedlacek (WAF), Nitsch (Rapid), Kerr (WAC), Neubauer (WAF), Kraus (FAC), Studnicka (WAC), Bauer (Rapid), Wieser (Rapid)

Tore: Kraus (2x), Bauer

Österreich : Ungarn 1:1 (1:1)

1917 **Freundschaftsspiel**
47. Länderspiel, Wien, 06. 05. 1917
Schiedsrichter: Schmieger, AUT

Kraupar (FAC); Popovich (Amateure), Dittrich (Rapid), Sedlacek (WAF), Prohaska (Rudolfshügel) oder Jordan (Sportklub), Rupec (Rapid), Neubauer (WAF), Heinzl (WAF), Studnicka (WAC), Bauer (Rapid), Wieser (Rapid)

Tore: Heinzl (45.)

Ungarn : Österreich 6:2 (5:1)

1917 **Freundschaftsspiel**
48. Länderspiel, Budapest, 03. 06. 1917
Schiedsrichter: Winkler, GER

Kraupar (FAC); Popovich (Amateure), Dittrich (Rapid), Prohaska (Rudolfshügel), Brandstätter J. (Rapid), Kerr (WAC), Beck (Rudolfshügel), Heinzl (WAF), Studnicka (WAC), Bauer (Rapid), Schmid (Amateure)

Tore: Heinzl (10.), Popovich (80.)

Österreich : Ungarn 1:4 (0:1)

1917 **Freundschaftsspiel**
49. Länderspiel, Wien, 15. 07. 1917
Schiedsrichter: Pohl, GER

Halpern (Hakoah); Popovich (Amateure), Dittrich (Rapid), Sedlacek (WAF), Brandstätter J. (Rapid), Rupec (Rapid), Beck (Rudolfshügel), Bauer (Rapid), Vanik (Slavia Prag), Prousek (Slavia Prag), Schmid (Amateure)

Tore: Prousek

Ungarn : Österreich 2:1 (1:0)

1917 **Freundschaftsspiel**
50. Länderspiel, Budapest, 07. 10. 1917

Kraupar (FAC); Popovich (Amateure), Dittrich (Rapid), Sedlacek (WAF), Fichta (Slavia Prag), Rupec (Rapid), Ehrlich (Simmering), Sedlacek J. (Slavia Prag), Neubauer (WAF), Vanik (Slavia Prag), Prousek (Slavia Prag)

Tore: Sedlacek (67.)

Österreich : Ungarn 1:2 (0:2)

1917 **Freundschaftsspiel**
51. Länderspiel, Wien, 04. 11. 1917
Schiedsrichter: Paquet, GER

Jokl (Amateure); Popovich (Amateure), Dittrich (Rapid), Sedlacek (WAF), Kerr (WAC), Rupec (Rapid), Haist (WAF), Wilda (DFC Prag), Kozeluh (DFC Prag), Studnicka (WAC), Bauer (Rapid)

Tore: Wilda (60.)

Schweiz : Österreich 0:1 (0:0)

1917 **Freundschaftsspiel**
52. Länderspiel, Basel, 23. 12. 1917
Schiedsrichter: Forster, CH

Jokl (Amateure); Jordan (Sportklub), Popovich (Amateure), Kerr (WAC), Brandstätter J. (Rapid), Rupec (Rapid), Haist (WAF), Neubauer (WAF), Studnicka (WAC), Bauer (Rapid), Schmid (Amateure)

Tor: Bauer

Schweiz : Österreich 3:2

1917 **Freundschaftsspiel**
53. Länderspiel, Zürich, 26. 12. 1917
Schiedsrichter: Forster, CH

Jokl (Amateure); Studnicka (WAC), Popovich (Amateure), Kerr (WAC), Brandstätter J. (Rapid), Rupec (Rapid), Haist (WAF), Heinlein (WAC), Neubauer (WAF), Bauer (Rapid), Schmid (Amateure)

Tore: Neubauer, Bauer

Ungarn : Österreich 2:0 (1:0)

1918 **Freundschaftsspiel**
54. Länderspiel, Budapest, 14. 04. 1918
Schiedsrichter: Rossi, GER

Halpern (Hakoah), Popovich (Amateure), Dittrich (Rapid), Beck (Rudolfshügel), Brandstätter J. (Rapid), Rupec (Rapid), Strnad (Sportklub), Bauer (Rapid), Biegler (FAC), Swatosch (Rapid), Körner H. (Rapid)

Österreich : Schweiz 5:1 (1:0)

1918 **Freundschaftsspiel**
55. Länderspiel, Wien, 09. 05. 1918
Schiedsrichter: Fehery, H

Halpern (Hakoah), Popovich (Amateure), Dittrich (Rapid), Kerr (WAC), Brandstätter J. (Rapid), Rupec (Rapid), Heinlein (WAC), Wilda (DFC Prag), Kozeluh (DFC Prag), Bauer (Rapid), Körner H. (Rapid)

Austausch: Studnicka für Kerr

Tore: Wilda (26.), Bauer (46., 82.), Kozeluh (80.), Studnicka (84.)

Österreich : Ungarn 0:2 (0:0)

1918 **Freundschaftsspiel**
56. Länderspiel, Wien, 02. 06. 1918
Schiedsrichter: Rossi, GER

Kraupar (FAC); Popovich (Amateure), Stejskal (Rapid), Sedlacek (WAF), Rupec (Rapid), Löwenfeld (Amateure), Humenberger (FAC), Steurer (DFC Prag), Kozeluh (DFC Prag), Wilda (DFC Prag), Feller (DFC Prag)

Österreich : Ungarn 0:3 (0:1)

1918 **Freundschaftsspiel**
57. Länderspiel, Wien, 06. 10. 1918
Schiedsrichter: Kehm, GER

Kraupar (FAC); Popovich (Amateure), Dittrich (Rapid), Rupec (Rapid), Brandstätter J. (Rapid), Tekusch K. (WAF), Stürmer (WAF), Humenberger (FAC), Kozeluh (DFC Prag), Bauer (Rapid), Feller (DFC Prag)

Ungarn : Österreich 2:1 (1:1)

1919 **Freundschaftsspiel**
58. Länderspiel, Budapest, 06. 04. 1919
Schiedsrichter: Szüsz, H

Jokl (Amateure); Popovich (Amateure), Dittrich (Rapid), Putzendopler (Rapid), Neubauer (FAC), Nitsch (Rapid), Wondrak (Rapid), Uridil (Rapid), Heinlein (WAC), Hansl (Amateure), Wieser (Rapid)

Tore: Wondrak (22.)

Österreich : Ungarn 2:0 (2:0)

1919 **Freundschaftsspiel**
59. Länderspiel, Wien, 05. 10. 1919
Schiedsrichter: Retschury, AUT

Brandweiner (WAC); Popovich (Amateure), Dittrich (Rapid), Putzendopler (Rapid), Brandstätter J. (Rapid), Nitsch (Rapid), Wondrak (Rapid), Uridil (Rapid), Kuthan (Rapid), Bauer (Rapid), Wieser (Rapid)

Tore: Bauer (40.), Uridil (44.)

Ungarn : Österreich 3:2 (3:0)

1919 **Freundschaftsspiel**
60. Länderspiel, Budapest, 09. 11. 1919
Schiedsrichter: Szüsz, H

Brandweiner (WAC); Wagner (Rudolfshügel), Deutsch (FAC), Kurz (Amateure), Neubauer (FAC), Weiss (FAC), Köck (WAC), Tremmel (Schreibweise) (Vienna), Frithum (Vienna), Hansl (Amateure), Eckl (Vienna)

Tore: Hansl, Tremmel

Österreich : Ungarn 2:2 (1:1)

1920 **Freundschaftsspiel**
61. Länderspiel, Wien, 02. 05. 1920
Schiedsrichter: Schmieger, AUT

Meisl (Amateure); Beer (Sportklub), Popovich (Amateure), Chrenka (WAC), Brandstätter J. (Rapid), Nitsch (Rapid), Wondrak (Rapid), Bauer (Rapid), Kuthan (Rapid), Swatosch (Simmering), Wieser (Rapid)

Tore: Wieser (43.), Swatosch (66.)

Österreich : Deutschland 3:2 (0:0)

1920 **Freundschaftsspiel**
62. Länderspiel, Wien, 26. 09. 1920
Schiedsrichter: Fehery, H

Pacista (Simmering); Beer (Sportklub), Popovich (Amateure), Fuchs (Amateure), Baar (Sportklub), Nitsch (Rapid), Seidl (FAC), Swatosch (Simmering), Kuthan (Rapid), Hansl (Amateure), Wieser (Rapid)

Tore: Swatosch (64., 83., 86.)

Ungarn : Österreich 1:2 (0:2)

1920 **Freundschaftsspiel**
63. Länderspiel, Budapest, 07. 11. 1920
Schiedsrichter: Groothoff, NL

Pacista (Simmering); Blum (Vienna), Popovich (Amateure), Fuchs (Amateure), Neubauer (FAC), Nitsch (Rapid), Köck (Amateure), Bauer (Rapid), Kuthan (Rapid), Swatosch (Simmering), Eckl (Vienna)

Tore: Kuthan (24.), Swatosch 43.)

Österreich : Schweden 2:2 (1:1)

1921 **Freundschaftsspiel**
64. Länderspiel, Wien, 27. 03. 1921
Schiedsrichter: Boas, NL

Ostricek (Hertha); Blum (Vienna), Popovich (Amateure), Fuchs (Amateure), Neubauer (FAC), Geyer (Amateure), Köck (Amateure), Kanhäuser (Sportklub), Kuthan (Rapid), Swatosch (Amateure), Katz (Hakoah)

Tore: Kuthan (2x)

Österreich : Ungarn 4:1 (0:0)

1921 **Freundschaftsspiel**
65. Länderspiel, Wien, 24. 04. 1921
Schiedsrichter: Mutters, NL

Ostricek (Hertha); Beer (Sportklub), Popovich (Amateure), Kurz (Vienna), Neubauer (FAC), Nitsch (Rapid), Wondrak (Rapid), Uridil (Rapid), Kuthan (Rapid), Swatosch (Amateure), Katz (Hakoah)

Tore: Kuthan (51., 53.), Wondrak (63.), Neubauer

Schweiz : Österreich 2:2 (0:0)

1921 **Freundschaftsspiel**
66. Länderspiel, St. Gallen, 01. 05. 1921
Schiedsrichter: Koppehel, GER

Ostricek (Hertha); Blum (Vienna), Popovich (Amateure), Kurz (Vienna), Neubauer (FAC), Nitsch (Rapid), Wondrak (Rapid), Bauer (Rapid), Kuthan (Rapid), Swatosch (Amateure), Katz (Hakoah)

Tore: Kuthan, Neubauer

Deutschland : Österreich 3:3 (2:1)

1921 **Freundschaftsspiel**
67. Länderspiel, Dresden, 05. 05. 1921
Schiedsricher: Eymers, NL

Ostricek (Hertha); Blum (Vienna), Popovich (Amateure), Kurz (Vienna), Neubauer (FAC), Nitsch (Rapid), Wondrak (Rapid), Uridil (Rapid), Kuthan (Rapid), Kanhäuser (Sportklub), Eckl (Vienna)

Tore: Kuthan (33.), Wondrak (58.), Uridil (70.)

Schweden : Österreich 1:3 (1:2)

1921 **Freundschaftsspiel**
68. Länderspiel, Stockholm, 24. 07. 1921
Schiedsrichter: Boas, NL

Ostricek (Hertha); Blum (Vienna), Popovich (Amateure), Kurz (Vienna), Brandstätter J. (Rapid), Nitsch (Rapid), Wondrak (Rapid), Uridil (Rapid), Kuthan (Rapid), Swatosch (Amateure), Neumann (WAC)

Tore: Uridil, Kuthan, Swatosch

Finnland : Österreich 2:3 (1:0)

1921 **Freundschaftsspiel**
69. Länderspiel, Helsinki, 31. 07. 1921
Schiedsrichter: Boas, NL

Ostricek (Hertha); Blum (Vienna), Dittrich (Rapid), Kurz (Vienna), Brandstätter J. (Rapid), Nitsch (Rapid), Wondrak (Rapid), Uridil (Rapid), Kuthan (Rapid), Jiszda (FAC), Neumann (WAC)

Tore: Uridil (2x), Neumann

Italien : Österreich 3:3 (2:1)

1922 **Freundschaftsspiel**
70. Länderspiel, Mailand, 15. 01. 1922
Schiedsrichter: Forster, CH

Ostricek (Hertha); Beer (Sportklub), Blum (Vienna), Kurz (Vienna), Resch (Wacker), Geyer (Amateure), Köck (Amateure), Jiszda (FAC), Fischera (WAF), Hansl (Amateure), Cutti (Amateure)

Tore: Hansl (2x), Köck

Österreich : Deutschland 0:2 (0:0)

1922 **Freundschaftsspiel**
71. Länderspiel, Wien, 23. 04. 1922
Schiedsrichter: Gerö,

Brazda (Rudolfshügel); Beer (Sportklub), Blum (Vienna), Plank (Sportklub), Brandstätter J. (Rapid), Kurz (Vienna), Wondrak (Rapid), Kanhäuser (Sportklub), Kuthan (Rapid), Neumann (WAC), Wessely (Rapid)

Ungarn : Österreich 1:1 (0:1)

1922 **Freundschaftsspiel**
72. Länderspiel, Budapest, 30. 04. 1922
Schiedsrichter: Bauwens, GER

Kanhäuser E. (Sportklub); Blum (Vienna), Gold (WAF), Kurz (Vienna), Brandstätter J. (Rapid), Nitsch (Rapid), Seidl (FAC), Jiszda (FAC), Wana (Wacker), Fischera (WAF), Wessely (Rapid)

Tore: Jiszda (41.)

Österreich : Schweiz 7:1 (4:1)

1922 **Freundschaftsspiel**
73. Länderspiel, Wien, 11. 06. 1922
Schiedsrichter: Mutters, NL

Kanhäuser E. (Sportklub); Blum (Vienna), Gold (WAF), Kurz (Vienna), Resch (Wacker), Nitsch (Rapid), Köck (Amateure), Uridil (Rapid), Kuthan (Rapid), Fischera (WAF), Cutti (Amateure)

Austausch: Koch für Kurz (65.)

Tore: Uridil (17., 27., 29.), Kuthan (30., 57.), Fischera (58., 89.)

Österreich : Ungarn 2:2 (1:1)

1922 **Freundschaftsspiel**
74. Länderspiel, Wien, 24. 09. 1922
Schiedsrichter: Bauwens, GER

Ostricek (Hertha); Beer (Sportklub), Blum (Vienna), Kurz (Amateure), Brandstätter J. (Rapid), Nitsch (Rapid), Köck (Amateure), Swatosch (Amateure), Kuthan (Rapid), Fischera (WAF), Wessely (Rapid)

Tore: Kuthan, Wessely

Ungarn : Österreich 1:2 (1:0)

1922 **Freundschaftsspiel**
75. Länderspiel, Budapest, 26. 11. 1922
Schiedsrichter: Koppehel, GER

Ostricek (Hertha); Beer (Sportklub), Blum (Vienna), Kurz (Amateure), Brandstätter J. (Rapid), Geyer (Amateure), Wondrak (Rapid), Kowanda (Wacker), Swatosch (Amateure), Fischera (WAF), Horejs (WAF)

Tore: Swatosch (61.), Kowanda (67.)

Schweiz : Österreich 2:0 (1:0)

1923 **Freundschaftsspiel**
76. Länderspiel, Genf, 21. 01. 1923
Schiedsrichter: Mauro, IT

Ostricek (Hertha); Heikenwälder (Amateure), Blum (Vienna), Kurz (Amateure), Brandstätter J. (Rapid), Geyer (Amateure), Wondrak (Rapid), Swatosch (Amateure), Kuthan (Rapid), Fischera (WAF), Wessely (Rapid)

Österreich : Italien 0:0

1923 **Freundschaftsspiel**
77. Länderspiel, Wien, 15. 04. 1923
Schiedsrichter: Boas, NL

Ostricek (Hertha); Regnard (Rapid), Blum (Vienna), Kurz (Amateure), Brandstätter J. (Rapid), Nitsch (Rapid), Wondrak (Rapid), Richter (Rapid), Kuthan (Rapid), Swatosch (Amateure), Wessely (Rapid)

Österreich : Ungarn 1:0 (0:0)

1923 **Freundschaftsspiel**
78. Länderspiel, Wien, 06. 05. 1923
Schiedsrichter: Graetz, CSSR

Kanhäuser E. (Sportklub); Regnard (Rapid), Blum (Vienna), Kurz (Amateure), Brandstätter J. (Rapid), Nitsch (Rapid), Cutti (Amateure), Swatosch (Amateure), Kanhäuser K. (Sportklub), Wieser (Amateure), Wessely (Rapid)

Tor: Swatosch (79.)

Schweden : Österreich 4:2 (2:1)

1923 **Freundschaftsspiel**
79. Länderspiel, Göteborg, 10. 06. 1923
Schiedsrichter: Herites, CSSR

Ostricek (Hertha); Popovich (Rapid), Blum (Vienna), Kurz (Amateure), Puschner (WAC), Chrenka (Vienna), Cutti (Amateure), Horejs (Vienna), Swatosch (Amateure), Neumann (WAC), Wieser (Amateure)

Tore: Swatosch, Wieser

Österreich : Finnland 2:1 (1:0)

1923 **Freundschaftsspiel**
80. Länderspiel, Wien, 15. 08. 1923
Schiedsrichter: Cejnar (CSSR)

Ostricek (Hertha); Dittrich (Rapid), Blum (Vienna), Kurz (Amateure), Brandstätter J. (Rapid), Nitsch (Rapid), Eckl (Slovan), Häusler (Hakoah), Kuthan (Rapid), Wieser (Amateure), Wessely (Rapid)

Tore: Wieser (5., 75.)

Ungarn : Österreich 2:0 (0:0)

1923 **Freundschaftsspiel**
81. Länderspiel, Budapest, 23. 09. 1923
Schiedsrichter: Graetz, CSSR

Ostricek (Hertha); Scheuer (Hakoah), Horejs (Vienna), Kurz (Amateure), Resch (Wacker), Geyer (Amateure), Seidl (Vienna), Schierl (Admira), Klima (Admira), Wieser (Amateure), Fischer (Vienna)

Austausch: Höss (Vienna) für Kurz (33.)

Deutschland : Österreich 4:3 (3:0)

1924 **Freundschaftsspiel**
82. Länderspiel, Nürnberg, 13. 01. 1924
Schiedsrichter: Hebank, CSSR

Aigner (Simmering); Tandler (Amateure), Blum (Vienna), Kurz (Vienna), Chrenka (Vienna), Geyer (Amateure), Seidl (Vienna), Jiszda (FAC), Horvath (Simmering), Swatosch (Amateure), Wieser (Amateure)

Tore: Swatosch (68.), Jiszda (78.), Horvath (83.)

Italien : Österreich 0:4 (0:2)

1924 **Freundschaftsspiel**
83. Länderspiel, Genua, 20. 01. 1924
Schiedsrichter: Barette, BE

Aigner (Simmering); Tandler (Amateure), Blum (Vienna), Geyer (Amateure), Chrenka (Vienna), Nitsch (Rapid), Horejs (Vienna), Horvath (Simmering), Jiszda (FAC), Swatosch (Amateure), Wieser (Amateure)

Austausch: Danis (Simmering) für Horejs

Tore: Wieser (36., 50.), Swatosch (42.), Jiszda (76.)

Jugoslawien : Österreich 1:4 (0:1)

1924 **Freundschaftsspiel**
84. Länderspiel, Zagreb, 10. 02. 1924
Schiedsrichter: Herites, CSSR

Kanhäuser E. (Sportklub); Beer (Sportklub), Teufel (Sportklub), Geyer (Amateure), Brandstätter J. (Rapid), Nitsch (Rapid), Wondrak (Rapid), Horvath (Simmering), Jiszda (FAC), Wieser (Amateure), Wessely (Rapid)

Austausch: Hofbauer (Ostmark) für Jiszda (2.)

Tore: Wieser (4., 59., 87.), Hofbauer (55.)

Ungarn : Österreich 2:2 (1:0)

1924 **Freundschaftsspiel**
85. Länderspiel, Budapest, 04. 05. 1924
Schiedsrichter: Björklund, SWE

Ostricek (Hertha); Rainer (Vienna), Regnard (Rapid), Kurz (Vienna), Brandstätter J. (WAF), Ludwig (Vienna), Seidl (Vienna), Gschweidl (Vienna), Höss (Vienna), Hofbauer (Ostmark), Wieser (Amateure)

Austausch: Horvath (Simmering) für Höss (14.)

Tore: Horvath (48.), Wieser (88.)

Österreich : Rumänien 4:1 (1:0)

1924 **Freundschaftsspiel**
86. Länderspiel, Wien, 20. 05. 1924
Schiedsrichter: Bauwens, GER

Aigner (Simmering); Rainer (Vienna), Regnard (Rapid), Pollak (Hakoah), Brandstätter J. (WAF), Ludwig (Vienna), Seidl (Vienna), Häusler (Hakoah), Kanhäuser K. (Sportklub), Wieser (Amateure), Milnarik (Rudolfshügel)

Tore: Kanhäuser (2., 52., 85.), Häusler (77.)

Österreich : Bulgarien 6:0 (2:0)

1924 **Freundschaftsspiel**
87. Länderspiel, Wien, 21. 05. 1924
Schiedsrichter: Kiss, H

Kanhäuser E. (Sportklub); Beer (Sportklub), Teufel (Sportklub), Geyer (Amateure), Koch (Admira), Baumgartner (Simmering), Cutti (Amateure), Danis (Simmering), Horvath (Simmering), Grünwald (Hakoah), Sock (SV Donau)

Tore: Horvath (31., 48., 49.), Grünwald (45., 49.), Danis (73.)

Österreich : Ägypten 3:1 (0:0)

1924 **Freundschaftsspiel**
88. Länderspiel, Wien, 22. 06. 1924
Schiedsrichter: Herites, CSSR

Kanhäuser E. (Sportklub); Beer (Sportklub), Teufel (Sportklub), Kurz (Vienna), Brandstätter J. (WAF), Nitsch (Rapid), Seidl (Vienna), Höss (Vienna), Horvath (Simmering), Hofbauer (Ostmark), Wessely (Rapid)

Tore: Höss (47.), Wessely (52.), Horvath (54.)

Österreich : Ungarn 2:1 (1:1)

1924 **Freundschaftsspiel**
89. Länderspiel, Wien, 14. 09. 1924
Schiedsrichter: Barette, GER

Ostricek (Vienna); Rainer (Vienna), Blum (Vienna), Kurz (Vienna), Brandstätter J. (Rapid), Nitsch (Rapid), Cutti (Amateure), Gschweidl (Vienna), Höss (Vienna), Horvath (Simmering), Wessely (Rapid)

Tore: Horvath (40.), Wessely (87.)

Österreich : Schweden 1:1 (1:1)

1924 **Freundschaftsspiel**
90. Länderspiel, Wien, 09. 11. 1924
Schiedsrichter: Slawick, FRA

Lebensaft »Saft« (Rudolfshügel); Rainer (Vienna), Tandler (Amateure), Fried (Hakoah), Reiterer (Amateure), Nitsch (Rapid), Cutti (Amateure), Danis (Simmering), Horvath (Simmering), Wieser (Amateure), Wessely (Rapid)

Tore: Wessely (23.)

Spanien : Österreich 2:1 (1:1)

1924 **Freundschaftsspiel**
91. Länderspiel, Barcelona, 21. 12. 1924
Schiedsrichter: Barette, GER

Ostricek (Vienna); Rainer (Vienna), Tandler (Amateure), Richter (Rapid), Puschner (WAC), Nitsch (Rapid), Wonadrak (Rapid), Schierl (Admira), Horvath (Simmering), Wieser (Amateure), Wessely (Rapid)

Austausch: Seuffert (Vienna) für Puschner (40.)

Tore: Horvath

Österreich : Schweiz 2:0 (2:0)

1925 **Freundschaftsspiel**
92. Länderspiel, Wien, 22. 03. 1925
Schiedsrichter: Ivancsics, H

Janczik (Rapid); Rainer (Vienna), Blum (Vienna), Kurz (Simmering), Resch (Wacker), Nitsch (Rapid), Cutti (Amateure), Gschweidl (Vienna), Horvath (Simmering), Wieser (Amateure), Wessely (Rapid)

Tore: Gschweidl (4.), Horvath (41.)

Frankreich : Österreich 0:4 (0:3)

1925 **Freundschaftsspiel**
93. Länderspiel, Paris, 19. 04. 1925
Schiedsrichter: Scamoni, ITA

Aigner (Simmering); Rainer (Vienna), Blum (Vienna), Kurz (Simmering), Resch (Wacker), Nitsch (Rapid), Cutti (Amateure), Gschweidl (Vienna), Swatosch (Kölner BC), Wieser (Amateure), Fischer (Vienna)

Tore: Swatosch (11., 27.), Wieser (22.), Cutti (84.)

Österreich : Ungarn 3:1 (2:1)

1925 **Freundschaftsspiel**
94. Länderspiel, Wien, 05. 05. 1925
Schiedsrichter: Cejnar, CSSR

Aigner (Simmering); Rainer (Vienna), Blum (Vienna), Kurz (Simmering), Resch (Wacker), Nitsch (Rapid), Cutti (Amateure), Häusler (Hakoah), Haftl (Wacker), Gschweidl (Vienna), Fischer (Vienna)

Tore: Häusler (31.), Haftl (38., 88.)

CSSR : Österreich 3:1 (1:0)

1925 **Freundschaftsspiel**
95. Länderspiel, Prag, 24. 05. 1925
Schiedsrichter: Barette, GER

Aigner (Simmering); Rainer (Vienna), Blum (Vienna), Kurz (Simmering), Hofmann (Vienna), Geyer (Amateure), Cutti (Amateure), Häusler (Hakoah), Gschweidl (Vienna), Swatosch (Kölner BC), Fischer (Vienna)

Tore: Swatosch (52.)

Schweden : Österreich 2:4 (0:2)

1925 **Freundschaftsspiel**
96. Länderspiel, Stockholm, 05. 07. 1925
Schiedsrichter: Bauwens, GER

Aigner (Simmering); Rainer (Vienna), Tandler (Amateure), Richter (Rapid), Nitsch (Rapid), Schneider J. (WAC), Neufeld (Hakoah), Häusler (Hakoah), Horvath (Simmering), Swatosch (Kölner BC), Wessely (Rapid)

Austausch: Koch (Admira) für Tandler

Tore: Horvath (11., 22., 61.), Swatosch (60.)

Finnland : Österreich 1:2 (1:1)

1925 **Freundschaftsspiel**
97. Länderspiel, Helsinki, 10. 07. 1925
Schiedsrichter: Bergqvist, SWE

Aigner (Simmering); Rainer (Vienna), Tandler (Amateure), Schneider J. (WAC), Dumser (Simmering), Nitsch (Rapid), Siegl (Admira), Richter (Rapid), Horvath (Simmering), Swatosch (Kölner BC), Wessely (Rapid)

Tore: Dumser, Wessely

Ungarn : Österreich 1:1 (1:0)

1925 **Freundschaftsspiel**
98. Länderspiel, Budapest, 20. 09. 1925
Schiedsrichter: Herites, CSSR

Kanhäuser E. (Sportklub); Rainer (Vienna), Musil (Simmering), Kurz (Simmering), Resch (Wacker), Nitsch (Rapid), Viertl (Simmering), Horvath (Simmering), Haftl (Wacker), Wieser (Amateure), Wessely (Rapid)

Tore: Eigentor Ungarn

Österreich : Spanien 0:1 (0:1)

1925 **Freundschaftsspiel**
99. Länderspiel, Wien, 27. 09. 1925
Schiedsrichter: Cejnar, CSSR

Kanhäuser E. (Sportklub); Rainer (Vienna), Tandler (Amateure), Kurz (Simmering), Resch (Wacker), Nitsch (Rapid), Cutti (Amateure), Häusler (Hakoah), Horvath (Simmering), Wieser (Amateure), Wessely (Rapid)

Schweiz : Österreich 2:0 (0:0)

1925 **Freundschaftsspiel**
100. Länderspiel, Bern, 08. 11. 1925
Schiedsrichter: Ivancsics, H

Kanhäuser E. (Sportklub); Beer (Sportklub), Teufel (Sportklub), Schneider J. (WAC), Kurz (Simmering), Nitsch (Rapid), Neufeld (Hakoah), Häusler (Hakoah), Horvath (Simmering), Wessely (Rapid), Eckl (Slovan)

Belgien : Österreich 3:4 (1:3)

1925 **Freundschaftsspiel**
101. Länderspiel, Lüttich, 13. 12. 1925
Schiedsrichter: Mutters, NL

Aigner (Simmering); Tandler (Amateure), Blum (Vienna), Schneider J. (WAC), Resch (Wacker), Nitsch (Rapid), Cutti (Amateure), Horvath (Simmering), Hierländer (Amateure), Wieser (Amateure), Fischer (Vienna)

Austausch: Feigl (Wacker) für Aigner (45.)

Tore: Wieser (2.), Cutti (6., 11.), Hierländer (55.)

Österreich : CSSR 2:0 (1:0)

1926 **Freundschaftsspiel**
102. Länderspiel, Wien, 14. 03. 1926
Schiedsrichter: Ivancsics, H

Janczik (Rapid); Tandler (Amateure), Blum (Vienna), Schneider J. (WAC), Resch (Wacker), Nitsch (Rapid), Cutti (Amateure), Gschweidl (Vienna), Hierländer (Amateure), Wieser (Amateure), Fischer (Vienna)

Tore: Cutti (20.), Hierländer (60.)

Ungarn : Österreich 0:3 (0:2)

1926 **Freundschaftsspiel**
103. Länderspiel, Budapest, 02. 05. 1926
Schiedsrichter: Herites, CSSR

Aigner (Simmering); Rainer (Vienna), Blum (Vienna), Kaller (Vienna), Resch (Wacker), Ludwig (Vienna), Cutti (Amateure), Hanel (Slovan), Hierländer (Amateure), Höss (Sportklub), Eckl (Slovan)

Austausch: Schneider J. (WAC) für Ludwig (45.)

Tore: Eckl (7.), Hanel (43.), Cutti (54.)

Österreich : Frankreich 4:1 (1:1)

1926 **Freundschaftsspiel**
104. Länderspiel, Wien, 30. 05. 1926
Schiedsrichter; Cejnar, CSSR

Aigner (Simmering); Tandler (Amateure), Blum (Vienna), Richter (Rapid), Resch (Wacker), Schneider J. (WAC), Cutti (Amateure), Hanel (Slovan), Gschweidl (Vienna), Wieser (Amateure), Wessely (Rapid)

Austausch: Juranic (FAC) für Hanel (48.)

Tore: Hanel (16.), Wessely (61., 90.), Juranic (66.)

Österreich : Ungarn 2:3 (0:1)

1926 **Freundschaftsspiel**
105. Länderspiel, Wien, 19. 09. 1926
Schiedsrichter: Stepanovsky, YU

Cart (Simmering); Tandler (Amateure), Musil (Simmering), Schneider K. (Amateure), Kurz (Simmering), Dumser (Simmering), Hierländer (Amateure), Uridil (Vienna), Gschweidl (Vienna), Höss (Sportklub), Wessely (Rapid)

Austausch: Juranic (FAC) für Gschweidl (38.)

Tore: Wessely (55.), Höss (56.)

CSSR : Österreich 1:2 (0:1)

1926 **Freundschaftsspiel**
106. Länderspiel, Prag, 28. 09. 1926
Schiedsrichter: Langenus, BE

Lebensaft „Saft" (Amateure); Tandler (Amateure), Blum (Vienna), Richter (Rapid), Resch (Wacker), Schneider J. (WAC), Siegl (Admira), Klima (Admira), Sindelar (Amateure), Wortmann (Hokoah), Wessely (Rapid)

Austausch: Regnard (Rapid) für Tandler (39.)

Tore: Sindelar (26.), Wortmann (83.)

Österreich : Schweiz 7:1 (4:0)

1926 **Freundschaftsspiel**
107. Länderspiel, Wien, 10. 10. 1926
Schiedsrichter: Gerö, H

Aigner (Simmering); Rainer (Vienna), Blum (Vienna), Richter (Rapid), Resch (Wacker), Schneider J. (WAC), Siegl (Admira), Klima (Admira), Sindelar (Amateure), Horvath (Simmering), Wessely (Rapid)

Austausch: Franzl (Admira) für Aigner (66.), Dürnschmied (WAC) für Siegl (74.)

Tore: Klima (3.), Sindelar (13., 56.), Horvath (14., 42., 55.), Wessely (90.)

Österreich : Schweden 3:1 (2:1)

1926 **Freundschaftsspiel**
108. Länderspiel, Wien, 07. 11. 1926
Schiedsrichter: Bauwens, GER

Aigner (Simmering); Rainer (Vienna), Blum (Vienna), Richter (Rapid), Resch (Wacker), Schneider J. (WAC), Siegl (Admira), Klima (Admira), Sindelar (Amateure), Horvath (Simmering), Wessely (Rapid)

Austausch: Köhler (BAC) für Aigner (44.)

Tore: Horvath (1.), Klima (44.), Sindelar (83.)

Österreich : CSSR 1:2 (0:2)

1927 **Freundschaftsspiel**
109. Länderspiel, Wien, 20. 03. 1927
Schiedsrichter: Ivancsics, H

Lebensaft »Saft« (Austria); Regnard (Austria), Blum (Vienna), Brinek (Wacker), Resch (Wacker), Schneider J. (WAC), Siegl (Admira), Klima (Admira), Sindelar (Austria), Schall (Admira), Huber K. (WAC)

Tore: Blum (87.)

Österreich : Ungarn 6:0 (4:0)

1927 **Freundschaftsspiel**
110. Länderspiel, Wien, 10. 04. 1927
Schiedsrichter: Cejnar, CSSR

Lebensaft »Saft« (Austria); Rainer (Vienna), Blum (Vienna), Richter (Rapid), Hofmann (Vienna), Geyer (Austria), Weiss (WAC), Rappan (Wacker), Jiszda (FAC), Horvath (Simmering), Wessely (Rapid)

Austausch: Sindelar (Austria) für Jiszda (42.)

Tore: Jiszda (26., 32.), Rappan (29.), Blum (42.), Wessely (54.), Horvath (84.)

Österreich : Belgien 4:1 (1:1)

1927 **Freundschaftsspiel**
111. Länderspiel, Wien, 22. 05. 1927
Schiedsrichter: Ivancsics, H

Köhler (BAC); Rainer (Vienna), Blum (Vienna), Richter (Rapid), Hofmann (Vienna), Geyer (Austria), Siegl (Admira), Horvath (Simmering), Jiszda (FAC), Schall (Admira), Wessely (Rapid)

Tore: Jiszda (11.), Schall (52., 78.), Wessely (73.)

Schweiz : Österreich 1:4 (0:2)

1927 **Freundschaftsspiel**
112. Länderspiel, Zürich, 29. 05. 1927
Schiedsrichter: Mutters, NL

Köhler (BAC); Rainer (Vienna), Blum (Vienna), Kaller (Vienna), Hofmann (Vienna), Czernicky (Slovan), Siegl (Admira), Juranic (FAC), Jiszda (FAC), Horvath (Simmering), Giebisch (Vienna)

Austausch: Runge (Admira) für Rainer

Tore: Giebisch (40.), Blum (48.), Jiszda (84.), ET Schweiz

CSSR : Österreich 2:0 (1:0)

1927 **Freundschaftsspiel**
113. Länderspiel, Prag, 18. 09. 1927
Schiedsrichter: Fabris, YU

Lebensaft »Saft« (Austria); Rainer (Vienna), Blum (Vienna), Schneider K. (Austria), Hofmann (Vienna), Geyer (Austria), Weiss (WAC), Rappan (Wacker), Jiszda (FAC), Horvath (Rapid), Wessely (Rapid)

Ungarn : Österreich 5:3 (2:2)

1927 **Freundschaftsspiel**
114. Länderspiel, Budapest, 25. 09. 1927
Schiedsrichter: Prince Cox, ENG

Lebensaft »Saft« (Austria); Szoldatics (Simmering), Blum (Vienna), Schneider K. (Austria), Hofmann (Vienna), Geyer (Austria), Siegl (Admira), Gschweidl (Vienna), Jiszda (FAC), Horvath (Rapid), Wessely (Rapid)

Tore: Wessely (11., 84.), Siegl (13.)

Italien : Österreich 0:1 (0:1)

1927 **Freundschaftsspiel**
115. Länderspiel, Bologna, 06. 11. 1927
Schiedsrichter: Prince Cox, ENG

Franzl (Admira); Rainer (Vienna), Blum (Vienna), Klima (Admira), Bilek (WAC), Schott (Admira), Siegl (Admira), Runge (Admira), Gschweidl (Vienna), Walzhofer (WAC), Wessely (Rapid)

Tore: Runge (44.)

Belgien : Österreich 1:2 (0:1)

1928 **Freundschaftsspiel**
116. Länderspiel, Brüssel, 08. 01. 1928
Schiedsrichter: Bisselink NL

Franzl (Admira); Rainer (Vienna), Blum (Vienna), Schneider K. (Austria), Hofmann (Vienna), Geyer (Austria), Eckl (Slovan), Gschweidl (Vienna), Hierländer (WAC), Walzhofer (WAC), Wessely (Rapid)

Tore: Hierländer (8.), Wessely (59.)

Österreich : CSSR 0:1 (0:1)

1928 **Freundschaftsspiel**
117. Länderspiel, Wien, 01. 04. 1928
Schiedsrichter: Langenus, BE

Franzl (Admira); Janda (Admira), Blum (Vienna), Chloupek (FAC), Humenberger (FAC), Geyer (Austria), Siegl (Admira), Klima (Admira), Stoiber (Admira), Schall (Admira), Wessely (Rapid)

Ungarn : Österreich 5:5 (4:2)

1928 **Freundschaftsspiel**
118. Länderspiel, Budapest, 06. 05. 1928
Schiedsrichter: Krist, CSSR

Cart (Wacker); Schramseis (Rapid), Jellinek (Wacker), Geyer (Austria), Hofmann (Vienna), Madlmayer (Rapid), Kirbes (Rapid), Weselik (Rapid), Gschweidl (Vienna), Horvath (Rapid), Wessely (Rapid)

Austausch: Braun (WAC) für Hofmann (17.)

Tore: Weselik (23., 37, 52.), Kirbes (82.), Wessely (90.)

Österreich : Jugoslawien 3:0 (1:0)

1928 **Freundschaftsspiel**
119. Länderspiel, Wien, 06. 05. 1928
Schiedsrichter: Zenisek, CSSR

Hiden (WAC); Graf (Austria), Szoldatics (Simmering), Schneider K. (Austria), Smistik (Rapid), Schott (Admira), Cutti (Austria), Sindelar (Austria), Kuthan (Rapid), Juranic (FAC), Giebisch (Vienna)

Tore: Schneider (26.), Juranic (52., 68.)

Schweden : Österreich 2:3 (2:2)

1928 **Freundschaftsspiel**
120. Länderspiel, Stockholm, 29. 07. 1928
Schiedsrichter: Andersen, DK

Franzl (Admira); Schramseis (Rapid), Blum (Vienna), Kaller (Vienna), Smistik (Rapid), Schott (Admira), Seidl (Vienna), Juranic (FAC), Gschweidl (Vienna), Horvath (Rapid), Wessely (Rapid)

Tore: Gschwcidl (25.), Smistik (35.), Seidl (71.)

Österreich : Ungarn 5:1 (3:1)

1928 **Freundschaftsspiel**
121. Länderspiel, Wien, 07. 10. 1928
Schiedsrichter: Birlem, GER

Franzl (Admira); Schramseis (Rapid), Tandler (Austria), Frühwirth (Rapid), Bilek (WAC), Schott (Admira), Siegl (Admira), Weselik (Rapid), Gschweidl (Vienna), Horvath (Rapid), Wessely (Rapid)

Tore: Siegl (11., 27.), Weselik (55., 62), Gschweidl (75.)

Österreich : Schweiz 2:0 (2:0)

1928 **Freundschaftsspiel**
122. Länderspiel, Wien, 28. 10. 1928
Schiedsrichter: Bauwens, GER

Franzl (Admira); Tandler (Austria), Janda (Admira), Schneider K. (Austria), Kurz (Austria), Schott (Admira), Siegl (Admira), Sindelar (Austria), Gschweidl (Vienna), Juranic (FAC), Fischer (Wacker)

Tore: Tandler (25., 29.)

Italien : Österreich 2:2 (2:2)

1928 **Freundschaftsspiel**
123. Länderspiel, Rom, 11. 11. 1928
Schiedsrichter: Langenus, BE

Franzl (Admira); Rainer (Vienna), Tandler (Austria), Schneider K. (Austria), Kurz (Austria), Schott (Admira), Siegl (Admira), Runge (Admira), Gschweidl (Vienna), Walzhofer (WAC), Giebisch (Vienna)

Tore: Runge (12.), Tandler (39.)

CSSR : Österreich 3:3 (1:2)

1929 **Freundschaftsspiel**
124. Länderspiel, Prag, 17. 03. 1929
Schiedsrichter: Klug, H

Franzl (Admira); Schramseis (Rapid), Janda (Admira), Hoffmann (Rapid), Smistik (Rapid), Luef (Rapid), Siegl (Admira), Weselik (Rapid), Gschweidl (Vienna), Horvath (Rapid), Wessely (Rapid)

Tore: Siegl (18.), Weselik (20., 87.)

Österreich : Italien 3:0 (3:0)

1929 **Freundschaftsspiel**
125. Länderspiel, Wien, 07. 04. 1929
Schiedsrichter: Price Cox, ENG

Franzl (Admira); Schramseis (Rapid), Janda (Admira), Schott (Admira), Smistik (Rapid), Luef (Rapid), Siegl (Admira), Weselik (Rapid), Haftl(FK 03 Teplitz), Horvath (Rapid), Wessely (Rapid)

Tore: Horvath (19., 34.), Weselik (24.)

Österreich : Ungarn 2:2 (1:1)

1929 **Freundschaftsspiel**
126. Länderspiel, Wien, 05. 05. 1929
Schiedsrichter: Carraro, ITA

Franzl (Admira); Schramseis (Rapid), Janda (Admira), Schott (Admira), Smistik (Rapid), Luef (Rapid), Siegl (Admira), Weselik (Rapid), Gschweidl (Vienna), Horvath (Rapid), Wessely (Rapid)

Tore: Siegl (25.), Weselik (82.)

Österreich : CSSR 2:1 (2:1)

1929 **Freundschaftsspiel**
127. Länderspiel, Wien, 15. 09. 1929
Schiedsrichter: Carraro, ITA

Franzl (Admira); Schramseis (Rapid), Blum (Vienna), Mock (Austria), Smistik (Rapid), Luef (Rapid), Siegl (Admira), Weselik (Rapid), Gschweidl (Vienna), Horvath (Wacker), Viertl (Austria)

Tore: Gschweidl (37.), Weselik (40.)

Ungarn : Österreich 2:1 (1:0)

1929 **Freundschaftsspiel**
128. Länderspiel, Budapest, 06. 10. 1929
Schiedsrichter: Hansen, DK

Franzl (Admira); Schramseis (Rapid), Janda (Admira), Mock (Austria), Kellinger (Sportklub), Schott (Admira), Siegl (Admira), Klima (Admira), Gschweidl (Vienna), Horvath (Wacker), Giebisch (Vienna)

Tore: Klima (82.)

Schweiz : Österreich 1:3 (1:1)

1929 **Freundschaftsspiel**
129. Länderspiel, Bern, 27. 10. 1929
Schiedsrichter: Andersen, DK

Franzl (Admira); Schramseis (Rapid), Janda (Admira), Nausch (Austria), Smistik (Rapid), Luef (Rapid), Siegl (Admira), Klima (Admira), Stoiber (Admira), Schall (Admira), Horvath (Wacker)

Tore: Stoiber (25.), Horvath (62.), Schall (84.)

CSSR : Österreich 2:2 (0:1)

1930 **Freundschaftsspiel**
130. Länderspiel, Prag, 23. 03. 1930
Schiedsrichter: Ruoff, CH

Hiden (WAC); Rainer (Vienna), Tandler (Austria), Kaller (Vienna), Hofmann (Vienna), Machu (Vienna), Brosenbauer (Vienna), Nausch (Austria), Sindelar (Austria), Horvath (Wacker), Viertl (Austria)

Tore: Horvath (2x)

Österreich : England 0:0

1930 **Freundschaftsspiel**
131. Länderspiel, Wien, 14. 05. 1930
Schiedsrichter: Mutters, NL

Hiden (WAC); Rainer (Vienna), Tandler (Austria), Klima (Admira), Hofmann (Vienna), Luef (Rapid), Siegl (Admira), Nausch (Austria), Gschweidl (Vienna), Horvath (Wacker), Wessely (Rapid)

Ungarn : Österreich 2:1 (1:0)

1930 **Freundschaftsspiel**
132. Länderspiel, Budapest, 01. 06. 1930
Schiedsrichter: Eymers, NL

Hiden (WAC); Rainer (Vienna), Szoldatics (Admira), Kaller (Vienna), Hofmann (Vienna), Luef (Rapid), Brosenbauer (Vienna), Adelbrecht (Vienna), Gschweidl (Vienna), Horvath (Wacker), Wessely (Rapid)

Tore: Adelbrecht (90.)

Österreich : Ungarn 2:3 (1:2)

1930 **Freundschaftsspiel**
133. Länderspiel, Wien, 21. 09. 1930
Schiedsrichter: Carraro, ITA

Hiden (WAC); Rainer (Vienna), Tandler (Austria), Kaller (Vienna), Hofmann (Vienna), Luef (Rapid), Brosenbauer (Vienna), Weselik (Rapid), Gschweidl (Vienna), Horvath (Wacker), Wessely (Rapid)

Tore: Weselik (26.), Gschweidl (60.)

Österreich : Schweden 4:1 (1:1)

1930 **Freundschaftsspiel**
134. Länderspiel, Wien, 16. 11. 1930
Schiedsrichter: Majorszky, H

Bugala (Rapid); Schramseis (Rapid), Czejka (Rapid), Facco (Admira), Smistik (Rapid), Luef (Rapid), Siegl (Admira), Weselik (Rapid), Gschweidl (Vienna), Schall (Admira), Wessely (Rapid)

Tore: Gschweidl (40.), Weselik (46.), Schall (65.), Wessely (80.)

Italien : Österreich 2:1 (1:1)

1931 **Freundschaftsspiel**
135. Länderspiel, Mailand, 22. 02. 1931
Schiedsrichter: Ruoff, CH

Hiden (WAC); Schramseis (Rapid), Szoldatics (Admira), Klima (Admira), Smistik (Rapid), Schott (Admira), Siegl (Admira), Facco (Admira), Gschweidl (Vienna), Schall (Admira), Horvath (Wacker)

Tore: Horvath (5.)

Österreich : CSSR 2:1 (2:1)

1931 **Freundschaftsspiel**
136. Länderspiel, Wien, 12. 04. 1931
Schiedsrichter: Ruoff, CH

Hiden (WAC); Schramseis (Rapid), Blum (Vienna), Mock (Austria), Hofmann (Vienna), Gall (Austria), Siegl (Admira), Nausch (Austria), Hiltl (WAC), Walzhofer (Wacker), Horvath (Wacker)

Tore: Nausch (37.), Horvath (42.)

Österreich : Ungarn 0:0

1931 **Freundschaftsspiel**
137. Länderspiel, Wien, 03. 05. 1931
Schiedsrichter: Mercet, CH

Franzl (Admira); Schramseis (Rapid), Blum (Vienna), Mock (Austria), Smistik (Rapid), Gall (Austria), Siegl (Admira), Adelbrecht (Vienna), Gschweidl (Vienna), Tögel (Vienna), Horvath (Wacker)

Österreich : Schottland 5:0 (2:0)

1931 **Freundschaftsspiel**
138. Länderspiel, Wien, 16. 05. 1931
Schiedsrichter: Ruoff, CH

Hiden (WAC); Schramseis (Rapid), Blum (Vienna), Braun (WAC), Smistik (Rapid), Gall (Austria), Zischek (Wacker), Gschweidl (Vienna), Sindelar (Austria), Schall (Admira), Vogl (Admira)

Tore: Schall (27.), Zischek (29., 69.), Vogl (49.), Sindelar 79.)

Deutschland : Österreich 0:6 (0:3)

1931 **Freundschaftsspiel**
139. Länderspiel, Berlin, 24. 05. 1931
Schiedsrichter: Olsson, SWE

Hiden (WAC); Schramseis (Rapid), Blum (Vienna), Braun (WAC), Smistik (Rapid), Gall (Austria), Zischek (Wacker), Gschweidl (Vienna), Sindelar (Austria), Schall (Admira), Vogl (Admira)

Tore: Schall (6., 32., 70.), Vogl (27.), Zischek (65.), Gschweidl (88.)

Österreich : Schweiz 2:0 (0:0)

1931 **Freundschaftsspiel**
140. Länderspiel, Wien, 17. 06. 1931
Schiedsrichter: Brüll, CSSR

Bugala (Rapid); Schramseis (Rapid), Czejka (Rapid), Chloupek (FAC), Smistik (Rapid), Urbanek (Wacker), Hencl (Slovan), Gschweidl (Vienna), Stoiber (Admira), Schall (Admira), Vogl (Admira)

Tore: Gschweidl (59.), Schall (86.)

Österreich : Deutschland 5:0 (2:0)

1931 **Freundschaftsspiel**
141. Länderspiel, Wien, 14. 09. 1931
Schiedsrichter: Olsson, SWE

Hiden (WAC); Rainer (Vienna), Blum (Vienna), Mock (Austria), Smistik (Rapid), Gall (Austria), Zischek (Wacker), Gschweidl (Vienna), Sindelar (Austria), Schall (Admira), Vogl (Admira)

Tore: Sindelar (2., 69., 76), Schall (41.), Gschweidl (64.)

Ungarn : Österreich 2:2 (1:0)

1931 **Freundschaftsspiel**
142. Länderspiel, Budapest, 04. 10. 1931
Schiedsrichter: Bauwens, GER

Hiden (WAC); Rainer (Vienna), Blum (Vienna), Mock (Austria), Smistik (Rapid), Gall (Austria), Zischek (Wacker), Gschweidl (Vienna), Sindelar (Austria), Schall (Admira), Vogl (Admira)

Austausch: Platzer (FAC) für Hiden (90.)

Tore: Zischek (57., 89)

Schweiz : Österreich 1:8 (1:2)

1931 **Freundschaftsspiel**
143. Länderspiel, Basel, 29. 11. 1931
Schiedsrichter: Cejnar, CSSR

Hiden (WAC); Rainer (Vienna), Blum (Vienna), Braun (WAC), Hofmann (Vienna), Luef (Rapid), Zischek (Wacker), Gschweidl (Vienna), Sindelar (Austria), Schall (Admira), Vogl (Admira)

Tore: Gschweidl (10., 68.), Zischek (31.), Schall (48., 74., 87.), Vogl (59.), Sindelar (64.)

Österreich : Italien 2:1 (0:0)

1932 **Freundschaftsspiel**
144. Länderspiel, Wien, 20. 03. 1932
Schiedsrichter: Ruoff, CH

Hiden (WAC); Schramseis (Rapid), Blum (Vienna), Mock (Austria), Hofmann (Vienna), Nausch (Austria), Zischek (Wacker), Gschweidl (Vienna), Sindelar (Austria), Müller (WAC), Vogl (Admira)

Tore: Sindelar (57., 60.)

Österreich : Ungarn 8:2 (4:2)

1932 **Freundschaftsspiel**
145. Länderspiel, Wien, 24. 04. 1932
Schiedsrichter: Birlem, GER

Hiden (WAC); Schramseis (Rapid), Blum (Vienna), Braun (WAC), Hofmann (Vienna), Nausch (Austria), Zischek (Wacker), Gschweidl (Vienna), Sindelar (Austria), Schall (Admira), Vogl (Admira)

Tore: Sindelar (3., 13.), Zischek (31.), Schall (34., 50., 70., 75.), Gschweidl (52.)

CSSR : Österreich 1:1 (1:1)

1932 **Freundschaftsspiel**
146. Länderspiel, Prag, 22. 05. 1932
Schiedsrichter: Fuchs, GER

Hiden (WAC); Janda (Admira), Sesta (WAC), Braun (WAC), Hofmann (Vienna), Nausch (Austria), Zischek (Wacker), Gschweidl (Vienna), Sindelar (Austria), Luef (Rapid), Vogl (Admira)

Tore: Sindelar (2.)

Schweden : Österreich 3:4 (1:2)

1932 **Freundschaftsspiel**
147. Länderspiel, Stockholm, 17. 07. 1932
Schiedsrichter: Sophus Hansen, DK

Zöhrer (Admira); Graf (Austria), Nausch (Austria), Adamek (Austria), Drucker (Hakoah), Gall (Austria), Molzer (Austria), Waitz (Nicholson), Sindelar (Austria), Schall (Admira), Vogl (Admira)

Tore: Vogl (25.), Sindelar (37.), Waitz (52.), Molzer (79.)

Ungarn : Österreich 2:3 (1:1)

1932 **Freundschaftsspiel**
148. Länderspiel, Budapest, 02. 10. 1932
Schiedsrichter: Barlassina, ITA

Hiden (WAC); Rainer (Vienna), Sesta (WAC), Braun (WAC), Smistik (Rapid), Nausch (Austria), Molzer (Austria), Müller (WAC), Sindelar (Austria), Schall (Admira), Horvath (Wacker)

Tore: ET Ungarn (39.), Müller (54.), Braun (61.)

Österreich : Schweiz 3:1 (1:0)

1932 **Freundschaftsspiel**
149. Länderspiel, Wien, 23. 10. 1932
Schiedsrichter: Cejnar, CSSR

Hiden (WAC); Nausch (Austria), Sesta (WAC), Braun (WAC), Hofmann (Vienna), Luef (Rapid), Zischek (Wacker), Müller (WAC), Sindelar (Austria), Schall (Admira), Horvath (Wacker)

Tore: Müller (14.), Schall (54., 67.)

England : Österreich 4:3 (2:0)

1932 **Freundschaftsspiel**
150. Länderspiel, London, 07. 12. 1932
Schiedsrichter: Langenus, BE

Hiden (WAC); Rainer (Vienna), Sesta (WAC), Gall (Austria), Smistik (Rapid), Nausch (Austria), Zischek (Wacker), Gschweidl (Vienna), Sindelar (Austria), Schall (Admira), Vogl (Admira)

Tore: Zischek (51.), Sindelar (80.), Schall (83.)

Belgien : Österreich 1:6 (0:3)

1932 **Freundschaftsspiel**
151. Länderspiel, Brüssel, 11. 12. 1932
Schiedsrichter: Rudd, ENG

Hiden (WAC); Rainer (Vienna), Sesta (WAC), Gall (Austria), Smistik (Rapid), Nausch (Austria), Zischek (Wacker), Weselik (Rapid) Gschweidl (Vienna), Schall (Admira), Vogl (Admira)

Tore: Schall (19., 28., 42., 67.), Zischek (68.), Weselik (86.)

Frankreich : Österreich 0:4 (0:0)

1933 **Freundschaftsspiel**
152. Länderspiel, Paris, 12. 02. 1933
Schiedsrichter: Langenus, BE

Hiden (WAC); Rainer (Vienna), Sesta (WAC), Gall (Austria), Smistik (Rapid), Nausch (Austria), Zischek (Wacker), Weselik (Rapid) Sindelar (Austria), Schall (Admira), Vogl (Admira)

Tore: Sindelar (65.), Zischek (69.), Weselik (70.), Vogl (83.)

Österreich : CSSR 1:2 (0:2)

1933 **Freundschaftsspiel**
153. Länderspiel, Wien, 09. 04. 1933
Schiedsrichter: Langenus, BE

Platzer (FAC); Rainer (Vienna), Sesta (WAC), Kaller (Vienna), Smistik (Rapid), Nausch (Austria), Zischek (Wacker), Adelbrecht (Vienna), Sindelar (Austria), Schall (Admira), Vogl (Admira)

Tore: Smistik (86.)

Ungarn : Österreich 1:1 (0:1)

1933 **Freundschaftsspiel**
154. Länderspiel, Budapest, 30. 04. 1933
Schiedsrichter: Barlassina, ITA

Platzer (FAC); Rainer (Vienna), Sesta (WAC), Braun (WAC), Mock (Austria), Nausch (Austria), Ostermann (Rapid), Weselik (Rapid) Sindelar (Austria), Schall (Admira), Horvath (FC Wien)

Tore: Ostermann (35.)

Österreich : Belgien 4:1 (3:1)

1933 **Freundschaftsspiel**
155. Länderspiel, Wien, 11. 06. 1933
Schiedsrichter: Tom Crew, ENG

Platzer (FAC); Rainer (Vienna), Luef (Rapid), Wagner (Rapid), Smistik (Rapid), Nausch (Austria), Brosenbauer (Vienna), Gschweidl (Vienna), Sindelar (Austria), Binder (Rapid), Erdl (Vienna)

Tore: Erdl (28.), Binder (39., 52.), Sindelar (41.)

CSSR : Österreich 3:3 (1:2)

1933 **Freundschaftsspiel**
156. Länderspiel, Prag, 17. 09. 1933
Schiedsrichter: Langenus, BE

Raftl (Rapid); Pavlicek (Admira), Sesta (WAC), Braun (WAC), Smistik (Rapid), Nausch (Austria), Zischek (Wacker), Müller (WAC), Sindelar (Austria), Binder (Rapid), Schall (Admira)

Tore: Müller (7.), Sindelar (17., 58.)

Österreich : Ungarn 2:2 (2:0)

1933 **Freundschaftsspiel**
157. Länderspiel, Wien, 01. 10. 1933
Schiedsrichter: Mattea, ITA

Platzer (FAC); Nausch (Austria), Sesta (WAC), Braun (WAC), Smistik (Rapid), Radakovic (FAC), Cisar (WAC), Müller (WAC), Sindelar (Austria), Schall (Admira), Viertl (Austria)

Tore: Müller (15.), Schall (34.)

Schottland : Österreich 2:2 (1:1)

1933 **Freundschaftsspiel**
158. Länderspiel, Glasgow, 29. 11. 1933
Schiedsrichter: Langenus BE

Platzer (FAC); Janda (Admira), Sesta (WAC), Wagner (Rapid), Smistik (Rapid), Nausch (Austria), Zischek (Wacker), Bican (Rapid), Sindelar (Austria), Schall (Admira), Viertl (Austria)

Tore: Zischek (39.), Schall (52.)

Niederlande : Österreich 0:1 (0:0)

1933 **Freundschaftsspiel**
159. Länderspiel, Amsterdam, 10. 12. 1933
Schiedsrichter: Rudd, ENG

Platzer (FAC); Cisar (WAC), Sesta (WAC), Wagner (Rapid), Smistik (Rapid), Nausch (Austria), Zischek (Wacker), Bican (Rapid), Sindelar (Austria), Binder (Rapid), Schall (Admira)

Tor: Bican (48.)

Italien : Österreich 2:4 (0:3)

1934 **Freundschaftsspiel**
160. Länderspiel, Turin, 11. 02. 1934
Schiedsrichter: Mercet, CH

Platzer (FAC); Cisar (WAC), Sesta (WAC), Wagner (Rapid), Smistik (Rapid), Nausch (Austria), Zischek (Wacker), Kaburek (Rapid), Bican (Rapid), Binder (Rapid), Viertl (Austria)

Tore: Zischek (19., 23., 55.), Binder (28.)

Schweiz : Österreich 2:3 (0:1)

1934 **Freundschaftsspiel**
161. Länderspiel, Genf, 25. 03. 1934
Schiedsrichter: Rous, ENG

Platzer (FAC); Rainer (Vienna), Sesta (WAC), Wagner (Rapid), Smistik (Rapid), Nausch (Austria), Zischek (Wacker), Kaburek (Rapid), Bican (Rapid), Binder (Rapid), Viertl (Austria)

Tore: Bican (16., 76.), Kaburek (46.)

Österreich : Ungarn 5:2 (3:2)

1934 **Freundschaftsspiel**
162. Länderspiel, Wien, 15. 04. 1934
Schiedsrichter: Prossnitz Krist, CSSR

Platzer (FAC); Cisar (WAC), Sesta (WAC), Wagner (Rapid), Smistik (Rapid), Nausch (Austria), Zischek (Wacker), Bican (Rapid), Sindelar (Austria), Schall (Admira), Viertl (Austria)

Tore: Zischek (5.), Viertl (21.), Schall (33.), Bican (59., 73.)

Österreich : Bulgarien 6:1 (3:0)

1934 **WM-Qualifikation**
163. Länderspiel, Wien, 25. 04. 1934
Schiedsrichter: Cejnar, CSSR

Platzer (Admira); Cisar (WAC), Sesta (WAC), Wagner (Rapid), Hofmann (Vienna), Nausch (Austria), Zischek (Wacker), Bican (Rapid), Sindelar (Austria), Horvath (FC Wien), Viertl (Austria)

Tore: Horvath (19., 22., 33.), Zischek (59.), Viertl (62.), Sindelar (67.)

Frankreich : Österreich 2:3 n.V. (1:1)

1934 **Weltmeisterschaft**
164. Länderspiel, Turin, 27. 05. 1934
Schiedsrichter: Van Moorsel, NL

Platzer (Admira); Cisar (WAC), Sesta (WAC), Wagner (Rapid), Smistik (Rapid), Urbanek (Admira), Zischek (Wacker), Bican (Rapid), Sindelar (Austria), Schall (Admira), Viertl (Austria)

Tore: 0:1 (18.) Nicolas, 1:1 (44.) Sindelar, 2:1 (93.) Schall, 31 (97.) Bican, 32 (113. Elfer) Verriest

Ungarn : Österreich 1:2 (0:1)

1934 **Weltmeisterschaft**
165. Länderspiel, Bologna, 31. 05. 1934
Schiedsrichter: Mattea, ITA

Platzer (Admira); Cisar (WAC), Sesta (WAC), Wagner (Rapid), Smistik (Rapid), Urbanek (Admira), Zischek (Wacker), Bican (Rapid), Sindelar (Austria), Horvath (FC Wien), Viertl (Austria)

Tore: 1:0 (8.) Horvath. 2:0 (51.) Zischek .2:1 (60. Elfer) Sarosi

Italien : Österreich 1:0 (1:0)

1934 **Weltmeisterschaft**
166. Länderspiel, Mailand, 03. 06. 1934
Schiedsrichter: Eklind, SWE

Platzer (Admira); Cisar (WAC), Sesta (WAC), Wagner (Rapid), Smistik (Rapid), Urbanek (Admira), Zischek (Wacker), Bican (Rapid), Sindelar (Austria), Schall (Admira), Viertl (Austria)

Tor: Guaita (19.)

Deutschland : Österreich 3:2 (3:1)

1934 — **Weltmeisterschaft**
167. Länderspiel, Neapel, 07. 06. 1934
Schiedrichter: Carraro, ITA

Platzer (Admira); Cisar (WAC), Sesta (WAC), Wagner (Rapid), Smistik (Rapid), Urbanek (Admira), Zischek (Wacker), Braun (WAC), Bican (Rapid), Horvath (FC Wien), Viertl (Austria)

Tore: 1:0 (1.) Lehner, 2:0 (29.), Cohnen, 2:1 Horvath (30.), 3:1 (42.) Lehner, 3:2 (55.) Sesta

Österreich : CSSR 2:2 (2:0)

1934 — **Freundschaftsspiel**
168. Länderspiel, Wien, 23. 09. 1934
Schiedsrichter: Barlassina, ITA

Platzer (Admira); Janda (Admira), Sesta (WAC), Urbanek (Admira), Hofmann (Vienna), Nausch (Austria), Zischek (Wacker), Gschweidl (Vienna), Sindelar (Austria), Binder (Rapid), Vogl (Admira)

Tore: Binder (3.), Vogl (30.)

Ungarn : Österreich 3:1 (1:1)

1934 — **Freundschaftsspiel**
169. Länderspiel, Budapest, 07. 10. 1934
Schiedsrichter: Barlassina, ITA

Platzer (Admira); Pavlicek (Admira), Sesta (WAC), Wagner (Rapid), Hofmann (Vienna), Nausch (Austria), Zischek (Wacker), Gschweidl (Vienna), Sindelar (Austria), Donnenfeld (Hakoah), Horvath (FC Wien)

Tore: Zischek (17.)

Österreich : Schweiz 3:0 (2:0)

1934 — **Freundschaftsspiel**
170. Länderspiel, Wien, 11. 11. 1934
Schiedsrichter: Krist, CSSR

Platzer (Admira); Pavlicek (Admira), Sesta (WAC), Wagner (Rapid), Smistik (Rapid), Skoumal (Rapid), Zischek (Wacker), Gschweidl (Vienna), Kaburek (Rapid), Walzhofer (Wacker), Hassmann (FC Wien)

Tore: Kaburek (3.), Skoumal (6.), Zischek (46.)

Österreich : Italien 0:2 (0:0)

1935 — **Freundschaftsspiel**
171. Länderspiel, Wien, 24. 03. 1935
Schiedsrichter: Lewington, ENG

Platzer (Admira); Pavlicek (Admira), Sesta (Austria), Wagner (Rapid), Smistik (Rapid), Skoumal (Rapid), Zischek (Wacker), Gschweidl (Vienna), Sindelar (Austria), Kaburek (Rapid), Pesser (Rapid)

CSSR : Österreich 0:0

1935 — **Freundschaftsspiel**
172. Länderspiel, Prag, 14. 04. 1935
Schiedsrichter: Barlassina, ITA

Raftl (Rapid); Sesta (Austria), Schmaus (Vienna), Wagner (Rapid), Hofmann (Vienna), Nausch (Austria), Zischek (Wacker), Hanreiter (Wacker), Bican (Admira), Durspekt (Admira), Hassmann (FC Wien)

Ungarn : Österreich 6:3 (3:2)

1935 — **Freundschaftsspiel**
173. Länderspiel, Budapest, 12. 05. 1935
Schiedsrichter: Barlassina, ITA

Platzer (Admira); Pavlicek (Admira), Sesta (Austria), Braun (WAC), Urbanek (Admira), Nausch (Austria), Zischek (Wacker), Hanreiter (Wacker), Bican (Admira), Durspekt (Admira), Vogl (Admira)

Tore: Zischek (17., 28.), Durspekt (58.)

Österreich : Polen 5:2 (3:1)

1935 — **Freundschaftsspiel**
174. Länderspiel, Wien, 12. 05. 1935
Schiedsrichter: Herczka, H

Raftl (Rapid); Jestrab (Rapid), Tauschek (Rapid), Lebeda (Libertas), Hofmann (Vienna), Skoumal (Rapid), Vogel (Admira), Hahnemann (Admira), Stoiber (Admira), Binder (Rapid), Pesser (Rapid)

Tore: Stoiber (12.), Vogel (27., 71.), Hahnemann (32.), Pesser (46.)

Österreich : Ungarn 4:4 (2:4)

1935 — **Freundschaftsspiel**
175. Länderspiel, Wien, 06. 10. 1935
Schiedsrichter: Wunderlin, CH

Platzer (Admira); Pavlicek (Admira), Schmaus (Vienna), Wagner (Rapid), Hofmann (Vienna), Erdl (Vienna), Vogel (Admira), Stroh (Austria), Bican (Admira), Hahnemann (Admira), Vogl (Admira)

Austausch: Raftl (Rapid) für Platzer (62.)

Tore: Bican (7., 11., 58.), Hofmann (66.)

Polen : Österreich 1:0 (1:0)

1935 — **Freundschaftsspiel**
176. Länderspiel, Warschau, 06. 10. 1935
Schiedsrichter: Redlichs, LET

Havlicek (Vienna); Rainer (Vienna), Schlauf (Libertas), Lebeda (Libertas), Urbanek (Admira), Skoumal (Rapid), Brousek (Libertas), Gschweidl (Vienna), Stoiber (Admira), Binder (Rapid), Holec (Vienna))

Spanien : Österreich 4:5 (2:2)

1936 — **Freundschaftsspiel**
177. Länderspiel, Madrid, 19. 01. 1936
Schiedsrichter: Langenus, BE

Platzer (Admira); Sesta (Austria), Schmaus (Vienna), Wagner (Rapid), Smistik (Rapid), Urbanek (Admira), Zischek (Wacker), Hahnemann (Admira), Bican (Admira), Binder (Rapid), Vogl (Admira)

Austausch: Hanreiter (Wacker) für Vogl (30.)

Tore: Zischek (4.), Binder (31.), Bican (58.), Hanreiter (69., 73.)

Portugal : Österreich 2:3 (1:2)

1936 — **Freundschaftsspiel**
178. Länderspiel, Porto, 26. 01. 1936
Schiedsrichter: Melcon, E

Havlicek (Vienna); Sesta (Austria), Schmaus (Vienna), Wagner (Rapid), Smistik (Rapid), Urbanek (Admira), Zischek (Wacker), Hahnemann (Admira), Bican (Admira), Binder (Rapid), Hanreiter (Wacker)

Austausch: Vogl (Admira) für Wagner (43.)

Tore: Zischek (25.), Binder (41.), Bican (50.)

Österreich : CSSR 1:1 (0:0)

1936 **Freundschaftsspiel**
179. Länderspiel, Wien, 22. 03. 1936
Schiedsrichter: Mattea, ITA

Raftl (Rapid); Sesta (Austria), Schmaus (Vienna), Urbanek (Admira), Smistik (Rapid), Gall (Austria), Zischek (Wacker), Hanreiter (Wacker), Bican (Admira), Hahnemann (Admira), Vogl (Admira)

Tore: Bican (73.)

Österreich : Ungarn 3:5 (1:3)

1936 **Freundschaftsspiel**
180. Länderspiel, Wien, 05. 04. 1936
Schiedsrichter: Leclercq, FRAU

Havlicek (Vienna); Sesta (Austria), Schmaus (Vienna), Mock (Austria), Smistik (Rapid), Urbanek (Admira), Zischek (Wacker), Hahnemann (Admira), Stoiber (Admira), Bican (Admira), Hanreiter (Wacker)

Tore: Zischek (17.), Bican (46., 88.)

Österreich : England 2:1 (2:0)

1936 **Freundschaftsspiel**
181. Länderspiel, Wien, 06. 05. 1936
Schiedsrichter: Langenus, BE

Platzer (Admira); Sesta (Austria), Schmaus (Vienna), Urbanek (Admira), Mock (Austria), Nausch (Austria), Geiter (Sportklub), Stroh (Austria), Sindelar (Austria), Bican (Admira), Viertl (Austria)

Tore: Viertl (12.), Geiter (17.)

Italien : Österreich 2:2 (0:1)

1936 **Freundschaftsspiel**
182. Länderspiel, Rom, 17. 05. 1936
Schiedsrichter: Herczka, H

Platzer (Admira); Sesta (Austria), Schmaus (Vienna), Urbanek (Admira), Mock (Austria), Nausch (Austria), Geiter (Sportklub), Hahnemann (Admira), Sindelar (Austria), Jerusalem (Austria), Viertl (Austria)

Austausch: Erdl (Vienna) für Geiter (72.)

Tore: Jerusalem (28.), Viertl (74.)

Ungarn : Österreich 5:3 (3:2)

1936 **Freundschaftsspiel**
183. Länderspiel, Budapest, 27. 09. 1936
Schiedsrichter: Leclercq, FRAU

Zöhrer (Austria); Andritz (Austria), Sesta (Austria), Adamek (Austria), Hofmann (Vienna), Urbanek (Admira), Riegler (Austria), Stroh (Austria), Sindelar (Austria), Binder (Rapid), Fuchsberger (SV Urfahr)

Tore: Binder (2.), Sindelar (27., 64.)

Schweiz : Österreich 1:3 (0:1)

1936 **Freundschaftsspiel**
184. Länderspiel, Zürich, 08. 11. 1936
Schiedsrichter: Weingärtner, GER

Platzer (Admira); Sesta (Austria), Schmaus (Vienna), Adamek (Austria), Smistik (Rapid), Nausch (Austria), Zischek (Wacker), Hahnemann (Admira), Bican (Admira), Binder (Rapid), Pesser (Rapid)

Tore: Binder (26., 80.), Hahnemann (71.)

Frankreich : Österreich 1:2 (1:1)

1937 **Freundschaftsspiel**
185. Länderspiel, Paris, 24. 01. 1937
Schiedsrichter: Barton, ENG

Raftl (Rapid); Sesta (Austria), Schmaus (Vienna), Adamek (Austria), Hofmann (Vienna), Nausch (Austria), Riegler (Austria), Stroh (Austria), Binder (Rapid), Jerusalem (Austria), Viertl (Austria)

Tore: Stroh (38.), Binder (83.)

Österreich : Italien 2:0 (1:0)

1937 **Freundschaftsspiel**
186. Länderspiel, Wien, 21. 03. 1937
Schiedsrichter: Olsson, SWE

Platzer (Admira); Sesta (Austria), Schmaus (Vienna), Adamek (Austria), Pekarek (Wacker), Nausch (Austria), Zischek (Wacker), Stroh (Austria), Sindelar (Austria), Jerusalem (Austria), Pesser (Rapid)

Tore: Jerusalem (42.), Stroh (63.)

Österreich : Schottland 1:1 (0:0)

1937 **Freundschaftsspiel**
187. Länderspiel, Wien, 09. 05. 1937
Schiedsrichter: Langenus, BE

Platzer (Admira); Sesta (Austria), Schmaus (Vienna), Adamek (Austria), Pekarek (Wacker), Nausch (Austria), Geiter (Sportklub), Stroh (Austria), Sindelar (Austria), Jerusalem (Austria), Pesser (Rapid)

Tore: Jerusalem (76.)

Ungarn : Österreich 2:2 (1:2)

1937 **Freundschaftsspiel**
188. Länderspiel, Budapest, 23. 05. 1937
Schiedsrichter: Langenus, BE

Platzer (Admira); Sesta (Austria), Schmaus (Vienna), Adamek (Austria), Pekarek (Wacker), Nausch (Austria), Geiter (Sportklub), Stroh (Austria), Sindelar (Austria), Jerusalem (Austria), Pesser (Rapid)

Tore: Pesser (13., 45.)

Österreich : Schweiz 4:3 (4:2)

1937 **Freundschaftsspiel**
189. Länderspiel, Wien, 19. 09. 1937
Schiedsrichter: Popovic, YU

Platzer (Admira); Sesta (Austria), Schmaus (Vienna), Adamek (Austria), Pekarek (Wacker), Nausch (Austria), Geiter (Sportklub), Stroh (Austria), Sindelar (Austria), Jerusalem (Austria), Pesser (Rapid)

Tore: Sindelar (2.), Jerusalem (8., 28.), Geiter (39.)

Österreich : Lettland 2:1 (2:1)

1937 **WM-Qualifikation**
190. Länderspiel, Wien, 05. 10. 1937
Schiedsrichter: Herczka, H

Zöhrer (Austria); Andritz (Austria), Sesta (Austria), Vavra (Sportklub), Pekarek (Wacker), Nausch (Austria), Zischek (Wacker), Geiter (Sportklub), Binder (Rapid), Jerusalem (Austria), Pesser (Rapid)

Tore: Jerusalem (15.), Binder (34.)

Österreich : Ungarn 1:2 (0:1)

1937 **Freundschaftsspiel**
191. Länderspiel, Wien, 10. 10. 1937
Schiedsrichter: Argent, ENG

Platzer (Admira); Andritz (Austria), Sesta (Austria), Vavra (Sportklub), Mock (Austria), Nausch (Austria), Geiter (Sportklub), Hahnemann (Admira), Stroh (Austria), Jerusalem (Austria), Neumer (Austria)

Tore: Stroh (76.)

CSSR : Österreich 2:1 (0:1)

1937 **Freundschaftsspiel**
192. Länderspiel, Prag, 24. 10. 1937
Schiedsrichter: Herczka, H

Platzer (Admira); Sesta (Austria), Schmaus (Vienna), Vavra (Sportklub), Hofmann (Vienna), Nausch (Austria), Zischek (Wacker), Stroh (Austria), Fischer (Vienna), Jerusalem (Austria), Neumer (Austria)

Tore: Neumer (18.)

Ungarn : Österreich 2:0 (1:0)

1945 **Freundschaftsspiel**
193. Länderspiel, Budapest, 19. 08. 1945
Schiedsrichter: Szigeti, H

Ploc (Vienna); Bortoli (Vienna), Sesta (Vienna), Gernhardt (Rapid), Ocwirk (FAC), Müller (FAC), Zischek (Wacker), Decker (Vienna), Fischer (Vienna), Jerusalem (Austria), Durek (FC Wien)

Ungarn : Österreich 5:2 (4:2)

1945 **Freundschaftsspiel**
194. Länderspiel, Budapest, 20. 08. 1945
Schiedsrichter: Herczka, H

Ploc (Vienna); Bortoli (Vienna), Sesta (Vienna), Kaller (Vienna), Ocwirk (FAC), Müller (FAC), Kominek (Austria), Decker (Vienna), Gernhardt (Rapid), Jerusalem (Austria), Fischer (Vienna)

Austausch: Zischek (Wacker) für Müller (46.), Durek (FC Wien) für Fischer (46.)

Tore: Kominek (22.), Decker (44.)

Österreich : Frankreich 4:1 (2:1)

1945 **Freundschaftsspiel**
195. Länderspiel, Wien, 06. 12. 1945
Schiedsrichter: Jean Lutz, CH

Zeman (Rapid); Gerhart (Admira), Bortoli (Vienna), Mikolasch (Austria), Sabeditsch (Vienna), Joksch (Austria), Riegler (FC Wien), Decker (Vienna), Binder (Rapid), Jerusalem (Austria), Neumer (Austria)

Tore: Decker (15., 16., 79.), Neumer (68.)

Österreich : Ungarn 3:2 (1:2)

1946 **Freundschaftsspiel**
196. Länderspiel, Wien, 14. 04. 1946
Schiedsrichter: Vlcek, CSSR

Spale (Austria); Gernhardt (Rapid), Smutny (Rapid), Mikolasch (Austria), Sabeditsch (Vienna), Joksch (Austria), Melchior (SV Villach), Decker (Vienna), Epp (Sportklub), Hahnemann (Wacker), Neumer (Austria)

Tore: Decker (24., 85.), Melchior (71.)

Frankreich : Österreich 3:1 (0:1)

1946 **Freundschaftsspiel**
197. Länderspiel, Paris, 05. 05. 1946
Schiedsrichter: Paul von Wartburg, CH

Zeman (Rapid); Pavuza (FC Wien), Smutny (Rapid), Gernhardt (Rapid), Sabeditsch (Vienna), Joksch (Austria), Melchior (SV Villach), Decker (Vienna), Stroh (Austria), Hahnemann (Wacker), Kerbach (FAC)

Austausch: Spale (Austria) für Zeman (87.)

Tore: Hahnemann (23.)

Ungarn : Österreich 2:0 (2:0)

1946 **Freundschaftsspiel**
198. Länderspiel, Budapest, 06. 10. 1946
Schiedsrichter: Popovic, YU

Spale (Austria); Pavuza (FC Wien), Bortoli (Vienna), Gernhardt (Rapid), Sabeditsch (Vienna), Joksch (Austria), Strittich (Vienna), Decker (Vienna), Epp (Sportklub), Hahnemann (Wacker), Körner (Rapid)

Österreich : CSSR 3:4 (1:1)

1946 **Freundschaftsspiel**
199. Länderspiel, Wien, 27. 10. 1946
Schiedsrichter: Franken, BE

Spale (Austria); Pavuza (FC Wien), Smutny (Rapid), Gernhardt (Rapid), Sabeditsch (Vienna), Joksch (Austria), Melchior (Austria), Decker (Vienna), Binder (Rapid), Hahnemann (Wacker), Kaspirek (Rapid)

Austausch: Mikolasch (Austria) für Sabeditsch (18.), Grimme (FC) für Spale (32.)

Tore: Binder (40., 55.), Kaspirek (89.)

Schweiz : Österreich 1:0 (1:0)

1946 **Freundschaftsspiel**
200. Länderspiel, Bern, 10. 11. 1946
Schiedsrichter: Delasalle, FRAU

Zeman (Rapid); Pavuza (FC Wien), Bortoli (Vienna), Brinek (Wacker), Gernhardt (Rapid), Joksch (Austria), Melchior (Austria), Wagner (Wacker), Binder (Rapid), Hahnemann (Wacker), Kaspirek (Rapid)

Italien : Österreich 3:2 (2:1)

1946 **Freundschaftsspiel**
201. Länderspiel, Mailand, 01. 12. 1946
Schiedsrichter: Scherz, CH

Zeman (Rapid); Pavuza (FC Wien), Bortoli (Vienna), Brinek (Wacker), Gernhardt (Rapid), Joksch (Austria), Melchior (Austria), Wagner (Wacker), Epp (Sportklub), Hahnemann (Admira), Stojaspal (Austria)

Austausch: Decker (Vienna) für Wagner (46.)

Tore: Epp (41.), Stojaspal (89.)

Ungarn : Österreich 5:2 (2:2)

1947 **Freundschaftsspiel**
202. Länderspiel, Budapest, 04. 05. 1947
Schiedsrichter: Matancic, YU

Pelikan (Wacker); Pavuza (FC Wien), Bortoli (Vienna), Zwazl (Wacker), Sabeditsch (Vienna), Joksch (Austria), Melchior (Austria), Decker (Wacker), Epp (Sportklub), Hahnemann (Wacker), Stojaspal (Austria)

Tore: Epp (17., 44.)

Österreich : Ungarn 4:3 (2:1)

1947 **Freundschaftsspiel**
203. Länderspiel, Wien, 14. 09. 1947
Schiedsrichter: Galeati, ITA

Musil (Rapid); Wagner (Rapid), Happel (Rapid), Brinek (Wacker), Gernhardt (Rapid), Joksch (Austria), Decker (Vienna), Hahnemann (Wacker), Stojaspal (Austria), Binder (Rapid), Körner (Rapid)

Austausch: Melchior (Austria) für Decker (46.)

Tore: Körner (23.), Hahnemann (30.), Binder (66., 77.)

CSSR : Österreich 3:2 (1:1)

1947 **Freundschaftsspiel**
204. Länderspiel, Prag, 05. 10. 1947
Schiedsrichter: Dattilo, ITA

Musil (Rapid); Wagner (Rapid), Happel (Rapid), Gernhardt (Rapid), Sabeditsch (Vienna), Brinek (Wacker), Melchior (Austria), Hahnemann (Wacker), Binder (Rapid), Stojaspal (Austria), Körner (Rapid)

Tore: Binder (45.), Stojaspal (66.)

Österreich : Italien 5:1 (3:0)

1947 **Freundschaftsspiel**
205. Länderspiel, Wien, 09. 11. 1947
Schiedsrichter: Roskota, CSSR

Zeman (Rapid); Pavuza (FC Wien), Happel (Rapid), Brinek (Wacker), Ocwirk (Austria), Joksch (Austria), Bichler (Sportklub), Hahnemann (Wacker), Wagner (Wacker), Stojaspal (Austria), Körner (Rapid)

Tore: Körner (24.), Ocwirk (31.), Brinek (36., 77.), Stojaspal (69.)

Österreich : Schweiz 3:1 (2:0)

1948 **Freundschaftsspiel**
206. Länderspiel, Wien, 18. 04. 1948
Schiedsrichter: Carpani, ITA

Zeman (Rapid); Kowanz (Admira), Happel (Rapid), Mikolasch (Austria), Ocwirk (Austria), Joksch (Austria), Melchior (Austria), Stroh (Austria), Epp (Sportklub), Hahnemann (Wacker), Körner (Rapid)

Austausch: Brinek (Wacker) für Mikolasch

Tore: Epp (30., 48.), Melchior (35.)

Österreich : Ungarn 3:2 (1:1)

1948 **Freundschaftsspiel**
207. Länderspiel, Wien, 02. 05. 1948
Schiedsrichter: Vlcek, CSSR

Zeman (Rapid); Kowanz (Admira), Happel (Rapid), Mikolasch (Austria), Ocwirk (Austria), Brinek (Wacker), Melchior (Austria), Wagner (Wacker), Epp (Sportklub), Hahnemann (Wacker), Körner (Rapid)

Austausch: Stroh (Austria) für Epp (46.)

Tore: Melchior (20.), Wagner (67.), Körner (84.)

Türkei : Österreich 0:1 (0:0)

1948 **Freundschaftsspiel**
208. Länderspiel, Istanbul, 30. 05. 1948
Schiedsrichter: Galeati, ITA

Zeman (Rapid); Kowanz (Admira), Happel (Rapid), Mikolasch (Austria), Ocwirk (Austria), Joksch (Austria), Melchior (Austria), Hahnemann (Wacker), Wagner (Wacker), Stojaspal (Austria), Körner (Rapid)

Austausch: Stroh (Austria) für Stojaspal (46.)

Tore: Körner (62.)

Schweden : Österreich 3:2 (2:1)

1948 **Freundschaftsspiel**
209. Länderspiel, Stockholm, 11. 07. 1948
Schiedsrichter: Hansen, DK

Zeman (Rapid); Kowanz (Admira), Happel (Rapid), Brinek (Wacker), Ocwirk (Austria), Joksch (Austria), Melchior (Austria), Habitzl (Admira), Wagner (Wacker), Stojaspal (Austria), Körner (Rapid)

Austausch: Stroh (Austria) für Wagner (13.), Pelikan (Wacker) für Zeman (84.)

Tore: Habitzl (4., 65.)

Schweden : Österreich 3:0 (2:0)

1948 **Olympische Spiele**
210. Länderspiel, London, 02. 08. 1948
Schiedsrichter: Ling, ENG

Pelikan (Wacker); Kowanz (Admira), Happel (Rapid), Mikolasch (Austria), Ocwirk (Austria), Joksch (Austria), Melchior (Austria), Habitzl (Admira), Epp (Sportklub), Hahnemann (Wacker), Körner (Rapid)

Ungarn : Österreich 2:1 (2:1)

1948 **Freundschaftsspiel**
211. Länderspiel, Budapest, 03. 10. 1948
Schiedsrichter: Vlcek, CSSR

Zeman (Rapid); Kowanz (Admira), Happel (Rapid), Mikolasch (Austria), Ocwirk (Austria), Joksch (Austria), Melchior (Austria), Wagner (Wacker), Epp (Sportklub), Stroh (Austria), Stojaspal (Austria)

Tore: Melchior (41.)

CSSR : Österreich 3:1 (0:1)

1948 **Freundschaftsspiel**
212. Länderspiel, Bratislava, 31. 10. 1948
Schiedsrichter: Kamaras, H

Zeman (Rapid); Gerhart (Admira), Kowanz (Admira), Gernhardt (Rapid), Ocwirk (Austria), Joksch (Austria), Melchior (Austria), Habitzl (Admira), Stroh (Austria), Stojaspal (Austria), Aurednik (Austria)

Austausch: Körner (Rapid) für Stroh (46.)

Tore: Stroh (17.)

Österreich : Schweden 2:1 (1:0)

1948 **Freundschaftsspiel**
213. Länderspiel, Wien, 14. 11. 1948
Schiedsrichter: Galeati, ITA

Zeman (Rapid); Gerhart (Admira), Kowanz (Admira), Hanappi (Wacker), Ocwirk (Austria), Zwazl (Wacker), Körner (Rapid) Wagner (Wacker), Habitzl (Admira), Stojaspal (Austria), Aurednik (Austria)

Tore: Wagner (37.), Habitzl (83.)

Österreich : Türkei 1:0 (1:0)

1949 **Freundschaftsspiel**
214. Länderspiel, Wien, 20. 03. 1949
Schiedsrichter: Carpani, ITA

Zeman (Rapid); Kowanz (Admira), Happel (Rapid), Hanappi (Wacker), Ocwirk (Austria), Joksch (Austria), Körner (Rapid), Decker (Vienna), Wagner (Wacker), Brinek (Wacker), Aurednik (Austria)

Austausch: Stojaspal (Austria) für Brinek (38.), Gernhardt (Rapid) für Wagner (46.)

Tor: Decker (45.)

Schweiz : Österreich 1:2 (0:1)

1949 **Freundschaftsspiel**
215. Länderspiel, Lausanne, 03. 04. 1949
Schiedsrichter: Sdez, FRA

Zeman (Rapid); Kowanz (Admira), Happel (Rapid), Hanappi (Wacker), Ocwirk (Austria), Joksch (Austria), Melchior (Austria), Decker (Vienna), Gernhardt (Rapid), Habitzl (Admira), Körner (Rapid)

Tore: Habitzl (15., 81.)

Ungarn : Österreich 6:1 (3:0)

1949 **Freundschaftsspiel**
216. Länderspiel, Budapest, 08. 05. 1949
Schiedsrichter: Vlcek, CSSR

Zeman (Rapid); Gerhart (Admira), Kowanz (Admira), Hanappi (Wacker), Ocwirk (Austria), Joksch (Austria), Melchior (Austria), Kominek (Austria), Gernhardt (Rapid), Habitzl (Admira), Körner (Rapid)

Tore: Melchior (79.)

Italien : Österreich 3:1 (3:0)

1949 **Freundschaftsspiel**
217. Länderspiel, Florenz, 22. 05. 1949
Schiedsrichter: Lutz, CH

Zeman (Rapid); Kowanz (Admira), Happel (Rapid), Hanappi (Wacker), Ocwirk (Austria), Gernhardt (Rapid), Melchior (Austria), Habitzl (Admira), Huber (Austria), Stojaspal (Austria), Aurednik (Austria)

Austausch: Kominek (Austria) für Aurednik (46.)

Tore: Huber (70.)

Österreich : CSSR 3:1 (3:0)

1949 **Freundschaftsspiel**
218. Länderspiel, Wien, 25. 09. 1949
Schiedsrichter: Carpani, ITA

Engelmeier (Vienna); Happel (Rapid), Kowanz (Admira), Hanappi (Wacker), Ocwirk (Austria), Joksch (Austria), Strittich (Vienna), Decker (Vienna), Huber (Austria), Stojaspal (Austria), Aurednik (Austria)

Tore: Decker (33., 82.), Huber (67.)

Österreich : Ungarn 3:4 (2:3)

1949 **Freundschaftsspiel**
219. Länderspiel, Wien, 16. 10. 1949
Schiedsrichter: Evans, ENG

Zeman (Rapid); Happel (Rapid), Kowanz (Admira), Hanappi (Wacker), Ocwirk (Austria), Gernhardt (Rapid), Strittich (Vienna), Decker (Vienna), Dienst (Rapid), Stojaspal (Austria), Aurednik (Austria)

Tore: Decker (2., 49.), Dienst (33.)

Jugoslawien : Österreich 2:5 (1:3)

1949 **Freundschaftsspiel**
220. Länderspiel, Belgrad, 13. 11. 1949
Schiedsrichter: Gamba, ITA

Zeman (Rapid); Röckl (Sportklub), Happel (Rapid), Hanappi (Wacker), Ocwirk (Austria), Joksch (Austria), Strittich (Vienna), Decker (Vienna), Huber (Austria), Stojaspal (Austria), Aurednik (Austria)

Austausch: Engelmeier (Vienna) für Zeman (61.), Wagner (Wacker) für Strittich (85.)

Tore: Decker (24., 28., 69.), Huber (38., 73.)

Österreich : Schweiz 3:3 (3:1)

1950 **Freundschaftsspiel**
221. Länderspiel, Wien, 19. 03. 1950
Schiedsrichter: Galeati, ITA

Zeman (Rapid); Stotz (FC Wien), Happel (Rapid), Hanappi (Wacker), Gernhardt (Rapid), Joksch (Austria), Körner (Rapid), Decker (Vienna), Huber (Austria), Ocwirk (Austria), Aurednik (Austria)

Austausch: Walzhofer (FAC) für Huber (70.)

Tore: Ocwirk (11.), Körner (13.), Decker (32.)

Österreich : Italien 1:0 (0:0)

1950 **Freundschaftsspiel**
222. Länderspiel, Wien, 02. 04. 1950
Schiedsrichter: Pearce, ENG

Zeman (Rapid); Röckl (Sportklub), Happel (Rapid), Hanappi (Wacker), Ocwirk (Austria), Zwazl (Wacker), Melchior (Austria), Decker (Vienna), Dienst (Rapid), Habitzl (Admira), Aurednik (Austria)

Tor: Melchior (52.)

Österreich : Ungarn 5:3 (2:2)

1950 **Freundschaftsspiel**
223. Länderspiel, Wien, 14. 05. 1950
Schiedsrichter: Dahnler, SWE

Zeman (Rapid); Röckl (Sportklub), Happel (Rapid), Hanappi (Wacker), Ocwirk (Austria), Zwazl (Wacker), Melchior (Austria), Decker (Vienna), Dienst (Rapid), Habitzl (Admira), Aurednik (Austria)

Austausch: Wagner (Wacker) für Dienst (46.)

Tore: Dienst (8.), Decker (19., 67.), Aurednik (47.), Melchior (72.)

Österreich : Jugoslawien 7:2 (3:1)

1950 **Freundschaftsspiel**
224. Länderspiel, Wien, 08. 10. 1950
Schiedsrichter: Lutz, CH

Zeman (Rapid); Röckl (Sportklub), Happel (Rapid), Hanappi (vereinslos), Ocwirk (Austria), Zwazl (Wacker), Melchior (Austria), Decker (Vienna), Wagner (Wacker), Stojaspal (Austria), Aurednik (Austria)

Austausch: Huber (Austria) für Wagner (46.), Gernhardt (Rapid) für Zwazl (51.)

Tore: Decker (15.), Stojaspal (21., 68.), Wagner (31.), Aurednik (50.), Melchior (59., 86.)

Ungarn : Österreich 4:3 (2:1)

1950 **Freundschaftsspiel**
225. Länderspiel, Budapest, 29. 10. 1950
Schiedsrichter: Blythe, ENG

Zeman (Rapid); Röckl (Sportklub), Happel (Rapid), Hanappi (vereinslos), Ocwirk (Austria), Zwazl (Wacker), Melchior (Austria), Decker (Vienna), Wagner (Wacker), Stojaspal (Austria), Aurednik (Austria)

Austausch: Gernhardt (Rapid) für Zwazl (15.)

Tore: Wagner (25., 51.), Melchior (85.)

Österreich : Dänemark 5:1 (4:1)

1950 **Freundschaftsspiel**
226. Länderspiel, Wien, 05. 11. 1950
Schiedsrichter: Lemesic, YU

Zeman (Rapid); Röckl (Sportklub), Happel (Rapid), Hanappi (vereinslos), Ocwirk (Austria), Gernhardt (Rapid), Melchior (Austria), Decker (Vienna), Wagner (Wacker), Stojaspal (Austria), Aurednik (Austria)

Tore: Melchior (5.), Wagner (18., 20., 44.), Aurednik (72.)

Schottland : Österreich 0:1 (0:1)

1950 **Freundschaftsspiel**
227. Länderspiel, Glasgow, 13. 12. 1950
Schiedsrichter: Ling, ENG

Zeman (Rapid); Röckl (Sportklub), Happel (Rapid), Hanappi (vereinslos), Ocwirk (Austria), Gernhardt (Rapid), Melchior (Austria), Decker (Vienna), Wagner (Wacker), Stojaspal (Austria), Aurednik (Austria)

Tor: Melchior (26.)

Österreich : Schottland 4:0 (1:0)

1951 **Freundschaftsspiel**
228. Länderspiel, Wien, 27. 05. 1951
Schiedsrichter: Lutz, CH

Zeman (Rapid); Röckl (Sportklub), Happel (Rapid), Hanappi (Rapid), Ocwirk (Austria), Gernhardt (Rapid), Melchior (Austria), Riegler (Rapid), Wagner (Wacker), Probst (Rapid), Körner (Rapid)

Tore: Hanappi (42., 56), Wagner (70., 87.)

Dänemark : Österreich 3:3 (0:2)

1951 **Freundschaftsspiel**
229. Länderspiel, Kopenhagen, 17. 06. 1951
Schiedsrichter: Hamus, LUX

Zeman (Rapid); Kowanz (Austria), Happel (Rapid), Hanappi (Rapid), Ocwirk (Austria), Gernhardt (Rapid), Melchior (Austria), Riegler (Rapid), Wagner (Wacker), Probst (Rapid), Körner (Rapid)

Tore: Melchior (24.), Wagner (36.), Riegler (71.)

Österreich : Deutschland 0:2 (0:0)

1951 **Freundschaftsspiel**
230. Länderspiel, Wien, 23. 09. 1951
Schiedsrichter: Evans, ENG

Musil (Rapid); Kowanz (Austria), Happel (Rapid), Hanappi (Rapid), Ocwirk (Austria), Schleger (Austria), Melchior (Austria), Wagner (Wacker), Dienst (Rapid), Stojaspal (Austria), Probst (Rapid)

Austausch: Habitzl (Admira) für Dienst (70.)

Belgien : Österreich 1:8 (1:2)

1951 **Freundschaftsspiel**
231. Länderspiel, Brüssel, 14. 10. 1951
Schiedsrichter: Ellis, ENG

Zeman (Rapid); Röckl (Sportklub), Happel (Rapid), Hanappi (Rapid), Ocwirk (Austria),), Schleger (Austria), Melchior (Austria), Gernhardt (Rapid), Huber (Austria), Stojaspal (Austria), Körner (Rapid)

Tore: Huber (32., 50.), Stojaspal (44., 57.), Melchior (55., 77.), Körner (66.), Hanappi (88.)

Frankreich : Österreich 2:2 (1:2)

1951 **Freundschaftsspiel**
232. Länderspiel, Paris, 01. 11. 1951
Schiedsrichter: Ling, ENG

Zeman (Rapid); Röckl (Sportklub), Happel (Rapid), Hanappi (Rapid), Ocwirk (Austria), Schleger (Austria), Melchior (Austria), Decker (Vienna), Gernhardt (Rapid), Stojaspal (Austria), Körner (Rapid)

Austausch: Habitzl (Admira) für Decker (41.)

Tore: Körner (12.), Stojaspal (15.)

England : Österreich 2:2 (0:0)

1951 **Freundschaftsspiel**
233. Länderspiel, London, 28. 11. 1951
Schiedsrichter: Mowat, SCO

Zeman (Rapid); Röckl (Sportklub), Happel (Rapid), Hanappi (Rapid), Ocwirk (Austria), Brinek (Wacker), Melchior (Austria), Gernhardt (Rapid), Huber (Austria), Stojaspal (Austria), Körner (Rapid)

Tore: Melchior (46.), Stojaspal (77.)

Österreich : Belgien 2:0 (0:0)

1952 **Freundschaftsspiel**
234. Länderspiel, Wien, 23. 03. 1952
Schiedsrichter: Podubsky, YU

Zeman (Rapid); Röckl (Vienna), Happel (Rapid), Hanappi (Rapid), Ocwirk (Austria), Koller (Vienna), Melchior (Austria), Gernhardt (Rapid), Wagner (Wacker), Stojaspal (Austria), Körner (Rapid)

Austausch: Stotz (Austria) für Happel (34.)

Tore: Stojaspal (60., 63.)

Österreich : Irland 6:0 (4:0)

1952 **Freundschaftsspiel**
235. Länderspiel, Wien, 07. 05. 1952
Schiedsrichter: Reinhardt, GER

Musil (Rapid); Röckl (Vienna), Happel (Rapid), Hanappi (Rapid), Ocwirk (Austria), Koller (Vienna), Melchior (Austria), Decker (Vienna), Dienst (Rapid), Huber (Austria), Haummer (Wacker)

Tore: Huber (22., 24., 26.), Haummer (36.), Dienst (64., 83)

Österreich : England 2:3 (2:2)

1952 **Freundschaftsspiel**
236. Länderspiel, Wien, 25. 05. 1952
Schiedsrichter: Carpani, ITA

Musil (Rapid); Röckl (Vienna), Happel (Rapid), Schleger (Austria), Ocwirk (Austria), Brinek (Wacker), Melchior (Austria), Hanappi (Rapid), Dienst (Rapid), Huber (Austria), Haummer (Wacker)

Tore: Huber (26.), Dienst (42.)

Schweiz : Österreich 1:1 (0:1)

1952 **Freundschaftsspiel**
237. Länderspiel, Genf, 22. 06. 1952
Schiedsrichter: Fink, GER

Schweda (Austria); Röckl (Vienna), Merkel (Rapid), Schleger (Austria), Hanappi (Rapid), Brinek (Wacker), Melchior (Austria), Decker (Vienna), Dienst (Rapid), Huber (Austria), Kölly (Grazer AK)

Tore: Decker (40.)

Jugoslawien : Österreich 4:2 (1:0)

1952 **Freundschaftsspiel**
238. Länderspiel, Belgrad, 21. 09. 1952
Schiedsrichter: Evans, ENG

Zeman (Rapid); Röckl (Vienna), Happel (Rapid), Hanappi (Rapid), Ocwirk (Austria), Brinek (Wacker), Cejka (Admira), Huber (Austria), Dienst (Rapid), Stojaspal (Austria), Körner A. (Rapid)

Austausch: Riegler (Rapid) für Stojaspal (45.), Schleger (Austria) für Huber (80.)

Tore: Körner (63.), Cejka (73.)

Österreich : Frankreich 1:2 (0:2)

1952 **Freundschaftsspiel**
239. Länderspiel, Wien, 19. 10. 1952
Schiedsrichter: Ellis, ENG

Zeman (Rapid); Röckl (Vienna), Happel (Rapid), Hanappi (Rapid), Koller (Vienna), Brinek (Wacker), Melchior (Austria), Walzhofer (Vienna), Dienst (Rapid), Ocwirk (Austria), Körner Alfred (Rapid)

Tore: Walzhofer (47.)

Portugal : Österreich 1:1 (1:0)

1952 **Freundschaftsspiel**
240. Länderspiel, Porto, 23. 11. 1952
Schiedsrichter: Dörflinger, CH

Zeman (Rapid); Stotz (Austria), Kollmann (Wacker), Hanappi (Rapid), Ocwirk (Austria), Brinek (Wacker), Halla (Grazer AK), Wagner Turl (Wacker), Dienst (Rapid), Stojaspal (Austria), Haummer (Wacker)

Austausch: Probst (Rapid) für Haummer (46.)
Tore: Halla (71.)

Deutschland : Österreich 0:0

1953 **Freundschaftsspiel**
241. Länderspiel, Köln, 20. 03. 1953
Schiedsrichter: Bauwens, BE

Schweda (Austria); Stotz (Austria), Kollmann (Wacker), Hanappi (Rapid), Ocwirk (Austria), Brinek (Wacker), Kominek (Austria), Wagner Turl (Wacker), Huber (Austria), Stojaspal (Austria), Gollnhuber (SV Kapfenberg)

Austausch: Koller (Vienna) für Brinek (48.)

Irland : Österreich 4:0 (0:0)

1953 **Freundschaftsspiel**
242. Länderspiel, Dublin, 25. 03. 1953
Schiedsrichter: Ellis, ENG

Schweda (Austria); Stotz (Austria), Kowanz (Austria), Hanappi (Rapid), Ocwirk (Austria), Koller (Vienna), Kominek (Austria), Wagner (Wacker), Huber (Austria), Stojaspal (Austria), Zechmeister (Linzer ASK)

Austausch: Halla (Grazer AK) für Huber (34.), Pelikan (Wacker) für Schweda (36.)

Ungarn : Österreich 1:1 (1:1)

1953 **Freundschaftsspiel**
243. Länderspiel, Budapest, 26. 04. 1953
Schiedsrichter: Evans, ENG

Zeman (Rapid); Stotz (Austria), Happel (Rapid), Hanappi (Rapid), Koller (Vienna), Brinek (Wacker), Menasse (Vienna), Wagner (Wacker), Dienst (Rapid), Hinesser (Wacker), Gollnhuber (SV Kapfenberg)

Austausch: Röckl (Vienna) für Stotz (22.), Kominek (Austria) für Menasse (80.)

Tore: Hinesser (16.)

Österreich : Portugal 9:1 (4:0)

1953 **WM-Qualifikation**
244. Länderspiel, Wien, 27. 09. 1953
Schiedsrichter: Bauwens, BE

Zeman (Rapid); Stotz (Austria), Happel (Rapid), Hanappi (Rapid), Ocwirk (Austria), Golobic (Rapid), Körner Robert (Rapid), Wagner Turl (Wacker), Dienst (Rapid), Probst (Rapid), Körner Alfred (Rapid)

Austausch: Walzhofer (Vienna) für Körner Alfred (46.)

Tore: Ocwirk (13.), Probst (14., 19., 23., 59., 70.), Happel (68.), Wagner (84.), Dienst (87.)

Österreich : Ungarn 2:3 (0:0)

1953 **Freundschaftsspiel**
245. Länderspiel, Wien, 11. 10. 1953
Schiedsrichter: Baumberger, CH

Zeman (Rapid); Stotz (Austria), Happel (Rapid), Hanappi (Rapid), Ocwirk (Austria), Golobic (Rapid), Körner Robert (Rapid), Wagner Turl (Wacker), Dienst (Rapid), Probst (Rapid), Körner Alfred (Rapid)

Austausch: Walzhofer (Vienna) für Probst (49.)

Tore: Happel (54.), Wagner (86.)

Portugal : Österreich 0:0

1953 **WM-Qualifikation**
246. Länderspiel, Lissabon, 29. 11. 1953
Schiedsrichter: Fauquemberghe, FRA

Zeman (Rapid); Stotz (Austria), Kollmann (Wacker), Hanappi (Rapid), Ocwirk (Austria), Golobic (Rapid), Melchior (Austria), Wagner Turl (Wacker), Dienst (Rapid), Probst (Rapid), Haummer (Wacker)

Österreich : Ungarn 0:1 (0:1)

1954 **Freundschaftsspiel**
247. Länderspiel, Wien, 11. 01. 1954
Schiedsrichter: Bernardi, ITA

Zeman (Rapid); Stotz (Austria), Happel (Rapid), Hanappi (Rapid); Ocwirk (Austria), Giesser (Rapid); Halla (Rapid), Wagner Turl (Wacker), Dienst (Rapid), Koller (Vienna), Schleger (Austria)

Austausch: Eigenstiller (Grazer AK) für Halla (63.)

Österreich : Wales 2:0 (0:0)

1954 **Freundschaftsspiel**
248. Länderspiel, Wien, 09. 05. 1954
Schiedsrichter: Fauquemberghe, FRA

Pelikan (Wacker); Stotz (Austria), Happel (Rapid), Barschandt (Sportklub); Hanappi (Rapid), Ocwirk (Austria); Halla (Rapid), Körner Robert (Rapid), Dienst (Rapid), Probst (Rapid), Schleger (Austria)

Austausch: Körner Alfred (Rapid) für Schleger (46.), Schmied (Vienna) für Pelikan (46.)

Tore: Dienst (50.), Halla (80.)

Österreich : Norwegen 5:0 (0:0)

1954 **Freundschaftsspiel**
249. Länderspiel, Wien, 30. 05. 1954
Schiedsrichter: Meissner, GER

Schmied (Vienna); Hanappi (Rapid), Happel (Rapid), Barschandt (Sportklub); Ocwirk (Austria), Koller (Vienna); Körner Robert (Rapid), Schleger (Austria), Wagner Turl (Wacker), Probst (Rapid), Körner Alfred (Rapid)

Tore: Schleger (47.), Happel (52.), Probst (61., 68.), Eigentor Norwegen (78.)

Schottland : Österreich 0:1 (0:1)

1954 **Weltmeisterschaft**
250. Länderspiel, Zürich, 16. 06. 1954
Schiedsrichter: Franken, BE

Schmied (Vienna); Hanappi (Rapid), Happel (Rapid), Barschandt (Sportklub); Ocwirk (Austria), Koller (Vienna); Körner Robert (Rapid), Schleger (Austria), Dienst (Rapid), Probst (Rapid), Körner Alfred (Rapid)

Tor: 0:1 (33.) Probst

CSSR : Österreich 0:5 (0:4)

1954 **Weltmeisterschaft**
251. Länderspiel, Zürich, 19. 06. 1954
Schiedsrichter: Stefanovic, YU

Schmied (Vienna); Hanappi (Rapid), Happel (Rapid), Barschandt (Sportklub); Ocwirk (Austria), Koller (Vienna); Körner Robert (Rapid), Wagner Turl (Wacker), Stojaspal (Austria), Probst (Rapid), Körner Alfred (Rapid)

Tore: 0:1 (3.) Stojaspal, 0:2, 0:3, 0:4 (4.,21.,24.) Probst, 0:5 (65.) Stojaspal

Schweiz : Österreich 5:7 (4:5)

1954 **Weltmeisterschaft**
252. Länderspiel, Lausanne, 26. 06. 1954
Schiedsrichter: Faultless, SCO

Schmied (Vienna); Hanappi (Rapid), Happel (Rapid), Barschandt (Sportklub); Ocwirk (Austria), Koller (Vienna); Körner Robert (Rapid), Wagner Turl (Wacker), Stojaspal (Austria), Probst (Rapid), Körner Alfred (Rapid)

Tore: 1:0 (16.) Ballman, 2:0, 3:0 (17., 19.) Hügi, 3:1 (25.) Wagner, 3:2 (26.) Alfred Körner, 3:3 (27.) Wagner, 4:3 (32.) Ocwirk, 5:3 (34.) Alfred Körner, 5:4 (39.) Ballaman, 6:4 (53.) Wagner, 6:5 (58.) Hügi, 7:5 (76.) Probst

Deutschland : Österreich 6:1 (1:0)

1954 **Weltmeisterschaft**
253. Länderspiel, Basel, 30. 06. 1954
Schiedsrichter: Orlandini, ITA

Zeman (Rapid); Hanappi (Rapid), Happel (Rapid), Schleger (Austria); Ocwirk (Austria), Koller (Vienna): Körner Robert (Rapid), Wagner Turl (Wacker), Stojaspal (Austria), Probst (Rapid), Körner Alfred (Rapid)

Tore:1:0 (31.) Schäfer, 2:0 (47.) Morlock, 2:1 (51.) Probst, 3:1 (55. Elfer) Fritz Walter, 4:1 (61.) Ottmar Walter, 5:1 (65. Elfer) Fritz Walter, 6:1 (89.) Ottmar Walter.

Uruguay : Österreich 1:3 (1:1)

1954 **Weltmeisterschaft**
254. Länderspiel, Zürich, 03. 07. 1954
Schiedsrichter: Wyssling, CH

Schmied (Vienna); Hanappi (Rapid), Kollmann (Wacker), Barschandt (Sportklub); Ocwirk (Austria), Koller (Vienna); Körner Robert (Rapid), Wagner Turl (Wacker), Dienst (Rapid), Stojaspal (Austria), Probst (Rapid)

Tore: 0:1 (15. Elfer) Stojaspal (15.), 1:1 (27.) Hohberg, 1:2 (59. Eigentor) Cruz, 1:3 (79.) Ocwirk

Österreich : Jugoslawien 2:2 (1:1)

1954 **Freundschaftsspiel**
255. Länderspiel, Wien, 03. 10. 1954
Schiedsrichter: Horn, NL

Schmied (Vienna); Hanappi (Rapid), Kollmann (Wacker), Barschandt (Sportklub); Ocwirk (Austria), Koller (Vienna); Menasse (Vienna), Walzhofer (Vienna), Wagner Turl (Wacker), Zechmeister (Linzer ASK), Haummer (Wacker)

Austausch: Körner R. (Rapid) für Zechmeister (46.), Schleger (Austria) für Haummer (80.)

Tore: Walzhofer (3.), Haummer (50.)

Schweden : Österreich 2:1 (1:0)

1954 **Freundschaftsspiel**
256. Länderspiel, Stockholm, 31. 10. 1954
Schiedsrichter: Horn, NL

Schmied (Vienna); Hanappi (Rapid), Kollmann (Wacker), Barschandt (Sportklub); Riegler (Rapid), Koller (Vienna); Körner Robert (Rapid), Wagner Turl (Wacker), Dienst (Rapid), Walzhofer (Vienna), Gollnhuber (SV Kapfenberg)

Austausch: Stotz (Austria) für Walzhofer (46.)

Tore: Wagner (70.)

Ungarn : Österreich 4:1 (1:1)

1954 **Freundschaftsspiel**
257. Länderspiel, Budapest, 14. 11. 1954
Schiedsrichter: Orlandini, ITA

Schmied (Vienna); Kozlicek Ernst (Wacker), Kollmann (Wacker), Barschandt (Sportklub); Ocwirk (Austria), Koller (Vienna): Horak (Sportklub), Körner Robert (Rapid), Wagner Turl (Wacker), Hanappi (Rapid), Gollnhuber (SV Kapfenberg)

Austausch: Riegler (Rapid) für Horak (60.)

Tore: Hanappi (24.)

CSSR : Österreich 3:2 (2:2)

1955 **Freundschaftsspiel**
258. Länderspiel, Brünn, 27. 03. 1955
Schiedsrichter: Lemesic, YU

Schmied (Vienna); Hanappi (Rapid), Röckl (Vienna), Nickerl (Vienna); Ocwirk (Austria), Koller (Vienna); Körner Robert (Rapid), Riegler (Rapid), Dienst (Rapid), Probst (Rapid), Körner Alfred (Rapid)

Austausch: Wagner Turl (Wacker) für Riegler (40.), Barschandt (Sportklub) für Nickerl (68.)

Tore: Probst (35.), Dienst (42.)

Österreich : Ungarn 2:2 (2:2)

1955 **Freundschaftsspiel**
259. Länderspiel, Wien, 24. 04. 1955
Schiedsrichter: Diamantopoulos, GRE

Schmied (Vienna); Halla (Rapid), Röckl (Vienna), Barschandt (Sportklub); Hanappi (Rapid), Ocwirk (Austria); Schleger (Austria), Brousek (Wacker), Probst (Rapid), Koller (Vienna), Körner Alfred (Rapid)

Austausch: Kaubek (Wacker) für Brousek (60.)

Tore: Probst (11., 29.)

Schweiz : Österreich 2:3 (2:1)

1955 **Freundschaftsspiel**
260. Länderspiel, Bern, 01. 05. 1955
Schiedsrichter: Orlandini, ITA

Schmied (Vienna); Halla (Rapid), Röckl (Vienna), Barschandt (Sportklub): Hanappi (Rapid), Ocwirk (Austria); Hofbauer (Austria), Brousek (Wacker), Probst (Rapid), Koller (Vienna), Schleger (Austria)

Tore: Hofbauer (27.), Brousek (54.), Probst (59.)

Österreich : Schottland 1:4 (0:2)

1955 **Freundschaftsspiel**
261. Länderspiel, Wien, 19. 05. 1955
Schiedsrichter: Bernardi, ITA

Schmied (Vienna); Halla (Rapid), Röckl (Vienna), Barschandt (Sportklub); Hanappi (Rapid), Ocwirk (Austria); Hofbauer (Austria), Wagner Turl (Wacker), Brousek (Wacker), Probst (Rapid), Schleger (Austria)

Austausch: Dienst (Rapid) für Brousek (37.)

Tore: Ocwirk (88.)

Ungarn : Österreich 6:1 (1:0)

1955 **Freundschaftsspiel**
262. Länderspiel, Budapest, 16. 10. 1955
Schiedsrichter: V. d. Meer, NL

Szanwald (Sportklub); Halla (Rapid), Röckl (Vienna), Swoboda (Austria); Hanappi (Rapid), Koller (Vienna); Grohs (Vienna), Wagner Turl (Wacker), Pichler (Austria), Walzhofer (Vienna), Körner Alfred (Rapid)

Tore: Grohs (53.)

Österreich : Jugoslawien 2:1 (1:1)

1955 **Freundschaftsspiel**
263. Länderspiel, Wien, 30. 10. 1955
Schiedsrichter: Liverani, ITA

Schmied (Vienna); Halla (Rapid), Stotz (Austria), Swoboda (Austria); Ocwirk (Austria), Koller (Vienna); Grohs (Vienna), Wagner Turl (Wacker), Hanappi (Rapid), Körner Alfred (Rapid), Schleger (Austria)

Austausch: Buzek (Vienna) für Schleger (80.)

Tore: Grohs (18.), Hanappi (48.)

Wales : Österreich 1:2 (1:2)

1955 **Freundschaftsspiel**
264. Länderspiel, Wrexham, 23. 11. 1955
Schiedsrichter: Fauquemberghe, FRA

Engelmeier (Vienna); Halla (Rapid), Stotz (Austria), Swoboda (Austria); Ocwirk (Austria), Koller (Vienna); Grohs (Vienna), Wagner Turl (Wacker), Hanappi (Rapid), Körner Alfred (Rapid), Schleger (Austria)

Austausch: Brousek (Wacker) für Wagner Turl (24.)

Tore: Wagner Turl (5.), Hanappi (21.)

Frankreich : Österreich 3:1 (2:0)

1956 **Freundschaftsspiel**
265. Länderspiel, Paris, 25. 03. 1956
Schiedsrichter: Ellis, ENG

Schmied (Vienna); Halla (Rapid), Stotz (Austria), Swoboda (Austria); Ocwirk (Austria), Koller (Vienna); Kozlicek Paul (Wacker), Wagner Turl (Wacker), Buzek (Vienna), Hanappi (Rapid), Grohs (Vienna)

Austausch: Kozlicek Ernst (Wacker) für Wagner (28.)

Tore: Hanappi (48.)

Österreich : Brasilien 2:3 (1:0)

1956 **Freundschaftsspiel**
266. Länderspiel, Wien, 15. 04. 1956
Schiedsrichter: Romcevic, YU

Schmied (Vienna); Kozlicek E. (Wacker), Stotz (Austria), Schleger (Austria) Ocwirk (Austria), Koller (Vienna), Halla (Rapid), Kozlicek P. (Wacker), Hanappi (Rapid), Sabetzer (Austria), Jarosch (SK Stadlau)

Austausch: Buzek (Vienna) für Sabetzer (37.), Sabetzer (kommt wieder ins Spiel) für Hanappi (40.), Pelikan (Wacker) für Schmied (78.)

Tore: Sabetzer (16., 80.)

Schottland : Österreich 1:1 (1:1)

1956 **Freundschaftsspiel**
267. Länderspiel, Glasgow, 02. 05. 1956

Engelmeier (Vienna); Halla (Rapid), Kollmann (Wacker), Barschandt (Sportklub), Ocwirk (Austria), Koller (Vienna), Grohs (Vienna) Wagner (Wacker), Hanappi (Rapid), Körner A. (Rapid), Haummer (Wacker)

Tore: Wagner (13.)

Jugoslawien : Österreich 1:1 (0:0)

1956 **Freundschaftsspiel**
268. Länderspiel, Zagreb, 17. 06. 1956
Schiedsrichter: Harangozo, H

Engelmeier (Vienna); Kozlicek Ernst (Wacker), Kollmann (Wacker), Foreth (Wacker); Koller (Vienna), Barschandt (Sportklub); Halla (Rapid), Kozlicek Paul (Wacker), Wagner Turl (Wacker), Körner Alfred (Rapid), Schleger (Austria)

Austausch: Haummer (Wacker) für Wagner Turl (23.)

Tore: Koller (55.)

Österreich : Luxemburg 7:0 (2:0)

1956 **WM-Qualifikation**
269. Länderspiel, Wien, 30. 09. 1956
Schiedsrichter: Liverani, ITA

Engelmeier (Vienna); Fischer (Austria), Kollmann (Wacker), Foreth (Wacker); Koller (Vienna), Barschandt (Sportklub); Kozlicek Ernst (Wacker), Wagner Turl (Wacker), Hanappi (Rapid), Walzhofer (Vienna), Haummer (Wacker)

Tore: Hanappi (18., 25.), Walzhofer (52.), Wagner Turl (62., 77.), Kozlicek Ernst (71.), Haummer (83.)

Österreich : Ungarn 0:2 (0:1)

1956 **Freundschaftsspiel**
270. Länderspiel, Wien, 14. 10. 1956
Schiedsrichter: Wyssling, CH

Engelmeier (Vienna); Kollmann (Wacker), Röckl (Vienna), Hasenkopf (Sportklub); Koller (Vienna), Giesser (Rapid); Kaubek (Kremser SC), Wagner Turl (Wacker), Hanappi (Rapid), Walzhofer (Vienna), Haummer (Wacker)

Austausch: Foreth (Wacker) für Haummer (20.)

Italien : Österreich 2:1 (1:0)

1956 **Freundschaftsspiel**
271. Länderspiel, Genua, 09. 12. 1956
Schiedsrichter: Guidi, CSR

Engelmeier (Vienna); Kollmann (Wacker), Stotz (Austria), Nickerl (Vienna); Koller (Vienna), Barschandt (Sportklub); Kohlhauser (Wr. Neustadt), Walzhofer (Vienna), Hanappi (Rapid), Körner Alfred (Rapid), Haummer (Wacker)

Tore: Körner Alfred (55.)

Österreich : Deutschland 2:3 (0:2)

1957 **Freundschaftsspiel**
272. Länderspiel, Wien, 10. 03. 1957
Schiedsrichter: Bronkhorst, NL

Engelmeier (Vienna); Puschnik (SV Kapfenberg), Kollmann (Wacker), Swoboda (Austria); Koller (Vienna), Barschandt (Sportklub); Halla (Rapid), Wagner Turl (Wacker), Buzek (Vienna), Kozlicek Paul (Wacker), Haummer (Wacker)

Austausch: Hof Erich (Sportklub) für Kozlicek Paul (46.), Schleger (Austria) für Halla (56.)

Tore: Wagner Turl (58.), Buzek (75.)

Österreich : Schweiz 4:1 (1:0)

1957 **Freundschaftsspiel**
273. Länderspiel, Wien, 14. 04. 1957
Schiedsrichter: Stefanovic, YU

Schmied (Vienna); Barschandt (Sportklub), Stotz (Austria), Swoboda (Austria); Hanappi (Rapid), Koller (Vienna); Grohs (Vienna), Dienst (Rapid), Buzek (Vienna), Walzhofer (Vienna), Haummer (Wacker)

Tore: Buzek (8., 53.), Haummer (65.), Koller (77.)

Österreich : Schweden 1:0 (1:0)

1957 **Freundschaftsspiel**
274. Länderspiel, Wien, 05. 05. 1957
Schiedsrichter: Vlcek, CSSR

Schmied (Vienna); Barschandt (Sportklub), Stotz (Austria), Swoboda (Austria); Hanappi (Rapid), Koller (Vienna); Grohs (Vienna), Walzhofer (Vienna), Buzek (Vienna), Dienst (Rapid), Haummer (Wacker)

Tore: Dienst (22.)

Österreich : Niederlande 3:2 (0:2)

1957 **WM-Qualifikation**
275. Länderspiel, Wien, 26. 05. 1957
Schiedsrichter: Schmetzer, GER

Schmied (Vienna); Kozlicek Ernst (Wacker), Stotz (Austria), Barschandt (Sportklub); Hanappi (Rapid), Koller (Vienna); Halla (Rapid), Dienst (Rapid), Buzek (Vienna), Walzhofer (Vienna), Haummer (Wacker)

Tore: Koller (46.), Buzek (80.), Stotz (87., Elfmeter)

Jugoslawien : Österreich 3:3 (2:2)

1957 **Freundschaftsspiel**
276. Länderspiel, Belgrad, 15. 09. 1957
Schiedsrichter: Orlandini, ITA

Schmied (Vienna); Kozlicek Ernst (Wacker), Happel (Rapid), Swoboda (Austria); Hanappi (Rapid), Koller (Vienna); Halla (Rapid), Dienst (Rapid), Buzek (Vienna), Körner Alfred (Rapid), Haummer (Wacker)

Tore: Happel (32.), Dienst (45., 62.)

Niederlande : Österreich 1:1 (1:0)

1957 **WM-Qualifikation**
277. Länderspiel, Amsterdam, 25. 09. 1957
Schiedsrichter: Ellis, ENG

Schmied (Vienna); Halla (Rapid), Happel (Rapid), Swoboda (Austria); Hanappi (Rapid), Koller (Vienna); Kozlicek Ernst (Wacker), Senekowitsch (Sturm), Buzek (Vienna), Körner Alfred (Rapid), Haummer (Wacker)

Tore: Hanappi (33.)

Luxemburg : Österreich 0:3 (0:1)

1957 **WM-Qualifikation**
278. Länderspiel, Luxemburg, 29. 09. 1957
Schiedsrichter: Versyp, BE

Schmied (Vienna); Halla (Rapid), Happel (Rapid), Swoboda (Austria); Hanappi (Rapid), Koller (Vienna); Kozlicek Ernst (Wacker), Dienst (Rapid), Buzek (Vienna), Senekowitsch (Sturm), Körner Alfred (Rapid)

Tore: Dienst (19.), Kozlicek Ernst (47.), Senekowitsch (66.)

Österreich : CSSR 2:2 (1:2)

1957 **Freundschaftsspiel**
279. Länderspiel, Wien,13. 10. 1957
Schiedsrichter: Dienst, CH

Schmied (Vienna); Halla (Rapid), Happel (Rapid), Swoboda (Austria); Hanappi (Rapid), Koller (Vienna); Knoll (Sportklub), Senekowitsch (Sturm), Dienst (Rapid), Körner Alfred (Rapid), Jaros (Sportklub)

Austausch: Stotz (Austria) für Happel (25.), Kovazh (ÖMV Olympia) für Knoll (78.)

Tore: Körner Alfred (40.), Senekowitsch (53.)

Österreich : Italien 3:2 (1:0)

1958 **Freundschaftsspiel**
280. Länderspiel, Wien, 23. 03. 1958
Schiedsrichter: Versyp, BE

Schmied (Vienna); Kollmann (Wacker), Stotz (Austria), Swoboda (Austria); Hanappi (Rapid), Koller (Vienna); Kozlicek Paul (Wacker), Hof Erich (Sportklub), Buzek (Vienna), Körner Alfred (Rapid), Hamerl (Sportklub)

Tore: Kozlicek Paul (42.), Körner Alfred (79.), Buzek (82.)

Österreich : Irland 3:1 (1:0)

1958 **Freundschaftsspiel**
281. Länderspiel, Wien, 14. 05. 1958
Schiedsrichter: Wyssling, CH

Szanwald (Sportklub); Halla (Rapid), Happel (Rapid), Swoboda (Austria); Hanappi (Rapid), Koller (Vienna); Horak (Sportklub), Senekowitsch (Sturm), Buzek (Vienna), Körner Alfred (Rapid), Hamerl (Sportklub)

Tore: Körner Alfred (18.), Buzek (59.), Hamerl (77.)

Brasilien : Österreich 3:0 (1:0)

1958 **Weltmeisterschaft**
282. Länderspiel, Uddevalla, 08. 06. 1958
Schiedsrichter: Guigue, FRA

Szanwald (Sportklub); Halla (Rapid), Happel (Rapid), Swoboda (Austria); Hanappi (Rapid), Koller (Vienna); Horak (Sportklub), Senekowitsch (Sturm), Buzek (Vienna), Körner Alfred (Rapid), Schleger (Austria)

Tore: 1:0 (37.) Mazzola, 2:0 (49.) Nilton Santos, 3:0 (89.) Mazzola

UDSSR : Österreich 2:0 (1:0)

1958 **Weltmeisterschaft**
283. Länderspiel, Boraas, 11. 06. 1958
Schiedsrichter: Jörgensen, DK

Schmied (Vienna); Kozlicek Ernst (Wacker), Stotz (Austria), Swoboda (Austria); Hanappi (Rapid), Koller (Vienna); Horak (Sportklub), Kozlicek Paul (Wacker), Buzek (Vienna), Körner Alfred (Rapid), Senekowitsch (Sturm)

Tore: 1:0 (15.) Iljin, 2:0 (62.) Valentin Iwanow

England : Österreich 2:2 (0:1)

1958 **Weltmeisterschaft**
284. Länderspiel, Boraas, 15. 06. 1958
Schiedsrichter: Bronkhorst, NL

Szanwald (Sportklub); Kollmann (Wacker), Happel (Rapid), Swoboda (Austria); Hanappi (Rapid), Koller (Vienna);, Kozlicek Ernst (Wacker), Kozlicek Paul (Wacker), Buzek (Vienna), Körner Alfred (Rapid), Senekowitsch (Sturm)

Tore: 0:1 (16.) Koller, 1:1 (56.) Haynes, 1:2 (71.) Alfred Körner, 2:2 (74.) Kevan

Österreich : Jugoslawien 3:4 (3:1)

1958 **Freundschaftsspiel**
285. Länderspiel, Wien, 14. 09. 1958
Schiedsrichter: Fauquemberghe, FRA

Schmied (Vienna); Halla (Rapid), Happel (Rapid), Swoboda (Austria); Koller (Vienna), Barschandt (Sportklub); Horak (Sportklub), Kozlicek Paul (Wacker), Buzek (Vienna), Körner Alfred (Rapid), Ninaus (Grazer AK)

Austausch: Hamerl (Sportklub) für Buzek (69.)

Tore: Happel (7.), Ninaus (18.), Körner (25.)

Österreich : Frankreich 1:2 (1:0)

1958 **Freundschaftsspiel**
286. Länderspiel, Wien, 05. 10. 1958
Schiedsrichter: Jonni, ITA

Schmied (Vienna); Oslansky (Sportklub), Büllwatsch (Sportklub), Hasenkopf (Sportklub); Hanappi (Rapid), Koller (Vienna); Horak (Sportklub), Kozlicek Paul (Wacker), Hof Erich (Sportklub), Körner Alfred (Rapid), Ninaus (Grazer AK)

Tore: Hof (21.)

Deutschland : Österreich 2:2 (1:1)

1958 **Freundschaftsspiel**
287. Länderspiel, Berlin, 19. 11. 1958
Schiedsrichter: Fencl, CSSR

Engelmeier (Vienna); Oslansky (Sportklub), Kollmann (Wacker), Hasenkopf (Sportklub); Hanappi (Rapid), Koller (Vienna); Horak (Sportklub), Knoll (Sportklub), Buzek (Vienna), Hof Erich (Sportklub), Skerlan (Sportklub)

Austausch: Reiter (Rapid) für Hof (71.)

Tore: Horak (42.), Knoll (61.)

Norwegen : Österreich 0:1 (0:1)

1959 **EC der Nationen**
288. Länderspiel, Oslo, 20. 05. 1959
Schiedsrichter: Bergmann, DDR

Schmied (Vienna); Büllwatsch (Sportklub), Stotz (Austria), Hasenkopf (Sportklub); Hanappi (Rapid), Koller (Vienna); Horak (Sportklub), Knoll (Sportklub), Hof Erich (Sportklub), Hamerl (Sportklub), Skerlan (Sportklub)

Tor: Hof Erich (32.)

Belgien : Österreich 0:2 (0:1)

1959 **Freundschaftsspiel**
289. Länderspiel, Brüssel, 24. 05. 1959
Schiedsrichter: Galba, CSSR

Schmied (Vienna); Oslansky (Sportklub), Stotz (Austria), Hasenkopf (Sportklub); Hanappi (Rapid), Koller (Vienna); Horak (Sportklub), Knoll (Sportklub), Hof Erich (Sportklub), Huberts (Grazer AK), Skerlan (Sportklub)

Tore: Skerlan (10.), Huberts (56.)

Österreich : Belgien 4:2 (1:2)

1959 **Freundschaftsspiel**
290. Länderspiel, Wien, 14. 06. 1959
Schiedsrichter: Mellet, CH

Schmied (Vienna); Oslansky (Sportklub), Stotz (Austria), Hasenkopf (Sportklub); Hanappi (Rapid), Koller (Vienna); Horak (Sportklub), Knoll (Sportklub), Hof Erich (Sportklub), Huberts (Grazer AK), Skerlan (Sportklub)

Tore: 0:1 (4.) van den Boer, 1:1 (17.) Skerlan, 1.2 (38.) Coppens, 2:2, 3:2 (59., 62.) Erich Hof, 4:2 (88.) Horak

Österreich : Norwegen 5:2 (3:2)

1959 **EC der Nationen**
291. Länderspiel, Wien, 23. 09. 1959
Schiedsrichter: Stathatos, GR

Schmied (Vienna); Oslansky (Sportklub), Stotz (Austria), Hasenkopf (Sportklub); Hanappi (Rapid), Koller (Vienna); Halla (Rapid), Hof Erich (Sportklub), Nemec (Austria), Huberts (Grazer AK), Skerlan (Sportklub)

Tore: 1:0 (2.) Erich Hof, 1:1 (19.) Gundersens, 2:1 (21.) Nemec, 3:1 (24.) Erich Hof, 3:2 (35.) Ödegard.4:2 (58.) Skerlan, 5:2 (70.) Nemec

Spanien : Österreich 6:3 (3:1)

1959 **Freundschaftsspiel**
292. Länderspiel, Valencia, 22. 11. 1959
Schiedsrichter: Schwinte, FRA

Schmied (Vienna); Oslansky (Sportklub), Stotz (Austria), Swoboda (Austria); Hanappi (Rapid), Koller (Vienna); Halla (Rapid), Knoll (Sportklub), Nemec (Austria), Hof Erich (Sportklub), Skerlan (Sportklub)

Austausch: Senekowitsch (Vienna) für Oslansky (32.)

Tore: 1:0 (9.) Di Stefano, 2:0, 3:0 (13., 37.) Suarez, 3:1 (40.) Erich Hof, 4:1 (50.) Martinez, 4:2 (56.) Senekowitsch, 5:2 (62.) Di Stefano, 6:2 (78.) Mateos, 6:3 (88.) Knoll

Frankreich : Österreich 5:2 (3:1)

1959 **EC der Nationen**
293. Länderspiel, Paris 13. 12. 1959
Schiedsrichter: Asensi, ESP

Schmied (Vienna); Halla (Rapid), Stotz (Austria), Nickerl (Vienna); Hanappi (Rapid), Koller (Vienna); Horak (Sportklub), Senekowitsch (Vienna), Nemec (Austria), Pichler (Wr. Neustadt), Höfer (Linzer ASK)

Tore: 1:0, 2:0 (7., 18.) Fontaine, 3:0 (38.) Vincent, 3:1 (39.) Horak, 3:2 (59.) Pichler, 4:2 (71.) Fontaine, 5:2 (81.) Vincent

Österreich : Frankreich 2:4 (1:0)

1960 **EC der Nationen**
294. Länderspiel, Wien, 27. 03. 1960
Schiedsrichter: Helge, DK

Szanwald (Sportklub); Windisch (Sportklub), Koschier (Admira), Hasenkopf (Sportklub); Hanappi (Rapid), Koller (Vienna); Horak (Wacker), Kozlicek Paul (Linzer ASK), Nemec (Austria), Huberts (Grazer AK), Probst (Salzburg)

Tore: 1.0 (28.) Nemec, 1:1 (46.) Marcel, 1:2 (60.) Rahis, 2:2 (66.) Probst, 2:3 (77.) Heutte, 2:4 (83.) Kopa

CSSR : Österreich 4:0 (3:0)

1960 **Freundschaftsspiel**
295. Länderspiel, Prag , 01. 05. 1960
Schiedsrichter: Andren, SWE

Kitzmüller (Linzer ASK); Windisch (Sportklub), Koschier (Admira), Hasenkopf (Sportklub); Hanappi (Rapid), Koller (Vienna); Kozlicek Paul (Linzer ASK), Knoll (Sportklub), Buzek (Vienna), Pichler (Wr. Neustadt), Bertalan (Rapid)

Austausch: Erich Hof (Sportklub) für Pichler (33.), Horak (Wacker) für Bertalan (60.)

Tore: 1:0 (12.) Masopoust. 2:0 (24.) Moravcik, 3:0 (30.) Dolinsky, 4:0 (67.) Kvasnak

Österreich : Schottland 4:1 (3:0)

1960 **Freundschaftsspiel**
296. Länderspiel, Wien, 29. 05. 1960
Schiedsrichter: Dusch, GER

Zeman (Rapid); Hasenkopf (Sportklub), Glechner (Rapid), Swoboda (Austria); Skocik (Rapid), Koller (Vienna); Flögel Rudolf (Rapid), Hanappi (Rapid), Erich Hof (Sportklub), Hamerl (Sportklub), Skerlan (Sportklub)

Tore: 1:0, 2:0 (28., 32.) Hanappi, 3:0, 4:0 (44., 62.) Erich Hof, 4:1 (72.) MacKay

Norwegen : Österreich 1:2 (1:0)

1960 **Freundschaftsspiel**
297. Länderspiel, Oslo, 22. 06. 1960
Schiedsrichter: Poulsen, DK

Schmied (Vienna); Hasenkopf (Sportklub), Glechner (Rapid), Swoboda (Austria); Oslansky (Sportklub), Giesser (Rapid); Flögel Rudolf (Rapid), Knoll (Sportklub), Erich Hof (Sportklub), Hamerl (Sportklub), Skerlan (Sportklub)

Austausch: Windisch (Sportklub) für Swoboda (3.)

Tore: 1:0 (32.) Backe, 1:1 (68.) Hamerl , 1:2 (89.) Erich Hof

Österreich : UDSSR 3:1 (0:1)

1960 **Freundschaftsspiel**
298. Länderspiel, Wien, 04. 09. 1960
Schiedsrichter: Wyssling, CH

Schmied (Vienna); Hasenkopf (Sportklub), Glechner (Rapid), Swoboda (Austria); Hanappi (Rapid), Koller (Vienna), Kozlicek Paul.(Linzer ASK), Flögel Rudolf (Rapid), Erich Hof (Sportklub), Hamerl (Sportklub), Skerlan (Sportklub)

Austausch: Senekowitsch (Vienna) für Hamerl (46.), Skocik (Rapid) für Kozlicek Paul (77.)

Tore: 0:1 (32.) Ponedjelnik, 1:1 (47.) Erich Hof, 2:1 (83.) Flögel Rudolf, 3:1 (88.) Erich Hof

Österreich : Spanien 3:0 (1:0)

1960 **Freundschaftsspiel**
299. Länderspiel, Wien, 30. 10. 1960
Schiedsrichter: Dienst, CH

Schmied (Vienna); Trubrig (Linzer ASK), Stotz (Austria), Swoboda (Austria); Hanappi (Rapid), Koller (Vienna); Nemec (Austria), Hof Erich (Sportklub), Buzek (Vienna), Senekowitsch (Vienna), Hamerl (Sportklub)

Austausch: Flögel Rudolf (Rapid) für Hamerl (64.)

Tore: 1:0 (33.) Senekowitsch, 2:0 (76.) Nemec, 3:0 (79.) Hof Erich

Ungarn : Österreich 2:0 (0:0)

1960 **Freundschaftsspiel**
300. Länderspiel, Budapest, 20. 11. 1960
Schiedsrichter: Martens, NL

Schmied (Vienna); Trubrig (Linzer ASK), Stotz (Austria), Strobl (Simmering); Hanappi (Rapid), Koller (Vienna); Nemec (Austria), Erich Hof (Sportklub), Buzek (Vienna), Senekowitsch (Vienna), Skerlan (Sportklub)

Austausch: Skocik (Rapid) für Koller (5.)

Tore: 1:0 (75.) Göröcs, 2:0 (90.) Machos

Italien : Österreich 1:2 (1:1)

1960 **Freundschaftsspiel**
301. Länderspiel, 10. 12. 1960
Schiedsrichter: Schwinte, FRA

Schmied (Vienna); Trubrig (Linzer ASK), Stotz (Austria), Swoboda (Austria); Hanappi (Rapid), Barschandt (Sportklub); Nemec (Austria), Erich Hof (Sportklub), Buzek (Vienna), Senekowitsch (Vienna), Zechmeister (Linzer ASK)

Austausch: Pichler (WAC) für Schmied (12.), Kaltenbrunner Ernst (WAC) für Buzek (29.)

Tore: 0:1 (7.) Erich Hof, 1:1 (28.) Boniperti, 1:2 (54.) Ernst Kaltenbrunner

Österreich : England 3:1 (2:1)

1961 **Freundschaftsspiel**
302. Länderspiel, Wien, 27. 05. 1961
Schiedsrichter: Galba, CSSR

Fraydl (Grazer AK); Trubrig (Linzer ASK), Stotz (Austria), Strobl (Simmering); Hanappi (Rapid), Koller (Vienna); Nemec (Austria), Erich Hof (Sportklub), Buzek (Vienna), Senekowitsch (Vienna), Rafreider (FC Dornbirn)

Tore: 1:0 (3.) Hof , 1:1 (16.) Greaves, 2:1 (25.) Nemec, 3:1 (80.) Senekowitsch

Ungarn : Österreich 1:2 (1:1)

1961 **Freundschaftsspiel**
303. Länderspiel, Budapest , 11. 06. 1961
Schiedsrichter: Dienst, CH

Fraydl (Grazer AK); Trubrig (Linzer ASK), Stotz (Austria), Strobl (Simmering); Hanappi (Rapid), Koller (Vienna); Nemec (Austria), Erich Hof (Sportklub), Buzek (Vienna), Senekowitsch (Vienna), Rafreider (FC Dornbirn)

Austausch: Oslansky (Sportklub) für Hanappi (70.)

Tore: 0:1 (15.) Rafreider, 1:1 (44.) Göröcs, 1:2 (52.) Nemec

UDSSR : Österreich 0:1 (0:1)

1961 **Freundschaftsspiel**
304. Länderspiel, Moskau, 10. 09. 1961
Schiedsrichter: Lööw, SWE

Fraydl (Austria); Trubrig (Linzer ASK), Stotz (Austria), Strobl (Simmering); Hanappi (Rapid), Koller (Vienna); Nemec (Austria), Erich Hof (Sportklub), Buzek (Vienna), Flögel Rudolf (Rapid), Rafreider (FC Dornbirn)

Austausch: Hasenkopf (Sportklub) für Strobl (46.), Knoll (Sportklub) für Hof (66.)

Tor: 0:1 (7.) Rafreider.

Österreich : Ungarn 2:1 (1:1)

1961 **Freundschaftsspiel**
305. Länderspiel, Wien, 09. 10. 1961
Schiedsrichter: Korelus, CSSR

Fraydl (Austria); Trubrig (Linzer ASK), Stotz (Austria), Hasenkopf (Sportklub); Hanappi (Rapid), Koller (Vienna); Nemec (Austria), Knoll (Sportklub), Buzek (Vienna), Erich Hof (Sportklub), Rafreider (FC Dornbirn)

Austausch: Oslansky (Sportklub) für Stotz (35.)

Tore: 0:1 (10.) Tichy, 1:1 (13.) Hof, 2:1 (81.) Oslansky

Jugoslawien : Österreich 2:1 (1:1)

1961 **Freundschaftsspiel**
306. Länderspiel, Zagreb, 19. 11. 1961
Schiedsrichter: Posa, H

Fraydl (Austria); Trubrig (Linzer ASK), Stotz (Austria), Hasenkopf (Sportklub), Hanappi (Rapid), Giesser (Rapid), Nemec (Austria), Knoll (Sportklub), Buzek (Vienna), Erich Hof (Sportklub), Rafreider (FC Dornbirn)

Austausch: Kozlicek Paul. (Linzer ASK) für Hof (63.)

Tore: 1:0 (3.) Jerkovic, 1:1 (28.) Nemec, 2:1 (75.) Jerkovic

Ägypten : Österreich 1:0 (1:0)

1962 **Freundschaftsspiel**
307. Länderspiel, Kairo, 05. 01. 1962
Schiedsrichter: Tschenscher, GER

Fraydl (Austria); Trubrig (Linzer ASK), Windisch (Sportklub), Hasenkopf (Sportklub); Hanappi (Rapid), Oslansky (Sportklub); Flögel Rudolf (Rapid), Ocwirk (Austria), Buzek (Vienna), Hamerl (Sportklub), Rafreider (FC Dornbirn)

Austausch: Viehböck (SVS Linz) für Hamerl (46.)

Tor: 1:0 (17) Badawi

England : Österreich 3:1 (2:0)

1962 **Freundschaftsspiel**
308. Länderspiel, London, 04. 04. 1962
Schiedsrichter: Schwinte, FRA

Fraydl (Austria); Trubrig (Linzer ASK), Stotz (Austria), Hasenkopf (Sportklub); Oslansky (Sportklub), Koller (Vienna); Knoll (Sportklub), Erich Hof (Sportklub), Buzek (Vienna), Fiala (Austria), Rafreider (FC Dornbirn)

Austausch: Flögel Rudolf (Rapid) für Fiala (38.)

Tore: 1:0 (7.) Crawford, 2:0 (38.) Flowers, 3:0 (68.) Hunt, 3:1 (75.) Buzek

Irland : Österreich 2:3 (0:1)

1962 **Freundschaftsspiel**
309. Länderspiel, Dublin, 08. 04. 1962
Schiedsrichter: Gulde, CH

Fraydl (Austria); Windisch (Sportklub), Stotz (Austria), Strobl (Austria); Puschnik (SV Kapfenberg), Koller (Vienna); Hirnschrodt (Austria), Knoll (Sportklub), Buzek (Vienna), Erich Hof (Sportklub), Flögel Rudolf (Rapid)

Austausch: Rafreider (FC Dornbirn) für Hirnschrodt (60.)

Tore: 0:1 (43.) Buzek, 1:1 (48.) Cantwell, 1:2 (57.) Hirnschrodt, 2:2 (59.) Tuohy, 2:3 (65.) Hof

Österreich : Bulgarien 2:0 (0:0)

1962 **Freundschaftsspiel**
310. Länderspiel, Wien, 06. 05. 1962
Schiedsrichter: Kusak, CSSR

Fraydl (Austria); Puschnik (SV Kapfenberg), Stotz (Austria), Hasenkopf (Sportklub); Hanappi (Rapid), Koller (Vienna); Kohlhauser (SVS Linz), Erich Hof (Sportklub), Nemec (Austria), Knoll (Sportklub), Skerlan (Admira)

Austausch: Fiala (Austria) für Kohlhauser (60.)

Tore: 1:0 (69. Elfmeter) Erich Hof.2:0 (75. Eigentor) Rakarow

Österreich : Ungarn 1:2 (0:1)

1962 **Freundschaftsspiel**
311. Länderspiel, Wien, 24. 06. 1962
Schiedsrichter: Dusch, GER

Fraydl (Austria); Halla (Rapid), Stotz (Austria), Löser (Austria); Puschnik (SV Kapfenberg), Koller (Vienna); Kohlhauser (SVS Linz), Senekowitsch (Betis Sevilla), Nemec (Austria), Fiala (Austria), Rafreider (FC Dornbirn)

Austausch: Knoll (Sportklub) für Puschnik (46.)

Tore: 0:1 (43.) Tichy, 1:1 (61.) Nemec, 1:2 (63.) Tichy

Österreich : CSSR 0:6 (0:3)

1962 **Freundschaftsspiel**
312. Länderspiel, Wien, 16. 09. 1962
Schiedsrichter: Schwinte, FRA

Fraydl (Austria); Halla (Rapid), Stotz (Austria), Hasenkopf (Sportklub); Hanappi (Rapid), Koller (Vienna); Nemec (Austria), Knoll (Sportklub), Erich Hof (Sportklub), Fiala (Austria), Schleger (Austria)

Austausch: Puschnik (SV Kapfenberg) für Hasenkopf (17.), Szanwald (Sportklub) für Fraydl (57.)

Tore: 0:1 (14.) Kucera, 0:2, 0:3 (22., 32.) Masopust, 0:4 (54.) Scherer, 0:5 (65.)Kucera, 0:6 (80.) Kadraba

Ungarn : Österreich 2:0 (1:0)

1962 **Freundschaftsspiel**
313. Länderspiel, Budapest, 28. 10. 1962
Schiedsrichter: Kandlbinder, GER

Szanwald (Sportklub); Kainrath (Sportklub), Glechner (Rapid), Hasenkopf (Sportklub); Windisch (Sportklub), Koller (Vienna); Kaltenbrunner Günther. (Admira), Gager (Austria), Nemec (Austria), Flögel Rudolf (Rapid), Rafreider (FC Dornbirn)

Austausch: Hirnschrodt (Austria) für Kaltenbrunner (82.)

Tore: 1:0 (22.) Göröcs, 2:0 (90.) Sandor

Österreich : Italien 1:2 (0:0)

1962 **Freundschaftsspiel**
314. Länderspiel, Wien, 11. 11. 1962
Schiedsrichter: Barberan, FRA

Szanwald (Sportklub); Kainrath (Sportklub), Glechner (Rapid), Hasenkopf (Sportklub); Windisch (Sportklub), Koller (Vienna): Nemec (Austria), Gager (Austria), Rafreider (FC Dornbirn), Flögel Rudolf (Rapid), Viehböck (SVS Linz)

Austausch: Puschnik (SV Kapfenberg) für Gager (60.), Wolny (Rapid) für Rafreider (60.)

Tore: 0:1, 0:2 (64., 78.) Pascutti, 1:2 (90.) Nemec

Bulgarien : Österreich 1:1 (1:0)

1962 **Freundschaftsspiel**
315. Länderspiel, Sofia, 25. 11. 1962
Schiedsrichter: Güriüz, TR

Fraydl (Austria); Hasenkopf (Sportklub), Glechner (Rapid), Oberparleitner (Linzer ASK); Gager (Austria), Koller (Vienna); Flögel Rudolf (Rapid), Geyer (Austria), Nemec (Austria), Sabetzer (Linzer ASK), Rafreider (FC Dornbirn)

Austausch: Wieger (Vienna) für Sabetzer (50.)

Tore: 1:0 (40.) Kolew, 1:1 (71.) Nemec

Österreich : CSSR 3:1 (0:0)

1963 **Freundschaftsspiel**
316. Länderspiel, Wien, 24. 04. 1963
Schiedsrichter: Schwinte, FRA

Fraydl (Austria); Kolarik (Admira), Glechner (Rapid), Hasenkopf (Sportklub); Gager (Austria), Koller (Vienna), Linhart (Sportklub), Erich Hof (Sportklub), Nemec (Austria), Fiala (Austria), Flögel Rudolf (Rapid)

Tore: 1:0 (48.) Nemec, 1:1 (67.) Masek.2:1, 3:1 (70., 76.) Nemec

Schottland : Österreich 4:1 (3:0)

1963 **Freundschaftsspiel**
317. Länderspiel, Glasgow, 08. 05. 1963
Schiedsrichter: Finney, ENG

Fraydl (Austria); Kolarik (Admira), Glechner (Rapid), Hasenkopf (Sportklub); Gager (Austria), Koller (Vienna); Linhart (Sportklub), Erich Hof (Sportklub), Nemec (Austria), Fiala (Austria), Rafreider (FC Dornbirn)

Tore: 1:0, 2:0 (16., 27.) Wilson, 3:0, 4:0 (34., 72.) Law, 4:1 (73.) Linhart

12 Minuten vor Schluss brach Referee Finney das Match wegen Schlägereien zwischen schottischen und österreichischen Spielern ab.

Österreich : Italien 0:1 (0:0)

1963 **Freundschaftsspiel**
318. Länderspiel, Wien, 09. 06. 1963
Schiedsrichter: Kandlbinder, GER

Fraydl (Austria); Schrottenbaum (Rapid), Glechner (Rapid), Hasenkopf (Sportklub); Gager (Austria), Koller (Vienna); Linhart (Sportklub), Knoll (Sportklub), Erich Hof (Sportklub), Fiala (Austria), Flögel Rudolf (Rapid)

Austausch: Rafreider (FC Dornbirn) für Knoll (63.), Kozlicek Paul (Linzer ASK) für Fiala (68.)

Tor: 0:1 (56.) Trappatoni

Österreich : Irland 0:0

1963 **EC der Nationen**
319. Länderspiel, Wien, 25. 09. 1963
Schiedsrichter: Gere, H

Fraydl (Austria); Vargo (Austria), Glechner (Rapid), Hasenkopf (Sportklub); Oslansky (Sportklub), Koller (Vienna); Flögel Rudolf (Rapid) Erich Hof (Sportklub), Nemec (Austria), Fiala (Austria), Hörmayer (Sportklub)

Irland : Österreich 3:2 (1:1)

1963 **EC der Nationen**
320. Länderspiel, Dublin, 13. 10. 1963
Schiedsrichter: Poulsen, DK

Fraydl (Austria); Vargo (Austria), Glechner (Rapid), Hasenkopf (Sportklub); Frank (Schwechat), Koller (Vienna); Koleznik (Grazer AK), Jank (Grazer AK), Buzek (Austria), Nemec (Austria), Flögel Rudolf (Rapid)

Tore: Cantwell (2), Koller (Eigentor); Koleznik (38.), Flögel (83.)

Ungarn : Österreich 2:1 (2:0)

1963 **Freundschaftsspiel**
321. Länderspiel, Budapest, 27. 10. 1963
Schiedsrichter: Schwinte, FRA

Fraydl (Austria); Halla (Rapid), Glechner (Rapid), Hasenkopf (Sportklub); Frank (Schwechat), Koller (Vienna); Koleznik (Grazer AK), Buzek (Austria), Hasil (Rapid), Flögel Rudolf (Rapid), Fiala (Austria)

Austausch: Viehböck (SVS Linz) für Fiala (46.)

Tore: 1:0 (16.) Albert, 2:0 (29.) Sandor, 2:1 (79.) Viehböck

Italien : Österreich 1:0 (0:0)

1963 **Freundschaftsspiel**
322. Länderspiel, Turin, 14. 12. 1963
Schiedsrichter: Versyp, BE

Pichler (WAC); Hirnschrodt (Austria), Glechner (Rapid), Hasenkopf (Sportklub); Frank (Schwechat), Koller (Vienna); Koleznik (Grazer AK), Nemec (Austria), Skocik (Rapid), Flögel Rudolf (Rapid), Viehböck (SVS Linz)

Austausch: Hasil (Rapid) für Skocik (46.)

Tor: 1:0 (75.) Rivera

Niederlande : Österreich 1:1 (1:1)

1964 **Freundschaftsspiel**
323. Länderspiel, Amsterdam, 12. 04. 1964
Schiedsrichter: Fencl, CSSR

Pichler (WAC); Hirnschrodt (Austria), Koller (Vienna), Hasenkopf (Sportklub); Skocik (Rapid), Puschnik (SV Kapfenberg); Nemec (Austria), Flögel Rudolf (Rapid), Grausam (Rapid), Fiala (Austria), Skerlan (Admira)

Austausch: Knoll (Sportklub) für Fiala (33.), Viehböck (SVS Linz) für Nemec (61.)

Tore: 0:1 (2.) Flögel Rudolf, 1:1 (25.) Nuninga

Österreich : Ungarn 1:0 (0:0)

1964 **Freundschaftsspiel**
324. Länderspiel, Wien, 03. 05. 1964
Schiedsrichter: Schwinte, FRA

Pichler (WAC); Hirnschrodt (Austria), Glechner (Rapid), Viehböck (SVS Linz); Skocik (Rapid), Koller (Vienna); Flögel Rudolf (Rapid), Grausam (Rapid), Nemec (Austria), Hof Erich (Sportklub), Hörmayer (Sportklub)

Austausch: Fiala (Austria) für Hof Erich (25.)

Tor: Nemec (55.)

Österreich : Uruguay 0:2 (0:1)

1964 **Freundschaftsspiel**
325. Länderspiel, Wien, 14. 05. 1964
Schiedsrichter: Kusak, CSSR

Pichler (WAC); Hirnschrodt (Austria), Glechner (Rapid), Viehböck (SVS Linz), Skocik (Rapid), Koller (Vienna); Flögel Rudolf (Rapid), Grausam (Rapid), Nemec (Austria), Fiala (Austria), Hörmayer (Sportklub)

Austausch: Fraydl (Austria) für Pichler (46.), Knoll (Sportklub) für Grausam (63.)

Tore: 0:1, 0:2 (11., 67.) Castro.

Österreich : Jugoslawien 3:2 (1:1)

1964 **Freundschaftsspiel**
326. Länderspiel, Wien, 27. 09. 1964
Schiedsrichter: Gere, H

Szanwald (Sportklub); Hirnschrodt (Austria), Glechner (Rapid), Binder (Austria), Viehböck (Linzer ASK); Skocik (Rapid), Koller (Vienna); Flögel Rudolf (Rapid), Hasil (Rapid), Nemec (Austria), Skerlan (Admira)

Austausch: Ludescher (Wacker Innsbruck) für Viehböck (46.), Windisch (Sportklub) für Hirnschrodt (56.), Senekowitsch (Wacker Innsbruck) für Hasil (65.)

Tore: 1:0 (29.) Hasil, 1:1 (36.) Melic, 2:1 (48.) Nemec, 2:2 (57.) Skoblar, 3:2 (90.) Nemec

Österreich : UDSSR 1:0 (1:0)

1964 **Freundschaftsspiel**
327. Länderspiel, Wien, 11. 10. 1964
Schiedsrichter: Dienst, CH

Paulitsch (Sturm); Halla (Rapid), Glechner (Rapid), Viehböck (Linzer ASK), Skocik (Rapid), Koller (Vienna); Kaltenbrunner Günther (Admira), Flögel Rudolf (Rapid), Nemec (Austria), Hiesel (Vienna), Hörmayer (Sportklub)

Austausch: Skerlan (Admira) für Hörmayer (46.), Hasil (Rapid) für Nemec (80.), Windisch (Sportklub) für Hiesel (84.)

Tor: Glechner (43.)

Frankreich : Österreich 1:2 (1:2)

1965 **Freundschaftsspiel**
328. Länderspiel, Paris, 24. 03. 1965
Schiedsrichter: Geluck, BE

Fraydl (Austria); Halla (Rapid), Glechner (Rapid), Koller, Kremser (beide Vienna); Binder (Austria), Ullmann (Rapid); Hirnschrodt (Austria), Seitl (Rapid), Buzek (Austria), Hörmayer (Sportklub)

Austausch: Sturmberger (Linzer ASK) für Ullmann (26.)

Tore: 0:1 (14.) Seitl, 1:1 (26.) Hausser, 1:2 (44.) Koller

Österreich : DDR 1:1 (0:0)

1965 **WM-Qualifikation**
329. Länderspiel, Wien, 25. 04. 1965
Schiedsrichter: Mihailescu, RUM

Fraydl (Austria); Halla (Rapid), Glechner (Rapid), Kremser (Vienna); Sturmberger (Linzer ASK), Koller (Vienna); Hirnschrodt (Austria), Seitl (Rapid), Buzek (Austria), Erich Hof (Sportklub), Viehböck (Linzer ASK)

Tore: 1:0 (47.) Erich Hof, 1:1 (74.) Nöldner

UDSSR : Österreich 0:0

1965 **Freundschaftsspiel**
330. Länderspiel, Moskau, 16. 05. 1965
Schiedsrichter: Emsberger, H

Szanwald (Sportklub); Halla (Rapid), Binder (Austria), Kremser (Vienna); Sturmberger (Linzer ASK), Koller (Vienna); Hirnschrodt (Austria), Flögel Rudolf (Rapid), Seitl (Rapid), Sabetzer (Linzer ASK), Viehböck (Linzer ASK)

Austausch: Knoll (Sportklub) für Flögel (66.)

Österreich : Ungarn 0:1 (0:1)

1965 **WM-Qualifikation**
331. Länderspiel, Wien, 13. 06. 1965
Schiedsrichter: Schwinte, FRA

Szanwald (Sportklub); Halla (Rapid), Binder (Austria), Kremser (Vienna); Sturmberger (Linzer ASK), Koller (Vienna); Hirnschrodt (Austria), Seitl (Rapid), Buzek (Austria), Erich Hof (Sportklub), Viehböck (Linzer ASK)

Tor: Dr. Fenyvesi (44.)

Ungarn : Österreich 3:0 (2:0)

1965 **WM-Qualifikation**
332. Länderspiel, Budapest, 05. 09. 1965
Schiedsrichter: Gorocniak, PL

Szanwald (Sportklub); Hirnschrodt (Austria), Binder (Austria), Linhart (Sportklub); Sturmberger (Linzer ASK), Koller (Vienna); Nemec (Austria), Grausam (Rapid), Köglberger (Linzer ASK), Fiala (Austria), Viehböck (Linzer ASK)

Tore: 1:0 (4.) Farkas, 2:0 (35.) Dr. Fenyvesi, 3:0 (70.) Meszöly

Deutschland : Österreich 4:1 (1:1)

1965 **Freundschaftsspiel**
333. Länderspiel, Stuttgart, 09. 10. 1965
Schiedsrichter: Dienst, CH

Fraydl (Wacker Innsbruck); Pumm (Wacker Innsbruck), Frank (Schwechat), Binder (Austria), Ludescher (Wacker Innsbruck); Hasil (Rapid), Ullmann (Rapid); Hirnschrodt (Austria), Buzek (Austria), Flögel Rudolf (Rapid), Macek (Salzburg)

Austausch: Viehböck (Linzer ASK) für Hirnschrodt (23.), Köglberger (Linzer ASK) für Viehböck (64.)

Tore: 0:1 (23.) Buzek. 1:1 (35.) Sieloff, 2:1, 3:1, 4:1 (46., 66., 81.) Ulsass

England : Österreich 2:3 (1:0)

1965 **Freundschaftsspiel**
334. Länderspiel, London, 20. 10. 1965
Schiedsrichter: Schwinte, FRA

Fraydl (Wacker Innsbruck); Robert Sara (Austria), Frank (Schwechat), Stamm (Admira), Ludescher (Wacker Innsbruck); Hasil (Rapid), Ullmann (Rapid); Fritsch (Rapid), Buzek (Austria), Flögel Rudolf (Rapid), Macek (Salzburg)

Austausch: Dirnberger (Austria) für Frank (30.)

Tore: 1:0 (3.) Bobby Charlton, 1:1 (53.) Flögel Rudolf, 2:1 (59.) Connelly, 2:2, 2:3 (73., 80.) Fritsch

DDR : Österreich 1:0 (1:0)

1965 **WM-Qualifikation**
335. Länderspiel, Leipzig, 31. 10. 1965
Schiedsrichter: Carswell, Nordirland

Fraydl (Wacker Innsbruck); Cejka (Vienna), Dirnberger (Austria), Sturmberger (Linzer ASK), Ludescher (Wacker Innsbruck); Hasil (Rapid), Ullmann (Rapid); Fritsch (Rapid), Buzek (Austria), Flögel Rudolf (Rapid), Macek (Salzburg)

Tor: 1:0 (1.) Nöldner.

Österreich : UDSSR 0:1 (0:1)

1966 **Freundschaftsspiel**
336. Länderspiel, Wien, 24. 04. 1966
Schiedsrichter: Emsberger, H

Fraydl (Wacker Innsbruck); Hirnschrodt (Austria), Binder (Austria), Frank (Schwechat), Ludescher (Wacker Innsbruck); Hasil (Rapid), Knoll (Sportklub); Kaltenbrunner Günther (Admira), Buzek (Austria), Flögel Rudolf (Rapid), Fiala (Austria)

Austausch: Robert Sara (Austria) für Knoll (46.), Skocik (Rapid) für Frank (46.), Parits (Austria) für Kaltenbrunner (68.)

Tor: 0:1 (20.) Woronin

Österreich : Irland 1:0 (0:0)

1966 **Freundschaftsspiel**
337. Länderspiel, Wien, 22. 05. 1966
Schiedsrichter: Gere, GER

Pichler (Rapid); Gebhardt (Rapid), Glechner (Rapid), Stamm (Admira), Ludescher (Wacker Innsbruck); Skocik (Rapid), Ullmann (Rapid); Hirnschrodt (Austria), Seitl (Rapid), Flögel Rudolf Rapid), Macek (Salzburg)

Austausch: Parits (Austria) für Hirnschrodt (56.)

Tor: Seitl (76.)

Italien : Österreich 1:0 (0:0)

1966 **Freundschaftsspiel**
338. Länderspiel, Mailand, 19. 06. 1966
Schiedsrichter: Lööw, SWE

Pichler (Rapid); Breibert (Admira), Glechner (Rapid), Stamm (Admira), Ludescher (Wacker Innsbruck); Hirnschrodt (Austria), Skocik (Rapid); Seitl (Rapid), Buzek (Austria), Flögel Rudolf (Rapid), Szauer (Admira)

Austausch: Parits (Austria) für Szauer (60.)

Tor: 1:0 (73.) Burgnich

Österreich : Niederlande 2:1 (1:1)

1966 **Freundschaftsspiel**
339. Länderspiel, Wien, 18. 09. 1966
Schiedsrichter: Lo Bello, ITA

Pichler (Rapid); Gebhardt (Rapid), Glechner (Rapid), Binder (Austria), Fröhlich (Austria); Skocik (Rapid), Robert Sara (Austria), Flögel Rudolf (Rapid); Parits (Austria), Buzek (Austria), Viehböck (Linzer ASK)

Austausch: Hiesel (Austria) für Buzek (46.)

Tore: 1:0 (12.) Sara , 1:1 (38., Eigentor) Glechner, 2:1 (74.) Viehböck

Finnland : Österreich 0:0

1966 **EM-Qualifikation**
340. Länderspiel, Helsinki, 02. 10. 1966
Schiedsrichter: Coates, NIRL

Pichler (Rapid); Gebhardt (Rapid), Glechner (Rapid), Binder (Austria), Viehböck (Linzer ASK); Hirnschrodt (Austria), Sara Robert (Austria), Flögel Rudolf (Rapid); Fritsch (Rapid), Parits (Austria), Hörmayer (Sportklub)

Schweden : Österreich 4:1 (1:0)

1966 **Freundschaftsspiel**
341. Länderspiel, Stockholm, 05. 10. 1966
Schiedsrichter: Andjulis, UDSSR

Pichler (Rapid); Gebhardt (Rapid), Glechner (Rapid), Wahl (Admira), Viehböck (Linzer ASK); Hirnschrodt (Austria), Sturmberger (Linzer ASK), Flögel Rudolf (Rapid); Fritsch (Rapid), Schmidt (Sportklub), Parits (Austria)

Austausch: Robert Sara (Austria) für Schmidt (75.)

Tore: 1:0 (21.) Lundblad, 2:0 (57.) Kindvall, 3:0, 4:0 (65., 78.) Turesson, 4:1 (79.) Flögel Rudolf

Ungarn : Österreich 3:1 (1:0)

1966 **Freundschaftsspiel**
342. Länderspiel, Budapest, 30. 10. 1966
Schiedsrichter: Huber, CH

Pichler (Rapid); Breibert (Admira), Glechner (Rapid), Dirnberger (Austria), Viehböck (Linzer ASK); Hirnschrodt (Austria), Sturmberger (Linzer ASK); Parits (Austria), Wolny (Wacker Innsbruck), Flögel Rudolf (Rapid), Szauer (Admira)

Austausch: Gebhardt (Rapid) für Breibert (60.)

Tore: 1:0, 2:0, 3:0 (8., 74., 85.) Farkas, 3:1 (89.) Wolny

Österreich : England 0:1 (0:1)

1967 **Freundschaftsspiel**
343. Länderspiel, Wien, 28. 05. 1967
Schiedsrichter: Kitabjian, FRAU

Pichler (Rapid); Wartusch (Wacker Innsbruck), Glechner (Rapid), Sturmberger (Linzer ASK), Fak (Rapid); Eschlmüller (Wacker Innsbruck), Schmidt (Sportklub); Köglberger (Linzer ASK), Wolny (Wacker Innsbruck), Siber (Wacker Innsbruck), Parits (Austria)

Tor: 0:1 (21.) Ball

UDSSR : Österreich 4:3 (3:1)

1967 **EM-Qualifikation**
344. Länderspiel, Moskau, 10. 06. 1967
Schiedsrichter: Boström, SWE

Pichler (Rapid); Wartusch (Wacker Innsbruck), Glechner (Rapid), Sturmberger (Linzer ASK), Fak (Rapid); Eschlmüller (Wacker Innsbruck), Hof Erich (Sportklub), Flögel Rudolf (Rapid); Wolny (Wacker Innsbruck), Siber (Wacker Innsbruck), Hörmayer (Sportklub)

Tore: 1:0 (25.) Malafejew, 2:0 (36.) Byschowetz, 2:1 (38.) Hof Erich, 3:1 (43., Eigentor) Wartusch, 3:2 (55.) Wolny, 3:3 (69.) Siber, 4:3 (81.) Strelzow

Österreich : Ungarn 1:3 (0:1)

1967 **Freundschaftsspiel**
345. Länderspiel, Wien, 06. 09. 1967
Schiedsrichter: Huber, CH

Hodschar (Grazer AK); Gebhardt (Rapid), Glechner (Rapid), Eigenstiller (Wacker Innsbruck), Fak (Rapid); Hasil (Rapid), Hof Erich (Sportklub), Flögel Rudolf (Rapid), Wolny (Wacker Innsbruck), Siber (Wacker Innsbruck), Redl (Wacker Innsbruck)

Austausch: Fritsch (Rapid) für Redl (46.), Ullmann (Rapid) für Glechner (46.)

Tore: 0:1 (42.) Bene, 0:2 (47.) Farkas, 0:3 (70.) Varga, 1:3 (79.) Hof Erich

Österreich : Finnland 2:1 (1:0)

1967 **EM-Qualifikation**
346. Länderspiel, Wien, 24. 09. 1967
Schiedsrichter: Gugulovic, YU

Gerald Fuchsbichler (Rapid); Gebhardt (Rapid), Glechner (Rapid), Eigenstiller (Wacker Innsbruck), Fröhlich (Austria); Sturmberger (Linzer ASK), Flögel Rudolf (Rapid); Metzler (Bregenz), Wolny (Wacker Innsbruck), Grausam (Rapid), Redl (Wacker Innsbruck)

Tore: 1:0 (17.) Flögel Rudolf, 1:1 (57.) Peltonen, 2:1 (79.) Grausam

Griechenland : Österreich 4:1 (2:0)

1967 **EM-Qualifikation**
347. Länderspiel, Athen, 04. 10. 1967
Schiedsrichter: Dimitrescu, RUM

Gerald Fuchsbichler (Rapid); Gebhardt (Rapid), Glechner (Rapid), Eigenstiller (Wacker Innsbruck), Fröhlich (Austria); Frank (Austria), Flögel Rudolf (Rapid); Fritsch (Rapid), Siber (Wacker Innsbruck), Grausam (Rapid), Redl (Wacker Innsbruck)

Tore: 1:0, 2:0 (28., 34.) Sideris, 2:1 (63.) Grausam, 3:1 (65.) Sideris, 4:1 (76.) Papaioannu

Österreich : UDSSR 1:0 (0:0)

1967 **EM-Qualifikation**
348. Länderspiel, Wien,15. 10. 1967
Schiedsrichter: Betschirow, BUL

Harreither (Linzer ASK); Gebhardt (Rapid), Glechner (Rapid), Stamm (Admira), Fröhlich (Austria); Sturmberger (Linzer ASK), Eigenstiller (Wacker Innsbruck); Koleznik (Grazer AK), Grausam (Rapid), Flögel Rudolf (Rapid), Siber (Wacker Innsbruck)

Tor: Grausam (49.)

Österreich : Griechenland 1:1 (1:0)

1967 **EM-Qualifikation**
349. Länderspiel, Wien, 05. 11. 1967
Schiedsrichter: Gere, H

Harreither (Linzer ASK); Gebhardt (Rapid), Glechner (Rapid), Stamm (Admira), Fröhlich (Austria); Skocik (Rapid), Eigenstiller (Wacker Innsbruck); Koleznik (Grazer AK), Siber (Wacker Innsbruck), Grausam (Rapid), Redl (Wacker Innsbruck)

Tore: 1:0 (31.) Siber, 1:1 (73.) Sideris

Wenige Minuten nach Griechenlands Ausgleich brach Schiedsrichter Gere das Match ab, da österreichische Fans aus Empörung über griechische Fouls das Feld stürmten.

Österreich : Rumänien 1:1 (0:1)

1968 **Freundschaftsspiel**
350. Länderspiel, Linz, 01. 05. 1968
Schiedsrichter: Galba, CSSR

Hodschar (Grazer AK); Gebhardt (Rapid), Glechner (Rapid), Eigenstiller (Wacker Innsbruck), Fröhlich (Austria); Sturmberger (Linzer ASK), Starek (1. FC Nürnberg), Fiala (Austria); Parits (Austria), Köglberger (Linzer ASK), Siber (Wacker Innsbruck)

Austausch: Hickersberger Josef (Austria) für Fiala (63.)

Tore: 0:1 (8.) Kallo, 1:1 (85.) Siber

Österreich : Zypern 7:1 (3:0)

1968 **WM-Qualifikation**
351. Länderspiel, Wien, 19. 05. 1968
Schiedsrichter: Biroczky, H

Harreither (Linzer ASK); Gebhardt (Rapid), Glechner (Rapid), Stamm (Admira), Fröhlich (Austria); Sturmberger (Linzer ASK), Hof Norbert (Sportklub); Parits (Austria), Hof Erich (Sportklub), Siber (Wacker Innsbruck), Redl (Wacker Innsbruck)

Austausch: Koleznik (Grazer AK) für Parits (70.), Wolny (Wacker Innsbruck) für Redl (70.)

Tore: 1:0 (4.) Erich Hof, 2:0 (25.) Redl, 3:0 (42.) Erich Hof, 3:1 (47.) Kanziberis, 4:1, 5:1 (53., 68.) Erich Hof, 6:1 (73.) Siber, 7:1 (76.) Erich Hof

UDSSR : Österreich 3:1 (1:1)

1968 **Freundschaftsspiel**
352. Länderspiel, Leningrad, 16. 06. 1968
Schiedsrichter: Carlsson, SWE

Harreither (Linzer ASK); Gebhardt (Rapid), Glechner (Rapid), Stamm (Admira), Fröhlich (Austria); Eigenstiller (Wacker Innsbruck), Senekowitsch (Wacker Innsbruck), Siber (Wacker Innsbruck); Wolny (Wacker Innsbruck), Hof Erich (Sportklub), Hörmayer (Sportklub)

Tore: 1:0 (11.) Woronin, 1:1 (38.) Hof Erich, 2:1 (48.) Gerschkowitsch, 3:1 (64.) Assatiani

Schweiz : Österreich 1:0 (1:0)

1968 **Freundschaftsspiel**
353. Länderspiel, Bern, 22. 09. 1968
Schiedsrichter: Aalbrecht, NL

Harreither (Linzer ASK); Gebhardt (Rapid), Russ (Sturm), Eigenstiller (vereinslos), Fak (Rapid); Sturmberger (Linzer ASK), Hof Norbert (Sportklub); Fritsch (Rapid), Kaltenbrunner Günther (Rapid), Köglberger (Austria), Hörmayer (Sportklub)

Austausch: Ettmayer (Wacker Innsbruck) für Russ (46.)

Tor: 1:0 (6.) Quentin

Österreich : Deutschland 0:2 (0:1)

1968 **WM-Qualifikation**
354. Länderspiel, Wien, 13. 10. 1968
Schiedsrichter: Eksztajn, PL

Harreither (Linzer ASK); Pumm (Bayern München), Sturmberger (Linzer ASK), Eigenstiller (vereinslos), Fak (Rapid); Hasil (FC Schalke 04), Starek (Bayern München), Ettmayer (Wacker Innsbruck); Fritsch (Rapid), Köglberger (Austria), Metzler (Bregenz)

Tore: 0:1 (16.) Müller, 0:2 (51. Eigentor) Eigenstiller

Schottland : Österreich 2:1 (1:1)

1968 **WM-Qualifikation**
355. Länderspiel, Glasgow, 06. 11. 1968
Schiedsrichter: Lindberg, SWE

Gerald Fuchsbichler (Rapid); Gebhardt (Rapid), Sturmberger (Linzer ASK), Eigenstiller (Wacker Innsbruck), Pumm (Bayern München); Hasil (FC Schalke 04), Starek (Bayern München), Ettmayer (Wacker Innsbruck); Metzler (Bregenz), Siber (Offenbacher Kickers), Redl (Wattens)

Austausch: Köglberger (Austria) für Redl (46.)

Tore: 0:1 (3.) Starek, 1:1 (8.) Law, 2:1 (76.) Bremner

Irland : Österreich 2:2 (0:1)

1968 **Freundschaftsspiel**
356. Länderspiel, Dublin, 10. 11. 1968
Schiedsrichter: Davidson, SCO

Gerald Fuchsbichler (Rapid); Gebhardt (Rapid), Sturmberger (Linzer ASK), Eigenstiller (Wacker Innsbruck), Russ (Sturm); Horvath Rudolf (Salzburg), Hof Erich (Sportklub), Ettmayer (Wacker Innsbruck); Fritsch (Rapid), Köglberger (Austria), Redl (Wattens)

Austausch: Harreither (Linzer ASK) für Fuchsbichler (8.), Metzler (Bregenz) für Köglberger (78.)

Tore: 0:1 (14.) Redl, 0:2 (50.) Erich Hof, 1:2 (82.) Rogers, 2:2 (87.) Hale

Zypern : Österreich 1:2 (0:1)

1969 **WM-Qualifikation**
357. Länderspiel, Nicosia, 19. 04. 1969
Schiedsrichter: Russev, BUL

Harreither (Linzer ASK); Linhart (Sportklub), Sturmberger (Linzer ASK), Eigenstiller (Rapid), Fak (Rapid); Eisele (Eisenstadt), Flögel Rudolf (Rapid), Hof Norbert (Sportklub); Kreuz (Admira), Buzek (Sportklub), Redl (Wattens)

Austausch: Ettmayer (Wacker Innsbruck) für Eisele (46.), Wallner (Sportklub) für Flögel Rudolf (60.)

Tore: 0:1 (27.) Kreuz, 0:2 (55.) Redl, 1:2 (90.) Efthiamidis

Israel : Österreich 1:1 (1:1)

1969 **Freundschaftsspiel**
358. Länderspiel, Tel Aviv, 23. 04. 1969
Schiedsrichter: Angonese, ITA

Harreither (Linzer ASK); Linhart (Sportklub), Eigenstiller (Rapid), Hof Norbert (Sportklub), Strasser (Admira); Wallner (Sportklub), Ettmayer (Wacker Innsbruck); Metzler (Bregenz), Kreuz (Admira), Buzek (Sportklub), Redl (Wattens)

Austausch: Fak (Rapid) für Linhart (59.), Eisele (Eisenstadt) für Wallner (80.)

Tore: 1:0 (20.) Feigenbaum, 1:1 (38.) Kreuz

Malta : Österreich 1:3 (0:2)

1969 **Freundschaftsspiel**
359. Länderspiel, La Valetta, 27. 04. 1969
Schiedsrichter: Monti, ITA

Harreither (Linzer ASK); Fak (Rapid), Sturmberger (Linzer ASK), Eigenstiller (Rapid), Strasser (Admira); Hof Norbert (Sportklub), Ettmayer (Wacker Innsbruck); Metzler (Bregenz), Kreuz (Admira), Köglberger (Austria), Redl (Wattens)

Austausch: Stering (Grazer AK) für Metzler (49.)

Tore: 0:1 (21.) Köglberger , 0:2 (27.).Kreuz, 1:2 (46.) Pini, 1:3 (62.) Köglberge.

Deutschland : Österreich 1:0 (0:0)

1969 **WM-Qualifikation**
360. Länderspiel, Nürnberg, 10. 05. 1969
Schiedsrichter: Fiala, CSSR

Fraydl (Hertha BSC Berlin); Pumm (Bayern München), Sturmberger (Linzer ASK), Eigenstiller (Rapid), Fak (Rapid); Starek (Bayern München), Ettmayer (Wacker Innsbruck), Hof Norbert (Sportklub); Köglberger (Austria), Siber (Offenbacher Kickers), Redl (Wattens)

Austausch: Kreuz (Admira) für Köglberger (46.)

Tor: Müller (88.)

Österreich : Deutschland 1:1 (1:1)

1969 **Freundschaftsspiel**
361. Länderspiel, Wien, 21. 09. 1969
Schiedsrichter: Lo Bello, ITA

Gerald Fuchsbichler (Rapid); Gebhardt (Rapid), Sturmberger (Linzer ASK), Hof Norbert (Hamburger SV), Pumm (Bayern München); Schmidradner (Sportklub), Flögel Rudolf (Rapid), Ettmayer (Wacker Innsbruck); Parits (Austria), Pirkner (FC Schalke 04), Redl (Rapid)

Austausch: Geyer (Austria) für Flögel Rudolf (46.)

Tore: 1:0 (7.) Pirkner , 1:1 (16.) Müller

Österreich : Schottland 2:0 (1:0)

1969 **WM-Qualifikation**
362. Länderspiel, Wien, 05. 11. 1969
Schiedsrichter: Kruaschwili, UDSSR

Harreither (Linzer ASK); Wallner (Sportklub), Sturmberger (Linzer ASK), Schmidradner (Sportklub), Fak (Rapid); Geyer (Austria), Hof Norbert (Hamburger SV), Ettmayer (Wacker Innsbruck); Parits (Austria), Kaiser (Sturm), Redl (Rapid)

Austausch: Hickersberger Josef (Austria) für Kaiser (66.)

Tore: Redl (16., 54.)

Jugoslawien : Österreich 1:1 (0:1)

1970 **Freundschaftsspiel**
363. Länderspiel, Sarajevo, 08. 04. 1970
Schiedsrichter: Zsolt, H

Harreither (Linzer ASK); Pumm (Bayern München), Sturmberger (Linzer ASK), Schmidradner (Sportklub), Huberts (Sturm); Geyer (Austria), Krieger (Austria), Ettmayer (Wacker Innsbruck); Pirkner (FC Schalke 04), Parits (Austria), Redl (Rapid)

Tore: 0:1 (20.) Redl, 1:1 (46.) Bajevic

Österreich : CSSR 1:3 (0:3)

1970 **Freundschaftsspiel**
364. Länderspiel, Wien, 12. 04. 1970
Schiedsrichter: Bucheli, CH

Harreither (Linzer ASK); Pumm (Bayern München), Sturmberger (Linzer ASK), Schmidradner (Sportklub), Huberts (Sturm); Geyer (Austria), Krieger (Austria), Ettmayer (Wacker Innsbruck); Pirkner (FC Schalke 04), Parits (Austria), Redl (Rapid)

Austausch: Hickersberger Josef (Austria) für Ettmayer (46.), Kreuz (Admira) für Pirkner (46.), Rettensteiner (Wacker Innsbruck) für Harreither (46.)

Tore: 0:1 (25.) Albrecht, 0:2 (26.) Hrdlicka, 0:3 (36.) Adamec, 1:3 (73. Eigentor) Migas

Brasilien : Österreich 1:0 (0:0)

1970 **Freundschaftsspiel**
365. Länderspiel, Rio de Janeiro, 29. 04. 1970
Schiedsrichter: Comesana, ARG

Rettensteiner (Wacker Innsbruck); Pumm (Bayern München), Sturmberger (Linzer ASK), Schmidradner (Sportklub), Huberts (Sturm); Geyer (Austria), Hof Norbert (Hamburger SV), Ettmayer (Wacker Innsbruck); Parits (Austria), Kreuz (Admira), Redl (Rapid)

Austausch: Hickersberger Josef (Austria) für Ettmayer (76.), Krieger (Austria) für Sturmberger (81.)

Tor: Rivelino (58.)

Österreich : Jugoslawien 0:1 (0:1)

1970 **Freundschaftsspiel**
366. Länderspiel, Graz, 10. 09. 1970
Schiedsrichter: Sbardella, ITA

Fraydl (1860 München); Demantke (Admira), Sturmberger (Linzer ASK), Krieger (Austria), Strasser (Admira); Geyer (Austria), Hickersberger Josef (Austria), Hof Norbert (Sportklub); Parits (1. FC Köln), Kreuz (Admira), Pirkner (FC Schalke 04)

Austausch: Ettmayer (Wacker Innsbruck) für Hof Norbert (46.)

Tor: Bajevic (41.)

Ungarn : Österreich 1:1 (1:1)

1970 **Freundschaftsspiel**
367. Länderspiel, Budapest, 27. 09. 1970
Schiedsrichter: Canak, YU

Koncilia Friedl (Wattens); Clement (Sportklub), Schmidradner (Sportklub), Sturmberger (Linzer ASK), Fak (Rapid); Geyer (Austria), Hof Norbert (Sportklub), Starek (Rapid); Hickersberger Josef (Austria), Kreuz (Admira), Redl (Wattens)

Austausch: Ettmayer (Wacker Innsbruck) für Starek (46.), Krieger (Austria) für Sturmberger (64.)

Tor: 1:0 (13.) Vidats, 1:1 (27.) Redl

Österreich : Frankreich 1:0 (0:0)

1970 **Freundschaftsspiel**
368. Länderspiel, Wien, 07. 10. 1970
Schiedsrichter: Biwersi, GER

Koncilia Friedl (Wattens); Sturmberger (LASK); Clement (Sportklub), Schmidradner (Sportklub), Fak (Rapid); Hickersberger Josef (Austria), Hof Norbert (Sportklub), Starek (Rapid); Parits (1. FC Köln), Kreuz (Admira), Redl (Wattens)

Austausch: Demantke (Admira) für Clement (46.), Ettmayer (Wacker Innsbruck) für Starek (46.), Krieger (Austria) für Hickersberger Josef (75.)

Tor: Kreuz (48.)

Österreich : Italien 1:2 (1:2)

1970 **EM-Qualifikation**
369. Länderspiel, Wien, 31. 10. 1970
Schiedsrichter: Van Ravens, NL

Koncilia Friedl (Wattens); Sturmberger (LASK); Schmidradner (Sportklub), Hof Norbert (Sportklub), Pumm (Bayern München); Starek (Rapid), Hickersberger Josef (Austria); Ettmayer (Wacker Innsbruck); Parits, (1. FC Köln), Kreuz (Admira), Redl (Wattens)

Austausch: Rettensteiner (Wacker Innsbruck) für Koncilia (46.)

Tore: 0:1 (27., De Sisti, 1:1 (29., Freistoß) Parits, 1:2 (35.) Mazzola

Österreich : Ungarn 0:2 (0:0)

1971 **Freundschaftsspiel**
370. Länderspiel, Wien, 04. 04. 1971
Schiedsrichter: Kamber, CH

Rettensteiner (Wacker Innsbruck); Sturmberger (Linzer ASK); Fak (Rapid), Schmidradner (Sportklub), Kriess (Wacker Innsbruck); Starek (Rapid), Hof Norbert (Sportklub), Ettmayer (Wacker Innsbruck); Kreuz (Admira), Leitner (Linzer ASK), Gallos (Rapid)

Austausch: Gassner (Vienna) für Gallos (70.), Kodat (Salzburg) für Leitner (77.), Rudolf Horvath (Vöst Linz) für Sturmberger (46.)

Tore: 0:1, 0:2 (70., 85.) Bene

Schweden : Österreich 1:0 (0:0)

1971 **EM-Qualifikation**
371. Länderspiel, Stockholm, 26. 05. 1971
Schiedsrichter: Eksztajn, PL

Rettensteiner (Wacker Innsbruck); Sturmberger (Linzer ASK); Schmidradner (Sportklub), Eigenstiller (Wacker Innsbruck), Pumm (Bayern München; Hickersberger Josef (Austria), Starek (Rapid), Ettmayer (Wacker Innsbruck; Kodat (Salzburg), Kreuz (Admira), Gassner (Vienna)

Austausch: Gallos (Rapid) für Gassner (75.), Geyer (Austria) für Ettmayer (77.)

Tor: 1:0 (62.) Olsson

Irland : Österreich 1:4 (0:3)

1971 **EM-Qualifikation**
372. Länderspiel, Dublin, 30. 05. 1971
Schiedsrichter: Oeberg, NOR

Rettensteiner (Wacker Innsbruck); Stumberger (Linzer ASK); Schmidradner (Sportklub), Eigenstiller (Wacker Innsbruck), Kriess (Wacker Innsbruck); Starek (Rapid), Hof Norbert (Sportklub), Ettmayer (Wacker Innsbruck); Hickersberger Josef (Austria), Kreuz (Admira), Kodat (Salzburg)

Austausch: Schlagbauer (Vienna) für Kriess (72.)

Tore: 0:1 (3.) Schmidradner, 0:2 (11.) Kodat, 0:3 (31., Eigentor) Dunne, 1:3 (49.) Rogers, 1:4 (72.) Starek

Brasilien : Österreich 1:1 (1:0)

1971 **Freundschaftsspiel**
373. Länderspiel, Sao Paulo, 11. 07. 1971
Schiedsrichter: Taylor, ENG

Rettensteiner (SG Innsbruck/Wattens); Sturmberger (Linzer ASK); Schmidradner (Kickers Offenbach), Eigenstiller (SG Innsbruck/ Wattens), Jagodic (Rapid); Hickersberger Josef (Austria), Hof Norbert (Rapid), Ettmayer (VfB Stuttgart); Kodat (Salzburg), Stering (Grazer AK), Jara (SG Innsbruck/Wattens)

Tore: 1:0 (34.) Pele, 1:1 (51.) Jara

Österreich : Schweden 1:0 (1:0)

1971 **EM-Qualifikation**
374. Länderspiel, Wien, 04. 09. 1971
Schiedsrichter: Glöckner, DDR

Rettensteiner (SG Innsbruck/Wattens); Sturmberger (Linzer ASK); Schmidradner (Kickers Offenbach), Eigenstiller (SG Innsbruck/ Wattens), Pumm (Donawitz); Starek (1. FC Nürnberg), Hof Norbert (Rapid), Ettmayer (VfB Stuttgart); Kodat (Antwerpen), Stering (Grazer AK), Pirkner (Donawitz)

Austausch: Hickersberger Josef (Austria) für Stering (60.), Jagodic (Rapid) für Ettmayer (65.)

Tor: Stering (23.)

Österreich : Irland 6:0 (3:0)

1971 **EM-Qualifikation**
375. Länderspiel, Linz, 10. 10. 1971
Schiedsrichter: Göppel, CH

Antrich (Rapid); Sturmberger (Linzer ASK); Schmidradner (Kickers Offenbach). Eigenstiller (SG Innsbruck/Wattens), Pumm (Donawitz); Horvath Rudolf (Vöest Linz), Hof Norbert (Rapid), Ettmayer (VfB Stuttgart); Pirkner (Donawitz), Parits (Eintracht Frankfurt), Jara (SG Innsbruck/Wattens)

Tore: 1:0 (12.) Jara, 2:0 (39.) Pirkner, 3:0, 4:0 (45., 51.) Parits, 5:0 (85.) Jara, 6:0 (89.) Parits

Italien : Österreich 2:2 (1:1)

1971 **EM-Qualifikation**
376. Länderspiel, Rom, 20. 11. 1971
Schiedsrichter: Emsberger, H

Antrich (Rapid); Horvath Rudolf (VOEST Linz); Schmidradner (Kickers Offenbach), Eigenstiller (SG Innsbruck/Wattens), Pumm (Donawitz); Robert Sara (Austria), Hof Norbert (Rapid), Ettmayer (VfB Stuttgart); Köglberger (Austria), Pirkner (Donawitz), Jara (SG Innsbruck/Wattens)

Tore: 1:0 (10.) Prati, 1:1 (37.) Jara, 1:2 (59.) Robert Sara, 2:2 (77.) De Sisti

CSSR : Österreich 2:0 (2:0)

1972 **Freundschaftsspiel**
377. Länderspiel, Brünn, 08. 04. 1972
Schiedsrichter: Einbeck, DDR

Rettensteiner (Swarovski Innsbruck); Sturmberger (Linzer ASK); Robert Sara (Austria Wien), Eigenstiller (Swarovski Innsbruck), Pumm (DSV Alpine); Schmidradner (Kickers Offenbach), Horvath Rudolf (Vöest Linz), Ettmayer (VfB Stuttgart); Kreuz (Admira), Hickersberger Josef (Austria), Jara (Swarovski Innsbruck)

Austausch: Fendler (Vöest Linz) für Sara (60.)

Tore: 1:0 (18.) Petras, 2:0 (42.) Ternenyi

Österreich : Malta 4:0 (3:0)

1972 **WM-Qualifikation**
378. Länderspiel, Wien, 30. 04. 1972
Schiedsrichter: Kruashvili, UDSSR

Stachowicz (Admira); Sturmberger (LASK); Schmidradner (Kickers Offenbach), Horvath Rudolf (Vöest Linz), Eigenstiller (Swarovski Innsbruck); Daxbacher (Austria), Hof Norbert (Rapid); Hickersberger Josef (Austria), Kreuz (Admira), Parits (Eintracht Frankfurt), Jara (Swarovski Innsbruck)

Tore: 1:0, 2:0, 3:0 (30., 33., 36.), HickersbergerJosef, 4:0 (77.) Hof Norbert

Österreich : Schweden 2:0 (0:0)

1972 **WM-Qualifikation**
379. Länderspiel, Wien, 10. 06. 1972
Schiedsrichter: Bucheli, CH

Koncilia (Swarovski Wacker); Sturmberger (Linzer ASK); Pumm (DSV Alpine), Horvath (Vöst Linz), Eigenstiller (Swarovski Wacker); Hasil (Feyernoord Rotterdam), Hof Norbert (Rapid), Ettmayer (VfB Stuttgart); Hickersberger (Austria), Parits (Eintracht Frankfurt), Jara (Swarovski Wacker)

Austausch: Starek (1. FC Nürnberg) für Ettmayer (28.), Hattenberger (Swarovski Wacker) für Hof N. (66.)

Tore: 1:0 (64.) Parits, 2:0 (83.) Pumm

Rumänien : Österreich 1:1 (1:1)

1972 **Freundschaftsspiel**
380. Länderspiel, Craiova, 03. 09. 1972
Schiedsrichter: Mladenovic, YU

Gerald Fuchsbichler (Sportklub); Robert Sara (Austria), Schmidradner (Kickers Offenbach), Krieger (Austria), Pumm (DSV Alpine); Hattenberger (Swarovski Wacker), Horvath Rudolf (Vöest Linz), Starek (1. FC Nürnberg); Hickersberger Josef (Kickers Offenbach), Köglberger (Austria), Jara (Swarovksi Wacker)

Tore: 0:1 (43.) Hickersberger Josef, 1:1 (44.) Dembrovsky

Österreich : Ungarn 2:2 (0:2)

1972 **WM-Qualifikation**
381. Länderspiel, Wien, 15. 10. 1972
Schiedsrichter: Glöckner, DDR

Stachowicz (Admira); Horvath Rudolf (Vöest Linz); Pumm (DSV Alpine), Schmidradner (Kickers Offenbach, Eigenstiller (Swarovski Wacker): Hickersberger Josef (Kickers Offenbach), Starek (Linzer ASK), Hasil (Feyernoord Rotterdam); Köglberger (Austria),

Parits (Eintracht Frankfurt), Jara (Swarovksi Wacker)

Tore: 0:1 (16.) Dunai, 0:2 (20.) Kocsis, 1:2 (59., Elfmeter) Hasil, 2:2 (70.) Jara

Malta : Österreich 0:2 (0:0)

1972 **WM-Qualifikation**
382. Länderspiel, Gzira, 25. 11. 1972
Schiedsrichter: Francescon, ITA

Stachowicz (Admira); Eigenstiller (Swarovski Wacker); Robert Sara (Austria), Schmidradner (Kickers Offenbach), Pumm (DSV Alpine); Hickersberger Josef (Kickers Offenbach), Starek (Linzer ASK), Gallos (Rapid); Köglberger (Austria), Parits (Eintracht Frankfurt), Jara (Swarovksi Wacker)

Austausch: Hof Norbert (Rapid) für Eigenstiller (84.)

Tore: 0:1 (50.) Köglberger, 0:2 (76.) Parits

Österreich : Niederlande 1:0 (1:0)

1973 **Freundschaftsspiel**
383. Länderspiel, Wien, 28. 03. 1973
Schiedsrichter: Biwersi, GER

Koncilia Friedl (Swarovski Wacker); Sturmberger (Linzer ASK); Schmidradner (Kickers Offenbach), Schilcher (Ajax Amsterdam), Krieger (Austria); Hattenberger (Swarovski Wacker), Hasil (Feyernoord Rotterdam), Starek (Linzer ASK); Hickersberger Josef (Kickers Offenbach), Parits (Eintracht Frankfurt), Köglberger (Austria)

Austausch: Pumm (DSV Alpine) für Schilcher (46.), Robert Sara (Austria) für Krieger (50.), Gallos (Rapid) für Hickersberger Josef (66.)

Tor: Köglberger (45.)

Ungarn : Österreich 2:2 (1:2)

1973 **WM-Qualifikation**
384. Länderspiel, Budapest, 29. 04. 1973
Schiedsrichter: Kitabdjan, FRA

Koncilia Friedl (Swarovski Wacker); Sturmberger (Linzer ASK); Robert Sara (Austria), Schmidradner (Kickers Offenbach), Eigenstiller (Swarovski Wacker); Starek (Rapid), Krieger (Austria), Hasil (Feyernoord Rotterdam); Parits (Eintracht Frankfurt), Kreuz (Sparta Rotterdam), Jara (Swarovksi Wacker)

Austausch: Hattenberger (Swarovski Wacker) für Parits (71.)

Tore: 1:0 (12.) Zambo, 1:1 (15.) Starek, 1:2 (30.) Jara, 2:2 (67) Balint

Schweden : Österreich 3:2 (1:0)

1973 **WM-Qualifikation**
385. Länderspiel, Göteborg, 23. 05. 1973
Schiedsrichter: Loraux, BEL

Stachowicz (Admira); Sturmberger (Linzer ASK); Robert Sara (Austria), Schmidradner (Kickers Offenbach), Krieger (Austria); Hasil (Feyernoord Rotterdam), Starek (Linzer ASK), Hickersberger Josef (Kickers Offenbach); Kreuz (Sparta Rotterdam), Parits (Eintracht Frankfurt), Jara (Swarovksi Wacker)

Austausch: Ettmayer (VfB Stuttgart) für Hasil (68.)

Tore: 1:0 (28.) Sandberg, 1:1 (55.) Jara, 2:1 (56.) Grahn, 3:1 (77.) Sandberg, 3:2 (88.) Starek

Österreich : Brasilien 1:1 (1:0)

1973 **Freundschaftsspiel**
386. Länderspiel, Wien, 13. 06. 1973
Schiedsrichter: Jursa, CSSR

Koncilia Friedl (Swarovski Wacker); Sturmberger (Linzer ASK); Robert Sara (Austria), Hof Norbert (Rapid), Eigenstiller (Swarovski Wacker); Hasil (Feyernoord Rotterdam), Starek (Linzer ASK), Hattenberger (Swarovski Wacker); Kreuz (Sparta Rotterdam), Krankl (Rapid), Jara (Swarovksi Wacker)

Austausch: Schmidradner (Kickers Offenbach) für Starek (46.), Krieger (Austria) für Eigenstiller (73.), Gombasch (Swarovski Wacker) für Hasil (75.)

Tore: 1:0 (5.) Kreuz, 1:1 (60.) Jairzinho

England : Österreich 7:0 (3:0)

1973 **Freundschaftsspiel**
387. Länderspiel, London, 26. 09. 1973
Schiedsrichter: Corver, NL

Koncilia Friedl (Swarovski Wacker); Krieger (Austria); Robert Sara (Austria), Schmidradner (Kickers Offenbach), Eigenstiller (Swarovski Wacker); Starek (Rapid), Hattenberger (Swarovski Wacker), Ettmayer (VfB Stuttgart); Kreuz (Sparta Rotterdam), Krankl (Rapid), Jara (Swarovksi Wacker)

Austausch: Gombasch (Swarovski Wacker) für Hattenberger (46.), Kriess (Swarovski Wacker) für Eigenstiller (65.)

Tore: 1:0 (9.) Channon, 2:0, 3:0 (28., 43.) Clarke, 4:0 (47.) Channon, 5:0 (60.) Chivers, 6:0 (65.) Currie, 7:0 (89.) Bell

Deutschland : Österreich 4:0 (2:0)

1973 **Freundschaftsspiel**
388. Länderspiel, Hannover, 10. 10. 1973
Schiedsrichter: Delcourt, BEL

Rettensteiner (Vöest Linz); Horvath Rudolf (Swarovski Wacker); Schmidradner (Kickers Offenbach), Krieger (Austria), Kriess (Swarovski Wacker); Kreuz (Sparta Rotterdam), Hasil (Austria Klagenfurt), Hof Norbert (Rapid); Parits (Eintracht Frankfurt), Krankl (Rapid), Stering (Vöest Linz)

Austausch: Sara Robert (Austria) für Krieger (70.), Pirkner (DSV Alpine) für Stering (86.)

Tore: 1:0 (29.) Müller, 2:0 (45.) Weber, 3:0 (49.) Müller, 4:0 (80.) Erwin Kremers

Schweden : Österreich 2:1 (2:1)

1973 **WM-Qualifikation**
389. Länderspiel, Gelsenkirchen, 27. 11. 1973
Schiedsrichter: Glöckner, DDR

Rettensteiner (Vöest Linz); Horvath Rudolf (Swarovski Wacker); Kriess (Swarovski Wacker), Schmidradner (Kickers Offenbach), Eigenstiller (Swarovski Wacker); Hasil (Austria Klagenfurt), Hof Norbert (Rapid), Hattenberger (Swarovski Wacker); Kreuz (Sparta Rotterdam), Krankl (Rapid), Jara (Valencia)

Austausch: Koncilia Friedl (Swarovski Wacker) für Rettensteiner (46.), Stering (Vöest Linz) für Hasil (60.)

Tore: 1:0 (11.) Sandberg, 2:0 (28. Elfer) Bo Larsson, 2:1 (31.) Hattenberger

Niederlande : Österreich 1:1 (1:1)

1974 **Freundschaftsspiel**
390. Länderspiel, Rotterdam, 27. 03. 1974
Schiedsrichter: Keller, CH

Rettensteiner (Vöest Linz); Horvath Rudolf (Swarovski Wacker); Schmidradner (Kickers Offenbach), Kriess (Swarovski Wacker), Eigenstiller (Swarovski Wacker); Hickersberger Josef (Kickers Offenbach), Hof Norbert (Rapid), Krieger (Austria); Köglberger (Austria), Kreuz (Sparta Rotterdam), Krankl (Rapid)

Tore: 0:1 (38.) Krankl, 1:1 (45.) Krol

Brasilien : Österreich 0:0

1974 **Freundschaftsspiel**
391. Länderspiel, Sao Paulo, 01. 05. 1974
Schiedsrichter: Partridge, ENG

Rettensteiner (Vöest Linz); Eigenstiller (Swarovski Wacker), Krieger (Austria), Kriess (Swarovski Wacker), Strasser (Admira); Daxbacher (Austria), Hof Norbert (Rapid), Jara (Valencia); Stering (Vöest Linz), Köglberger (Austria), Krankl (Rapid)

Austausch: Gallos (Linzer ASK) für Krankl (79.)

Österreich : Italien 0:0

1974 **Freundschaftsspiel**
392. Länderspiel, Wien, 08. 06. 1974
Schiedsrichter: Delcourt, BEL

Rettensteiner (Vöest Linz); Kriess (Swarovski Wacker), Winkelbauer (Salzburg), Hof Norbert (Rapid), Eigenstiller (Swarovski Wacker); Kreuz (Sparta Rotterdam), Daxbacher (Austria), Gallos (Linzer ASK); Stering (Vöest Linz), Krankl (Rapid), Jara (Valencia)

Austausch: Horvath Rudolf (Swarovski Wacker) für Eigenstiller (75.), Bacher (Salzburg) für Daxbacher (83.), Strasser (Admira) für Jara (87.)

Österreich : Wales 2:1 (0:1)

1974 **EM-Qualifikation**
393. Länderspiel, Wien, 04. 09. 1974
Schiedsrichter: Babacan, TÜR

Rettensteiner (Vöest Linz); Winkelbauer (Salzburg); Eigenstiller (Swarovski Wacker), Krieger (Austria), Kriess (Swarovski Wacker); Walzer (Rapid), Starek (Rapid), Schlagbauer (Rapid); Stering (Vöest Linz), Kreuz (Sparta Rotterdam), Krankl (Rapid)

Austausch: Köglberger (Austria) für Schlagbauer (60.)

Tore: 0:1 (34.) Griffith, 1:1 (63.) Kreuz, 2:1 (75.) Krankl

Österreich : Ungarn 1:0 (1:0)

1974 **Freundschaftsspiel**
394. Länderspiel, Wien, 28. 09. 1974
Schiedsrichter: Hungerbühler, CH

Maurer (Rapid); Hof Norbert (Rapid); Kircher (Vöest Linz), Pajenk (Rapid), Kriess (Swarovski Wacker); Hasil (Austria Klagenfurt), Hattenberger (Fortuna Köln), Starek (Rapid); Stering (Vöest Linz), Krankl (Rapid), Köglberger (Austria)

Tor: Krankl (16.)

Türkei : Österreich 0:1 (0:1)

1974 **Freundschaftsspiel**
395. Länderspiel, Istanbul, 13. 11. 1974
Schiedsrichter: Petriceanu, RUM

Koncilia Friedl (Swarovski Wacker); Hof Norbert (Rapid); Eigenstiller (Swarovski Wacker), Pajenk (Rapid), Strasser (Admira); Hattenberger (Fortuna Köln), Prohaska (Austria), Gombasch (Swarovski Wacker), Stering (Vöest Linz), Kreuz (Feyenoord Rotterdam), Jara (Valencia)

Austausch: Köglberger (Austria) für Kreuz (46.), Hasil (Austria Klagenfurt) für Stering (73.)

Tor: Stering (4.)

Luxemburg : Österreich 1:2 (1:0)

1975 **EM-Qualifikation**
396. Länderspiel, Luxemburg, 16. 03. 1975
Schiedsrichter: Van der Croft, NL

Koncilia Friedl (Swarovski Wacker); Hof Norbert (Rapid); Hattenberger (Swarovski Wacker), Pajenk (Rapid), Eigenstiller (Swarovski Wacker); Hickersberger Josef (Kickers Offenbach), Prohaska (Austria), Gombasch (Swarovski Wacker); Stering (Vöest Linz), Welzl (Swarovski Wacker), Krankl (Rapid)

Austausch: Köglberger (Linzer ASK) für Welzl (46.)

Tore: 1:0 (11.) Braun, 1:1 (59.) Köglberger, 1:2 (75.) Krankl

Österreich : Ungarn 0:0

1975 **EM-Qualifikation**
397. Länderspiel, Wien, 02. 04. 1975
Schiedsrichter: Taylor, ENG

Koncilia Friedl (Swarovski Wacker); Winkelbauer (Salzburg); Eigenstiller (Swarovski Wacker), Obermayer (Austria), Strasser (Admira); Hattenberger (Fortuna Köln), Kreuz (Feyenoord Rotterdam), Prohaska (Austria),; Köglberger (Linzer ASK), Krankl (Rapid), Riedl (Royal Antwerpen)

Austausch: Pirkner (Austria) für Köglberger (70.)

Österreich : CSSR 0:0 (0:0)

1975 **Freundschaftsspiel**
398. Länderspiel, Wien, 07. 06. 1975
Schiedsrichter: Frickel, GER

Koncilia Friedl (Swarovski Wacker); Winkelbauer (Salzburg); Kircher (Vöest Linz), Obermayer (Austria), Strasser (Admira); Hattenberger (Fortuna Köln), Kreuz (Feyenoord Rotterdam), Prohaska (Austria); Köglberger (Linzer ASK), Welzl (Swarovski Wacker), Krankl (Rapid)

Austausch: Pezzey (Swarovski Wacker) für Obermayer (22.), Kriess (Swarovski Wacker) für Kircher (46.), Stering (Vöest Linz) für Welzl (75.)

Österreich : Deutschland 0:2 (0:0)

1975 **Freundschaftsspiel**
399. Länderspiel, Wien, 03. 09. 1975
Schiedsrichter. Palotai, H

Koncilia Friedl (Innsbruck); Obermayer (Austria); Kriess (Innsbruck), Pezzey (Innsbruck), Strasser (Admira); Prohaska (Austria), Weigl (Admira), Jara (MSV Duisburg); Hickersberger Josef (Kickers Offenbach), Kreuz (Feyenoord Rotterdam), Köglberger (Linzer ASK)

Austausch: Demantke (Admira) für Kriess (63.), Stering. (Innsbruck) für Köglberger (66.)

Tore: 0:1, 0:2 (52., 81.) Beer

Ungarn : Österreich 2:1 (2:1)

1975 **EM-Qualifikation**
400. Länderspiel, Budapest, 24. 09. 1975
Schiedsrichter: Vigliani, FRA

Koncilia Friedl (Innsbruck); Obermayer (Austria); Sara Robert (Austria), Pezzey (Innsbruck), Kriess (Innsbruck); Prohaska (Austria), Koncilia Peter (Innsbruck), Jara (MSV Duisburg); Rinker (Innsbruck), Welzl (Innsbruck), Krankl (Rapid)

Austausch: Steiner (Sturm) für Prohaska (46.), Winkelbauer (Salzburg) für Obermayer (46.)

Tore: 1:0 (2.) Nyilasi, 1:1 (19.) Krankl, 2:1 (34.) Pusztai

Österreich : Luxemburg 6:2 (3:2)

1975 **EM-Qualifikation**
401. Länderspiel, Wien, 15. 10. 1975
Schiedsrichter: Kopal, CSSR

Koncilia Friedl (Innsbruck); Winkelbauer (Salzburg); Kriess (Innsbruck), Pezzey (Innsbruck), Strasser (Admira); Prohaska (Austria), Koncilia Peter (Innsbruck), Ettmayer (Hamburger SV); Welzl (Innsbruck), Krankl (Rapid), Jara (MSV Duisburg)

Tore: 1:0 (2.) Welzl, 1:1 (4.) Braun, 1:2 (31.) Philipp, 2:2 (40), Krankl, 3:2 (44.) Jara, 4:2 (46.) Welzl, 5:2 (76.) Krankl, 6:2 (79.) Prohaska

Wales : Österreich 1:0 (0:0)

1975 **EM-Qualifikation**
402. Länderspiel, Wrexham, 19. 11. 1975
Schiedsrichter: Gonella, ITA

Koncilia Friedl (Innsbruck); Winkelbauer (Salzburg); Sara Robert (Austria), Pezzey (Innsbruck), Kriess (Innsbruck); Prohaska (Austria), Steiner (Sturm), Ettmayer (Hamburger SV); Welzl (Innsbruck), Krankl (Rapid), Jara (MSV Duisburg)

Austausch: Strasser (Admira) für Kriess (30.), Stering (Innsbruck) für Welzl (70.)

Tor: Grifiths (68.)

Österreich : Schweden 1:0 (0:0)

1976 **Freundschaftsspiel**
403. Länderspiel, Wien, 28. 04. 1976
Schiedsrichter: Petri, H

Koncilia Friedl (Innsbruck); Horvath Rudolf (Innsbruck); Sara Robert (Austria), Pezzey (Innsbruck), Strasser (Admira); Weber (Sturm), Daxbacher (Austria), Schwarz (Innsbruck); Oberacher (Innsbruck), Pirkner (Austria), Krankl (Rapid)

Tor: Pirkner (46.)

Ungarn : Österreich 2:0 (1:0)

1976 **Freundschaftsspiel**
404. Länderspiel, Budapest, 12. 06. 1976
Schiedsrichter: Taylor, ENG

Koncilia Friedl (Innsbruck); Horvath Rudolf (Innsbruck); Sara Robert (Austria), Pezzey (Innsbruck), Weber (Sturm); Schwarz (Innsbruck), Koncilia Peter (Innsbruck), Prohaska (Austria); Haider (Salzburg), Krankl (Rapid), Pirkner (Austria)

Austausch: Daxbacher (Austria) für Koncilia Peter (61.), Fleischmann (Admira) für Koncilia Friedl (65.), Cerny Willi (Admira) für Haider (65.)

Tore: 1:0 (36.) Magyar, 2:0 (75.) Varadi

Österreich : UDSSR 1:2 (1:2)

1976 **Freundschaftsspiel**
405. Länderspiel, Wien, 23. 06. 1976
Schiedsrichter: Rion, BEL

Koncilia Friedl (Innsbruck); Obermayer (Austria); Sara Robert (Austria), Pezzey (Innsbruck), Strasser (Admira); Schwarz (Innsbruck), Weber (Sturm), Prohaska (Austria); Cerny Willi (Admira), Krankl (Rapid), Rinker (Innsbruck)

Austausch: Demantke (Admira) für Strasser (46.), Köglberger (Linzer ASK) für Cerny (60.), Daxbacher (Austria) für Schwarz (75.)

Tore: 0:1 (6.) Minajew, 1:1 (29.) Rinker, 1:2 (35.) Minajew

Österreich : Schweiz 3:1 (0:0)

1976 **Freundschaftsspiel**
406. Länderspiel, Linz, 22. 09. 1976
Schiedsrichter: Prokop, DDR

Koncilia Friedl (Innsbruck); Horvath Rudolf (Innsbruck); Sara Robert (Austria), Pezzey (Innsbruck), Strasser (Admira); Oberhofer (Admira), Hattenberger (Fortuna Köln), Prohaska (Austria); Kreuz (Feyenoord Rotterdam), Krankl (Rapid), Köglberger (Linzer ASK)

Austausch: Stering (Innsbruck) für Hattenberger (80.)

Tore: 1:0 (50.) Krankl, 2:0 (51.) Köglberger, 2:1 (60.) Trinchero, 3:1 (90.) Kreuz

Österreich : Ungarn 2:4 (1:2)

1976 **Freundschaftsspiel**
407. Länderspiel, Wien, 13. 10. 1976
Schiedsrichter: Keizer, NL

Koncilia Friedl (Innsbruck); Hickersberger Josef (Fortuna Düsseldorf); Sara Robert (Austria), Pezzey (Innsbruck), Oberhofer (Admira); Hattenberger (Fortuna Köln), Prohaska (Austria), Jara (MSV Duisburg); Kreuz (Feyenoord Rotterdam), Krankl (Rapid), Pirkner (Austria)

Austausch: Köglberger (Linzer ASK) für Pirkner (20.), Koncilia Peter (Innsbruck) für Hattenberger (76.)

Tore: 0:1, 0:2 (3., 6.) Nyilasi, 1:2, 2:2 (17., 51.) Krankl, 2:3, 2:4 (52., 65.) Kereki

Griechenland : Österreich 0:3 (0:1)

1976 **Freundschaftsspiel**
408. Länderspiel, Kavalla, 10. 11. 1976
Schiedsrichter: Matev, BUL

Koncilia Friedl (Innsbruck); Persidis (Rapid); Sara Robert (Austria), Pezzey (Innsbruck), Strasser (Admira); Oberhofer (Admira), Hickersberger Josef (Fortuna Düsseldorf), Hattenberger (Fortuna Köln); Welzl (Innsbruck), Stering (Innsbruck) Krankl (Rapid)

Austausch: Köglberger (Linzer ASK) für Welzl (46.), Prohaska (Austria) für Oberhofer (80.)

Tore: Hickersberger (11.), Krankl (62.), Pezzey (87.)

Malta : Österreich 0:1 (0:0)

1976 **WM-Qualifikation**
409. Länderspiel, Gzira, 05. 12. 1976
Schiedsrichter: Seoudi, Tunesien

Koncilia Friedl (Innsbruck); Persidis (Rapid); Sara Robert (Austria), Pezzey (Innsbruck), Strasser (Admira); Hattenberger (Fortuna Köln), Hickersberger Josef (Fortuna Düsseldorf), Oberhofer (Admira); Stering (Innsbruck) Krankl (Rapid), Schachner (DSV Alpine)

Austausch: Prohaska (Austria) für Stering (46.), Pirkner (Austria) für Schachner (81.)

Tor: Krankl (57.)

Israel : Österreich 1:3 (1:2)

1976 **Freundschaftsspiel**
410. Länderspiel, Tel Aviv, 15. 12. 1976
Schiedsrichter: Hogeg

Koncilia Friedl (Innsbruck); Persidis (Rapid); Sara Robert (Austria), Pezzey (Innsbruck), Strasser (Admira); Oberhofer (Admira), Prohaska (Austria), Pichler (Sturm); Stering (Innsbruck) Krankl (Rapid), Schachner (DSV Alpine)

Austausch: Gassner (Admira) für Schachner (70.), Breitenberger (Vöest Linz) für Oberhofer (81.)

Tore: 1:0 (25.) Peretz, 1:1 (38.) Prohaska, 1:2, 1:3 (38., 55.) Schachner

Österreich : Griechenland 2:0 (1:0)

1977 **Freundschaftsspiel**
411. Länderspiel, Wien, 09. 03. 1977
Schiedsrichter: Poucek, CSSR

Koncilia Friedl (Innsbruck); Persidis (Rapid); Sara Robert (Austria), Pezzey (Innsbruck), Breitenberger (Vöest Linz); Prohaska (Austria), Hickersberger Josef (Fortuna Düsseldorf), Jara (MSV Duisburg); Stering (Innsbruck) Krankl (Rapid), Schachner (DSV Alpine)

Austausch: Pirkner (Austria) für Schachner (70.), Koncilia Peter (Innsbruck) für Stering (76.)

Tore: Sara Robert (32.), Schachner (55.)

Österreich : Türkei 1:0 (1:0)

1977 **WM-Qualifikation**
412. Länderspiel, Wien, 17. 04. 1977
Schiedsrichter: Jarkov, UDSSR

Koncilia Friedl (Innsbruck); Persidis (Rapid); Sara Robert (Austria), Pezzey (Innsbruck), Breitenberger (Vöest Linz); Hattenberger (Fortuna Köln), Prohaska (Austria), Hickersberger (Fortuna Düsseldorf); Stering (Innsbruck) Krankl (Rapid), Schachner (DSV Alpine)

Tor: Schachner (44.)

Österreich : Malta 9:0 (5:0)

1977 **WM-Qualifikation**
413. Länderspiel, Salzburg, 30. 04. 1977
Schiedsrichter: Jargus, PL

Koncilia Friedl (Innsbruck); Persidis (Rapid); Sara Robert (Austria), Pezzey (Innsbruck), Strasser (Admira); Hattenberger (Fortuna Köln), Prohaska (Austria), Hickersberger Josef (Fortuna Düsseldorf); Stering (Innsbruck) Krankl (Rapid), Schachner (DSV Alpine)

Austausch: Pirkner (Austria) für Schachner (46.), Koncilia Peter (Innsbruck) für Stering (72.)

Tore: 1:0, 2:0, 3:0, 4:0 (8., 13., 17., 20.) Krankl, 5:0 (30.) Stering, 6:0 (52.) Krankl, 7:0 (62.) Pirkner, 8:0 (63.) Krankl, 9:0 (67.) Stering

CSSR : Österreich 0:0

1977 **Freundschaftsspiel**
414. Länderspiel, Ostrava, 01. 06. 1977
Schiedsrichter: Sanchez-Ibanez, E

Koncilia (Innsbruck); Obermayer (Austria); Sara Robert (Austria), Pezzey (Innsbruck), Breitenberger (Vöest Linz); Meister (Vienna), Oberhofer (Admira), Prohaska (Austria); Zanon (Innsbruck), Krankl (Rapid), Stering (Innsbruck)

Austausch: Pirkner (Austria) für Oberhofer (76.), Strasser (Admira) für Breitenberger (76.)

Österreich : Polen 2:1 (2:0)

1977 **Freundschaftsspiel**
415. Länderspiel, Wien, 24. 08. 1977
Schiedsrichter: Van Langenhove, BEL

Koncilia Friedl (Innsbruck); Krieger (FC Brügge); Sara Robert (Austria), Pezzey (Innsbruck), Breitenberger (Vöest Linz); Hattenberger (VfB Stuttgart), Prohaska (Austria), Jara (Duisburg); Stering (Innsbruck), Kreuz (Feyenoord Rotterdam), Krankl (Rapid)

Tore: 1:0 (12.) Stering, 2:0 (30., Freistoß) Krankl, 2:1 (70.) Kmiecik

Österreich : DDR 1:1 (1:1)

1977 **WM-Qualifikation**
416. Länderspiel, Wien, 24. 09. 1977
Schiedsrichter: Reynolds, Wales

Koncilia Friedl (Innsbruck); Krieger (FC Brügge); Sara Robert (Austria), Pezzey (Innsbruck), Breitenberger (Vöest Linz); Stering (Innsbruck), Hattenberger (VfB Stuttgart), Hickersberger Josef (Fortuna Düsseldorf), Jara (MSV Duisburg); Krankl (Rapid), Kreuz (Feyenoord Rotterdam)

Austausch: Prohaska (Austria) für Jara (76.)

Tore: 1:0 (8.) Kreuz, 1:1 (41.) Hofmann

DDR : Österreich 1:1 (0:1)

1977 **WM-Qualifikation**
417. Länderspiel, Leipzig, 12. 10. 1977
Schiedsrichter: Foote, SCO

Koncilia Friedl (Innsbruck); Krieger (FC Brügge); Sara Robert (Austria), Pezzey (Innsbruck), Breitenberger (Vöest Linz); Hattenberger (VfB Stuttgart), Prohaska (Austria), Hickersberger Josef (Fortuna Düsseldorf), Jara (MSV Duisburg); Stering (Innsbruck), Kreuz (Feyenoord Rotterdam)

Austausch: Obermayer (Austria) für Prohaska (88.)

Tore: 0:1 (43.) Hattenberger, 1:1 (51.) Löwe

Türkei : Österreich 0:1 (0:0)

1977 **WM-Qualifikation**
418. Länderspiel, Izmir, 30. 10. 1977
Schiedsrichter: Gordon, SCO

Koncilia Friedl (Innsbruck); Krieger (FC Brügge); Sara Robert (Austria), Pezzey (Innsbruck), Breitenberger (Vöest Linz); Stering (Innsbruck), Hattenberger (VfB Stuttgart), Prohaska (Austria), Jara (Duisburg); Kreuz (Feyenoord Rotterdam), Krankl (Rapid)

Tor: Prohaska (72.)

Griechenland : Österreich 1:1 (1:0)

1978 **Freundschaftsspiel**
419. Länderspiel, Athen, 15. 02. 1978
Schiedsrichter: Serafino, ITA

Baumgartner (Austria); Persidis (Rapid); Sara Robert (Austria), Pezzey (Wacker Innsbruck), Strasser (Admira); Prohaska (Austria), Weber (Sturm), Happich (Sportklub); Oberacher (Wacker Innsbruck), Krankl (Rapid), Riedl (Standard Lüttich)

Austausch: Koncilia Friedl (Wacker Innsbruck) für Baumgartner (52.)

Tore: 1:0 (40.) Galakos, 1:1 (60.) Krankl

Belgien : Österreich 1:0 (1:0)

1978 **Freundschaftsspiel**
420. Länderspiel, Charleroi, 22. 03. 1978
Schiedsrichter: Keizer, NL

Koncilia Friedl (Wacker Innsbruck); Obermayer (Austria); Sara Robert (Austria), Pezzey (Wacker Innsbruck), Breitenberger (Vöest Linz); Prohaska (Austria), Hickersberger Josef (Fortuna Düsseldorf), Happich (Sportklub); Oberacher (Wacker Innsbruck), Krankl (Rapid), Riedl (Standard Lüttich)

Austausch: Fuchsbichler Erwin (Vöest Linz) für Koncilia (46.), Weber (Sturm) für Sara Robert (46.), Pirkner (Austria) für Riedl (75.)

Tor: Geurts (40.)

Schweiz : Österreich 0:1 (0:1)

1978 **Freundschaftsspiel**
421. Länderspiel, Basel, 04. 04. 1978
Schiedsrichter: Lattanzi, ITA

Koncilia Friedl (Wacker Innsbruck); Obermayer (Austria); Sara Robert (Austria), Pezzey (Wacker Innsbruck), Breitenberger (Vöest Linz); Prohaska (Austria), Hickersberger Josef (Fortuna Düsseldorf), Jara (MSV Duisburg); Schachner (DSV Alpine), Krankl (Rapid), Riedl (Standard Lüttich)

Austausch: Fuchsbichler Erwin (Vöest Linz) für Koncilia (46.), Happich (Sportklub) für Sara Robert (46.), Weber (Sturm) für Prohaska (70.), Pirkner (Austria) für Riedl (77.)

Tor: Jara (4.)

Österreich : Niederlande 0:1 (0:0)

1978 **Freundschaftsspiel**
422. Länderspiel, Wien, 20. 05. 1978
Schiedsrichter: Fausek, CSSR

Koncilia Friedl (Wacker Innsbruck); Obermayer (Austria); Sara Robert (Austria), Pezzey (Wacker Innsbruck), Breitenberger (Vöest Linz); Prohaska (Austria), Hattenberger (VfB Stuttgart), Happich (Sportklub), Jara (MSV Duisburg); Kreuz (Feyenoord Rotterdam), Krankl (Rapid)

Austausch: Weber (Sturm) für Hattenberger (46.), Baumeister (Austria) für Happich (75.)

Tor: Haan (57.)

Spanien : Österreich 1:2 (1:1)

1978 **Weltmeisterschaft**
423. Länderspiel, Buenos Aires, 03. 06. 1978
Schiedsrichter: Palotai, H

Koncilia Friedl (Wacker Innsbruck); Obermayer (Austria); Sara Robert (Austria), Pezzey (Wacker Innsbruck), Breitenberger (Vöest Linz); Prohaska (Austria), Hickersberger Josef (Fortuna Düsseldorf), Kreuz (Feyenoord Rotterdam), Jara (MSV Duisburg); Schachner (DSV Alpine), Krankl (Rapid)

Austausch: Weber (Sturm) für Hickersberger Josef (66.), Pirkner (Austria) für Schachner (80.)

Tore: 0:1 (10.) Schachner, 1:1 (22.) Dani, 1:2 (76.) Krankl

Österreich : Schweden 1:0 (1:0)

1978 **Weltmeisterschaft**
424. Länderspiel, Buenos Aires, 07. 06. 1978
Schiedsrichter: Corver, NL

Koncilia Friedl (Wacker Innsbruck); Obermayer (Austria); Sara Robert (Austria), Pezzey (Wacker Innsbruck), Breitenberger (Vöest Linz); Prohaska (Austria), Hickersberger Josef (Fortuna Düsseldorf), Krieger (FC Brügge), Jara (MSV Duisburg); Kreuz (Feyenoord Rotterdam), Krankl (Rapid)

Austausch: Weber (Sturm) für Krieger (72.)

Tor: Krankl (42., Elfmeter)

Brasilien : Österreich 1:0 (1:0)

1978 **Weltmeisterschaft**
425. Länderspiel, Mar del Plata, 11. 06. 1978
Schiedsrichter: Wurtz, FRA

Koncilia Friedl (Wacker Innsbruck); Obermayer (Austria); Sara Robert (Austria), Pezzey (Wacker Innsbruck), Breitenberger (Vöest Linz); Prohaska (Austria), Hickersberger Josef (Fortuna Düsseldorf), Krieger (FC Brügge), Jara (MSV Duisburg); Kreuz (Feyenoord Rotterdam), Krankl (Rapid)

Austausch: Weber (Sturm) für Hickersberger Josef (62.), Happich (Sportklub) für Krieger (84.)

Tor: Roberto (40).

Österreich : Niederlande 1:5 (0:3)

1978 **Weltmeisterschaft**
426. Länderspiel, Cordoba, 14. 06. 1978
Schiedsrichter: Gordon, SCO

Koncilia Friedl (Wacker Innsbruck); Obermayer (Austria); Sara Robert (Austria), Pezzey (Wacker Innsbruck), Breitenberger (Vöest Linz); Prohaska (Austria), Hickersberger Josef (Fortuna Düsseldorf), Krieger (FC Brügge), Jara (MSV Duisburg); Kreuz (Feyenoord Rotterdam), Krankl (Rapid)

Tore: 0:1 (6.) Brandts, 0:2 (35., Elfmeter) Rensenbrink, 0:3, 0:4 (36., 53) Rep, 1:4 (80.) Obermayer, 1:5 (82.) Willy van den Kerkhof

Italien : Österreich 1:0 (1:0)

1978 **Weltmeisterschaft**
427. Länderspiel, Buenos Aires, 18. 06. 1978
Schiedsrichter: Rion, BEL

Koncilia Friedl (Wacker Innsbruck); Obermayer (Austria); Sara Robert (Austria), Krieger (FC Brügge), Pezzey (Wacker Innsbruck), Strasser (Admira); Prohaska (Austria), Kreuz (Feyenoord Rotterdam), Hickersberger Josef (Fortuna Düsseldorf); Schachner (DSV Alpine), Krankl (Rapid)

Austausch: Pirkner (Austria) für Schachner (63.)

Tor: Rossi (14.)

Österreich : Deutschland 3:2 (0:1)

1978 **Weltmeisterschaft**
428. Länderspiel, Cordoba, 21. 06. 1978
Schiedsrichter: Klein, ISR

Koncilia Friedl (Wacker Innsbruck); Obermayer (Austria); Sara Robert (Austria), Pezzey (Wacker Innsbruck), Strasser (Admira); Prohaska (Austria), Hickersberger Josef (Fortuna Düsseldorf), Krieger (FC Brügge); Schachner (DSV Alpine), Kreuz (Feyenoord Rotterdam), Krankl (Rapid)

Austausch: Oberacher (Wacker Innsbruck) für Schachner (70.)

Tore: 0:1 (19.) Rummenigge, 1:1 (59., Eigentor) Vogts, 2:1 (66.) Krankl, 2:2 (68.) Hölzenben, 3:2 (88.) Krankl

Norwegen : Österreich 0:2 (0:2)

1978 **EM-Qualifikation**
429. Länderspiel, Oslo, 30. 08. 1978
Schiedsrichter: Partridge, SCO

Fuchsbichler Erwin (Vöest Linz); Obermayer (Austria); Sara Robert (Austria), Pezzey (Eintracht Frankfurt), Strasser (Admira); Prohaska (Austria), Weber (Rapid), Jara (MSV Duisburg); Schachner (Austria), Kreuz (Vöest Linz), Krankl (FC Barcelona)

Austausch: Hintermaier (Vöest Linz) für Jara (65.)

Tore: Pezzey (25.), Krankl (43.)

Österreich : Schottland 3:2 (1:0)

1978 **EM-Qualifikation**
430. Länderspiel, Wien, 20. 09. 1978
Schiedsrichter: Michelotti, ITA

Fuchsbichler Erwin (Vöest Linz); Obermayer (Austria), Sara Robert (Austria), Pezzey (Eintracht Frankfurt), Strasser (Admira); Prohaska (Austria), Weber (Rapid), Jara (MSV Duisburg); Schachner (Austria), Kreuz (Vöest Linz), Krankl (FC Barcelona)

Austausch: Oberacher (Wacker Innsbruck) für Prohaska (87.)

Tore: 1:0 (26.) Pezzey, 2:0 (48.) Schachner, 3:0 (64.) Kreuz, 3:1 (65.) McQueen, 3:2 (78.) Gray

Österreich : Portugal 1:2 (0:1)

1978 **EM-Qualifikation**
431. Länderspiel, Wien, 15. 11. 1978
Schiedsrichter: Rainea, ITA

Koncilia Friedl (Wacker Innsbruck); Obermayer (Austria); Sara Robert (Austria), Pezzey (Eintracht Frankfurt), Strasser (Admira); Prohaska (Austria), Hattenberger (VfB Stuttgart), Jara (MSV Duisburg); Schachner (Austria), Kreuz (Vöest Linz), Krankl (FC Barcelona)

Austausch: Baumeister (Austria) für Jara (66.), Gasselich (Austria) für Kreuz (85.)

Tore: 0:1 (30.) Nene, 1:1 (71.) Schachner, 1:2 (91.) Alberto

Israel : Österreich 0:1 (0:0)

1979 **Freundschaftsspiel**
432. Länderspiel, Tel Aviv, 30. 01. 1979
Schiedsrichter: Porem, POR

Koncilia Friedl (Wacker Innsbruck); Obermayer (Austria); Sara Robert (Austria), Mirnegg (Vöest Linz), Strasser (Admira); Prohaska (Austria), Weber (Rapid), Baumeister (Austria); Oberacher (Wacker Innsbruck), Kreuz (Vöest Linz), Schachner (Austria)

Austausch: Gasselich (Austria) für Prohaska (75.), Hagmayr (Vöest Linz) für Oberacher (82.)

Tor: Oberacher (55.)

Belgien : Österreich 1:1 (1:0)

1979 **EM-Qualifikation**
433. Länderspiel, Brüssel, 28. 03. 1979
Schiedsrichter: Franco-Martinez, E

Koncilia Friedl (Wacker Innsbruck); Obermayer (Austria); Sara Robert (Austria), Pezzey (Eintracht Frankfurt), Mirnegg (Vöest Linz), Weber (Rapid), Hattenberger (VfB Stuttgart), Baumeister (Austria); Schachner (Austria), Kreuz (Vöest Linz), Krankl (FC Barcelona)

Tore: 1:0 (21., Elfer) VanderEycken (21.), 1:1 (62.) Krankl

Österreich : Belgien 0:0

1979 **EM-Qualifikation**
434. Länderspiel, Wien, 02. 05. 1979
Schiedsrichter: Ok, Türkei

Koncilia Friedl (Wacker Innsbruck); Obermayer (Austria), Sara Robert (Austria), Pezzey (Eintracht Frankfurt), Mirnegg (Vöest Linz); Prohaska (Austria), Hattenberger (VfB Stuttgart), Baumeister (Austria); Schachner (Austria), Kreuz (Vöest Linz), Krankl (FC Barcelona)

Austausch: Gasselich (Austria) für Prohaska (73.), Hintermaier (Vöst Linz) für Kreuz (79.)

Österreich : England 4:3 (3:1)

1979 **Freundschaftsspiel**
435. Länderspiel, Wien, 13. 06. 1979
Schiedsrichter: Ponnet, BEL

Koncilia Friedl (Wacker Innsbruck); Obermayer (Austria); Sara Robert (Austria), Pezzey (Eintracht Frankfurt), Baumeister (Austria); Hattenberger (VfB Stuttgart), Kreuz (Vöest Linz), Prohaska (Austria), Jara (Duisburg); Welzl (Alkmaar), Jurtin (Sturm)

Austausch: Schachner (Austria) für Welzl (55.)

Tore: 1:0 (18.) Pezzey, 2:0 (26.) Welzl, 2:1 (27.) Keegan, 3:1 (40.) Welzl, 3:2 (47.) Coppell, 3:3 (64.) Wilkins, 4:3 (70.) Pezzey

Österreich : Norwegen 4:0 (1:0)

1979 **EM-Qualifikation**
436. Länderspiel, Wien, 29. 08. 1979
Schiedsrichter: Dr. Fausek, CSSR

Koncilia Friedl (RSC Anderlecht); Obermayer (Austria); Sara Robert (Austria), Pezzey (Eintracht Frankfurt), Pospischil (Austria); Hattenberger (VfB Stuttgart), Kreuz (Vöest Linz), Prohaska (Austria), Jara (MSV Duisburg); Schachner (Austria), Krankl (FC Barcelona)

Austausch: Weber (Rapid) für Prohaska (76.)

Tore: 1:0 (42.) Jara, 2:0 (46.) Prohaska (46.), 3:0 (75.) Kreuz, 4:0 (86.) Krankl

Österreich : Ungarn 3:1 (1:0)

1979 **Freundschaftsspiel**
437. Länderspiel, Wien, 26. 09. 1979
Schiedsrichter: Klein, ISR

Koncilia Friedl (RSC Anderlecht); Pezzey (Eintracht Frankfurt); Sara Robert (Austria), Weber (Rapid), Pospischil (Austria); Hattenberger (VfB Stuttgart), Kreuz (Vöest Linz), Prohaska (Austria), Jara (Duisburg); Schachner (Austria), Steinkogler (GAK)

Austausch: Sara Josef (Austria) für Hattenberger (46.), Baumeister (Austria) für Jara (73.)

Tore: 1:0, 2:0 (18. 55.) Prohaska, 2:1 (74.) Fekete, 3:1 (76.) Steinkogler.

Schottland : Österreich 1:1 (0:1)

1979 **EM-Qualifikation**
438. Länderspiel, Glasgow, 17. 10.1979
Schiedsrichter: Palotai, H

Koncilia Friedl (RSC Anderlecht); Pezzey (Eintracht Frankfurt); Sara Robert (Austria), Weber (Rapid), Mirnegg (MSV Duisburg); Hattenberger (VfB Stuttgart), Prohaska (Austria), Kreuz (Vöest Linz), Jara (MSV Duisburg); Schachner (Austria), Krankl (FC Barcelona)

Austausch: Steinkogler (GAK) für Schachner (80.), Hintermaier (FC Nürnberg) für Krankl (88.)

Tore: 0:1 (40.) Krankl, 1:1 (75.) Gemmill

Portugal : Österreich 1:2 (1:1)

1979 **EM-Qualifikation**
439. Länderspiel, Lissabon, 21. 11. 1979
Schiedsrichter: Corver, NL

Koncilia Friedl (RSC Anderlecht); Obermayer (Austria); Sara Robert (Austria), Pezzey (Eintracht Frankfurt), Mirnegg (MSV Duisburg); Hattenberger (VfB Stuttgart), Prohaska (Austria), Kreuz (Vöest Linz), Jara (MSV Duisburg); Schachner (Austria), Welzl (Alkmaar)

Austausch: Krankl (FC Barcelona) für Welzl (81.)

Tore: 0:1 (36.) Welzl, 1:1 (42.) Reinaldo, 1:2 (52.) Schachner

Deutschland : Österreich 1:0 (1:0)

1980 **Freundschaftsspiel**
440. Länderspiel, München, 02. 04. 1980
Schiedsrichter: Vautrot, FRA

Koncilia Friedl (Austria); Pezzey (Eintracht Frankfurt); Pospisil (Austria), Hattenberger (VfB Stuttgart), Mirnegg (MSV Duisburg); Prohaska (Austria), Kreuz (Vöest Linz), Hintermaier (1. FC Nürnberg), Jara (MSV Duisburg); Welzl (Alkmaar), Schachner (Austria)

Austausch: Gasselich (Austria) für Welzl (66.)

Tor: Hansi Müller (34.)

Österreich : Argentinien 1:5 (1:3)

1980 **Freundschaftsspiel**
441. Länderspiel, Wien, 21. 05. 1980
Schiedsrichter: Daina, CH

Koncilia Friedl (Austria); Obermayer (Austria); Sara Robert (Austria), Hattenberger (VfB Stuttgart), Hintermaier (1. FC Nürnberg); Prohaska (Austria), Kreuz (Vöest Linz), Jara (MSV Duisburg); Welzl (Alkmaar), Krankl (Vienna), Schachner (Austria)

Austausch: Pospischil (Austria) für Sara Robert (15.), Weber (Rapid) für Krankl (29.)

Tore: 0:1 (3.) Santamaria, 0:1 (10.) Luque, 0:3 (15.) Maradona, 1:3 (20.) Jara, 1:4, 1:5 Maradona (74., 88.)

Ungarn : Österreich 1:1 (1:0)

1980 **Freundschaftsspiel**
442. Länderspiel, Budapest, 04. 06. 1980
Schiedsrichter: Lattanzi, ITA

Koncilia Friedl (Austria); Obermayer (Austria); Pospischil (Austria), Weber (Rapid), Zuenelli (GAK); Hattenberger (VfB Stuttgart), Prohaska (Austria), Kreuz (Vöest Linz), Jara (MSV Duisburg); Schachner (Austria), Krankl (Vienna)

Austausch: Pregesbauer (Rapid) für Pospischil (46.), Steinkogler (Werder Bremen) für Schachner (46.), Pichler (Sturm) für Hattenberger (66.), Jurtin (Sturm) für Prohaska (86.)

Tore: 1:0 (12.) Kiss, 1:1 (75.) Jara

Finnland : Österreich 0:2 (0:1)

1980 **WM-Qualifikation**
443. Länderspiel, Helsinki, 24. 09. 1980
Schiedsrichter: Thomas, Wales

Koncilia Friedl (Austria); Obermayer (Austria); Pregesbauer (Rapid), Pezzey (Eintracht Frankfurt), Zuenelli (GAK); Wartinger (Vöest Linz), Hattenberger (VfB Stuttgart), Prohaska (Inter Mailand), Jara (Schalke 04); Schachner (Austria), Krankl (FC Barcelona)

Austausch: Welzl (Alkmaar) für Wartinger (54.)

Tore: 0:1 (14.) Jara, 0:2 (77.) Welzl

Österreich : Ungarn 3:1 (2:0)

1980 **Freundschaftsspiel**
444. Länderspiel, Wien, 08. 10. 1980
Schiedsrichter: Eriksson, SWE

Feurer (Rapid); Obermayer (Austria); Dihanich (Austria), Pezzey (Eintracht Frankfurt), Mirnegg (MSV Duisburg); Hattenberger (VfB Stuttgart), Prohaska (Inter Mailand), Jara (Schalke 04); Keglevits (Rapid), Krankl (FC Barcelona), Welzl (Alkmaar)

Austausch: Baumeister (Austria) für Hattenberger (67.)

Tore: 1:0 (20.) Welzl, 2:0 (30.) Keglevits, 2:1 (80.) Bodonyi, 3:1 (86.) Keglevits

Österreich : Albanien 5:0 (3:0)

1980 **WM-Qualifikation**
445. Länderspiel, Wien, 15. 11. 1980
Schiedsrichter: Renggli, CH

Feurer (Rapid); Obermayer(Austria); Dihanich (Austria), Pezzey (Eintracht Frankfurt), Mirnegg (MSV Duisburg); Hattenberger (VfB Stuttgart), Prohaska (Inter Mailand), Jara (Schalke 04); Schachner (Austria), Welzl (Alkmaar), Krankl (FC Barcelona)

Austausch: Keglevits (Rapid) für Schachner (82.)

Tore: 1:0 (20.) Pezzey, 2:0, 3:0 (26., 35.) Schachner, 4:0 (57.) Welzl, 5:0 (86.) Krankl

Albanien : Österreich 0:1 (0:1)

1980 **WM-Qualifikation**
446. Länderspiel, Tirana, 06. 12. 1980
Schiedsrichter: Padar, H

Feurer (Rapid); Obermayer (Austria); Weber (Rapid), Pezzey (Eintracht Frankfurt), Mirnegg (MSV Duisburg); Hattenberger (VfB Stuttgart), Prohaska (Inter Mailand), Jara (Schalke 04); Schachner (Austria), Gasselich (Austria), Welzl (Alkmaar)

Austausch: Baumeister (Austria) für Gasselich (80.), Jurtin (Sturm) für Schachner (66.)

Tor: Welzl (38.)

Deutschland : Österreich 2:0 (2:0)

1981 **WM-Qualifikation**
447. Länderspiel, Hamburg, 29. 04. 1981
Schiedsrichter: Corver, NL

Koncilia Friedl (Austria); Obermayer (Austria); Krauss (Rapid), Pezzey (Eintracht Frankfurt), Mirnegg (MSV Duisburg): Hattenberger (VfB Stuttgart), Prohaska (Inter Mailand), Jara (Schalke 04), Hintermaier (1. FC Nürnberg); Welzl (Alkmaar), Krankl (Rapid)

Austausch: Baumeister (Austria) für Hintermaier (70.), Weber (Rapid) für Hattenberger (70.)

Tore: 1:0 (31., Eigentor) Krauss, 2:0 (36.) Fischer

Österreich : Bulgarien 2:0 (1:0)

1981 **WM-Qualifikation**
448. Länderspiel, Wien, 28. 05. 1981
Schiedsrichter: Partridge, ENG

Feurer (Rapid); Pezzey (Eintracht Frankfurt); Dihanich (Austria), Weber (Rapid), Mirnegg (MSV Duisburg); Hattenberger (VfB Stuttgart), Prohaska (Inter Mailand), Jara (Schalke 04); Welzl (Alkmaar), Krankl (Rapid), Keglevits (Rapid)

Austausch: Schachner (Austria) für Keglevits (55.)

Tore: 1:0 (31., Elfmeter) Krankl, 2:0 (89.) Jara

Österreich : Finnland 5:1 (2:0)

1981 **WM-Qualifikation**
449. Länderspiel, Linz, 17. 06. 1981
Schiedsrichter: Jarguz, POL

Feurer (Rapid); Pezzey (Eintracht Frankfurt); Dihanich (Austria), Weber (Rapid), Mirnegg (MSV Duisburg); Hattenberger (VfB Stuttgart), Prohaska (Inter Mailand), Jara (Schalke 04); Welzl (Alkmaar), Krankl (Rapid), Jurtin (Sturm)

Austausch: Schachner (Austria) für Welzl (77.), Kreuz (Vöest Linz) für Prohaska (81.)

Tore: 1:0, 2:0 (16., 18.) Prohaska, 3:0 (40.) Krankl, 4:0 (56.) Welzl, 5:0 (66.) Jurtin, 5:1 (71.) Valvee

Österreich : Spanien 0:0

1981 **Freundschaftsspiel**
450. Länderspiel, Wien, 23. 09. 1981
Schiedsrichter: Marko, CSSR

Koncilia Friedl (Austria); Pezzey (Eintracht Frankfurt); Krauss (Rapid), Weber (Rapid), Mirnegg (AC Como); Hattenberger (Wacker Innsbruck), Gasselich (Austria), Hintermaier (1. FC Nürnberg); Welzl (Valencia), Krankl (Rapid), Hagmayr (Vöest Linz)

Austausch: Keglevits (Rapid) für Welzl (61.)

Österreich : Deutschland 1:3 (1:2)

1981 **WM-Qualifikation**
451. Länderspiel, Wien, 14. 10. 1981
Schiedsrichter: Ponnet, BEL

Koncilia Friedl (Austria); Pezzey (Eintracht Frankfurt); Dihanich (Austria), Weber (Rapid), Mirnegg (AC Como); Prohaska (Inter Mailand), Hattenberger (Wacker Innsbruck), Jara (Grasshoppers Zürich), Hintermaier (1. FC Nürnberg); Schachner (AC Cesena), Krankl (Rapid)

Austausch: Hagmayr (Vöest Linz) für Hintermaier (71.)

Tore: 1:0 (16.) Schachner, 1:1 (17.) Littbarski, 1:2 (20.) Magath, 1:3 (77.) Littbarski

Bulgarien : Österreich 0:0

1981 **WM-Qualifikation**
452. Länderspiel, Sofia, 11. 11. 1981
Schiedsrichter: Vautrot, FRA

Feurer (Rapid); Pezzey (Eintracht Frankfurt), Krauss (Rapid), Weber (Rapid), Mirnegg (AC Como); Prohaska (Inter Mailand), Hattenberger (Wacker Innsbruck), Jara (Grasshoppers Zürich), Hintermaier (1. FC Nürnberg); Schachner (AC Cesena), Krankl (Rapid)

Austausch: Dihanich (Austria) für Mirnegg (56.), Hagmayr (Vöest Linz) für Krankl (72.)

Ungarn : Österreich 2:3 (0:1)

1982 **Freundschaftsspiel**
453. Länderspiel, Budapest, 24. 03. 1982
Schiedsrichter: Sostaric, YU

Koncilia Friedl (Austria); Obermayer (Austria); Dihanich (Austria), Pezzey (Eintracht Frankfurt), Degeorgi (Admira); Prohaska (Inter Mailand), Hattenberger (Wacker Innsbruck), Jara (Grasshoppers Zürich), Hintermaier (1. FC Nürnberg); Schachner (AC Cesena), Krankl (Rapid)

Austausch: Gasselich (Austria) für Prohaska (46.), Pichler (Sturm) für Gasselich (86.)

Tore: 0:1 (32.) Krankl, 0:2 (50.) Schachner, 0:3 (52.) Hattenberger, 1:3 (62.) Varadi, 2:3 (69.) Nyilasi

Österreich : CSSR 2:1 (2:0)

1982 **Freundschaftsspiel**
454. Länderspiel, Wien, 28. 04. 1982
Schiedsrichter: Nagy, H

Lindenberger (Linzer ASK); Obermayer (Austria); Krauss (Rapid), Pichler (Sturm), Pregesbauer (Rapid); Hattenberger (Wacker Innsbruck), Prohaska (Inter Mailand), Gasselich (Austria), Jara (Grasshoppers Zürich); Schachner (AC Cesena), Krankl (Rapid)

Austausch: Koreimann (Wacker Innsbruck) für Gasselich (56.), Degeorgi (Admira) für Pregesbauer (60.), Dihanich (Austria) für Hattenberger (76.)

Tore: 1:0, 2:0 (30., 44.) Schachner, 2:1 (90.) Jakubec

Österreich : Dänemark 1:0 (1:0)

1982 **Freundschaftsspiel**
455. Länderspiel, Wien, 19. 05. 1982
Schiedsrichter: Stumpf, DDR

Feurer (Rapid); Obermayer (Austria); Krauss (Austria), Weber (Rapid), Degeorgi (Admira); Hattenberger (Wacker Innsbruck), Gasselich (Austria), Baumeister (Austria); Schachner (AC Cesena), Welzl (Valencia), Hagmayr (Vöest Linz)

Austausch: Pichler (Sturm) für Hattenberger (46.), Jurtin (Sturm) für Welzl (62.), Brauneder (Sportklub) für Gasselich (65.), Pregesbauer (Rapid) für Baumeister (70.)

Tor: Degeorgi (4.)

Chile : Österreich 0:1 (0:1)

1982 **Weltmeisterschaft**
456. Länderspiel, Oviedo, 16. 06. 1982
Schiedsrichter: Cardellino, Uruguay

Koncilia Friedl (Austria); Obermayer (Austria); Krauss (Rapid), Pezzey (Eintracht Frankfurt), Degeorgi (Admira); Hattenberger (Wacker Innsbruck), Prohaska (Inter Mailand), Weber (Rapid), Hintermaier (1. FC Nürnberg); Schachner (AC Cesena), Krankl (Rapid)

Austausch: Baumeister (Austria) für Degeorgi (78.), Jurtin (Sturm) für Weber (81.)

Tor: Schachner (22.)

Österreich : Algerien 2:0 (0:0)

1982 **Weltmeisterschaft**
457. Länderspiel, Oviedo, 21. 06. 1982
Schiedsrichter: Boskovic, Australien

Koncilia Friedl (Austria); Obermayer (Austria); Krauss (Rapid), Pezzey (Eintracht Frankfurt), Degeorgi (Admira); Hattenberger (Wacker Innsbruck), Prohaska (Inter Mailand), Hintermaier (1. FC Nürnberg), Baumeister (Austria); Schachner (AC Cesena), Krankl (Rapid)

Austausch: Welzl (Valencia) für Baumeister (46.), Weber (Rapid) für Prohaska (81.)

Tore: 1:0 (56.) Schachner (56.), 2:0 (68.) Krankl

Österreich : Deutschland 0:1 (0:1)

1982 **Weltmeisterschaft**
458. Länderspiel, Gijon, 25. 06. 1982
Schiedsrichter: Valentine, SCO

Koncilia Friedl (Austria); Obermayer (Austria); Krauss (Rapid), Pezzey (Eintracht Frankfurt), Degeorgi (Admira); Hattenberger (Wacker Innsbruck), Prohaska (Inter Mailand), Hintermaier (1. FC Nürnberg), Weber (Rapid); Schachner (AC Cesena), Krankl (Rapid)

Tor: (11.) Hrubesch

Österreich : Frankreich 0:1 (0:1)

1982 **Weltmeisterschaft**
459. Länderspiel, Madrid, 28. 06. 1982
Schiedsrichter: Palotai, H

Koncilia Friedl (Austria); Obermayer (Austria); Krauss (Rapid), Pezzey (Eintracht Frankfurt), Degeorgi (Admira); Hattenberger (Wacker Innsbruck), Prohaska (Inter Mailand), Hintermaier (1. FC Nürnberg), Jara (Grasshoppers Zürich); Schachner (AC Cesena), Krankl (Rapid)

Austausch: Baumeister (Austria) für Degeorgi (46.), Welzl (Valencia) für Jara (46.)

Tor: 0:1 (39., Freistoss) Genghini

Österreich : Nordirland 2:2 (0:1)

1982 **Weltmeisterschaft**
460. Länderspiel, Madrid, 01. 07. 1982
Schiedsrichter: Prokopp, DDR

Koncilia Friedl (Austria); Obermayer (Austria); Krauss (Rapid), Pezzey (Eintracht Frankfurt), Pregesbauer (Rapid); Pichler (Sturm), Prohaska (Inter Mailand), Baumeister (Austria); Schachner (AC Cesena), Hagmayr (Vöest Linz), Jurtin (Sturm)

Austausch: Hintermaier (1. FC Nürnberg) für Pregesbauer (46.), Welzl (Valencia) für Hagmayr (46.)

Tore: 0:1 (28.) Hamilton, 1:1 (51.) Pezzey, 2:1 (68.) Hintermaier, 2:2 (75.) Hamilton

Österreich : Albanien 5:0 (2:0)

1982 **EM-Qualifikation**
461. Länderspiel, Wien, 22. 09. 1982
Schiedsrichter: Zhezhov, BUL

Koncilia Friedl (Austria); Obermayer (Austria); Krauss (Rapid), Weber (Rapid), Degeorgi (Admira); Pichler (Sturm), Prohaska (AS Roma), Gasselich (Austria); Schachner (AC Cesena), Hagmayr (Karlsruher SC), Jurtin (Sturm)

Austausch: Brauneder (Sportklub) für Pichler (63.), Baumeister (Austria) für Obermayer (74.)

Tore: 1:0 (24.) Hagmayr, 2:0 (41.) Gasselich , 3:0 (64. Eigentor) Kola, 4:0 (66.) Weber, 5:0 (81.) Brauneder

Österreich : Nordirland 2:0 (2:0)

1982 **EM-Qualifikation**
462. Länderspiel, Wien, 13. 10. 1982
Schiedsrichter: Butenko, UDSSR

Koncilia Friedl (Austria); Obermayer (Austria); Krauss (Rapid), Pezzey (Eintracht Frankfurt), Degeorgi (Admira); Weber (Rapid), Prohaska (AS Roma), Gasselich (Austria); Schachner (AC Cesena), Hagmayr (Karlsruher SC), Jurtin (Sturm)

Austausch: Baumeister (Austria) für Hagmayr (70.), Pacult (Sportklub) für Jurtin (70.)

Tore: 1:0, 2:0 (3., 39.) Schachner

Österreich : Türkei 4:0 (3:0)

1982 **EM-Qualifikation**
463. Länderspiel, Wien, 17. 11. 1982
Schiedsrichter: Suchanek, POL

Koncilia Friedl (Austria); Obermayer (Austria); Krauss (Rapid), Pezzey (Eintracht Frankfurt), Degeorgi (Admira Wacker); Weber (Rapid), Prohaska (AS Roma), Gasselich (Austria); Schachner (AC Cesena), Golautschnig (Austria Klagenfurt), Polster (Austria)

Austausch: Pichler (Sturm) für Gasselich (12.), Lainer (Rapid) für Golautschnig (58.)

Tore: 1:0 (10.) Polster, 2:0 (33.) Pezzey, 3:0 (36.), Prohaska, 4:0 (52.) Schachner

Österreich : Deutschland 0:0

1983 **EM-Qualifikation**
464. Länderspiel, Wien, 27. 04. 1983
Schiedsrichter: McGinlay, SCO

Koncilia Friedl (Austria); Obermayer (Austria); Krauss (Rapid), Pezzey (Eintracht Frankfurt), Degeorgi (Austria); Weber (Rapid), Prohaska (AS Roma), Kienast (Rapid), Gasselich (Austria); Schachner (AC Cesena), Krankl (Rapid)

Austausch: Baumeister (Austria) für Gasselich (75.), Lainer (Rapid) für Prohaska (85.)

Österreich : UDSSR 2:2 (1:1)

1983 **Freundschaftsspiel**
465. Länderspiel, Wien, 17. 05. 1983
Schiedsrichter: Nyffenegger, CH

Koncilia Friedl (Austria); Obermayer (Austria); Krauss (Rapid), Pezzey (Eintracht Frankfurt), Degeorgi (Austria); Weber (Rapid), Kienast (Rapid), Gasselich (Austria), Jurtin (Sturm); Schachner (AC Cesena), Krankl (Rapid)

Austausch: Lainer (Rapid) für Degeorgi (46.), Baumeister (Austria) für Gasselich (65.), Pichler (Sturm) für Kienast (65.), Keglevits (Rapid) für Jurtin (70.)

Tore: 1:0 (29.) Gasselich, 1:1 (36.) Radimow, 1:2 (61.) Blochin, 2:2 (90.) Pezzey

Albanien : Österreich 1:2 (0:1)

1983 **EM-Qualifikation**
466. Länderspiel, Tirana, 08. 06. 1983
Schiedsrichter: Padar, H

Koncilia Friedl (Austria); Obermayer (Austria); Krauss,(Rapid), Pichler (Sturm), Lainer (Rapid); Gasselich (Austria), Prohaska (AS Roma), Baumeister (Austria), Jurtin (Sturm); Schachner (AC Cesena), Keglevits (Rapid)

Austausch: Steinkogler (Austria) für Keglevits (60.), Willfurth (Rapid) für Gasselich (88.)

Tore: 0:1, 0:2 (6., 58.) Schachner, 1:2 (83.) Targay

Nordirland : Österreich 3:1 (1:0)

1983 **EM-Qualifikation**
467. Länderspiel, Belfast, 21. 09. 1983
Schiedsrichter: Frederiksson, SWE

Koncilia Friedl (Austria); Pezzey (Werder Bremen); Krauss (Mönchengladbach), Kienast (Rapid), Lainer (Rapid); Gisinger (St. Gallen), Prohaska (Austria), Weber (Rapid), Gasselich (Ajax Amsterdam); Schachner (AC Torino), Krankl (Rapid)

Austausch: Degeorgi (Austria) für Kienast (70.), Willfurth (Rapid) für Gisinger (70.)

Tore: 1:0 (29.) Hamilton, 2:0 (67.) Whiteside, 2:1 (81.) Gasselich, 3:1 (89.) O'Neill

Deutschland : Österreich 3:0 (3:0)

1983 **EM-Qualifikationl**
468. Länderspiel, Gelsenkirchen, 05. 10. 1983
Schiedsrichter: Agnolin, ITA

Koncilia Friedl (Austria); Weber (Rapid); Lainer (Rapid), Krauss (Mönchengladbach), Pezzey (Werder Bremen), Degeorgi (Austria); Willfurth (Rapid), Prohaska (Austria), Baumeister (Austria), Gasselich (Ajax Amsterdam); Schachner (AC Torino)

Austausch: Jurtin (Sturm) für Gasselich (46.), Pregesbauer (Rapid) für Krauss (79.)

Tore: 1:0 (4.) Rummenigge, 2:0, 3.0 (19., 21.) Völler

Türkei : Österreich 3:1 (0:0)

1983 **EM-Qualifikation**
469. Länderspiel, Istanbul, 16. 111. 1983
Schiedsrichter: Schoeters, BEL

Koncilia Friedl (Austria); Pezzey (Werder Bremen); Krauss (Mönchengladbach), Messlender (Admira), Degeorgi (Austria); Thonhofer (Sturm), Willfurth (Rapid), Weber (Rapid), Baumeister (Austria); Schachner (AC Torino), Keglevits (Rapid)

Austausch: Pacult (Sportklub) für Willfurth (73.), Lainer (Rapid) für Degeorgi (77.)

Tore: 1:0 (62.) Tüfekci, 2:0 (69.) Selcuk, 2:1 (71.) Baumeister, 3:1 (76.) Selcuk

Frankreich : Österreich 1:0 (0:0)

1984 **Freundschaftsspiel**
470. Länderspiel, Bordeaux, 28. 03. 1984
Schiedsrichter: Oliva, POR

Koncilia Friedl(Austria); Pezzey (Werder Bremen); Krauss (Mönchengladbach), Messlender (Admira), Degeorgi (Austria); Gisinger (St. Gallen), Prohaska (Austria), Willfurth (Rapid), Baumeister (Austria); Schachner (AC Torino), Niederbacher (SV Waregem)

Austausch: Lindenberger (Linzer ASK) für Koncilia (46.), Gretschnig (Wacker Innsbruck) für Willfurth (69.), Pacult (Sportklub) für Schachner (69.)

Tor: Rocheteau (83.)

Österreich : Griechenland 0:0

1984 **Freundschaftsspiel**
471. Länderspiel, Wien, 18. 04. 1984
Schiedsrichter: Föckler, GER

Koncilia Friedl (Austria); Obermayer (Austria); Krauss (Mönchengladbach), Pezzey (Werder Bremen), Degeorgi (Austria); Gisinger (St. Gallen), Prohaska (Austria), Gasselich (Ajax Amsterdam), Baumeister (Austria); Schachner (AC Torino), Niederbacher (SV Waregem)

Austausch: Willfurth (Rapid) für Baumeister (46.), Pacult (Sportklub) für Niederbacher (62.), Lainer (Rapid) für Krauss (67.)

Zypern : Österreich 1:2 (0:1)

1984 **WM-Qualifikation**
472. Länderspiel, Nicosia, 02. 05. 1984
Schiedsrichter: Ashkenazi, ISR

Koncilia Friedl (Austria); Obermayer (Austria); Krauss (Mönchengladbach), Pezzey (Werder Bremen), Pregesbauer (Rapid); Gisinger (St. Gallen), Prohaska (Austria), Weber (Rapid), Hörmann (Sturm); Schachner (AC Torino), Niederbacher (SV Waregem)

Austausch: Willfurth (Rapid) für Niederbacher (88.)

Tore: 0:1 (37.) Gisinger, 1:1 (73.) Kristoforou, 1:2 (75.) Prohaska

Dänemark : Österreich 3:1 (1:0)

1984 **Freundschaftsspiel**
473. Länderspiel, Kopenhagen, 12. 09. 1984
Schiedsrichter: Van Swieten, NL

Koncilia Friedl (Austria); Obermayer (Austria); Dihanich (Austria), Pezzey (Werder Bremen), Pregesbauer (Rapid); Gisinger (St. Gallen), Prohaska (Austria), Weber (Rapid), Baumeister (Austria); Drabits (Austria), Polster (Austria)

Austausch: Lainer (Rapid) für Dihanich (46.), Hörmann (Sturm) für Baumeister (69.), Keglevits (Sportklub) für Polster (74.)

Tore: 1:0 (36.) Michael Laudrup, 1:1 (48.) Gisinger, 2:1 (67.) Christensssen, 3:1 (85.) Eigenbrod

Ungarn : Österreich 3:1 (0:1)

1984 **WM-Qualifikation**
474. Länderspiel, Budapest, 26. 09. 1984
Schiedsrichter: Vautrot, FRA

Koncilia Friedl (Austria); Pezzey (Werder Bremen); Dihanich (Austria), Messlender (Admira), Pregesbauer (Rapid); Gisinger (St. Gallen), Prohaska (Austria), Weber (Rapid), Gasselich (Ajax Amsterdam; Schachner (AC Torino), Polster (Austria)

Austausch: Hörmann (Sturm) für Gasselich (63.), Drabits (Austria) für Gisinger (75.)

Tore: 0:1 (23.) Schachner, 1:1 (50.) Nagy, 2:1 (62.) Esterhazy, 3:1 (78.) Kardos

Österreich : Niederlande 1:0 (1:0)

1984 **WM-Qualifikation**
475. Länderspiel, Wien, 14. 11. 1984
Schiedsrichter: Miltschenko, UDSSR

Koncilia Friedl (Austria); Pezzey (Werder Bremen); Hömann (Sturm), Messlender (Admira), Brauneder (Rapid); Prohaska (Austria), Weber (Rapid), Jara (Grasshoppers Zürich); Schachner (AC Torino), Polster (Austria), Steinkogler (Austria)

Austausch: Lainer (Rapid) für Messlender (85.)

Tor: Jara (15.)

UDSSR : Österreich 2:0 (1:0)

1985 **Freundschaftsspiel**
476. Länderspiel, Tiflis, 27. 03. 1985
Schiedsrichter: Peschel, DDR

Koncilia Friedl (Austria); Obermayer (Austria); Gisinger (St. Gallen), Weber (Rapid), Messlender (Admira), Brauneder (Rapid); Prohaska (Austria), Pezzey (Werder Bremen), Jara (Grasshoppers Zürich); Oberacher (Austria Klagenfurt), Schachner (AC Torino)

Austausch: Degeorgi (Austria) für Brauneder (46.), Lainer (Rapid) für Gisinger (46.)

Tore: 1:0 (40.) Demjanenko, 2:0 (49.) Protassow

Österreich : Ungarn 0:3 (0:2)

1985 **WM-Qualfikation**
477. Länderspiel, Wien, 17. 04. 1985
Schiedsrichter: Baumann, CH

Koncilia Friedl (Austria); Pezzey (Werder Bremen); Lainer (Rapid), Weber (Rapid), Degeorgi (Austria); Prohaska (Austria), Hörmann (Sturm), Jara (Grasshoppers Zürich), Oberacher (Austria Klagenfurt); Schachner (AC Torino), Krankl (Rapid)

Austausch: Türmer (Austria) für Degeorgi (46.), Polster (Austria) für Oberacher (57.)

Tore: 0:1, 0:2 (22., 34.) Kiprich, 0:3 (47.) Detari

Niederlande : Österreich 1:1 (0:0)

1985 **WM-Qualifikation**
478. Länderspiel, Rotterdam, 01. 05. 1985
Schiedsrichter: Agnolin, ITA

Koncilia Friedl (Austria); Pezzey (Werder Bremen); Lainer (Rapid), Türmer (Austria), Brauneder (Rapid); Willfurth (Rapid), Prohaska (Austria), Kienast (Rapid), Hörmann (Sturm); Schachner (AC Torino), Polster (Austria)

Austausch: Hrstic Peter (Rapid) für Polster (79.)

Tore: 1:0 (49.) Kieft, 1:1 (60.) Schachner

Österreich : Zypern 4:0 (2:0)

1985 **WM-Qualifikation**
479. Länderspiel, Graz, 07. 05. 1985
Schiedsrichter: Snoddy, Nordirland

Koncilia Friedl (Austria); Pezzey (Werder Bremen); Lainer (Rapid), Pichler (Sturm), Brauneder (Rapid); Willfurth (Rapid), Prohaska (Austria), Hrstic Peter (Rapid); Hörmann (Sturm); Schachner (AC Torino), Polster (Austria)

Austausch: Pacult (Rapid) für Polster (66.)

Tore: 1:0 (2.) Peter Hrstic, 2:0 (36.) Polster, 3:0 (55.) Schachner, 4:0 (74.) Willfurth

Österreich : Jugoslawien 0:3 (0:2)

1985 **Freundschaftsspiel**
480. Länderspiel, Linz, 16. 10. 1985
Schiedsrichter: Schoeters, BEL

Konsel (Rapid); Pezzey (Werder Bremen); Lainer (Rapid), Messlender (Admira), Brauneder (Rapid); Hörmann (St. Gallen), Willfurth (Rapid), Türmer (Austria); Schachner (AC Torino), Drabits (Austria), Rodax (Admira)

Austausch: Linzmaier (Wacker Innsbruck) für Rodax (46.)

Tore: 0:1 (12.) Vujovic, 0:2 (42.) Mrkela, 0:3 (65.) Vujovic

Spanien : Österreich 0:0

1985 **Freundschaftsspiel**
481. Länderspiel, Saragossa, 20. 11. 1985
Schiedsrichter: Bouillet, FRA

Lindenberger (Linzer ASK); Weber (Rapid); Lainer (Rapid), Messlender (Admira), Türmer (Austria), Degeorgi (Austria); Hörmann (St. Gallen), Kern (Admira), Brauneder (Rapid); Schachner (AC Torino), Polster (Austria)

Austausch: Drabits (Austria) für Polster (61.), Steinbauer (GAK) für Hörmann (61.)

Italien : Österreich 2:1 (0:1)

1986 **Freundschaftsspiel**
482. Länderspiel, Udine, 26. 03. 1986
Schiedsrichter: Sanchez-Arminio, E

Lindenberger (Linzer ASK); Pezzey (Werder Bremen); Lainer (Rapid), Brauneder (Rapid), Türmer (Austria), Degeorgi (Austria); Linzmaier (FC Tirol), Kienast (Rapid), Willfurth (Rapid); Drabits (Austria), Polster (Austria)

Austausch: Pacult (Rapid) für Drabits (46.)

Tore: 0:1 (3.) Polster, 1:1 (54.) Altobelli, 2:1 (77.) Di Gennaro

Österreich : Schweden 1:0 (0:0)

1986 **Freundschaftsspiel**
483. Länderspiel, Salzburg, 14. 05. 1986
Schiedsrichter: Van Ettekoven, NL

Lindenberger (Linzer ASK); Weber (Rapid); Lainer (Rapid), Brauneder (Rapid), Messlender (Admira), Degeorgi (Austria); Kienast (Rapid), Linzmaier (FC Tirol), Türmer (Austria); Schachner (AC Torino), Polster (Austria)

Austausch: Willfurth (Rapid) für Linzmaier (46.), Drabits (Austria) für Kienast (83.), Steinbauer (GAK) für Lainer (88.)

Tore: Kienast (51.)

Österreich : Schweiz 1:1 (1:0)

1986 **Freundschaftsspiel**
484. Länderspiel, Innsbruck, 27. 08. 1986
Schiedsrichter: Constantin, BEL

Lindenberger (Linzer ASK); Weber (Rapid); Lainer (Rapid), Brauneder (Rapid), Messlender (FC Tirol), Degeorgi (Austria);, Kienast (Rapid), Linzmaier (FC Tirol), Gretschnig (FC Zürich); Schachner (Pisa), Polster (Austria)

Austausch: Pacult (FC Tirol) für Schachner (61.), Willfurth (Rapid) für Gretschnig (61.)

Tore: 1:0 (8.) Polster, 1:1 (50.) Bickel

Rumänien : Österreich 4:0 (1:0)

1986 **EM-Qualifikation**
485. Länderspiel, Bukarest, 10. 09. 1986
Schiedsrichter: Biguet, FRA

Lindenberger (Linzer ASK); Weber (Rapid); Lainer (Rapid), Messlender (FC Tirol), Brauneder (Rapid), Degeorgi (Austria); Kienast (Rapid), Türmer (Austria), Baumeister (Austria); Schachner (vereinslos), Polster (Austria)

Austausch: Werner (Vöest Linz) für Kienast (46.), Pacult (FC Tirol) für Brauneder (63.)

Tore: 1:0 (45) Iovan, 2:0 (61.) Lacatus, 3:1 (64.) Iovan, 4:0 (90.) Hagi

Österreich : Albanien 3:0 (1:0)

1986 **EM-Qualifikation**
486. Länderspiel, Graz, 15. 10. 1986
Schiedsrichter: Peschel, DDR

Lindenberger (LASK); Weber (Rapid); Piesinger (Linzer ASK), Messlender (Admira), Brauneder (Rapid); Zsak (Admira), Linzmaier (FC Tirol), Werner (Vöest Linz); Baumeister (Austria); Ogris Andi (Austria), Polster (Austria)

Tore: Ogris Andi (18.), Polster (66.), Linzmaier (77.)

Österreich : Deutschland 4:1 (0:0)

1986 **Freundschaftsspiel**
487. Länderspiel, Wien, 29. 10. 1986
Schiedsrichter: Agnolin, ITA

Lindenberger (LASK); Weber (Rapid); Piesinger (Linzer ASK), Messlender (FC Tirol), Weinhofer (Rapid); Zsak (Admira), Kienast (Rapid), Werner (Vöest Linz), Baumeister (Austria); Ogris Andi (Austria), Polster (Austria)

Austausch: Spielmann (FC Tirol) für Baumeister (46.)

Tore: 1:0 (57., Elfer) Polster, 1:1 (59.) Völler, 2:1 (63., Elfer) Polster, 3:1, 4:1 (67., 75.) Kienast

Jugoslawien : Österreich 4:0 (1:0)

1987 **Freundschaftsspiel**
488. Länderspiel, Banja Luka, 25. 03. 1987
Schiedsrichter: Peduzzi, CH

Lindenberger (LASK); Pezzey (Werder Bremen); Piesinger (LASK), Messlender (Admira), Weinhofer (Rapid); Zsak (Admira), Werner (Vöest Linz), Kienast (Rapid), Baumeister (Austria); Ogris Andi (Austria), Polster (Austria)

Austausch: Steinbauer (FC Tirol) für Piesinger (46.), Pacult (FC Tirol) für Ogris A. (76.)

Tore: 1:0 (38.) Pancev, 2:0 (55.) Stojkovic, 3:0 (77.) Tuce, 4:0 (80.) Pancev

Österreich : Spanien 2:3 (1:1)

1987 **EM-Qualifikation**
489. Länderspiel, Wien, 01. 04. 1987
Schiedsrichter: Galler, CH

Lindenberger (LASK); Pezzey (Werder Bremen), Piesinger (Linzer ASK), Kienast (Rapid), Weinhofer (Rapid); Linzmaier (FC Tirol), Zsak (Austria), Werner (Vöest Linz), Baumeister (Austria); Ogris Andi (Austria), Polster (Austria)

Austausch: Roscher (FC Tirol) für Weinhofer (71.)

Tore: 0:1 (32.) Eloy, 1:1 (39.) Linzmaier, 1:2 (57.) Eloy, 2:2 (64.) Polster, 2:3 (90.) Carrasco

Albanien : Österreich 0:1 (0:1)

1987 **EM-Qualifikation**
490. Länderspiel, Tirana, 29. 04. 1987
Schiedsrichter: Germanakos, GR

Lindenberger (LASK); Pezzey (Werder Bremen); Piesinger (Linzer ASK), Bauneder (Rapid), Weinhofer (Rapid); Zsak (Admira), Werner (Vöest Linz), Linzmaier (FC Tirol), Baumeister (Austria); Ogris Andi (Austria), Polster (Austria)

Austausch: Frind (Austria) für Weinhofer (46.), Pacult (FC Tirol) für Ogris Andi (81.)

Tor: Polster (8.)

Schweiz : Österreich 2:2 (2:1)

1987 **Freundschaftsspiel**
491. Länderspiel, St. Gallen, 18. 08. 1987
Schiedsrichter: Schmidlhuber, GER

Lindenberger (LASK); Pezzey (FC Tirol); Piesinger (Linzer ASK), Frind (Austria), Brauneder (Rapid); Zsak (Austria), Willfurth (Rapid), Hrstic Peter (Rapid), Baumeister (Admira); Ogris Andi (Austria), Polster (AC Torino)

Austausch: Hörmann (Austria) für Piesinger (46.), Kienast (Rapid) für Baumeister (46.), Linzmaier (FC Tirol) für Hrstic (46.), Wohlfahrt (Austria) für Lindenberger (46.), Drabits (Austria) für Ogris Andi (76.)

Tore: 0:1 (17.) Ogris Andi, 1:1 (28.) Bonvin, 2:1 (34.) Beat Sutter, 2:2 (54.) Zsak

Spanien : Österreich 2:0 (0:0)

1987 **EM-Qualifikation**
492. Länderspiel, Sevilla, 14. 10. 1987
Schiedsrichter: Quiniou, FRA

Lindenberger (LASK); Pezzey (FC Tirol); Frind (Austria), Messlender (FC Tirol), Brauneder (Rapid); Willfurth (Rapid), Zsak (Austria), Kienast (Rapid), Baumeister (Admira); Ogris Andi (Austria), Polster (AC Torino)

Austausch: Pecl (Rapid) für Frind (46.), Linzmaier (FC Tirol) für Baumeister (66.)

Tore: 1:0 (58.) Michel, 2:0 (63.) Sanchis

Österreich : Rumänien 0:0

1987 **EM-Qualifikation**
493. Länderspiel, Wien, 18. 11. 1987
Schiedsrichter: Lo Bello, ITA

Lindenberger (LASK); Pezzey (FC Tirol); Frind (Austria), Pecl (Rapid), Brauneder (Rapid), Artner (Admira), Willfurth (Rapid), Rodax (Admira), Baumeister (Admira); Schachner (US Avellino), Polster (AC Torino)

Austausch: Werner (Vöest Linz) für Baumeister (78.), Ogris Andi (Austria) für Schachner (82.)

Österreich : Schweiz 1:2 (0:1)

1988 **Freundschaftsspiel** (Turnier France)
494. Länderspiel, Monaco, 05. 02. 1988
Schiedsrichter: Girard, FRA

Wohlfahrt (Austria); Weber (Rapid); Artner (Admira), Pecl (Rapid), Brauneder (Rapid); Willfurth (Rapid, Werner (Vöest Linz), Schöttel (Rapid), Kern (Admira); Ogris Andi (Austria), Niederbacher (Waregem)

Austausch: Stöger (Vienna) für Werner (46.), Zsak (Austria) für Weber (46.), Marko (FC Tirol) für Ogris A. (61.), Frind (Austria) für Artner (71.)

Tore: 0:1 (26.) Koller, 1:1 (52., Eigentor) Geiger, 1:2 (66.) Sutter

Griechenland : Österreich 2:2 (2:1)

1988 **Freundschaftsspiel**
495. Länderspiel, Athen, 06. 04. 1988
Schiedsrichter: Longhi, ITA

Lindenberger (LASK); Weber (Rapid); Artner (Admira), Pfeffer (Austria), Brauneder (Rapid); Willfurth (Rapid), Zsak (Austria), Schöttel (Rapid), Herzog (Vienna); Schachner (Avellino), Rodax (Admira)

Austausch: Baumeister (Admira) für Schöttel (46.), Pecl (Rapid) für Brauneder (46.), Werner (Vöest Linz) für Herzog (80.), Marko (FC Tirol) für Schachner (83.)

Tore: 1:0 (2.) Saravakos, 1:1 (21.) Zsak, 2:1 (27.) Skartados, 2:2 (60.) Willfurth

Österreich : Dänemark 1:0 (1:0)

1988 **Freundschaftsspiel**
496. Länderspiel, Wien, 27. 04. 1988
Schiedsrichter: Neuner, GER

Lindenberger (LASK); Weber (Rapid); Russ (Vienna), Pecl (Rapid), Pfeffer (Austria); Artner (Admira), Willfurth (Rapid), Zsak (Austria), Baumeister (Admira); Ogris Andi (Austria), Polster (AC Torino).)

Austausch: Stöger (Vienna) für Baumeister (67.), Pacult (FC Tirol) für Ogris A. (78.), Werner (Vöest Linz) für Artner (82.), Schöttel (Rapid) für Polster (88.)

Tor: 1:0 (13. Eigentor) Berggreen

Ungarn : Österreich 0:4 (0:1)

1988 **Freundschaftsspiel**
497. Länderspiel, Budapest, 17. 05. 1988
Schiedsrichter: Prokop, DDR

Lindenberger (LASK); Weber (Rapid); Russ (Vienna), Pecl (Rapid), Pfeffer (Austria); Artner (Admira), Zsak (Austria), Willfurth (Rapid), Baumeister (Admira); Marko (FC Tirol), Pacult (FC Tirol))

Austausch: Hasenhüttl (GAK) für Pacult (46.), Stöger (Vienna) für Baumeister (46.), Schöttel (Rapid) für Weber (81.), Werner (Vöest Linz) für Willfurth (81.)

Tore: 0:1 (18.) Marko, 0:2 (57.) Hasenhüttl, 0:3, 0:4 (79., 88.) Marko

Österreich : Brasilien 0:2 (0:0)

1988 **Freundschaftsspiel**
498. Länderspiel, Wien, 03. 08. 1988
Schiedsrichter: Nemeth, H

Lindenberger (FC Tirol); Weber (Rapid); Russ (Vienna), Pecl (Rapid), Pfeffer (Austria); Artner (Admira), Zsak (Austria), Willfurth (Rapid), Baumeister (Admira); Ogris Andi (Austria), Pacult (FC Tirol).

Austausch: Stöger (Austria) für Artner (46.), Polster (FC Sevilla) für Baumeister (56.), Madlener (Vorwärts Steyr) für Pacult (81.), Schöttel (Rapid) für Pecl (81.), Wohlfahrt (Austria) für Lindenberger (89.)

Tore: 0:1 (59.) Edmar, 0:2 (87.) Andrade

Österreich : Ungarn 0:0

1988 **Freundschaftsspiel**
499. Länderspiel, Linz, 31. 08. 1988
Schiedsrichter: Karlsson, SWE

Wohlfahrt (Austria); Weber (Rapid); Russ (Vienna), Pfeffer (Austria); Artner (Admira), Zsak (Austria), Willfurth (Rapid), Baumeister (Admira); Ogris Andi (Austria), Polster (FC Sevilla), Pacult (FC Tirol

Austausch: Glatzmayer (Vienna) für Pacult (46.), Kern (Admira) für Baumeister (46.), Konsel (Rapid) für Wohlfahrt (46.), Madlener (Vorwärts Steyr) für Zsak (85.)

CSSR : Österreich 4:2 (1:0)

1988 **Freundschaftsspiel**
500. Länderspiel, Prag, 20. 09. 1988
Schiedsrichter: Kirschen, DDR

Lindenberger (FC Tirol); Weber (Rapid); Pecl (Rapid), Pfeffer (Austria); Artner (Admira), Zsak (Austria), Hörmann (Austria), Herzog (Rapid), Willfurth (Rapid); Ogris Andi (Austria), Polster (FC Sevilla).

Austausch: Pacult (FC Tirol) für Ogris Andi (46.), Schöttel (Rapid) für Pecl (46.), Wohlfahrt (Austria) für Lindenberger (46.), Glatzmayer (Vienna) für Zsak (76.)

Tore: 1:0 (12.) Luhovy, 2:0 (48.) Bilek, 2:1 (62.) Pacult, 3:1, 4:1 (69., 81.) Danek, 4:2 (91.) Willfurth

UDSSR : Österreich 2:0 (0:0)

1988 **WM-Qualifikation**
501. Länderspiel, Kiew, 19. 10. 1988
Schiedsrichter: Larsson, SWE

Lindenberger (FC Tirol); Weber (Rapid); Russ (Vienna), Pfeffer (Austria), Degeorgi (Austria); Artner (Admira), Zsak (Austria), Hörmann (Austria), Willfurth (Rapid); Keglevits (Sportklub), Polster (FC Sevilla)

Austausch: Herzog (Rapid) für Hörmann (67.)

Tore: 1:0 (47.) Michailitschenko, 2:0 (68.) Sawarow

Österreich : Türkei 3:2 (2:0)

1988 **WM-Qualifikation**
502. Länderspiel, Wien, 02. 11. 1988
Schiedsrichter: Lanese, ITA

Lindenberger (FC Tirol); Weber (Rapid); Russ (Vienna), Pfeffer (Austria), Degeorgi (Austria); Willfurth (Rapid), Artner (Admira), Prohaska (Austria), Herzog (Rapid); Ogris Andi (Austria), Polster (FC Sevilla)

Austausch: Pacult (FC Tirol) für Willfurth (55.), Glatzmayer (Vienna) für Herzog (67.)

Tore: 1:0 (38.) Polster , 2:0, 3:0 (42., 54.) Herzog, 3:1 (61.) Feyyaz, 3:2 (81.) Colak

Österreich : Italien 0:1 (0:0)

1989 **Freundschaftsspiel**
503. Länderspiel, Wien, 25. 03. 1989
Schiedsrichter: Neuner, GER

Lindenberger (FC Tirol); Weber (Rapid);, Russ (Vienna), Pfeffer (Austria), Degeorgi (Austria); Willfurth (Rapid, .Prohaska (Austria), Zsak (Austria), Herzog (Rapid); Ogris Andi (Austria), Polster (FC Sevilla)

Austausch: Rodax (Admira) für Ogris Andi (60.), Hörmann (Austria) für Degeorgi (70.), Linzmaier (FC Tirol) für Herzog (87.)

Tor: Berti (88.).

Österreich : CSSR 1:2 (0:0)

1989 **Freundschaftsspiel**
504. Länderspiel, Graz, 11. 04. 1989
Schiedsrichter: Pairetto, ITA

Lindenberger (FC Tirol); Weber (Rapid); Russ (Vienna), Pfeffer (Austria), Degeorgi (Austria); Willfurth (Rapid), Zsak (Austria), Stöger (Austria), Herzog (Rapid); Keglevits, (Sportclub), Pacult (FC Tirol)

Austausch: Reisinger (Sportklub) für Willfurth (63.), Rodax (Admira) für Keglevits (63.)

Tore: 0:1 (59.) Griga, 1:1 (70.) Herzog, 1:2 (76.) Griga

DDR : Österreich 1:1 (0:1)

1989 **WM-Qualifikation**
505. Länderspiel, Leipzig, 20. 05. 1989
Schiedsrichter: Constantin, BEL

Lindenberger (FC Tirol); Weber (Rapid); Russ (Vienna), Pecl (Rapid), Pfeffer (Austria); Artner (Admira), Prohaska (Austria), Zsak (Austria), Herzog (Rapid); Rodax (Admira), Polster (FC Sevilla)

Austausch: Stöger (Austria) für Herzog (60.), Ogris Andi (Austria) für Rodax (67.)

Tore: 0:1 (2.) Polster, 1:1 (87.) Kirsten

Norwegen : Österreich 4:1 (2:0)

1989 **Freundschaftsspiel**
506. Länderspiel, Oslo, 31. 05. 1989
Schiedsrichter: Larsson, SWE

Lindenberger (FC Tirol); Weber (Rapid); Russ (Vienna), Pecl (Rapid), Pfeffer (Austria); Hörtnagl (FC Tirol), Zsak (Austria), Herzog (Rapid), Reisinger (Sportklub); Ogris Andi (Austria), Pacult (FCTirol)

Austausch: Aigner Ernst (Admira) für Weber (46.), Degeorgi (Austria) für Pecl (46.), Konrad (Sturm) für Lindenberger (46.), Rodax (Admira) für Pacult (64.), Stöger (Austria) für Herzog (64.)

Tore: 1:0 (34.) Löken, 2:0 (38.) Fjörtoft, 3:0 (54.) Löken, 4:0 (60.) Kojedal, 4:1 (66.) Ogris

Island : Österreich 0:0

1989 **WM-Qualifikation**
507. Länderspiel, Reykjavik, 14. 06. 1989
Schiedsrichter: King, Wales

Lindenberger (FC Tirol); Weber (Rapid); Russ (Vienna), Pecl (Rapid), Pfeffer (Austria); Artner (Admira), Zsak (Austria), Prohaska (Austria), Hörtnagl (FC Tirol); Rodax (Admira), Polster (FC Sevilla)

Austausch: Herzog (Rapid) für Hörtnagl (35.), Ogris Andi (Austria) für Rodax (46.)

Österreich : Island 2:1 (0:0)

1989 **WM-Qualifikation**
508. Länderspiel, Salzburg, 23. 08. 1989
Schiedsrichter: Mikkelsen, DK

Lindenberger (FC Tirol); Weber (Salzburg); Russ (Vienna), Pecl (Rapid), Pfeffer (Austria); Zsak (Austria), Linzmaier (FC Tirol), Herzog (Rapid); Ogris Andi (Austria), Rodax (Admira), Pfeifenberger (Rapid)

Austausch: Streiter (FC Tirol) für Pecl (30.), Hörtnagl (FC Tirol) für Herzog (59.)

Tore: 1:0 (48.) Pfeifenberger, 1:1 (50.) Margeirsson, 2:1 (62.) Zsak

Österreich : UDSSR 0:0

1989 **WM-Qualifikation**
509. Länderspiel, Wien, 06. 09. 1989
Schiedsrichter: Hackett, ENG

Lindenberger (FC Tirol); Weber (Salzburg); Russ (Vienna), Pfeffer (Austria), Streiter (FC Tirol); Artner (Admira), Zsak (Austria), Linzmaier (FC Tirol), Herzog (Rapid); Ogris Andi (Austria), Polster (FC Sevilla)

Austausch: Rodax (Admira) für Ogris Andi (66.), Hörtnagl (FC Tirol) für Herzog (77.)

Malta : Österreich 1:2 (1:1)

1989 **Freundschaftsspiel**
510. Länderspiel, Malta, 04. 10. 1989
Schiedsrichter: Longhi, ITA

Lindenberger (FC Tirol); Weber (Salzburg); Artner (Admira), Pfeffer (Austria), Streiter (FC Tirol); Glatzmayer (Vienna), Zsak (Austria), Linzmaier (FC Tirol), Hörtnagl. (FC Tirol); Ogris Andi (Austria), Rodax (Admira)

Austausch: Konsel (Rapid) für Lindenberger (46.), Pecl (Rapid) für Pfeffer (46.), Russ (Vienna) für Artner (46.), Westerthaler (FC Tirol) für Ogris A. (46.), Aigner Ernst. (Austria) für Zsak (69.)

Tore: 1:0 (13.) Zarb 1:1 (23.) Glatzmayer, 1:2 (68.) Rodax

Türkei : Österreich 3:0 (1:0)

1989 **WM-Qualifikation**
511. Länderspiel, Istanbul, 25. 10. 1989
Schiedsrichter: Marko, CSSR

Lindenberger (FC Tirol); Weber (Salzburg); Russ (Vienna), Pfeffer (Austria), Streiter (FC Tirol) Zsak (Austria), Artner (Admira), Linzmaier (FC Tirol), Herzog (Rapid); Ogris Andi (Austria), Polster (FC Sevilla).

Austausch: Rodax (Admira) für Artner (46.), Glatzmayer (Vienna) für Herzog (57.)

Tore: 1:0, 2:0 (15., 54.) Ridvan 3:0 (62.) Feyyaz

Österreich : DDR 3:0 (2:0)

1989 **WM-Qualifikation**
512. Länderspiel, Wien, 15. 11. 1989
Schiedsrichter: Werner, POL

Lindenberger (FC Tirol); Aigner Ernst (Austria):, Artner (Admira), Pecl (Rapid), Pfeffer (Austria); Keglevits (Rapid), Zsak. (Austria), Linzmaier (FC Tirol), Hörtnagl (FC Tirol); Ogris Andi (Austria), Polster (FC Sevilla)

Austausch: Herzog (Rapid) für Ogris Andi (75.), Pfeifenberger (Rapid) für Herzog (79.)

Tore: 1:0, 2:0, 3:0 (2., 22. Elfmeter, 61.) Polster

Ägypten : Österreich 0:0

1990 **Freundschaftsspiel**
513. Länderspiel, Kairo, 28. 02. 1990
Schiedsrichter: Bouillet, FRA

Lindenberger (FC Tirol); Schöttel (Rapid); Russ (Vienna), Pecl (Rapid); Keglevits (Rapid), Artner (Admira), Linzmaier (FC Tirol), Herzog (Rapid), Hörtnagl (FC Tirol); Ogris Andi (Austria), Pfeifenberger (Rapid)

Austausch: Konsel (Rapid) für Lindenberger (46.), Reisinger (Rapid) für Ogris A. (58.), Degeorgi (Austria) für Keglevits (70.), Aigner Ernst (Austria) für Schöttel (81.)

Spanien : Österreich 2:3 (2:0)

1990 **Freundschaftsspiel**
514. Länderspiel, Malaga, 28. 03. 1990
Schiedsrichter: D´Elia, ITA

Lindenberger (FC Tirol); Aigner Ernst (Austria); Pecl (Rapid), Pfeffer (Austria); Keglevits (Rapid), Zsak (Austria), Schöttel (Rapid), Artner (Admira), Hörtnagl (FC Tirol); Ogris Andi (Austria), Polster (FC Sevilla)

Austausch: Konrad (Sturm) für Lindenberger (46.), Rodax (Admira) für Ogris Andi (46.), Russ (Vienna) für Keglevits (46.), Streiter (FC Tirol) für Zsak (46.), Reisinger (Rapid) für Schöttel (75.)

Tore: 1:0 (2.) Manolo, 2:0 (34.) Butragueno, 2:1 (46.) Hörtnagl, 2:2 (62.) Polster, 2:3 (89.) Rodax

Österreich : Ungarn 3:0 (2:0)

1990 **Freundschaftsspiel**
515. Länderspiel, Salzburg, 11. 04. 1990
Schiedsrichter: Hackett, ENG

Lindenberger (FC Tirol); Aigner Ernst (Austria); Russ (Vienna), Pecl (Rapid), Streiter (FC Tirol); Artner (Admira), Schöttel (Rapid), Hörtnagl (FC Tirol), Reisinger (Rapid); Rodax (Admira), Polster (FC Sevilla)

Austausch: Ogris Andi (Austria) für Rodax (21.), Wohlfahrt (Austria) für Lindenberger (46.), Pfeffer (Austria) für Pecl (51.), Linzmaier (FC Tirol) für Hörtnagl (71.), Keglevits (Rapid) für Reisinger (74.)

Tore: 1:0 (18.) Artner, 2:0 (42.) Ogris, 3:0 (81.) Keglevits

Österreich : Argentinien 1:1 (1:1)

1990 **Freundschaftsspiel**
516. Länderspiel, Wien, 03. 05. 1990
Schiedsrichter: Constantin, BEL

Lindenberger (FC Tirol); Schöttel (Rapid); Russ (Vienna), Pecl (Rapid), Streiter (FC Tirol); Artner (Admira), Zsak (Austria), Linzmaier (FC Tirol), Hörtnagl (FC Tirol); Rodax (Admira), Polster (FC Sevilla)

Austausch: Konsel (Rapid) für Lindenberger (46.), Keglevits (Rapid) für Linzmaier (46.), Ogris Andi (Austria) für Rodax (46.), Reisinger (Rapid) für Zsak (46.), Herzog (Rapid) für Hörtnagl (70.)

Tore: 1:0 (3.) Zsak, 1:1 (31.) Burruchaga

Österreich : Niederlande 3:2 (1:0)

1990 **Freundschaftsspiel**
517. Länderspiel, Wien, 30. 05. 1990
Schiedsrichter: Rossner, DDR

Lindenberger (FC Tirol); Aigner Ernst (Austria); Russ (Vienna), Pecl (Rapid), Streiter (FC Tirol); Artner (Admira), Schöttel (Rapid), Linzmaier (FC Tirol), Herzog (Rapid); Rodax (Admira), Polster (FC Sevilla)

Austausch: Pfeffer (Austria) für Streiter (25.), Zsak (Austria) für Artner (32.), Baur (FC Tirol) für Russ (46.), Ogris Andi (Austria) für Polster (63.)

Tore: 1:0 (3.) Pecl, 2:0 (46.) Pfeffer, 3:0 (49.) Pfeffer, 3:1 (58.) Ronald Koeman, 3:2 (85.) van Basten

Italien : Österreich 1:0 (0:0)

1990 **Weltmeisterschaft**
518. Länderspiel, Rom, 09. 06. 1990
Schiedsrichter: Wright, Brasilien

Lindenberger (FC Tirol); Aigner Ernst (Austria); Russ (Vienna), Pecl (Rapid), Streiter (FC Tirol); Artner (Admira), Schöttel (Rapid), Linzmaier (FC Tirol), Herzog (Rapid); Ogris Andi (Austria), Polster (FC Sevilla)

Austausch: Zsak (Austria) für Artner (62.), Hörtnagl (FC Tirol) für Linzmaier (75.)

Tor: Schilacchi (78.)

CSFR : Österreich 1:0 (1:0)

1990 **Weltmeisterschaft**
519. Länderspiel, Florenz, 15. 06. 1990
Schiedsrichter: Smith, SCO

Lindenberger (FC Tirol); Aigner Ernst (Austria); Russ (Vienna), Pecl (Rapid), Pfeffer (Austria); Hörtnagl (FC Tirol), Zsak (Austria), Schöttel (Rapid), Herzog (Rapid); Rodax (Admira), Polster (FC Sevilla)

Austausch: Ogris Andi (Austria) für Schöttel (46.), Streiter (FC Tirol) für Russ (46.)

Tor: Bilek (29., Foul-Elfmeter)

Österreich : USA 2:1 (0:0)

1990 **Weltmeisterschaft**
520. Länderspiel, Florenz, 19. 06. 1990
Schiedsrichter: Jamal Al-Sharif, Syrien

Lindenberger (FC Tirol); Aigner Ernst (Austria); Streiter (FC Tirol), Pecl (Rapid), Pfeffer (Austria); Artner (Admira), Zsak (Austria), Herzog (Rapid); Ogris Andi (Austria), Rodax (Admira), Polster (FC Sevilla)

Austausch: Reisinger (Rapid) für Polster (46.), Glatzmayer (Vienna) für Rodax (83.)

Tore: 1:0 (50.) Ogris Andi, 2:0 (63.) Rodax, 2:1 (83.) Murray

Österreich : Schweiz 1:3 (1:0)

1990 **Freundschaftsspiel**
521. Länderspiel, Wien, 21. 08. 1990
Schiedsrichter: Longhi, ITA

Lindenberger (FC Tirol); Pezzey (vereinslos); Russ (FC Tirol), Pfeffer (Austria), Feiersinger (Salzburg); Keglevits (Rapid), Stöger (Austria), Hörtnagl (FC Tirol), Reisinger (Rapid); Ogris Andi (Austria), Hasenhüttl (Austria)

Austausch: Schöttel (Rapid) für Pezzey (42.), Baur (FC Tirol) für Keglevits (46.), Herzog (Rapid) für Stöger (46.), Konsel (Rapid) für Lindenberger (46.)

Tore: 1:0 (28.) Ogris Andi, 1:1, 1:2 (56., 63.) Türkylmaz, 1:3 (78.) Knup

Färöer Inseln : Österreich 1:0 (0:0)

1990 **EM-Qualifikation**
522. Länderspiel, Landskrona, 12. 09. 1990
Schiedsrichter: Nervik, NOR

Konsel (Rapid); Streiter (FC Tirol); Russ (FC Tirol), Pecl (Rapid), Hartmann (FC Tirol); Linzmaier (FC Tirol), Peischl (FC Tirol), Herzog (Rapid), Reisinger (Rapid); Rodax (Atletico Madrid), Polster (FC Sevilla)

Austausch: Pacult (FC Tirol) für Reisinger (62.), Willfurth (Salzburg) für Herzog (62.)

Tor: Nielsen (60.)

Jugoslawien : Österreich 4:1 (2:1)

1990 **EM-Qualifikation**
523. Länderspiel, Belgrad, 31. 10. 1990
Schiedsrichter: Schmidhuber, GER

Konsel (Rapid); Aigner Ernst (Austria); Pecl (Rapid), Streiter (FC Tirol); Artner (Admira), Schöttel (Rapid), Hörtnagl (FC Tirol), Herzog (Rapid), Reisinger (Rapid); Ogris Andi (Espanol Barcelona), Polster (FC Sevilla)

Austausch: Linzmaier (FC Tirol) für Herzog (46.), Pacult (FC Tirol) für Ogris Andi (52.)

Tore: 0:1 (14.) Ogris Andi, 1:1 (32.) Pancev, 2:1 (43.) Katanec, 3:1, 4:1 (52., 85.) Pancev

Österreich : Nordirland 0:0

1990 **EM-Qualifikation**
524. Länderspiel, Wien, 14. 11. 1990
Schiedsrichter: Biguet, FRA

Konsel (Rapid); Schöttel (Rapid); Peischl (FC Tirol), Pecl (Rapid), Poiger (Rapid); Willfurth (Salzburg), Artner (Admira), Linzmaier (FC Tirol), Hörtnagl (FC Tirol); Ogris Andi (Espanol Barcelona), Polster (FC Sevilla)

Austausch: Pacult (FC Tirol) für Polster (67.)

Österreich : Norwegen 0:0

1991 **Freundschaftsspiel**
525. Länderspiel, Wien, 17. 04. 1991
Schiedsrichter: Jokic, YU

Konsel (Rapid); Baur (FC Tirol); Peischl (FC Tirol), Pfeffer (Austria); Russ (FC Tirol), Zsak (Austria), Schöttel (Rapid), Stöger (Austria), Hörtnagl (FC Tirol); Ogris Andi (Espanol Barcelona), Polster (FC Sevilla)

Austausch: Artner (Admira) für Peischl (17.), Willfurth (Salzburg) für Russ (46.), Wohlfahrt (Austria) für Konsel (46.), Linzmaier (FC Tirol) für Schöttel (60.), Wetl (Sturm) für Stöger (85.)

Schweden : Österreich 6:0 (4:0)

1991 **Freundschaftsspiel**
526. Länderspiel, Stockholm, 01. 05. 1991
Schiedsrichter: Pedersen, NOR

Konsel (Rapid); Baur (FC Tirol); Schneider (Austria), Pfeffer (Austria); Russ (FC Tirol), Zsak (Austria), Linzmaier (FC Tirol), Artner (Admira), Hörtnagl (FC Tirol); Rodax (Atletico Madrid), Polster (FC Sevilla)

Austausch: Konrad (Sturm) für Konsel (46.), Schöttel (Rapid) für Baur (46.), Stöger (Austria) für Linzmaier (46.), Prosenik (Austria) für Artner (64.)

Tore: 1:0, 2:0 (12., 34.) Kennet Andersson, 3:0 (39.) Rehn, 4:0, 5:0 (42., 60.) Dahlin, 6:0 (87.) Andersson

Österreich : Färöer Inseln 3:0 (1:0)

1991 **EM-Qualifikation**
527. Länderspiel, Salzburg, 22. 05. 1991
Schiedsrichter: Loizou, Zypern

Konsel (Rapid); Baur (FC Tirol); Russ (FC Tirol), Streiter (FC Tirol), Hartmann (FC Tirol); Stöger (Austria), Schöttel (Rapid), Herzog (Rapid), Wetl (Sturm); Ogris Andi (Espanol Barcelona), Pfeifenberger (Rapid)

Austausch: Hörtnagl (FC Tirol) für Pfeifenberger (24.), Wohlfahrt (Austria) für Konsel (86.)

Tore: Pfeifenberger (12.), Streiter (47.), Wetl (63.)

Dänemark : Österreich 2:1 (1:0)

1991 **EM-Qualifikation**
528. Länderspiel, Odense, 05. 06. 1991
Schiedsrichter: Listkiewicz, POL

Konrad (Sturm); Baur (FC Tirol); Russ (FC Tirol), Streiter (FC Tirol), Hartmann (FC Tirol); Stöger (Austria), Pfeifenberger (Rapid), Schöttel (Rapid), Herzog (Rapid); Ogris Ernst (Admira), Westerthaler (FC Tirol)

Austausch: Hörtnagl (FC Tirol) für Schöttel (68.), Prosenik (Austria) für Russ (70.)

Tore: 1:0, 2:0 (2., 78.) Christensen, 2:1 (84.) Ogris Ernst

Portugal : Österreich 1:1 (1:0)

1991 **Freundschaftsspiel**
529. Länderspiel, Porto, 04. 09. 1991
Schiedsrichter: Raul Garcia de Loza, E

Konsel (Rapid); Baur (FC Tirol); Artner (Admira), Walter Kogler (Sturm): Prosenik (Austria), Zsak (Austria), Feiersinger (Salzburg), Stöger (Austria), Resch (Rapid); Westerthaler (FC Tirol), Herzog (Rapid)

Austausch: Konrad (Sturm) für Konsel (46.), Pacult (FC Tirol) für Feiersinger (61.), Pfeifenberger (Rapid) für Westerthaler (61.)

Tore: 1:0 (31.) Rui Barros, 1:1 (70.) Walter Kogler

Österreich : Dänemark 0:3 (0:3)

1991 **EM-Qualfiikation**
530. Länderspiel, Wien, 09. 10. 1991
Schiedsrichter: Frans v.d. Wijngaert, BEL

Konrad (Sturm); Baur (FC Tirol); Schöttel (Rapid), Kogler Walter (Sturm); Prosenik (Austria), Artner (Admira), Stöger (Austria), Herzog (Rapid), Resch (Rapid); Ogris Andi (Austria), Pacult (FC Tirol)

Austausch: Gschnaidtner (FC Linz) für Schöttel (46.)

Tore: 0:1 (10., Eigentor) Artner, 0:2 (15.) Poulsen, 0:3 (37.) Christensen

Nordirland : Österreich 2:1 (2:1)

1991 **EM-Qualifikation**
531. Länderspiel, Belfast, 16. 10. 1991
Schiedsrichter: Sundell, SWE

Knaller (Admira); Zsak (Austria); Kogler Walter (Sturm), Rotter (St. Pölten); Lainer (Salzburg), Stöger (Austria), Gager (Rapid), Artner (Admira), Hartmann (FC Tirol); Keglevits (Salzburg), Ogris Andi (Austria)

Austausch: Herzog (Rapid) für Stöger (62.), Westerthaler (FC Tirol) für Keglevits (62.)

Tore: 1:0 (17.) Dowie, 2:0 (42.) Black, 2:1 (45.) Lainer

Österreich : Jugoslawien 0:2 (0:2)

1991 **EM-Qualifikation**
532. Länderspiel, Wien, 13. 11. 1991
Schiedsrichter: Pietro D´Elia, ITA

Knaller (Admira); Zsak (Austria), Kogler Walter (Sturm), Garger (Salzburg); Lainer (Salzburg), Stöger (Austria), Gager (Austria), Artner (Admira), Herzog (Rapid); Ogris Andi (Austria), Westerthaler (FC Tirol)

Austausch: Keglevits (Salzburg) für Stöger (53.), Baur (FC Tirol) für Westerthaler (75.)

Tore: Lukic (19.), Savicevic (39.)

Ungarn : Österreich 2:1 (0:1)

1992 **Freundschaftsspiel**
533. Länderspiel, Budapest, 25. 03. 1992
Schiedsrichter: Listkiewicz, POL

Konsel (Rapid); Zsak (Austria); Schöttel (Rapid), Rotter (St. Pölten); Prosenik (Austria), Hörmann (Austria), Stöger (Austria), Herzog (Rapid), Hartmann (FC Tirol); Ogris Andi (Austria), Polster (Logronos)

Austausch: Schinkels (St. Pölten) für Herzog (72.), Lainer (Salzburg) für Rotter (82.), Pfeifenberger (Rapid) für Hartmann (85.), Artner (Admira) für Hörmann (85.)

Tore: 0:1 (40.) Polster, 1:1 (65.) Detari, 2:1 (69.) Kalman Kovacs

Österreich : Litauen 4:0 (3:0)

1992 **Freundschaftsspiel**
534. Länderspiel, Wien, 14. 04. 1992
Schiedsrichter: Lipkovitch, ISR

Wohlfahrt (Austria); Zsak (Austria); Schöttel (Rapid), Rotter (St. Pölten); Prosenik (Austria), Stöger (Austria), Artner (Admira), Herzog (Rapid), Flögel Thomas (Austria); Ogris Andi (Austria), Polster (Logrones)

Austausch: Hartmann (FC Tirol) für Herzog (61.), Gager (Rapid) für Schöttel (72.), Hasenhüttl (Austria) für Polster (81.)

Tore: Ogris Andi (22.), Prosenik (33.), Polster (37.), Hasenhüttl (82.)

Österreich : Wales 1:1 (0:0)

1992 **Freundschaftsspiel**
535. Länderspiel, Wien, 29. 04. 1992
Schiedsrichter: Piller, H

Konsel (Rapid); Zsak (Austria); Streiter (FC Tirol), Rotter (St. Pölten); Prosenik (Austria), Stöger (Austria), Gager (Rapid), Herzog (Rapid), Flögel Thomas (Austria); Ogris Andi (Austria), Polster (Logrones)

Austausch: Hasenhüttl (Austria) für Ogris Andi (44.), Baur (FC Tirol) für Gager (46.), Schöttel (Rapid) für Herzog (80.)

Tore: 1:0 (57.) Baur, 1:1 (83.) Coleman

Österreich : Polen 2:4 (1:2)

1992 **Freundschaftsspiel**
536. Länderspiel, Salzburg, 19. 05. 1992
Schiedsrichter: Sandra, BEL

Wohlfahrt (Austria); Zsak (Austria); Pecl (Rapid), Rotter (St. Pölten); Prosenik (Austria), Kühbauer (Admira), Artner (Admira), Stöger (Austria), Flögel Thomas (Austria); Hasenhüttl (Austria), Sabitzer (Salzburg)

Austausch: Baur (FC Tirol) für Pecl (46.), Waldhör (Vorwärts Steyr) für Sabitzer (58.), Schinkels (St. Pölten) für Stöger (66.)

Tore: 0:1 (9.) Kosecki, 1:1 (19.) Hasenhüttl, 1:2 (32.) Kosecki, 1:3 (50.) K. Warzycha, 1:4 (63.) Kowalczyk, 2:4 (67.) Waldhör.

Niederlande : Österreich 3:2 (2:1)

1992 **Freundschaftsspiel**
537. Länderspiel, Sittard, 27. 05. 1992
Schiedsrichter: Larsson, SWE

Konsel (Rapid); Zsak (Austria); Streiter (FC Tirol), Rotter (St.Pölten); Artner (Admira), Baur (FC Tirol), Kühbauer (Admira), Herzog (Rapid), Hartmann (FC Tirol); Ogris Andi (Austria), Polster (Logrones)

Austausch: Posch (FC Tirol) für Artner (46.), Knaller (Admira) für Konsel (52.), Prosenik (Austria) für Streiter (54.), Flögel Thomas (Austria) für Posch (66.), Schinkels (St. Pölten) für Kühbauer (85.)

Tore: 1:0 (25.) Rijkaard, 2:0 (30.) Bergkamp, 2:1 (31.) Polster, 3:1 (85.) Gullit, 3:2 (89.) Schinkels.

CSFR : Österreich 2:2 (1:2)

1992 **Freundschaftsspiel**
538. Länderspiel, Bratislava, 19. 08. 1992
Schiedsrichter: Kim Milton-Nielsen, DK

Wohlfahrt (Austria); Zsak (Austria); Streiter (Wacker Innsbruck), Wazinger (Wacker Innsbruck); Prosenik (Austria), Stöger (Austria), Baur (Wacker Innsbruck), Artner (Admira), Herzog (Werder Bremen), Feiersinger (Salzburg); Pfeifenberger (Salzburg).

Austausch: Flögel Thomas (Austria) für Herzog (46.), Hartmann (FC Tirol) für Feiersinger (46.), Hörmann (Sturm) für Artner (59.), Sabitzer (Salzburg) für Hartmann (78.), Waldhör (Vorwärts Steyr) für Pfeifenberger (85.)

Tore: 0:1 (17.) Stöger, 0:2 (22.) Pfeifenberger, 1: (42.) Chovanec, 2:2 (92.) Moravcik.

Österreich : Portugal 1:1 (1:0)

1992 **Freundschaftsspiel**
539. Länderspiel, Linz, 02. 09. 1992
Schiedsrichter: Werner, PL

Konsel (Rapid); Streiter (Wacker Innsbruck.); Wazinger (Wacker Innsbruck), Pecl (Rapid); Artner (Admira), Baur (Wacker Innsbruck), Stöger (Austria), Feiersinger (Salzburg); Ogris Andi (LASK), Polster (Rayo Vallecano), Sabitzer (Salzburg)

Austausch: Kühbauer (Rapid) für Sabitzer (39.), Prosenik (Austria) für Streiter (46.), Hasenhüttl (Austria) für Polster (82.), Mählich (Sportklub) für Stöger (86.)

Tore: 1:0 (37.) Polster, 1:1 (56.) Helder

Frankreich : Österreich 2:0 (1:0)

1992 **WM-Qualifikation**
540. Länderspiel, Paris, 14. 10. 1992
Schiedsrichter: Zhuk, RUS

Wohlfahrt (Austria); Zsak (Austria); Streiter (Wacker Innsbruck), Wazinger (Wacker Innsbruck); Artner (Admira), Baur (Wacker Innsbruck), Stöger (Austria), Schinkels (St. Pölten), Feiersinger (Salzburg); Polster (Rayo Vallecano), Herzog (Werder Bremen)

Austausch: Ogris Andi (LASK) für Schinkels (46.), Pfeifenberger (Salzburg) für Stöger (83.)

Tore: Papin (3.), Cantona (76.)

Österreich : Israel 5:2 (2:0)

1992 **WM-Qualifikation**
541. Länderspiel, Wien, 28. 10. 1992
Schiedsrichter: Joao M. P. Correia, POR

Wohlfahrt (Austria); Zsak (Austria); Streiter (Wacker Innsbruck), Wazinger (Wacker Innsbruck); Prosenik (Austria), Artner (Admira), Stöger (Austria), Herzog (Werder Bremen), Schinkels (St. Pölten); Ogris Andi (LASK), Polster (Rayo Vallecano)

Austausch: Baur (Wacker Innsbruck) für Streiter (71.), Flögel Thomas (Austria) für Schinkels (78.)

Tore: 1:0, 2:0 (42., 45.) Herzog, 3:0 (49.) Polster, 3:1 (53.) Zahar, 4:1 (69.) Stöger. 5:1 (83.) Ogris, 5:2 (83.) Zahar

Deutschland : Österreich 0:0

1992 **Freundschaftsspiel**
542. Länderspiel, Nürnberg, 18. 11. 1992
Schiedsrichter: Worrall, ENG

Wohlfahrt (Austria); Zsak (Austria); Streiter (Wacker Innsbruck), Posch (Bayer Uerdingen); Pfeifenberger (Salzburg), Schöttel (Rapid), Artner (Admira), Stöger (Austria), Feiersinger (Salzburg); Ogris Andi (LASK), Herzog (Werder Bremen)

Austausch: Konsel (Rapid) für Wohlfahrt (46.), Kühbauer (Rapid) für Schöttel (57.), Polster (Rayo Vallecano) für Ogris Andi (69.)

Österreich : Griechenland 2:1 (2:1)

1993 **Freundschaftsspiel**
543. Länderspiel, Wien, 10. 03. 1993
Schiedsrichter: Molnar, H

Wohlfahrt (Austria); Zsak (Austria); Streiter (Wacker Innsbruck), Pecl (Rapid), Wazinger (Wacker Innsbruck); Cerny Harald (Bayern München.), Stöger (Austria), Baur (Wacker Innsbruck), Kühbauer (Rapid); Polster (Rayo Vallecano), Pfeifenberger (Salzburg)

Austausch: Feiersinger (Salzburg) für Baur (46.), Kogler Walter (Austria) für Streiter (46.), Kirchler (Wacker Innsbruck) für Stöger (68.)

Tore: 1:0 (3.) Pfeifenberger (3.), 2:0 (14.) Baur (14.), 2:1 (38.) Mahlas

Österreich : Frankreich 0:1 (0:0)

1993 **WM-Qualifikation**
544. Länderspiel, Wien, 27. 03. 1993
Schiedsrichter: Blankenstein, NL

Wohlfahrt (Austria); Zsak (Austria); Feiersinger (Salzburg), Pecl (Rapid); Cerny Harald (Bayern München), Kühbauer (Rapid), Artner (Admira), Herzog (Werder Bremen), Schinkels (Salzburg); Polster (Rayo Vallecano), Pfeifenberger (Salzburg)

Austausch: Ogris Andi (Austria) für Schinkels (70.)

Tor: Papin (57.)

Österreich : Bulgarien 3:1 (2:0)

1993 **WM-Qualifikation**
545. Länderspiel, Wien, 14. 04. 1993
Schiedsrichter: Khussainov, RUS

Wohlfahrt (Austria); Zsak (Austria), Pecl (Rapid), Streiter (Wacker Innsbruck); Lainer (Salzburg), Kühbauer (Rapid), Baur (Wacker Innsbruck), Herzog (Werder Bremen), Feiersinger (Salzburg); Polster (Rayo Vallecano), Pfeifenberger (Salzburg)

Austausch: Ogris Andi (Austria) für Pfeifenberger (69.), Cerny Harald (FC Bayern München) für Kühbauer (81.)

Tore: 1:0 (11.) Pfeifenberger, 2:0 (26.) Kühbauer, 2:1 (83.) Kirjakov, 3:1 (90.) Polster

Finnland : Österreich 3:1 (2:0)

1993 **WM-Qualifikation**
546. Länderspiel, Turku, 13. 05. 1993
Schiedsrichter: Ferry, Nordirland

Wohlfahrt (Austria); Zsak (Austria); Streiter (Wacker Innsbruck), Zisser (Mödling); Baur (Wacker Innsbruck), Kühbauer (Rapid), Artner (Admira), Herzog (Werder Bremen), Lainer (Salzburg); Ogris Andi (Austria), Polster (Rayo Vallecano)

Austausch: Stöger (Austria) für Polster (58.), Cerny Harald (FC Bayern München) für Zsak (61.)

Tore: 1:0 (17.) Paatelainen, 2:0 (20.) Rajamäki, 3:0 (50.) Hjelm, 3:1 (90.) Zisser

Schweden : Österreich 1:0 (0:0)

1993 **WM-Qualifikation**
547. Länderspiel, Stockholm, 19. 05. 1993
Schiedsrichter: Piraux, BEL

Wohlfahrt (Austria); Feiersinger (Salzburg); Lainer (Salzburg), Pecl (Rapid), Streiter (Wacker Innsbruck);, Baur (Wacker Innsbruck), Stöger (Austria), Artner (Admira), Herzog (Werder Bremen); Ogris Andi (LASK), Pfeifenberger (Salzburg)

Austausch: Janeschitz (Sportklub) für Ogris Andi (81.)

Tor: Eriksson (48.)

Österreich : Finnland 3:0 (2:0)

1993 **WM-Qualifikation**
548. Länderspiel, Wien, 25. 08. 1993
Schiedsrichter: Listkiewicz, POL

Wohlfahrt (Austria); Streiter (FC Tirol; Kogler Walter (Austria), Pfeffer (Austria); Artner (Salzburg), Kühbauer (Rapid), Stöger (Austria), Herzog (Werder Bremen) Feiersinger (Salzburg); Ogris Andi (Austria), Pfeifenberger (Salzburg)

Austausch: Flögel Thomas (Austria) für Feiersinger (82.), Baur (FC Tirol) für Kühbauer (85.)

Tore: Kühbauer (34.), Pfeifenberger (42.), Herzog (90.)

Bulgarien : Österreich 4:1 (2:0)

1993 **WM-Qualifikation**
549. Länderspiel, Sofia, 13. 10. 1993
Schiedsrichter: Nicchi, ITA

Wohlfahrt (Austria); Streiter (FC Tirol); Kogler Walter (Austria), Schöttel (Rapid), Pfeffer (Austria); Artner (Salzburg), Stöger (Austria), Baur (FC Tirol), Herzog (Werder Bremen); Ogris Andi (Austria), Polster (1. FC Köln)

Tore: 1:0 (6.) Penev, 2:0 (33. Elfer) Stoitschkov, 2:1 (51.) Herzog, 3:1 (85.) Penev 4:1 (89.) Letchkov

Israel : Österreich 1:1 (1:1)

1993 **WM-Qualifikation**
550. Länderspiel, Tel Aviv, 27. 10. 1993
Schiedsrichter: Vagner, H

Wohlfahrt (Austria); Streiter (FC Tirol); Kogler Walter (Austria), Pfeffer (Austria); Winklhofer (Salzburg), Artner (Salzburg), Stöger (Austria), Reinmayr (Duisburg), Feiersinger (Salzburg); Ogris Andi (Austria), Polster (1. FC Köln)

Austausch: Pfeifenberger (Salzburg) für Polster (65.)

Tore: 1:0 (3.) Rosenthal, 1:1 (14.) Reinmayr

Österreich : Schweden 1:1 (0:0)

1993 **WM-Qualifikation**
551. Länderspiel, Wien, 10. 11. 1993
Schiedsrichter: Vega, E

Wohlfahrt (Austria); Lainer (Salzburg); Winklhofer (Salzburg), Kogler Walter (Austria), Feiersinger (Salzburg); Artner (Salzburg), Stöger (Austria), Reinmayr (Duisburg), Herzog (Werder Bremen); Polster (1. FC Köln), Pacult (1860 München)

Austausch: Westerthaler (FC Tirol) für Pacult (71.)

Tore: 0:1 (6.) Mild, 1:1 (70.) Herzog

Österreich : Ungarn 1:1 (0:0)

1994 **Freundschaftsspiel**
552. Länderspiel, Linz, 23. 03. 1994
Schiedsrichter: Cinciripini, ITA

Wohlfahrt (Austria); Schöttel (Rapid); Kogler Walter (Austria), Pfeffer (Austria); Winklhofer (Salzburg), Stöger (Austria), Herzog (Werder Bremen), Reinmayr (MSV Duisburg), Feiersinger (Salzburg); Pfeifenberger (Salzburg), Polster (1. FC Köln)

Austausch: Cerny Harald Admira) für Polster (46.), Hütter (Salzburg) für Reinmayr (46.), Konrad (Salzburg) für Wohlfahrt (46.), Prosenik (Austria) für Winklhofer (46.), Streiter (FC Tirol) für Stöger (54.)

Tore: 0:1 (65.) Illes, 1:1 (74.) Pfeifenberger

Österreich : Schottland 1:2 (1:1)

1994 **Freundschaftsspiel**
553. Länderspiel, Wien, 20. 04. 1994
Schiedsrichter: Albrecht, GER

Wohlfahrt (Austria); Schöttel (Rapid);, Kogler Walter (Austria), Hochmaier (LASK); Prosenik (Austria), Stöger (Austria), Baur (FC Tirol), Herzog (Werder Bremen), Hütter (Salzburg); Cerny Harald (Admira), Polster (1.FC Köln)

Austausch: Konsel (Rapid) für Wohlfahrt (46.), Kühbauer (Rapid) für Stöger (46.), Weissenberger Thomas (LASK) für Polster (63.)

Tore: 1:0 (13.) Hütter, 1:1 (35.) McGinlay, 1:2 (61.) McKinlay.

Polen : Österreich 3:4 (1:2)

1994 **Freundschaftsspiel**
554. Länderspiel, Kattowitz, 17. 05. 1994
Schiedsrichter: Röthlisberger, CH

Wohlfahrt (Austria); Streiter (FC Tirol); Hochmaier (LASK), Pfeffer (Austria); Artner (Salzburg), Stöger (Austria), Feiersinger (Salzburg), Hütter (Salzburg), Aigner Franz (Salzburg); Pfeifenberger (Salburg), Polster (1.FC Köln)

Austausch: Schöttel (Rapid) für Streiter (76.)

Tore: 0:1 (6.) Stöger, 1:1 (20.) Juskowiak, 1:2 (26.) Stöger. 2:2 (46.) Brzeczek, 2:3 (63.) Stöger, 2:4 (68.) Hochmaier, 3:4 (90.) Moska

Österreich : Deutschland 1:5 (0:1)

1994 **Freundschaftsspiel**
555. Länderspiel, Wien, 02. 06. 1994
Schiedsrichter: Harrel, FRA

Wohlfahrt (Austria); Streiter (FC Tirol); Hochmaier (LASK), Pfeffer (Austria); Artner (Salzburg), Stöger (Austria), Feiersinger (Salzburg), Hütter (Salzburg), Aigner Franz (Salzburg); Pfeifenberger (Salzburg), Polster (1.FC Köln)

Austausch: Cerny (Admira) für Hütter (65.), Kühbauer (Rapid) für Artner (65.), Kogler Walter (Austria) für Hochmaier (75.), Schöttel (Rapid) für Streiter (75.)

Tore: 0:1 (22.) Sammer, 0:2 (49.) Möller, 0:3 (52.) Klinsmann, 0:4 (67.) Möller, 1:4 (72., Elfer) Polster, 1:5 (90.) Basler

Österreich : Russland 0:3 (0:1)

1994 **Freundschaftsspiel**
556. Länderspiel, Klagenfurt, 17. 08. 1994
Schiedsrichter: Nikakis, GR

Wohlfahrt (Austria); Feiersinger (Salzburg); Kogler Walter (Salzburg), Pfeffer (Austria); Lainer (Salzburg), Stöger (FC Tirol), Hütter (Salzburg), Herzog (Werder Bremen), Aigner Franz (Salzburg); Schachner (DSV Leoben), Hasenhüttl (Salzburg)

Austausch: Cerny (FC Tirol) für Schachner (16.), Konrad (Salzburg) für Wohlfahrt (46.), Flögel Thomas (Austria) für Herzog (54.), Prosenik (Austria) für Stöger (54.), Schöttel (Rapid) für Aigner Franz (74.), Wetl (Sturm) für Hasenhüttl (80.)

Liechtenstein : Österreich 0:4 (0:3)

1994 **EM-Qualifikation**
557. Länderspiel, Eschen, 07. 09. 1994
Schiedsrichter: Ziller, GER

Wohlfahrt (Austria); Schöttel (Rapid); Werner-Klausriegler (FC Linz), Kogler Hans (Admira); Prosenik (Austria), Stöger (FC Tirol), Pfeifenberger (Salzburg), Feiersinger (Salzburg), Aigner Franz (Salzburg); Ogris Andi (Austria), Polster (1,FC Köln)

Austausch: Cerny (FC Tirol) für Ogris Andi (62.), Flögel Thomas (Austria) für Pfeifenberger (73.)

Tore: 0:1 (17.) Polster, 0:2 (22.) Aigner Franz, 0:3 (43.) Polster, 0:4 (77.) Polster

Österreich : Nordirland 1:2 (1:2)

1994 **EM-Qualifikation**
558. Länderspiel, Wien, 12. 10. 1994
Schiedsrichter: Nieto, E

Wohlfahrt (Austria); Schöttel (Rapid); Werner-Klausriegler (FC Linz), Kogler Hans (Admira); Prosenik (Austria), Artner (Salzburg), Stöger (FC Tirol), Hütter (Salzburg), Feiersinger (Salzburg); Ogris Andi (Austria), Polster (1,FC Köln)

Austausch: Hasenhüttl (Salzburg) für Ogris Andi (46.), Pfeifenberger (Salzburg) für Prosenik (67.)

Tore: 0:1 (3.) Gillespie, 1:1 (24.) Polster, 1:2 (36.) Gray

Portugal : Österreich 1:0 (1:0)

1994 **EM-Qualifikation**
559. Länderspiel, Lissabon, 13. 11. 1994
Schiedsrichter: Mikkelsen, DK

Konrad (Salzburg); Feiersinger (Salzburg); Schöttel (Rapid), Fürstaller (Salzburg); Winklhofer (Salzburg), Artner (Salzburg), Stöger (FC Tirol), Kühbauer (Rapid), Kogler Hans (Admira); Cerny Harald (FC Tirol), Polster (1. FC Köln)

Austausch: Prosenik (Austria) für Kühbauer (46.), Hütter (Salzburg) für Cerny Harald (66.)

Österreich : Lettland 5:0 (2:0)

1995 **EM-Qualifikation**
560. Länderspiel, Salzburg, 29. 03. 1995
Schiedsrichter: Agius

Konrad (Salzburg); Feiersinger (Salzburg); Fürstaller (Salzburg), Kogler Hans. (Admira); Artner (Salzburg), Kühbauer (Rapid), Pfeifenberger (Salzburg), Herzog (Werder Bremen), Marasek (Rapid); Ogris Andi (Austria), Polster (1.FC Köln)

Austausch: Ramusch (LASK) für Ogris Andi (46.), Hütter (Salzburg) für Artner (76.)

Tore: 1:0 (17.) Herzog, 2:0 (42.) Pfeifenberger, 3:0 (60.) Herzog, 4:0, 5:0 (71., 92.) Polster

Österreich : Liechtenstein 7:0 (3:0)

1995 **EM-Qualifikation**
561. Länderspiel, Salzburg, 26. 04. 1995
Schiedsrichter: Melnichuk, UKR

Konrad (Salzburg); Feiersinger (Salzburg); Fürstaller (Salzburg), Kogler Hans (Admira); Ramusch (LASK), Artner (Salzburg), Kühbauer (Rapid), Herzog (Werder Bremen), Marasek (Rapid); Polster (1.FC Köln), Sabitzer (LASK)

Austausch: Pürk (Rapid) für Sabitzer (70.), Hütter (Salzburg) für Fürstaller (72.)

Tore: 1:0 (7.) Kühbauer , 2:0 (11.) Polster, 3:0 (17.) Sabitzer, 4:0 (52., Elfer), Polster, 5:0 (86.) Pürk, 6:0, 7:0 (89., 91.) Hütter

Rep. Irland : Österreich 1:3 (0:0)

1995 **EM-Qualifikation**
562. Länderspiel, Dublin, 11. 06. 1995
Schiedsrichter: Dr. Merk, GER

Konsel (Rapid); Schöttel (Rapid); Fürstaller (Salzburg), Pfeffer (Austria); Prosenik (Austria), Kühbauer (Rapid), Pfeifenberger (Salzburg), Kogler Hans (Admira), Marasek (Rapid); Ramusch (LASK), Polster (1.FC Köln)

Austausch: Ogris Andi (Austria) für Ramusch (71.), Hütter (Salzburg) für Pfeifenberger (83.)

Tore: 1:0 (67.) Houghton, 1:1 (71.) Polster, 1:2 (75.) Ogris Andi, 1:3 (81.) Polster

Lettland : Österreich 3:2 (1:0)

1995 **EM-Qualifikation**
563. Länderspiel, Riga, 16. 08. 1995
Schiedsrichter: Koho, FIN

Konrad (Salzburg); Schöttel (Rapid); Kogler Walter (Austria), Pfeffer (Austria); Prosenik (Salzburg), Pfeifenberger (Salzburg), Kogler Hans (Admira), Feiersinger (Salzburg), Marasek (Rapid); Ogris Andi (Austria), Polster (1,FC Köln)

Austausch: Schopp (Sturm) für Kogler Hans (46.), Ramusch (GAK) für Ogris Andi (64.), Stöger (Rapid) für Prosenik (64.)

Tore: 1:0, 2.0 (11., 59.) Rismus, 2:1 (68.) Polster, 2:2 (76.) Ramusch, 3:2 (88.) Zeiberlins

Österreich : Rep. Irland 3:1 (1:0)

1995 **EM-Qualifikation**
564. Länderspiel, Wien, 06. 09. 1995
Schiedsrichter: Dr. Cakar, TR

Konsel (Rapid); Schöttel (Rapid); Fürstaller (Salzburg), Pfeffer (Austria); Schopp (Sturm Graz), Stöger (Rapid), Kühbauer (Rapid), Herzog (Bayern München), Marasek (Rapid); Pfeifenberger (Salzburg), Polster (1.FC Köln)

Austausch: Cerny Harald (FC Tirol) für Polster (79.)

Tore: 1:0, 2:0 (4., 65.) Stöger, 2:1 (74.) McGrath, 3:1 (77.) Stöger

Österreich : Portugal 1:1 (1:0)

1995 **EM-Qualifikation**
565. Länderspiel, Wien, 11. 10. 1995
Schiedsrichter: Levnikov, RUS

Konsel (Rapid); Feiersinger (Salzburg); Schöttel (Rapid), Pfeffer (Austria); Schopp (Sturm Graz), Stöger (Rapid), Kühbauer (Rapid), Herzog (Bayern München), Marasek (Rapid); Pfeifenberger (Salzburg), Polster (1.FC Köln)

Austausch: Cerny Harald (FC Tirol) für Polster (82.)

Tore: 1:0 (20.) Stöger, 1:1 (49.) Paulinho Santos

Nordirland : Österreich 5:3 (2:0)

1995 **EM-Qualifikation**
566. Länderspiel, Belfast, 14. 11. 1995
Schiedsrichter: Sundell, SWE

Konsel (Rapid); Feiersinger (Salzburg); Kogler Walteri (Austria), Pfeffer (Austria); Schopp (Sturm Graz), Stöger (Rapid), Kühbauer (Rapid), Herzog (Bayern München), Marasek (Rapid); Pfeifenberger (Salzburg), Polster (1.FC Köln)

Austausch: Stumpf (Rapid) für Herzog (46.), Wetl (Sturm) für Kühbauer (46.)

Tore: 1:0 (27.)O'Neill, 2:0 (32.) Dowie, 3:0 (53.) Hunter, 3:1 (55.) Schopp, 4:1 (64.) Gray, 4:2 (69.) Stumpf, 5:2 (78.) O'Neill, 5:3 (81.) Wetl

Österreich : Schweiz 1:0 (0:0)

1996 **Freundschaftsspiel**
567. Länderspiel, Wien, 27. 03. 1996
Schiedsrichter: Meese, BEL

Konsel (Rapid); Kartalija (LASK); Feiersinger (Salzburg), Pfeffer (Austria); Schopp (Sturm Graz), Vastic (Sturm), Pfeifenberger (Salzburg), Wetl (Sturm), Marasek (Rapid); Stumpf (Rapid), Polster (1. FC Köln)

Austausch: Haas (Sturm) für Stumpf (57.), Ogris Andi (Austria) für Polster (57.)

Tor: Ogris Andi (73.)

Ungarn : Österreich 0:2 (0:1)

1996 **Freundschaftsspiel**
568. Länderspiel, Budapest, 24. 04. 1996
Schiedsrichter: Michel, SK

Konsel (Rapid); Feiersinger (Salzburg); Hatz (Rapid), Pfeffer (Austria); Schopp (Sturm), Stöger (Rapid), Heraf (Rapid), Wetl (Sturm), Marasek (Rapid); Vastic (Sturm), Polster (1.FC Köln)

Austausch: Artner (Salzburg) für Heraf (46.), Herzog (Bayern München) für Stöger (46.), Kitzbichler (FC Tirol) für Vastic (46.), Wohlfahrt (Austria) für Konsel (46.), Schöttel (Rapid) für Wetl (68.), Ogris Andi (Austria) für Polster (74.)

Tore: 0:1 (12.) Polster (12.), 0:2 (66.) Marasek

Österreich : Tschechien 1:0 (0:0)

1996 **Freundschaftsspiel**
569. Länderspiel, Salzburg, 29. 05. 1996
Schiedsrichter: Reed, ENG

Konsel (Rapid); Kartlija (LASK); Schöttel (Rapid), Pfeffer (Austria); Schopp (Sturm), Stöger (Rapid), Artner (Salzburg), Herzog (Bayern München), Marasek (Rapid); Vastic (Sturm), Polster (1. FC Köln)

Austausch: Heraf (Rapid) für Stöger (46.), Kirchler (FC Tirol) für Marasek (46.), Wolfgang Knaller (Admira) für Konsel (46.), Wetl (Sturm) für Vastic (46.), Kogler Walter (Austria) für Schopp (63.), Ramusch (GAK) für Artner (63.), Cerny Harald (1860 München) für Polster (71.)

Tor: Wetl (86.)

Österreich : Schottland 0:0

1996 **WM-Qualifikationl**
570. Länderspiel, Wien, 31. 08. 1996
Schiedsrichter: Piraux, BEL

Konsel (Rapid); Feiersinger (Borussia Dortmund); Schöttel (Rapid), Pfeffer (Austria); Schopp (Hamburger SV), Kühbauer (Rapid), Heraf (Rapid), Herzog (Werder Bremen), Marasek (SC Freiburg); Ramusch (GAK), Polster (1. FC Köln)

Austausch: Sabitzer (GAK) für Polster (68.), Ogris Andi (Austria) für Ramusch (77.)

Schweden : Österreich 0:1 (0:1)

1996 **WM-Qualifikation**
571. Länderspiel, Solna, 09. 10. 1996
Schiedsrichter: Krondl, CZ

Konsel (Rapid); Feiersinger (Borussia Dortmund); Schöttel (Rapid), Pfeffer (Austria); Schopp (Hamburger SV), Stöger (Rapid), Heraf (Rapid), Hütter (Salzburg), Wetl (FC Porto); Polster (1. FC Köln), Herzog (Werder Bremen)

Austausch: Ramusch (GAK) für Stöger (72), Hatz (AC Reggiana) für Schopp (78.)

Tor: Herzog (12.)

Österreich : Lettland 2:1 (1:1)

1996 **WM-Qualifikation**
572. Länderspiel, Wien, 09. 11. 1996
Schiedsrichter: Mitrovic, SLO

Konsel (Rapid); Kartalija (LASK); Schöttel (Rapid), Pfeffer (Austria); Schopp,(Hamburger SV), Stöger (Rapid), Heraf (Rapid), Hütter (Salzburg), Wetl (FC Porto); Polster (1. FC Köln), Herzog (Werder Bremen)

Austausch: Kühbauer (Rapid) für Hütter (59.), Ramusch (GAK) für Stöger (59.)

Tore: 1:0 (43.) Polster, 1:1 (45.) Rimkus, 2:1 (73.) Herzog

Österreich : Slowenien 0:2 (0:0)

1997 **WM-Qualifikation**
573. Länderspiel, Linz, 18. 03. 1997
Schiedsrichter: Hrinak, SLK

Konsel (Rapid); Kartalija (LASK); Schöttel (Rapid), Pfeffer (Austria); Schopp (Hamburger SV), Hütter (Salzburg), Heraf (Rapid), Herzog (Werder Bremen), Aigner Franz (Salzbug); Cerny Harald (1860 München), Polster (1.FC Köln)7

Austausch: Stöger (Rapid) für Hütter (23.), Sabitzer (GAK) für Herzog (39.), Pfeifenberger (Werder Bremen) für Heraf (46.), Wohlfahrt (VfB Stuttgart) für Konsel (46.), Mählich (Sturm) für Stöger (67.)

Tore: 0:1 (83.) Gliha, 0:2 (84.) Siljak

Schottland : Österreich 2:0 (1:0)

1997 **WM-Qualifikation**
574. Länderspiel, Glasgow, 02. 04. 1997
Schiedsrichter: Levnikov, RUS

Konsel (Rapid); Feiersinger (Borussia Dortmund); Schöttel (Rapid), Pfeffer (Austria); Schopp (Hamburger SV), Stöger (Rapid), Heraf (Rapid), Wetl (FC Porto), Aigner Franz (Salzburg); Polster (1. FC Köln), Herzog (Werder Bremen)

Austausch: Kogler Walter (Salzburg) für Schöttel (46.), Vastic (Sturm) für Stöger (67.), Ogris Andi (Austria) für Aigner Franz (81.)

Tore: 1:0, 2:0 (24., 77.) Gallacher

Österreich : Estland 2:0 (0:0)

1997 **WM-Qualifikation**
575. Länderspiel, Wien, 30. 04. 1997
Schiedsrichter: Ancion, BEL

Konsel (Rapid); Feiersinger (Borussia Dortmund); Schöttel (Rapid), Pfeffer (Austria); Cerny Harald (1860 München), Kühbauer (Rapid), Heraf (Rapid), Herzog (Werder Bremen), Wetl (FC Porto); Vastic (Sturm Graz), Polster (1. FC Köln)

Austausch: Stöger (Rapid) für Vastic (52.), Kogler Walter (Salzburg) für Schöttel (70.)

Tore: 1:0 (48.) Vastic (48.), 2:0 (88.) Stöger

Lettland : Österreich 1:3 (0:0)

1997 **WM-Qualifikation**
576. Länderspiel, Riga, 08. 06. 1997
Schiedsrichter: Jol, NL

Konsel (Rapid); Feiersinger (Dortmund); Schöttel (Rapid), Pfeffer (Austria); Cerny Harald (1860 München), Kühbauer (Rapid), Heraf (Rapid), Herzog (Werder Bremen), Wetl (FC Porto); Vastic (Sturm Graz), Polster (1.FC Köln)

Austausch: Pfeifenberger (Werder Bremen) für Wetl (46.), Stöger (Rapid) für Herzog (80.), Ramusch (GAK) für Cerny Harald (86.)

Tore: 0:1 (57.) Heraf, 0:2 (82.) Polster, 0:3 (83.) Stöger, 1:3 (90) Astafjevs

Estland : Österreich 0:3 (0:0)

1997 **WM-Qualifikation**
577. Länderspiel, Tallinn, 20. 08. 1997
Schiedsrichter: Fassolis, GR

Konsel (AS Roma); Kogler Walter (Salzburg); Pfeifenberger (Werder Bremen), Pfeffer (Austria); Cerny Harald (1860 München), Kühbauer (Real Sociedad), Mählich (Sturm), Herzog (Werder Bremen), Prilasnig (Sturm Graz); Vastic (Sturm), Polster (1.FC Köln)

Austausch: Stöger (Rapid) für Herzog (66.), Schopp (Hamburger SV) für Cerny Harald (83.)

Tore: 0:1, 0:2, 0:3 (47., 69., 90.) Polster

Österreich : Schweden 1:0 (0:0)

1997 **WM-Qualifikation**
578. Länderspiel, Wien, 06. 09. 1997
Schiedsrichter: Lopez Nieto, E

Konsel (AS Roma); Feiersinger (Borussia Dortmund); Schöttel (Rapid), Pfeffer (Austria); Cerny Harald (1860 München), Pfeifenberger (Werder Bremen), Mählich (Sturm), Herzog (Werder Bremen), Prilasnig (Sturm); Vastic (Sturm), Polster (1.FC Köln)

Austausch: Stöger (Rapid) für Vastic (66.), Wohlfahrt für Herzog (82.)

Tor: Herzog (76.)

Weißrussland : Österreich 0:1 (0:0)

1997 **WM-Qualifikation**
579. Länderspiel, Minsk, 10. 09. 1997
Schiedsrichter: Muhmenthaler, CH

Wohlfahrt (VfB Stuttgart); Feiersinger (Borussia Dortmund); Schöttel (Rapid), Kogler Walter (Salzburg); Cerny Harald (1860 München), Pfeifenberger (Werder Bremen), Mählich (Sturm), Herzog (Werder Bremen), Prilasnig (Sturm); Vastic (Sturm), Polster (1.FC Köln)

Austausch: Stöger (Rapid) für Vastic (46.), Hütter (Salzburg) für Herzog (70.)

Tor: Pfeifenberger (49.)

Österreich : Weißrussland 4:0 (4:0)

1997 **WM-Qualifikation**
580. Länderspiel, Wien, 11. 10. 1997
Schiedsrichter: Huzu, ROM

Konsel (AS Roma); Feiersinger (Dortmund); Kogler Walter (Salzburg), Pfeffer (Austria); Cerny Harald (1860 München), Pfeifenberger (Werder Bremen), Mählich (Sturm), Herzog (Werder Bremen), Prilasnig (Sturm); Stöger (Rapid), Polster (1. FC Köln)

Austausch: Reinmayr (Sturm) für Herzog (64.), Schopp (Hamburger SV) für Prilasnig (66.), Ramusch (GAK) für Cerny (75.)

Tore: 1:0 (3.) Polster, 2:0 (6.) Stöger, 3:0 (16., Elfmeter) Polster, 4:0 (42.) Stöger

Österreich : Ungarn 2:3 (2:2)

1998 **Freundschaftsspiel**
581. Länderspiel, Wien, 25. 03. 1998
Schiedsrichter: Dr. Merk, GER

Konsel (AS Roma); Feiersinger (Borussia Dortmund); Schöttel (Rapid), Hiden Martin (Leeds United); Schopp (Sturm), Kühbauer (Real Sociedad), Mählich (Sturm), Herzog (Werder Bremen), Amerhauser (Salzburg); Vastic (Sturm), Polster (1. FC Köln)

Austausch: Pfeffer (Austria) für Schöttel (46.), Stöger (LASK) für Herzog (46.), Reinmayr (Sturm) für Kühbauer (67.)

Tore: 0:1 (4.) Horvath, 1:1 (10.) Vastic, 2:1 (21.) Amerhauser, 2:2, 2:3 (32., 53.) Illes

Österreich : USA 0:3 (0:0)

1998 **Freundschaftsspiel**
582. Länderspiel, Wien, 22. 04. 1998
Schiedsrichter: Hanacsek, H

Konsel (AS Roma); Schöttel (Rapid); Hiden Martin (Leeds United), Pfeffer (Austria); Cerny Harald (1860 München), Kühbauer (Real Sociedad), Mählich (Sturm), Herzog (Werder Bremen), Prilasnig (Sturm); Vastic (Sturm), Polster (1. FC Köln)

Austausch: Amerhauser (Salzburg) für Prilasnig (46.), Kogler Walter (AS Cannes) für Pfeffer (46.), Wohlfahrt (VfB Stuttgart) für Konsel (46.), Haas (Sturm) für Polster (56.), Reinmayr (Sturm) für Herzog (56.), Schopp (Sturm) für Cerny Harald (56.)

Tore: 0:1 (54.) Hejduk, 0:2 (89.) McBride, 0:3 (92.) Reyna

Österreich : Tunesien 2:1 (2:1)

1998 **Freundschaftsspiel**
583. Länderspiel, Wien, 27. 05. 1998
Schiedsrichter: Granat, POL

Wohlfahrt (VfB Stuttgart); Feiersinger (Borussia Dortmund); Schöttel (Rapid), Pfeffer (Austria); Cerny Harald (1860 München), Pfeifenberger (Werder Bremen), Mählich (Sturm), Herzog (Werder Bremen), Wetl (Rapid); Vastic (Sturm), Polster (1. FC Köln)

Austausch: Heraf (Rapid) für Pfeifenberger (46.), Kühbauer (Real Sociedad) für Herzog (72.), Hiden Martin (Leeds United) für Feiersinger (72.), Haas (Sturm) für Polster (72.), Amerhauser (Salzburg) für Wetl (75.)

Tore: 1:0 (11.) Cerny Harald, 2:0 (18.) Wetl, 2:1 (24.) Badra

Österreich : Liechtenstein 6:0 (2:0)

1998 **Freundschaftsspiel**
584. Länderspiel, Wien, 02. 06. 1998
Schiedsrichter: Benedeik, SK

Konsel (AS Roma); Feiersinger (Borussia Dortmund); Schöttel (Rapid), Pfeffer (Austria); Cerny Harald (1860 München), Kühbauer (Real Sociedad), Pfeifenberger (Werder Bremen), Herzog (Werder Bremen), Wetl (Rapid); Vastic (Sturm), Polster (1.FC Köln)

Austausch: Schopp (Sturm) für Cerny Harald (46.), Stöger (LASK) für Herzog (46.), Haas (Sturm) für Vastic (46.), Reinmayr (Sturm) für Pfeifenberger (66.)

Tore: 1:0 (5.) Polster, 2:0 (27.) Kühbauer, 3:0, 4.0 (68., 75.) Stöger, 5:0 (89.) Haas, 6:0 (90.) Polster

Österreich : Kamerun 1:1 (0:0)

1998 **Weltmeisterschaft**
585. Länderspiel, Frankreich, 11. 06. 1998
Schiedsrichter: Chavez, PAR

Konsel (AS Roma); Feiersinger (Borussia Dortmund); Schöttel (Rapid), Pfeffer (Austria); Cerny Harald (1860 München), Kühbauer (Real Sociedad), Mählich (Sturm), Pfeifenberger (Werder Bremen), Wetl (Rapid); Polster (1. FC Köln), Herzog (Werder Bremen)

Austausch: Haas (Sturm) für Cerny Harald (83.), Vastic (Sturm) für Herzog (83.), Stöger (LASK) für Pfeifenberger (83.)

Tore: 0:1 (77.) Njanka, 1:1 (91.) Polster

Österreich : Chile 1:1 (0:0)

1998 **Weltmeisterschaft**
586. Länderspiel, Frankreich, 17. 06. 1998
Schiedsrichter: Ghandour, ET

Konsel (AS Roma); Feiersinger (Borussia Dortmund); Schöttel (Rapid), Pfeffer (Austria); Cerny Harald(1860 München), Kühbauer (Real Sociedad), Mählich (Sturm), Pfeifenberger (Werder Bremen), Wetl (Rapid); Haas (Sturm), Polster (1.FC Köln)

Austausch: Schopp (Sturm) für Cerny Harald (46.), Herzog (Werder Bremen) für Kühbauer (46.), Vastic (Sturm) für Haas (73.)

Tore: 0:1 (69.) Salas, 1:1 (92.) Vastic

Österreich : Italien 1:2 (0:0)

1998 **Weltmeisterschaft**
587. Länderspiel, Frankreich, 23. 06. 1998
Schiedsrichter: Durkin, ENG

Konsel (AS Roma); Feiersinger (Borussia Dortmund); Schöttel (Rapid), Pfeffer (Austria); Mählich (Sturm), Kühbauer (Real Sociedad), Pfeifenberger (Werder Bremen), Reinmayr (Sturm), Wetl (Rapid); Vastic (Sturm), Polster (1.FC Köln)

Austausch: Haas (Sturm) für Polster (62.), Stöger (LASK) für Kühbauer (74.), Herzog (Werder Bremen) für Pfeifenberger (79.)

Tore: 0:1 (49.) Vieri, 0:2 (90.) Roberto Baggio, 1:2 (92., Elfmeter) Herzog

Österreich : Frankreich 2:2 (1:1)

1998 **Freundschaftsspiel**
588. Länderspiel, Wien, 19. 08. 1998
Schiedsrichter: Van der Ende, NL

Konsel (AS Roma); Feiersinger (Borussia Dortmund); Schöttel (Rapid), Pfeffer (Austria); Schopp (Sturm), Kühbauer (Real Sociedad), Mählich (Sturm), Reinmayr (Sturm), Wetl (Rapid); Vastic (Sturm), Haas (Sturm)

Austausch: Wohlfahrt (VfB Stuttgart) für Konsel (21.), Hiden Martin (Leeds United) für Schopp (46.), Stöger (LASK) für Kühbauer (46.), Mayrleb (Austria) für Haas (73.), Pfeifenberger (Salzburg) für Reinmayr (79.), Neukirchner (Sturm) für Wetl (79.)

Tore: 0:1 (16.) Laslandes, 1:1 (42.) Haas, 2:1 (76.) Vastic, 2:2 (84.) Boghossian

Österreich : Israel 1:1 (1:0)

1998 **EM-Qualifikation**
589. Länderspiel, Wien, 05. 09. 1998
Schiedsrichter: Andres Frisk, SWE

Wohlfahrt (VfB Stuttgart); Feiersinger (Borussia Dortmund); Schöttel (Rapid), Pfeffer (Austria); Cerny Harald (1860 München), Kühbauer (Real Sociedad), Mählich (Sturm), Reinmayr (Sturm), Amerhauser (Salzburg); Vastic (Sturm), Haas (Sturm)

Austausch: Hiden Martin (Leeds United) für Schöttel (73.), Mayrleb (Austria) für Haas (73.), Stöger (LASK) für Cerny Harald (74.)

Tore: 1:0 (7.) Reinmayr, 1:1 (68.) Nimny

Zypern : Österreich 0:3 (0:0)

1998 **EM-Qualifikation**
590. Länderspiel, Larnaca, 10. 10. 1998
Schiedsrichter: Meese, BEL

Wohlfahrt (VfB Stuttgart); Schöttel (Rapid); Hiden Martin (Leeds United), Pfeffer (Austria); Cerny Harald (1860 München), Kühbauer (Real Sociedad), Mählich (Sturm), Reinmayr (Sturm), Wetl (Rapid); Vastic (Sturm), Haas (Sturm)

Austausch: Mayrleb (Austria) für Haas (78.), Stöger (LASK) für Reinmayr (78.), Glieder (Salzburg) für Vastic (82.)

Tore: 0:1, 0:2 (53., 60.) Cerny Harald, 0:3 (74.) Reinmayr

San Marino : Österreich 1:4 (0:0)

1998 **EM-Qualifikationl**
591. Länderspiel, Serravalle, 14. 10. 1998
Schiedsrichter: Onufer, UK

Wohlfahrt (VfB Stuttgart); Schöttel (Rapid); Hiden Martin (Leeds United), Pfeffer (Austria); Cerny Harald (1860 München), Kühbauer (Real Sociedad), Heraf (Rapid), Reinmayr (Sturm), Wetl (Rapid); Vastic (Sturm), Haas (Sturm)

Austausch: Mayrleb (Austria) für Reinmayr (46.), Glieder (Salzburg) für Haas (65.), Stöger (LASK) für Vastic (70.)

Tore: 0:1 (59.) Vastic, 0:2 (61.) Mayrleb (61.), 0:3 (68.) Hiden Martin, 0:4 (76.) Glieder, 1:4 (80.) Selva

Schweiz : Österreich 2:4 (1:3)

1999 **Freundschaftsspiel**
592. Länderspiel, St. Gallen, 10. 03. 1999
Schiedsrichter: Huyghe, BEL

Wohlfahrt (VfB Stuttgart); Feiersinger (Borussia Dortmund); Schöttel (Rapid), Koger Walter (FC Tirol); Cerny Harald (1860 München), Prosenik (Rapid), Mählich (Sturm), Reinmayr (Sturm), Neukirchner (Sturm); Haas (Sturm), Herzog (Werder Bremen)

Austausch: Mayrleb (Austria) für Haas (46.), Schopp (Sturm) für Neukirchner (57.), Stöger (Austria) für Reinmayr (74.)

Tore: 0:1 (4.) Herzog, 1:1 (23.) Vogel, 1:2 (31.) Neukirchner, 1:3 (43.) Reinmayr, 2:3 (50., Eigentor) Feiersinger, 2:4 (57.) Herzog

Spanien : Österreich 9:0 (5:0)

1999 **EM-Qualifikationl**
593. Länderspiel, Valencia, 27. 03. 1999
Schiedsrichter: Veissiere, FRA

Wohlfahrt (VfB Stuttgart); Feiersinger (Borussia Dortmund); Schöttel (Rapid), Pfeffer (Austria); Cerny Harald (1860 München), Neukirchner (Sturm), Mählich (Sturm), Prosenik (Rapid), Wetl (Rapid); Haas (Sturm), Herzog (Werder Bremen)

Austausch: Kogler Walter. (FC Tirol) für Feiersinger (53.), Reinmayr (Sturm) für Prosenik (56.), Mayrleb (Austria) für Haas (68.)

Tore: 1:0, 2:0 (6., 15.) Raul, 3:0 (26.) Urzaiz, 4:0 (34.) Hierro, 5:0 (45.) Urzaiz, 6:0, 7:0 (48., 75.) Raul, 8:0 (77., Eigentor) Wetl, 9:0 (84.) Fran

Österreich : San Marino 7:0 (3:0)

1999 **EM-Qualifikation**
594. Länderspiel, Graz, 28. 04. 1999
Schiedsrichter: Vassaras, GR

Wohlfahrt (VfB Stuttgart); Feiersinger (Borussia Dortmund); Winklhofer (Salzburg), Neukirchner (Sturm); Schopp (Sturm), Prosenik (Rapid), Herzog (Werder Bremen), Amerhauser (Salzburg); Cerny Harald (1860 München), Vastic (Sturm), Mayrleb (Austria)

Austausch: Kitzbichler (Salzburg) für Cerny Harald (72.), Glieder (Salzburg) für Schopp (72.), Rohseano (LASK) für Winklhofer (81.)

Tore: 1:0 (22.) Mayrleb, 2:0, 3:0 (42., 44.) Vastic, 4:0 (53.) Mayrleb, 5:0 (71.) Amerhauser, 6:0 (82.) Herzog, 7:0 (85.) Vastic

Israel : Österreich 5:0 (2:0)

1999 **EM-Qualifikation**
595. Länderspiel, Tel Aviv, 06. 06. 1999
Schiedsrichter: Michel, SLO

Wohlfahrt (VfB Stuttgart); Barisic (FC Tirol); Winklhofer (Salzburg), Kogler Walter (FC Tirol); Cerny Harald (1860 München), Neukirchner (Sturm), Mählich (Sturm), Herzog (Werder Bremen), Amerhauser (Salzburg); Mayrleb (Austria), Vastic (Sturm)

Austausch: Prosenik (Rapid) für Amerhauser (46.), Glieder (Salzburg) für Vastic (56.), Haas (Sturm) für Mayrleb (67.)

Tore: 1:0 (27.) Berkovic, 2:0 (45.) Revivo, 3:0 (48.) Berkovic, 4:0 (55.) Mizrahi, 5:0 (75) Ghrayib

Schweden : Österreich 0:0

1999 **Freundschaftsspiel**
596. Länderspiel, Malmö, 18. 08. 1999
Schiedsrichter: Larsen, DK

Manninger (Arsenal London); Streiter (Austria); Winklhofer (Salzburg), Hatz (Rapid); Ibertsberger Robert (Salzburg), Kühbauer (Real Sociedad), Hörtnagl (FC Tirol), Vastic (Sturm), Kirchler (FC Tirol); Haas (RC Strasbourg), Mayrleb (Austria)

Austausch: Weissenberger Markus (Arminia Bielefeld) für Haas (46.), Kauz (LASK) für Hörtnagl (68.), Wimmer (Rapid) für Kirchler (89.)

Österreich : Spanien 1:3 (0:1)

1999 **EM-Qualifikation**
597. Länderspiel, Wien, 04. 09. 1999
Schiedsrichter: Piraux, BEL

Manninger (Arsenal London); Streiter (Austria); Winklhofer (Salzburg), Hatz (Rapid); Ibertsberger Robert (Salzburg), Kühbauer (Real Sociedad), Mählich (Sturm), Vastic (Sturm), Kirchler (FC Tirol); Cerny Harald (1860 München), Mayrleb (Austria)

Austausch: Schopp (Sturm) für Mählich (60.), Weissenberger Markus (Arminia Bielefeld) für Kirchler (67.)

Tore: 0:1 (23.) Raul, 1:1 (50., Eigentor) Hierro, 1:2 (54.) Hierro, 1:3 (89.) Luis Enrique

Österreich : Zypern 3:1 (2:0)

1999 **EM-Qualifikation**
598. Länderspiel, Wien, 10. 10. 1999
Schiedsrichter: Bazzoli, ITA

Manninger (Arsenal London); Vastic (Sturm); Winklhofer (Salzburg), Neukirchner (Sturm); Ibertsberger Robert (Salzburg), Kühbauer (Real Sociedad), Kirchler (FC Tirol), Weissenberger Markus (Arminia Bielefeld); Cerny Harald (1860 München), Glieder (Salzburg), Mayrleb (Austria)

Austausch: Herzog (Werder Bremen) für Neukirchner (46.), Kauz (LASK) für Cerny Harald (74.), Wimmer (Rapid) für Weissenberger Markus (82.)

Tore: 1:0 (5.) Glieder, 2:0 (23) Vastic, 2:1 (63.) Costa, 3:1 (80.), Herzog

Griechenland : Österreich 4:1 (1:1)

2000 **Freundschaftsspiel**
599. Länderspiel, Kalamata, 23. 02. 2000
Schiedsrichter: Dallas, SCO

Wohlfahrt (VfB Stuttgart); Neukirchner (Sturm); Winklhofer (Salzburg), Prilasnig (Sturm); Ibertsberger Robert (Salzburg), Kühbauer (Real Sociedad), Vastic (Sturm), Herzog (Werder Bremen), Kirchler (FC Tirol); Cerny Harald (1860 München), Mayrleb (Austria)

Austausch: Manninger (Arsenal London) für Wohlfahrt (46.), Schiesswald (Rapid) für Kirchler (46.), Haas (RC Strasbourg) für Vastic (46.), Weissenberger Markus (Arminia Bielefeld) für Mayrleb, Amerhauser (GAK) für Herzog (70.)

Tore: 1:0 (36.) Georgiadis, 1:1 (44.) Vastic, 2:1 (55.) Georgiadis, 3:1 (82.) Ouzounidis, 4:1 (89.) Lakis

Österreich : Schweden 1:1 (1:0)

2000 **Freundschaftsspiel**
600. Länderspiel, Graz, 29. 03. 2000
Schiedsrichter: Hamer, LUX

Wohlfahrt (VfB Stuttgart); Neukirchner (Sturm); Winklhofer (Salzburg), Hatz (Rapid); Schopp (Sturm), Flögel Thomas (Heart of Midlothian), Stranzl (1860 München), Herzog (Werder Bremen), Prilasnig (Sturm); Vastic (Sturm), Weissenberger Markus (Arminia Bielefeld)

Austausch: Mayrleb (Austria) für Vastic (46.), Kirchler (FC Tirol) für Herzog (55.), Dospel (Austria) für Neukirchner (65.), Amerhauser (GAK) für Weissenberger (78.)

Tore: 1:0 (16.) Flögel, 1:1 (85.) Pettersson

Österreich : Kroatien 1:2 (1:1)

2000 **Freundschaftsspiel**
601. Länderspiel, Wien, 26. 04. 2000
Schiedsrichter: Fröhlich, GER

Wohlfahrt (VfB Stuttgart); Neukirchner (Sturm); Winklhofer (Salzburg), Hatz (Rapid); Schopp (Sturm), Flögel Thomas (Heart of Midlothian), Stranzl (1860 München), Herzog (Werder Bremen), Prilasnig (Sturm); Vastic (Sturm), Weissenberger Markus (Arminia Bielefeld)

Austausch: Cerny Harald (1860 München) für Schopp (46.), Kirchler (FC Tirol) für Prilasnig (46.), Lipa (GAK) für Neukirchner (67.), Mayrleb (Austria) für Weissenberger Markus (67.)

Tore: 1:0 (18.) Vastic, 1:1 (24. Eigentor) Flögel Thomas, 1:2 (66.) Stanic

Ungarn : Österreich 1:1 (1:0)

2000 **Freundschaftsspiel**
602. Länderspiel, Budapest, 16. 08. 2000
Schiedsrichter: Jara, CZ

Wohlfahrt (Austria); Neurkichner (Sturm); Winklhofer (Salzburg), Hatz (Rapid); Schopp (Sturm), Flögel Thomas (Heart of Midlothian), Stranzl (1860 München), Herzog (Werder Bremen), Kirchler (FC Tirol); Cerny Harald (1860 München), Radovic (Rapid)

Austausch: Kühbauer (VfL Wolfsburg) für Winklhofer (46.), Manninger (Arsenal London) für Wohlfahrt (46.), Kitzbichler (Salzburg) für Herzog (56.), Brunmayr (GAK) für Radovic (68.)

Tore: 1:0 (33.) Illes, 1:1 (67.) Kirchler

Österreich : Iran 5:1 (2:1)

2000 **Freundschaftsspiel**
603. Länderspiel, Wien, 01. 09. 2000
Schiedsrichter: Maric, CRO

Wohlfahrt (Austria); Hiden Martin (Austria); Winklhofer (Salzburg), Hatz (Rapid); Schopp (Sturm), Kühbauer (VfL Wolfsburg), Stranzl (1860 München), Herzog (Werder Bremen), Kirchler (FC Tirol); Polster (vereinslos), Kocijan (Sturm)

Austausch: Mayrleb (Austria) für Polster (21.), Neukirchner (Sturm) für Winklhofer (46.), Flögel Thomas (Heart of Midlothian) für Schopp (46.), Brunmayr (GAK) für Kocijan (73.), Kitzbichler (Salzburg) für Stranzl (83.)

Tore: 0:1 (7.) Majidi, 1:1 (39.) Herzog, 2:1 (44.) Kocijan, 3:1 (47.) Mayrleb, 4:1 (66.) Kühbauer, 5:1 (69.) Mayrleb

Liechtenstein : Österreich 0:1 (0:1)

2000 **WM-Qualifikation**
604. Länderspiel, Vaduz, 07. 10. 2000
Schiedsrichter: Rowbotham, SCO

Wohlfahrt (Austria); Baur (FC Tirol); Stranzl (1860 München), Hiden Martin (Austria); Schopp (Sturm), Flögel Thomas (Heart of Midlothian), Kühbauer (VFL Wolfsburg), Herzog (Werder Bremen), Kirchler (FC Tirol); Mayrleb (Austria), Brunmayr (GAK)

Austausch: Kitzbichler (Salzburg) für Brunmayr (46.), Hörtnagl (FC Tirol) für Schopp (67.)

Tor: Flögel Thomas (20.)

Österreich : Spanien 1:1 (1:1)

2000 **WM-Qualifikation**
605. Länderspiel, Wien, 10. 10. 2000
Schiedsrichter: Ivanov, RUS

Wohlfahrt (Austria); Baur (FC Tirol); Hatz (Rapid), Hiden Martin (Austria); Cerny Harald (1860 München), Kühbauer (VfL Wolfsburg), Stranzl (1860 München), Herzog (Werder Bremen), Flögel Thomas (Heart of Midlothian); Mayrleb (Austria), Kocijan (Sturm)

Austausch: Hörtnagl (FC Tirol) für Stranzl (45.), Kirchler (FC Tirol) für Kocijan (54.), Schopp (Sturm) für Kühbauer (75.)

Tore: 1:0 (21.) Baur, 1:1 (27.) Baraja

Kroatien : Österreich 1:0 (1:0)

2001 **Freundschaftsspiel**
606. Länderspiel, Rijeka, 28. 02. 2001
Schiedsrichter: Sundell, SWE

Manninger (Arsenal London); Baur (FC Tirol); Neukirchner (Sturm), Hiden Martin (Austria); Schopp (Sturm), Flögel Thomas (Heart of Midlothian), Kühbauer (VfL Wolfsburg), Herzog (Werder Bremen), Kirchler (FC Tirol); Vastic (Sturm), Mayrleb (Austria)

Austausch: Haas (Sturm) für Mayrleb (45.), Kocijan (Sturm) für Vastic (45.), Prilasnig (Sturm) für Kühbauer (60.), Cerny Harald (1860 München) für Kirchler (71.), Hörtnagl (FC Tirol) für Schopp (71.), Schiesswald (Rapid) für Neukirchner (83.)

Tor: Vugrinec (36.)

Bosnien Herzegowina : Österreich 1:1 (1:0)

2001 **WM-Qualifikation**
607. Länderspiel, Sarajevo, 24. 03. 2001
Schiedsrichter: Ovrebo, NOR

Wohlfahrt (Austria); Baur (FC Tirol); Neukirchner (Sturm), Hiden Martin (Austria); Cerny Harald (1860 München), Kühbauer (VfL Wolfsburg), Stranzl (1860 München), Herzog (Werder Bremen) Flögel Thomas (Heart of Midlothian); Vastic (Sturm), Mayrleb (Austria)

Austausch: Schopp (Sturm) für Cerny Harald (46.), Prilasnig (Sturm) für Neukirchner (54.), Haas (Sturm) für Herzog (71.)

Tore: 1:0 (43.) Barbarez, 1:1 (61.) Baur.

Österreich : Israel 2:1 (2:1)

2001 **WM-Qualifikation**
608. Länderspiel, Wien, 28. 03. 2001
Schiedsrichter: Trentalange, ITA

Wohlfahrt (Austria); Baur (FC Tirol); Prilasnig (Sturm), Hiden Martin (Austria); Schopp (Sturm), Kühbauer (VfL Wolfsburg), Stranzl (1860 München), Herzog (Werder Bremen), Flögel Thomas (Heart of Midlothian); Vastic (Sturm), Mayrleb (Austria)

Austausch: Hörtnagl (FC Tirol) für Vastic (59.), Haas (Sturm) für Mayrleb (63.), Kitzbichler (Salzburg) für Herzog (91.)

Tore: 0:1 (6., Eigentor) Baur, 1:1 (9.) Baur, 2:1 (42., Elfer) Herzog

Österreich : Liechtenstein 2:0 (1:0)

2001 **WM-Qualifikation**
609. Länderspiel, Innsbruck, 25. 04. 2001
Schiedsrichter: Malcom, Nordirland

Manninger (Arsenal London); Baur (FC Tirol); Prilasnig (Sturm), Hiden Martin (Austria); Kitzbichler (Salzburg), Flögel Thomas (Heart of Midlothian), Hörtnagl (FC Tirol), Herzog (Werder Bremen), Kirchler (FC Tirol); Vastic (Sturm), Glieder (FC Tirol)

Austausch: Weissenberger Markus (Arminia Bielefeld) für Vastic (61.), Ibertsberger Robert (Sturm) für Kitzbichler (75.), Wallner (Rapid) für Herzog (89.)

Tore: 1:0 (44.) Glieder (44.), 2:0 (75.) Flögel Thomas

Österreich : Schweiz 1:2 (0:1)

2001 **Freundschaftsspiel**
610. Länderspiel, Wien, 15. 08. 2001
Schiedsrichter: Vollquartz, DK

Wohlfahrt (Austria); Baur (FC Tirol); Neukirchner (Sturm), Hiden Martin (Austria); Flögel Thomas (Heart of Midlothian), Kühbauer (VfL Wolfsburg), Hörtnagl (FC Tirol), Herzog (Werder Bremen), Kirchler (FC Tirol); Vastic (Sturm Graz), Brunmayr (GAK)

Austausch: Kogler Walter (FC Tirol) für Neukirchner (46.), Kitzbichler (Salzburg) für Vastic (46.), Ibertsberger Robert (FC Tirol) für Kühbauer (46.), Manninger (AC Fiorentina) für Wohlfahrt (46.), Weissenberger Markus (1860 München) für Hörtnagl (62.), Winklhofer (1. FC Saarbrücken) für Flögel Thomas (72.)

Tore: 0:1 (10.) Vogel, 1:1 (60.) Herzog, 1:2 (74.) Hakan Yakin

Spanien : Österreich 4:0 (1:0)

2001 WM-Qualifikation
611. Länderspiel, Valencia, 01. 09. 2001
Schiedsrichter: Elizondo, ARG

Wohlfahrt (Austria); Baur (FC Tirol); Kogler Walter (FC Tirol), Hiden Martin (Austria); Ibertsberger Robert (FC Tirol), Flögel Thomas (Heart of Midlothian), Hörtnagl (FC Tirol), Herzog (Werder Bremen), Prilasnig (Aris Saloniki); Vastic (Sturm), Weissenberger Markus (1860 München)

Austausch: Kitzbichler (Salzburg) für Weissenberger Markus (57.), Brunmayr (GAK) für Vastic (66.), Winklhofer (1. FC Saarbrücken) für Ibertsberger Robert (69.)

Tore: 1:0 (45.) Tristan, 2:0, 3.0 (79., 85.) Morientes, 4:0 (90.) Mendieta

Österreich : Bosnien Herzegowina 2:0 (1:0)

2001 WM-Qualifikation
612. Länderspiel, Wien, 05. 09. 2001
Schiedsrichter: Barber, ENG

Wohlfahrt (Austria); Baur (FC Tirol); Kogler Walter (FC Tirol), Hiden Martin (Austria); Ibertsberger Robert (FC Tirol), Flögel Thomas (Heart of Midlothian), Kühbauer (Real Sociedad), Herzog (Werder Bremen), Prilasnig (Aris Saloniki); Vastic (Sturm), Haas (Sturm)

Austausch: Weissenberger Markus (1860 München) für Haas (81.), Winklhofer (1. FC Saarbrücken) für Ibertsberger Robert (83.), Kitzbichler (Salzburg) für Herzog (90.)

Tore: 1:0, 2:0 (38., 86.) Herzog

Israel : Österreich 1:1 (0:0)

2001 WM-Qualifikation
613. Länderspiel, Tel Aviv, 27. 10. 2001
Schiedsrichter: Melo Pereira, POR

Wohlfahrt (Austria); Vukovic (FC Kärnten); Winklhofer (1.FC Saarbrücken), Strafner (Sturm); Schopp (Brescia), Kitzbichler (Salzburg), Hiden Markus (Rapid), Herzog (Werder Bremen), Prilasnig (Aris Saloniki); Vastic (Sturm), Haas (Sturm)

Austausch: Lexa (Unterhaching) für Schopp (59.), Wallner (Rapid) für Strafner (69.), Kocijan (LASK) für Kitzbichler (74.)

Tore: 1:0 (56., Elfer) Gershon, 1:1 (92. Freistoß) Herzog

Österreich : Türkei 0:1 (0:0)

2001 WM-Qualifikation
614. Länderspiel, Wien, 10. 11. 2001
Schiedsrichter: Mejuto Gonzalez, E

Wohlfahrt (Austria); Vukovic (FC Kärnten); Winklhofer (1.FC Saarbrücken), Strafner (Sturm); Schopp (Brescia), Hiden Markus (Rapid), Baur (FC Tirol), Flögel Thomas (Heart of Midlothian), Wallner (Rapid); Haas (Sturm), Herzog (Werder Bremen)

Austausch: Lexa (Unterhaching) für Schopp (52.), Weissenberger Markus (1860 München) für Wallner (62.), Kitzbichler (Salzburg) für Hiden Markus (72.)

Tor: 0:1 (60.) Okan

Türkei : Österreich 5:0 (3:0)

2001 WM-Qualifikation
615. Länderspiel, Istanbul, 14. 11. 2001
Schiedsrichter: Collina, ITA

Wohlfahrt (Austria); Vukovic (FC Kärnten); Winklhofer (1.FC Saarbrücken), Strafner (Sturm); Lexa (Unterhaching), Flögel Thomas (Heart of Midlothian), Hiden Markus (Rapid), Herzog (Werder Bremen), Prilasnig (Aris Saloniki); Vastic (Sturm), Haas (Sturm)

Austausch: Kitzbichler (Salzburg) für Prilasnig (46.), Schopp (Brescia) für Lexa (53.), Weissenberger Markus (1860 München) für Vastic (74.)

Tore: 1:0 (21.) Bastürk, 2:0 (30.) Hakan Sükür, 3:0 (45.) Okan, 4:0, 5:0 (69., 85.) Arif

Österreich : Slowakei 2:0 (0:0)

2002 Freundschaftsspiel
616. Länderspiel, Graz, 27. 03. 2002
Schiedsrichter: Steinborn, GER

Manninger (AC Fiorentina); Baur (FC Tirol); Feldhofer (Rapid), Stranzl (1860 München); Kitzbichler (Salzburg), Aufhauser (GAK), Vastic (Sturm Graz), Herzog (Rapid), Panis (FC Tirol); Wallner (Rapid), Linz (Austria)

Austausch: Dospel (Austria) für Stranzl (23.), Brunmayr (GAK) für Linz (57.), Weissenberger Markus (1860 München) für Herzog (60.), Höller (FC Kärtnen) für Panis (76.), Lexa (Unterhaching) für Kitzbichler (76.), Hickersberger Thomas (Salzburg) für Vastic (82.)

Tore: 1:0 (64.) Brunmayr, 2:0 (78.) Weissenberger Markus

Österreich : Kamerun 0:0

2002 Freundschaftsspiel
617. Länderspiel, Wien, 17. 04. 2002
Schiedsrichter: Busacca, CH

Manninger (AC Fiorentina); Scharner (Austria), Feldhofer (Rapid), Baur (FC Tirol), Panis (FC Tirol); Wimmer (Eintracht Frankfurt), Aufhauser (GAK), Herzog (Rapid), Weissenberger Markus (1860 München), Wallner (Rapid), Vastic (Sturm),

Austausch: Mayrleb (Austria) für Wallner (58.), Hiden Markus (Rapid) für Vastic (63.), Kitzbichler (Salzburg) für Wimmer (73.), Linz (Austria) für Herzog (88.), Dospel (Austria) für Weissenberger (93.), Höller (FC Kärnten) für Panis (93.)

Deutschland : Österreich 6:2 (3:1)

2002 Freundschaftsspiel
618. Länderspiel, Leverkusen, 18. 05. 2002
Schiedsrichter: Busacca, CH

Goriupp (FC Kärnten); Baur (FC Tirol); Dospel (Austria), Feldhofer (Rapid); Cerny Harald (1860 München), Aufhauser (GAK), Mählich (Sturm), Herzog (Rapid), Landerl (Fortuna Sittard); Wallner (Rapid), Weissenberger Markus (1860 München)

Austausch: Panis (FC Tirol) für Landerl (46.), Brunmayr (GAK) für Herzog (52.), Scharner (Austria) für Feldhofer (63.), Kitzbichler (Salzburg) für Wallner (67.), Hiden Markus (Rapid) für Weissenberger (75.), Pogatetz (Bayer Leverkusen) für Dospel (83.)

Tore: 1:0, 2:0 (13., 32.) Klose, 3:0 (33.) Bode, 3:1 (37.) Aufhauser, 3:2 (46.) Wallner, 4:2 (53.) Klose, 5:2 (70.) Bode, 6:2 (83.) Bierofka

Schweiz : Österreich 3:2 (2:1)

2002 Freundschaftsspiel
619. Länderspiel, Basel, 21. 08. 2002
Schiedsrichter: Rosetti, ITA

Manninger (Espanyol Barcelona); Wimmer (Hansa Rostock), Baur (Hamburger SV), Hiden Martin (Austria), Panis (Austria); Cerny Harald (1860 München), Aufhauser (GAK), Wagner Michael (Austria), Weissenberger Markus (1860 München); Wallner (Rapid), Linz (Austria)

Austausch: Kitzbichler (Hamburger SV) für Wimmer (46.), Pürk (1860 München) für Panis (61.), Kahraman (Pasching) für Linz (72.)

Tore: 0:1 (11.) Wallner, 1:1 (19.) Hakan Yakin, 2:1 (41.) Frei, 3:1 (75.) Murat Yakin, 3:2 (81.) Wallner

Österreich : Moldawien 2:0 (2:0)

2002 EM-Qualifikation
620. Länderspiel, Wien, 07. 09. 2002
Schiedsrichter: Dougal, SCO

Manninger (Arsenal London); Dospel (Austria), Baur (Hamburger SV), Hiden Martin (Austria), Panis (Austria); Schopp (Brescia), Aufhauser (GAK), Herzog (Rapid), Flögel Thomas (Austria); Vastic (Nagoya Grampus Eight), Wallner (Rapid)

Austausch: Wimmer (Hansa Rostock) für Schopp (58.), Linz (Austria) für Wallner (68.), Wagner Michael (Austria) für Vastic (81.)

Tore: 1:0, 2:0 (jeweils Elfer, 4., 30.) Herzog

Weißrussland : Österreich 0:2 (0:0)

2002 EM-Qualifikation
621. Länderspiel, Minsk, 12. 10. 2002
Schiedsrichter: Poulat, FRA

Manninger (Arsenal London); Dospel (Austria), Baur (Hamburger SV), Hiden Martin (Austria); Schopp (Brescia), Kovacevic (Pasching), Flögel Thomas (Austria), Wagner Michael (Austria), Cerny Harald (1860 München); Wallner (Rapid), Kahraman (Pasching)

Austausch: Akagündüz (Ried) für Wallner (74.), Herzog (Rapid) für Kahraman (83.), Aufhauser (GAK) für Kovacevic (90.)

Tore: 0:1 (58.) Schopp (58.), 0:2 (89.) Akagündüz

Österreich : Niederlande 0:3 (0:3)

2002 EM-Qualifikation
622. Länderspiel, Wien, 16. 10. 2002
Schiedsrichter: Collina, ITA

Manninger (Arsenal London); Dospel (Austria), Baur (Hamburger SV), Hiden Martin (Austria); Schopp (Brescia), Flögel Thomas (Austria), Herzog (Rapid), Wagner Michael (Austria), Cerny Harald (1860 München); Wallner (Rapid), Weissenberger Markus (1860 München)

Austausch: Aufhauser (GAK) für Herzog (46.), Akagündüz (Ried) für Weissenberger Markus (76.), Scharner (Austria) für Wallner (80.)

Tore: 0:1 (16.) Seedorf, 0:2 (20.) Cocu, 0:3 (30.) Makaay

Österreich : Norwegen 0:1 (0:0)

2002 **Freundschaftsspiel**
623. Länderspiel, Wien, 20. 11. 2002
Schiedsrichter: Abraham,

Mandl (Austria); Ehmann (GAK), Hiden Martin (Austria), Pogatetz (Aarau); Schopp (Brescia), Aufhauser (GAK), Schöttel (Rapid), Flögel Thomas (Austria), Orman (Hibernian Edinburgh); Wallner (Rapid), Herzog (Rapid)

Austausch: Kahraman (Pasching) für Schöttel (4.), Scharner (Austria) für Schopp (5.), Macho (Sunderland) für Mandl (45.), Weissenberger Markus(1860 München) für Herzog (61), Akagündüz (Ried) für Kahraman (76), Dollinger (DSV Leoben) für Wallner (84.)

Tor: Moudouh-Kah (80.)

Österreich : Griechenland 2:2 (0:0)

2003 **Freundschaftsspiel**
624. Länderspiel, Graz, 26. 03. 2003
Schiedsrichter: Ovrebo, NL

Mandl (Austria); Scharner (Austria), Ehmann (GAK), Stranzl (1860 München), Pogatetz (FC Aarau); Schopp (Brescia), Aufhauser (GAK), Herzog (Rapid), Flögel Thomas (Austria); Kollmann (GAK), Weissenberger Markus (1860 München)

Austausch: Ivanschitz (Rapid) für Weissenberger Markus (46.), Hieblinger (FC Kärnten) für Ehmann (57.), Haas (Sturm) für Kollmann (64.), Wagner Michael (Austria) für Flögel Thomas (73.), Kovacevic (Pasching) für Herzog (90.)

Tore: 0:1 (48.) Tsartas, 0:2 (50.) Kafes, 1:2 (54.) Schopp, 2:2 (81.) Haas

Tschechien : Österreich 4:0 (2:0)

2003 **EM-Qualifikation**
625. Länderspiel, Prag, 02. 04. 2003
Schiedsrichter: Lopez Nieto, E

Mandl (Austria); Scharner (Austria), Stranzl (1860 München), Hieblinger (FC Kärnten), Pogatetz (FC Aarau); Schopp (Brescia), Aufhauser (GAK), Herzog (Rapid), Flögel Thomas (Austria); Haas (Sturm), Weissenberger Markus (1860 München)

Austausch: Wagner Michael (Austria) für Flögel Thomas (46.), Kovacevic (Pasching) für Herzog (53.), Dospel (Austria) für Haas (62.)

Tore: 1:0 (19.) Nedved, 2:0 (32.) Koller, 3:0 (55. Elfer) Jankulovski, 4:0 (62.) Koller

Schottland : Österreich 0:2 (0:2)

2003 **Freundschaftsspiel**
626. Länderspiel, Glasgow, 30. 04. 2003
Schiedsrichter: Vollquarz, DK

Mandl (Austria); Scharner (Austria), Ehmann (GAK), Stranzl (1860 München), Dospel (Austria); Schopp (Brescia), Aufhauser (GAK), Flögel Thomas (Austria), Wagner Michael (Austria), Kirchler (Salzburg); Haas (Sturm)

Austausch: Brunmayr (GAK) für Haas (63.), Herzog (Rapid) für Kirchler (83.), Hieblinger (FC Kärnten) für Flögel Thomas (90.)

Tore: 0:1 (27.) Kirchler, 0:2 (33.) Haas

Moldawien : Österreich 1:0 (0:0)

2003 **EM-Qualifikation**
627. Länderspiel, Tiraspol, 07. 06. 2003
Schiedsrichter: Paraty Da Silva, POR

Mandl (Austria); Scharner (Austria), Ehmann (GAK), Stranzl (1860 München), Dospel (Austria); Schopp (Brescia), Aufhauser (GAK), Flögel Thomas (Austria), Wagner Michael (Austria), Kirchler (Salzburg); Haas (Sturm)

Austausch: Cerny Harald (1860 München) für Dospel (57.), Wallner (Rapid) für Wagner Michael (70.), Eder (Salzburg) für Scharner (79.)

Tor: 1:0 (61.) Frunza

Österreich : Weißrussland 5:0 (1:0)

2003 **EM-Qualifikation**
628. Länderspiel, Innsbruck, 11. 06. 2003
Schiedsrichter: Fröjdfeldt, SWE

Mandl (Austria); Scharner (Austria), Ehmann (GAK), Stranzl (1860 München), Dospel (Austria); Cerny Harald (1860 München), Aufhauser (GAK), Flögel Thomas (Austria), Wagner Michael (Austria), Kirchler (Salzburg); Haas (Sturm)

Austausch: Hieblinger (FC Kärnten) für Stranzl (46.), Wallner (Rapid) für Haas (60.), Payer (Rapid) für Mandl (85.)

Tore: 1:0 (34.) Aufhauser, 2:0 (47.) Haas, 3:0 (53.) Kirchler, 4:0 (62.) Wallner, 5:0 (71.) Cerny Harald

Österreich : Costa Rica 2:0 (1:0)

2003 **Freundschaftsspiel**
629. Länderspiel, Wien, 20. 08. 2003
Schiedsrichter: Hamer, LUX

Mandl (Austria); Dospel (Austria), Ehmann (GAK), Hiden Martin (Austria), Pogatetz (GAK); Schopp (Brescia), Aufhauser (GAK), Flögel Thomas (Austria), Ivanschitz (Rapid), Kirchler (Salzburg); Glieder (Pasching)

Austausch: Payer (Rapid) für Mandl (46.), Haas (Sturm) für Kirchler (64.), Wallner (Rapid) für Glieder (64.), Weissenberger Markus (1860 München) für Schopp (67.), Katzer (Admira) für Pogatetz (80.)

Tore: 1:0 (35.) Glieder, 2:0)70.) Wallner

Niederlande : Österreich 3:1 (1:1)

2003 **EM-Qualififkation**
630. Länderspiel, Rotterdam, 06. 09. 2003
Schiedsrichter: Poulat, FRA

Mandl (Austria); Dospel (Austria), Ehmann (GAK), Hiden Martin (Rapid), Pogatetz (GAK); Schopp (Brescia), Aufhauser (GAK), Flögel Thomas (Austria), Ivanschitz (Rapid), Glieder (Schalke 04), Kollmann (GAK)

Austausch: Kirchler (Pasching) für Glieder (65.), Haas (Sturm) für Kollmann (65.), Dollinger (GAK) für Ivanschitz (83.)

Tore: 1:0 (29.) van der Vaart, 1:1 (32.) Pogatetz, 2:1 (59.) Kluivert, 3:1 (63.) Cocu

Österreich : Tschechien 2:3 (0:1)

2003 **EM-Qualifikation**
631. Länderspiel, Wien, 11. 10. 2003
Schiedsrichter: Kasnaferis, GR

Mandl (Austria); Standfest (GAK), Stranzl (1860 München), Hiden Martin (Rapid), Pogatetz (GAK); Schopp (Brescia), Aufhauser (GAK), Flögel Thomas (Austria), Ivanschitz (Rapid); Glieder (Schalke 04), Haas (Sturm)

Austausch: Wagner Michael (Austria) für Flögel Thomas (68.), Dospel (Austria) für Glieder (68.), Linz (Admira) für Haas (76)

Tore: 0:1 (17.) Jankulovski, 1:1 (50.) Haas, 2:1 (78.) Ivanschitz, 2:2 (79.) Vachousek, 2:3 (92.) Koller

Slowakei : Österreich 1:1 (1:0)

2004 **Freundschaftsspiel**
632. Länderspiel, Bratislava, 31. 03. 2004
Schiedsrichter: Vldak, CZ

Payer (Rapid); Dospel (Austria), Stranzl (1860 München), Hieblinger (Kärnten), Pogatetz (GAK); Schopp (Brescia), Scharner (Salzburg), Aufhauser (GAK), Ivanschitz (Rapid); Haas (Sturm), Kirchler (Pasching)

Austausch: Mandl (Austria) für Payer (56.), Dollinger (GAK) für Ivanschitz (65.), Kollmann (GAK) für Haas (70.), Wallner (Rapid) für Schopp (79.)

Tore: 1:0 (71) Mintal, 1:1 (90.) Kollmann

Österreich : Luxemburg 4:1 (2:0)

2004 **Freundschaftsspiel**
633. Länderspiel, Innsbruck, 28. 04. 2004
Schiedsrichter: Skomina, SLO

Mandl (Austria); Cerny Harald (1860 München), Stranzl (1860 München), Hieblinger (Kärnten), Hiden Martin (Rapid); Schopp (Brescia), Kiesenebner (Pasching), Kirchler (Pasching), Amerhauser (GAK); 7Linz (Admira), Wallner (Rapid)

Austausch: Schranz (GAK) für Mandl (46.), Dospel (Austria) für Hieblinger (46.), Kollmann (GAK) für Linz (56.), Haas (Sturm) für Wallner (56.), Dollinger (GAK) für Amerhauser (60.), Standfest (GAK) für Hiden Martin (72.), Kovacevic (Pasching) für Kiesenebner (80.)

Tore: 1:0 (5.) Kirchler, 2:0 (9.) Kiesenebner, 2:1 (63.) Huss, 3:1 (85.) Haas, 4:1 (89.) Kollmann

Österreich : Russland 0:0 (0:0)

2004 **Freundschaftsspiel**
634. Länderspiel, Graz, 25. 05. 2004
Schiedsrichter: Vuorela, FIN

Mandl (Austria); Stranzl (1860 München), Hiden Martin (Rapid), Hieblinger (Kärnten), Pogatetz (GAK); Schopp (Brescia), Aufhauser (GAK), Kovacevic (Pasching), Dollinger (GAK); Haas (Sturm), Kirchler (Pasching)

Austausch: Standfest (GAK) für Pogatetz (46.), Linz (Admira) für Haas (65.), Kiesenebner (Pasching) für Aufhauser (67.), Wallner (Rapid) für Schopp (76.), Amerhauser (GAK) für Dollinger (82.), Kollmann (GAK) für Kirchler (86.), Arzberger (Salzburg) für Mandl (90.)

Österreich : Deutschland 1:3 (1:1)

2004 **Freundschaftsspiel**
635. Länderspiel, Wien, 18. 08. 2004
Schiedsrichter: Collina, ITA

Mandl (FC Basel); Stranzl (VfB Stuttgart), Ehmann (GAK), Hiden Martin (Rapid), Katzer (Rapid); Schopp (Brescia), Kühbauer (Mattersburg), Aufhauser (GAK), Ivanschitz (Rapid), Amerhauser (GAK); Kollmann (GAK)

Austausch: Kirchler (Pasching) für Schopp (46.), Linz (OGC Nice) für Amerhauser (61.), Wallner (Hannover 96) für Kollmann (70.)

Tore: 0:1 (2.) Kuranyi, 1:1 (10.) Amerhauser, 1:2, 1:3 (61., 73.) Kuranyi

Österreich : England 2:2 (0:1)

2004 **WM-Qualifikation**
636. Länderspiel, Wien, 04. 09. 2004
Schiedsrichter: Michel, SK

Manninger (AC Siena); Standfest (GAK), Stranzl (VfB Stuttgart), Hiden Martin (Rapid), Pogatetz (GAK); Sick (GAK), Kühbauer (Mattersburg), Aufhauser (GAK), Ivanschitz (Rapid); Haas (Sturm), Glieder (Pasching)

Austausch: Kollmann (GAK) für Glieder (68.), Kiesenebner (Austria) für Aufhauser (74.), Hieblinger (Kärnten) für Haas (89.)

Tore: 0:1 (24.) Lampard, 0:2 (65.) Gerrard, 1:2 (71. Freistoß) Kollmann, 2:2 (73.) Ivanschitz

Österreich : Aserbeidschan 2:0 (2:0)

2004 **WM-Qualifikation**
637. Länderspiel, Wien, 08. 09. 2004
Schiedsrichter: Sammut, Malta

Manninger (AC Siena); Standfest (GAK), Stranzl (VfB Stuttgart), Hiden Martin (Rapid), Pogatetz (GAK); Schopp (Brescia), Kühbauer (Mattersburg), Aufhauser (GAK), Ivanschitz (Rapid); Haas (Sturm), Kollmann (GAK)

Austausch: Dollinger (GAK) für Schopp (57.), Glieder (Pasching) für Haas (72.), Linz (OGC Nice) für Kollmann (80.)

Tore: 1:0 (23.) Stranzl, 2:0 (44.) Kollmann

Österreichischer Fußball-Cup – alle Finalspiele

Stand: Juni 2003

1919	SK Rapid – Wiener Sportclub	3:0
1920	SK Rapid – SC Amateure (Austria)	5:2
1921	Amateure (Austria) – Wiener Sportclub	2:1
1922	WAF – SC Amateure (Austria)	2:1
1923	Wiener Sportclub – SC Wacker Wien	3:1
1924	Amateure (Austria) – SK Slovan Wien	8:6
1925	FK Austria Wien – 1. Vienna FC	3:1
1926	FK Austria Wien – 1. Vienna FC	4:3
1927	SK Rapid – FK Austria Wien	3:0
1928	SC Admira – WAC	2:1
1929	1. Vienna FC – SK Rapid	3:2
1930	1. Vienna FC – FK Austria Wien	1:0
1931	WAC – nach Punkten ausgetragen	
1932	SC Admira Wien – WAC	6:1
1933	FK Austria Wien – BAC Wien	1:0
1934	SC Admira – SK Rapid	8:0
1935	FK Austria Wien – WAC	5:1
1936	FK Austria Wien – 1. Vienna FC	3:0
1937	1. Vienna FC – Wiener Sportclub	2:0
1938	Schwarz-Rot (WAC) – Wiener Sportclub	1:0
1946	SK Rapid – 1. Vienna FC	2:1
1947	SC Wacker Wien – FK Austria Wien	4:3
1948	FK Austria Wien – Sturm Graz	2:1
1949	FK Austria Wien – Vorwärts Steyr	5:2
1959	WAC – SK Rapid	2:0
1960	FK Austria Wien – SK Rapid	4:2
1961	SK Rapid – 1. Vienna FC	3:1
1962	FK Austria Wien – GAK	4:1
1963	FK Austria Wien – LASK	1:0
1964	FC Admira Energie – FK Austria Wien	1:0
1965	LASK – 1. Wr. Neustädter SC	1:0, 1:1
1966	SC Admira Energie – SK Rapid	1:0
1967	FK Austria Wien – LASK	1:0, 0:1 Los für Austria
1968	SK Rapid – GAK	2:0
1969	SK Rapid – Wiener Sportclub	2:1
1970	Wacker Innsbruck – LASK	1:0
1971	FK Austria Wien – SK Rapid	2:1
1972	SK Rapid – Wiener Sportclub	1:2, 3:1
1973	SSW Innsbruck – SK Rapid	1:0, 1:2
1974	FK Austria Wien – Austria Salzburg	2:1, 1:1
1975	SSW Innsbruck – Sturm Durisol	3:0, 0:2
1976	SK Rapid – SSW Innsbruck	1:0, 1:2
1977	Austria WAC – Wiener Sportclub	1:0, 3:0
1978	SSW Innsbruck – Voest Linz	1:1, 2:1
1979	SSW Innsbruck – Admira Wacker	1:0, 1:1
1980	Austria Memphis – Casino Salzburg	0:1, 2:0
1981	GAK – Casino Salzburg	0:1, 2:0
1982	Austria Memphis – SSW Innsbruck	1:0, 3:1
1983	SK Rapid – SSW Innsbruck	3:0, 5:0
1984	SK Rapid – Austria Memphis	1:3, 2:0
1985	SK Rapid – Austria Memphis	3:3 (E: 6:5)
1986	Austria Memphis – SK Rapid	6:4 n.V.
1987	SK Rapid – FC Swarovski Tirol	2:0, 2:2
1988	Sparkasse Krems – FC Swarovski Tirol	2:0, 1:3
1989	FC Swarovski Tirol – Admira Wacker	0:2, 6:2
1990	FK Austria Memphis – SK Rapid	3:1 n.V.
1991	SV Stockerau – SK Rapid	2:1 (1:1)
1992	FK Austria Memphis – FC Baumit Admira Wacker	1:0 (0:0)
1993	FC Wacker Innsbruck – SK Rapid	3:1 (1:0)
1994	FK Austria Memphis – FC Keli Linz	4:0 (1:0)
1995	SK Rapid – DSV Leoben Flying Horse	1:0 (1:0)
1996	SK Stabil Sturm Graz – FC Baumit Admira Wacker	3:1 (1:0)
1997	SK Puntigamer Sturm Graz – Honda Havelka Vienna	2:1 (1:0)
1998	SV Keli Ried – SK Puntigamer Sturm Graz	3:1 (2:0)
1999	SK Puntigamer Sturm Graz – LASK	1:1 (E: 4:2)
2000	Liebherr GAK – SV Wüstenrot Salzburg	2:2 (E: 4:3)
2001	FC Kärnten Austria/VSV – FC Tirol Milch Innsbruck	2:1 n. V.
2002	Liebherr GAK – SK Puntigamer Sturm Graz	3:2 (3:0)
2003	FK Austria Memphis Magna – FC Kelag Kärnten	3:0 (1:0)
2004	Liebherr GAK – FK Austria Memphis MAGNA	5:4 n.E. (2:2, 3:3)

Der Österreichische Fußball-Cup, beginnend im Jahre 1919, wurde in der Zeit von 1939–1945 (Zweiter Weltkrieg) und von 1950–1958 (kein Bewerb ausgeschrieben) nicht ausgetragen.

Österreichische Fußball-Meister

1912	SK Rapid	1931	Vienna FC	1950	Austria Wien	1969	Austria Wien	1988	SK Rapid
1913	SK Rapid	1932	Admira	1951	SK Rapid	1970	Austria Wien	1989	FC Swarovski Tirol
1914	WAF	1933	Vienna FC	1952	SK Rapid	1971	SSW Innsbruck	1990	FC Swarovski Tirol
1915	WAC	1934	Admira	1953	Austria Wien	1972	SSW Innsbruck	1991	FK Austria Memphis
1916	SK Rapid	1935	SK Rapid	1954	SK Rapid	1973	SSW Innsbruck	1992	FK Austria Memphis
1917	SK Rapid	1936	Admira	1955	Vienna FC	1974	SK Vöest Linz	1993	FK Austria Memphis
1918	FAC	1937	Admira	1956	SK Rapid	1975	SSW Innsbruck	1994	SV Casino Salzburg
1919	SK Rapid	1938	SK Rapid	1957	SK Rapid	1976	FK Austria WAC	1995	SV Casino Salzburg
1920	SK Rapid	1939	Admira	1958	Wr. Sportclub	1977	SSW Innsbruck	1996	SK Rapid
1921	SK Rapid	1940	SK Rapid	1959	Wr. Sportclub	1978	FK Austria Memphis	1997	SV Casino Salzburg
1922	Wr. Sportclub	1941	SK Rapid	1960	SK Rapid	1979	FK Austria Memphis	1998	SK Puntigamer Sturm Graz
1923	SK Rapid	1942	Vienna FC	1961	Austria Wien	1980	FK Austria Memphis	1999	SK Puntigamer Sturm Graz
1924	Amateure (Austria)	1943	Vienna FC	1962	Austria Wien	1981	FK Austria Memphis	2000	FC Tirol Milch Innsbruck
1925	SC Hakoah	1944	Vienna FC	1963	Austria Wien	1982	SK Rapid	2001	FC Tirol Milch Innsbruck
1926	Amateure (Austria)	1945	keine Meisterschaft	1964	SK Rapid	1983	SK Rapid	2002	FC Tirol Innsbruck
1927	Admira	1946	SK Rapid	1965	Linzer ASK	1984	FK Austria Memphis	2003	FK Austria Memphis MAGNA
1928	Admira	1947	Wacker Wien	1966	Admira	1985	FK Austria Memphis	2004	Liebherr GAK
1929	SK Rapid	1948	SK Rapid	1967	SK Rapid	1986	FK Austria Memphis		
1930	SK Rapid	1949	Austria Wien	1968	SK Rapid	1987	SK Rapid		

Rekord-einsätze

103	Andreas HERZOG
95	Anton POLSTER
93	Gerhard HANAPPI
86	Karl KOLLER
84	Friedl KONCILIA
84	Bruno PEZZEY
83	Herbert PROHASKA
69	Johann KRANKL
68	Heribert WEBER
65	Peter STÖGER
64	Walter SCHACHNER
63	Andreas OGRIS
63	Anton PFEFFER
63	Peter SCHÖTTEL
62	Ernst OCWIRK
59	Kurt JARA
58	Wilhelm KREUZ
55	Peter ARTNER
55	Robert SARA
54	Franz WOHLFAHRT
51	Josef BLUM
51	Ernst HAPPEL
51	Roland HATTENBERGER
50	Erich OBERMAYER

Rekord-Torschützen

44	Anton POLSTER
34	Johann KRANKL
28	Erich HOF
	Johann HORVATH
	Anton SCHALL
27	Mathias SINDELAR
26	Andreas HERZOG
24	Karl ZISCHEK
23	Walter SCHACHNER
22	Theodor WAGNER
19	Karl DECKER

Vater und Sohn

Es gab in den 100 Jahren ÖFB auch den seltenen Fall, dass aus einer Familie zwei Teamkapitäne kamen: RUDOLF und THOMAS FLÖGEL.
Vater Rudolf war es in den Sechzigerjahren unter den Teamchefs Erwin Alge und Leopold Stastny, Sohn Thomas in der Ära von Hans Krankl.

Die Präsidenten des Österreichischen Fußball-Bundes

1900	wurde die Österreichische Fussball-Union gegründet, Präsident war Ing. Adolf WALLNER, Mitglied von Rapid.
1904	wurde der Österreichische Fussball-Verband gegründet. Die Union löste sich etwas später auf. Präsident wurde Prof. STREHBLOW.
1906	Präsident Dr. Ignaz ABELES
1907	Ing. Adolf WALLNER
1914	wurde Dr. Ignaz ABELES Präsident des ÖFB. Ab 1911 Umwandlung von Verband in Bund.
1914–1918	Im Ersten Weltkrieg wurden viele Vorstandsmitglieder zum Kriegsdienst eingezogen. ABELES war fast den ganzen Krieg hindurch Regimentsarzt. Kurze Zeit führte auch Prof. Willy SCHMIEGER den ÖFB.
1919	Dr. Ignaz ABELES
1922	Nationalrat Karl VOLKERT bis zur Trennung VAFÖ (Arbeitersport) und dem neugegründeten Allgemeinen Fussball-Verband, der sich aber bald wieder Österreichischer Fussball-Bund nannte.
1926	Dr. Richard EBERSTALLER
1938	Gau Ostmark. Im Herbst Einstellung des Professionalismus. Gaubeauftragter für Fußball Heinrich MÜLLER.
1945	Dr. Josef GERÖ
1955	Baudirektor Ing. Hans WALCH (bis 1969)
1970	Dr. Heinz GERÖ
1976	Karl SEKANINA
1982	Geschäftsführender Vizepräsident Ing. Herbert RAGGAUTZ
1984	Geschäftsführender Präsident Dr. Heinz GERÖ (April bis Juni)
1984	Beppo MAUHART
2002	Dipl.-Ing. Friedrich STICKLER

ÖFB-Teamchefs nach 1945

		Spiele	Siege	Unent-schieden	Nieder-lagen	Tore
1945–1947	EDI BAUER	11	4	0	7	26 : 28
1948	FRANZ PUTZENDOPLER / EDI FRÜHWIRTH / KOLISCH	5	3	0	2	9 : 9
1948–1954	WALTER NAUSCH	47	21	10	16	119 : 87
1955	HANS KAULICH	1	0	0	1	2 : 3
1955	JOSEF MOLZER	3	1	1	1	6 : 8
1955–1956	KARL GEYER	5	2	0	3	8 : 14
1956–1958	JOSEF ARGAUER / JOSEF MOLZER	18	7	6	5	37 : 27
1958	ALFRED FREY / FRANZ PUTZENDOPLER / JOSEF MOLZER / EGON SELZER	2	0	0	2	4 : 6
1958–1963	KARL DECKER	36	16	3	17	60 : 67
1964	JOSEF WALTER / BELA GUTTMAN	5	3	1	1	6 : 5
1965–1966	EDI FRÜHWIRTH	15	4	3	8	12 : 23
1967–1968	ERWIN ALGE / HANS PESSER	9	3	2	4	17 : 16
1968–1975	LEOPOLD STASTNY	49	15	16	18	58 : 62
1976–1978	HELMUT SENEKOWITSCH	26	14	4	8	40 : 26
1978–1981	KARL STOTZ	24	13	6	5	43 : 25
1982	GEORG SCHMIDT / FELIX LATZKE	8	5	1	2	11 : 7
1982–1984	ERICH HOF	15	6	3	6	22 : 20
1975/1985–1987	BRANKO ELSNER	20	6	5	9	26 : 31
1988–1990	JOSEF HICKERSBERGER	29	10	7	12	36 : 39
1990–1991	ALFRED RIEDL	8	1	3	4	6 : 6
1991/1992	DIETMAR CONSTANTINI	3	0	1	2	1 : 4
1992	ERNST HAPPEL	9	2	3	4	18 : 17
1993–1999	HERBERT PROHASKA	51	25	9	17	96 : 73
1999–2001	OTTO BARIC	22	7	6	9	31 : 35
seit 2002	HANS KRANKL (Stand nach dem 2:0 gegen Aserbeidschan am 08. 09. 2004)	22	8	5	9	34 : 33